KB141255

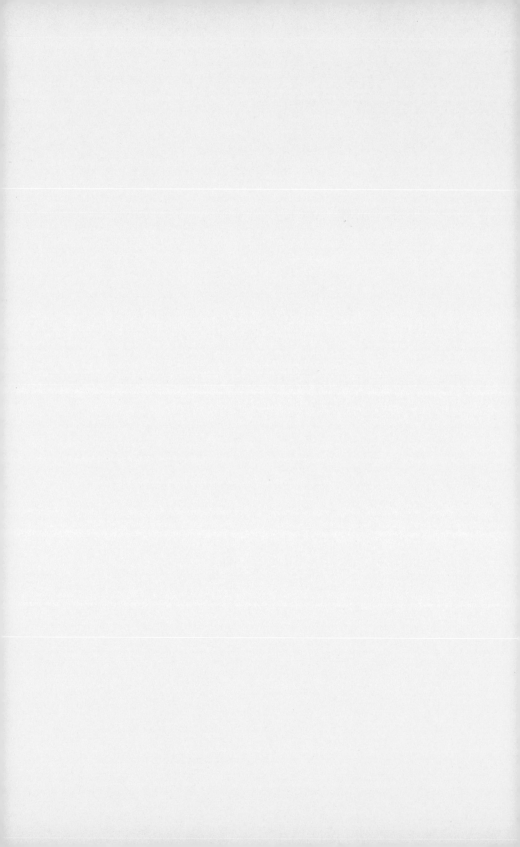

탈북민의 적응과 치유 이야기

이 책은 2009년 정부(교육과학기술부)의 재원으로 한국연구재단의 지원을 받아 수행된
연구임(NRF-2009-361-A00008, 소통·치유·통합의 통일인문학)

통일인문학 치유총서 01

탈북민의 적응과 치유 이야기

건국대학교 통일인문학연구단 엮음

경진출판

발간사

　분단된 한반도의 현실에서 통일에 대한 새로운 패러다임을 찾겠다는 취지로 '통일인문학' 연구는 시작되었습니다. 기존의 다양한 통일 담론이 체제 문제나 정치·경제적 통합을 전제로 진행되면서 시류에 따라 부침을 거듭하는 것이 현실입니다. 통일인문학은 사회과학 차원의 통일 논의가 관념적이면서도 정치적인 한계를 가지고 있다는 판단 아래 사람 중심의 인문정신을 바탕으로 한반도의 통일 문제를 진단하고 그 해법을 찾고자 하는 새로운 학문 영역입니다.

　사람을 중심에 둔 통일 논의는 기존의 통일 담론에서 크게 확대된 개념으로 이해할 수 있습니다. 지리적으로도 한반도에 국한되지 않고 코리언 디아스포라를 모두 포괄함으로써 남과 북의 주민은 물론이고 전 세계에 산재한 800여만 명의 코리언을 대상으로 삼습니다. 나아가 '결과로서의 통일'에만 역점을 두고 연구 사업을 진행하는 게 아니라 '과정으로서의 통일'까지도 목표로 삼고 있습니다. 따라서 통일이 이루어지는 시점은 물론 통일 이후의 사회통합 과정에서 반드시 풀어 가야 할 사람 간의 통합을 지향합니다.

　이에 통일인문학은 '소통·치유·통합'을 방법론으로 제시합니다. 인문정신에 입각하여 사람 사이는 물론이고 사회계층 간의 소통을 일차적인 과제로 삼고 있는데, 이러한 소통은 상대와 나와의 차이를 인정하면서 그 가운데 내재하는 공통의 요소들을 탐색하고 이를 적극적으로 활용할 때에만 가능합니다. 그를 위해 분단 이후부터 현재까지 지속적으로 재생산되고 있는 분단트라우마의 실체를 파악하고, 이를 치유하기 위한 방안들을 모색합니다.

그 방법으로서 통일인문학은 우선 서로에게 정신적·육체적으로 씻을 수 없는 상처를 가한 분단의 역사에 잠재해 있는 분단서사를 양지로 끌어내고 진단하여, 해법으로 향하는 통합서사를 제시함으로써 개개인의 갈등요인이 됨직한 분단트라우마를 치유하고자 합니다. 그리고 우리 사회 전반에 자리 잡은 체제나 이념의 통합과 더불어 개개인의 사상·정서·생활 속 공통성과 차이성의 조율을 통하여 삶으로부터의 통합이 사회통합으로 확산될 수 있기를 기대합니다.

이러한 취지에서 통일인문학은 철학을 기반으로 한 사상이념, 문학을 기반으로 한 정서문예, 역사와 문화콘텐츠를 기반으로 한 생활문화 등 세 가지 축을 기준으로 삶으로부터의 통합과 사회통합으로의 확산이라는 문제를 풀어 가는 데 연구 역량을 집중하고 있습니다. 그리고 이렇게 인문정신을 바탕으로 연구 생산한 성과들이 학계와 대중에게 널리 알려져 후속 연구와 사회적 반향으로 이어지기를 기대합니다.

통일인문학연구단에서는 그와 관련된 노력으로서 우선 새로운 통일 패러다임을 제시하고자 하였습니다. 통일인문학은 새로운 통일 패러다임으로서 '차이와 공통성', '분단의 트라우마와 아비투스', '민족공통성' 개념을 제안하였습니다. 그리고 추상적인 개념을 제안하는 데 그치지 않고, 이를 실증적으로 검증하기 위해 민족공통성 프로젝트를 진행하여 그 연구 성과를 매년 산출하고 있습니다. 또한 한반도의 통일문제를 연구 화두로 삼고 있는 학자나 전문가들과 학술심포지엄을 정기적으로 개최함으로써 통일인문학의 지평을 확산하고 있습니다. 특히 2014년부터 개최된 '통일인문학 세계포럼'은 통일인문학의 세계화에 크게 기여하고 있습니다. 그와 함께 분단트라우마 진단을 위한 구술조사와 임상실험을 지속적으로 진행하고 있으며, 통일인문학의 대중화를 위한 시민강좌나 교육프로그램 개발과 그를 위한 교재 개발 사업, 통일콘텐츠 연구 개발 사업 등 다양한 방면의 모색과 실천을 거듭하고 있습니다.

그리고 이러한 다양한 활동과 사업의 성과들은 출판물로 외현되어 학계와 대중들이 적극 공유할 수 있는 장으로 옮겨집니다. 본 연구단이 특히 출간기획에 주력한 것은 『통일인문학 총서』 시리즈입니다. 현재 『통일인문학 총서』 시리즈는 모두 네 개의 영역별로 분류되어 출간 중입니다. 본 연구단의 학술연구 성과를 주제별로 묶은 『통일인문학 연구총서』, 분단과 통일 관련 구술조사 내용을 정리한 『통일인문학 구술총서』, 북한 연구 관련 자료와 콘텐츠들을 정리하고 해제·주해한 『통일인문학 아카이브총서』, 남북한 연구에 도움을 줄 수 있는 희귀 자료들을 현대어로 풀어낸 『통일인문학 번역총서』 등이 그것입니다.

통일인문학의 정립과 발전을 사명으로 알고 열의를 다하는 연구단의 교수와 연구교수, 연구원들께 고마움을 전합니다. 아울러 연구사업에 기꺼이 참여해 주시는 통일 관련 국내외 석학·전문가·학자들께도 심심한 감사를 드립니다. 그리고 무엇보다 자신의 소중한 체험과 기억을 구술하고, 분단트라우마 치유를 위한 임상실험에 참여해 주신 분들께도 머리 숙여 고마움을 표합니다. 마지막으로 통일인문학의 취지를 백분 이해하시고 흔쾌히 출판을 맡아 주신 출판사 관계자분들께도 감사드립니다.

사람의 통일, 인문정신을 통한 통일을 지향하며
건국대 통일인문학연구단장 김성민

『탈북민의 적응과 치유 이야기』를 내며

이 책이 기획된 것은 2012년 5월경의 일입니다. 건국대학교 재학생인 신호명 군이 통일인문학연구단에 찾아와서 다음과 같은 고민을 털어 놓았습니다. "각 분야별로 활발하게 활동하고 있는 탈북 선배들을 인터뷰하고 싶습니다. 탈북 선배들의 치열한 자기 고민과 성공스토리를 공유하는 과정에서 새로운 인생을 어떻게 살아가야 할 것인가를 고민하는 탈북 후배들이 역할 모델을 찾을 수 있을 것 같아요. 한국의 대학생들과도 함께 인터뷰를 진행함으로써 남북 주민이 만나는 과정에서 겪는 문제들을 토론하고 소통의 지점을 마련하고 싶습니다"라는 내용이었습니다.

통일인문학연구단에서는 이러한 취지에 흔쾌히 동의하고 곧바로 탈북 대학생들과의 공동기획과 구술 인터뷰 작업을 통해 책을 만들어 보기로 했습니다. 이 기획이 매력적이었던 이유는 연구자의 인터뷰, 혹은 자서전 형식으로 진행되었던 기존의 구술 인터뷰와 달리 탈북 대학생들 스스로 자신들의 분명한 문제의식을 가지고 탈북 선배들에 대한 인터뷰를 진행하고자 한다는 점, 단순한 한국 적응기가 아니라 탈북민이 생각하는 '적응'과 '성공'이란 과연 무엇인지를 탈북 선후배들이 함께 고민해 가는 과정이라는 점이었습니다.

특히 이 기획이 의미가 있었던 것은 탈북 대학생들이 이것을 탈북 선후배들의 고민을 나누는 과정으로만 끝내지 않았다는 점입니다. 인터뷰를 진행하는 과정에서 이들은 인터뷰에 동참한 한국 대학생들과 함께 관련 서적을 검토하고, 구술 인터뷰를 하면서 느낀 문제의식을 나누고 치열하게 토론하는 과정을 거치면서 탈북민과 한국인의 소통 문제를 자기 고민으로 발전시켜 갔습니다. 그리고 탈북민과 한국인의 소통 문제를 주제로 대학생 토론회를 조직하는 등 이 책의 문제의식을 자기 실천으로 체화해 가는 모습을 보여 주었습니다. 이 책은 그런 의미에서 탈북 선후배들과 한국인 모두의 성장이야기를 담고 있는 셈입니다.

이 책은 2부로 구성이 되어 있습니다. 1부는 탈북민의 한국 사회 적응 이야기입니다. 『탈북민의 적응과 치유 이야기』에는 모두 세 명의 이야기가 실려 있습니다. 첫 번째 이야기인 신영호의 이야기는 단란했던 가정이 고난의 행군으로 기울어지고, 결국은 탈북을 하게 되는 가족의 이야기이자, 아직은 어린 아이였던 소년 영호가 탈북 과정에서 이방인으로서 겪은 수난과 한국 사회의 학교 적응 과정을 담은 이야기입니다. 우리는 신영호가 탈북민 대안학교와 한국의 일반 고등학교를 모두 경험하였기 때문에 탈북 청소년들이 많아지고 있는 지금, 이들의 적응 문제에 시사점을 제공할 수 있을 것이라고 생각했습니다.

두 번째 박성철의 이야기는 굶주림 때문에 탈북했지만 강제송환되었다가 극적으로 다시 탈출한 한 남자의 이야기입니다. 가난 때문에 엄마와 헤어진 그는 동생을 데리고 한국에 들어옵니다. 뒤늦게 고등학교 들어갔지만 자신을 열어 적극적으로 소통했고, 대학을 졸업하고 금융맨으로 사회생활을 시작했습니다. 그러나 정작 모든 것을 얻었다고 생각한 시기에 그는 인간 냄새가 나지 않는 무미건조한 직장 생활에 회의를 느끼고 사회복지재단으로 직장을 옮깁니다. 우리는 모두가 부러워하는 금융맨으로서의 삶을 버리고 자신이 진정으로 원했던 봉사의 삶을 찾아간 그의 삶에 주목했습니다.

세 번째 김미희의 이야기는 북한에서 부유한 삶을 살던 집안이 숙청이라는 극적인 위기를 겪으면서 탈북을 하고, 한국 사회에서 연기자라는 특별한 삶을 살게 되는 그녀의 드라마틱한 이야기를 담고 있습니다. 숙청 과정에서 엄마와 헤어져 살게 된 그녀는 외로움을 많이 탑니다. 그때 외로움을 잊게 해 준 것이 연극이었습니다. 그녀는 연극을 통해 연기자의 꿈을 갖게 되고, 그 꿈을 통해 성장해 갑니다. 연기는 그녀를 그녀 자신으로 살게 하는 원동력이었습니다. 연기자가 되고 싶었던 이유, 연기자라는 직업에 대해 그녀 자신이 부여하는 의미 등이 우리의 귀를 기울이게 했습니다.

2부는 연대와 통합으로서 탈북민의 적응과 치유에 관한 두 개의 논문으로 구성되어 있습니다. 이 책을 구술 인터뷰와 논문으로 구성한 이유는 탈북민의 구술 인터뷰를 통해 이들이 한국 사회에서 원활하게 적응할 수 있었던 요인을 분석하고, 탈북민과 한국인들이 함께 살아가기 위해 어떠한 것들이 필요한지 깊이 있게 성찰해 보고자 하였기 때문입니다.

첫 번째 논문 「탈북민의 적응과 생명 치유의 과정」에서는 신영호, 박성철, 김미희의 구술을 통해 이들이 한국에서 원활하게 적응할 수 있었던 요인들을 분석하였습니다. 이들에게서 발견할 수 있었던 공통점은 미래에 자신이 이루고자 하는 꿈을 갖고 이를 위해 활동하고 있었다는 점이다. 그러한 활동 속에서 이들은 자신감을 가질 수 있었고 그 자신감은 다시 활동으로 이어지는 동력이 되어 선순환적 요인이 되고 있었습니다. 그 활동은 자신의 사회적 역할을 확인하게 하였으며 아울러 자기 정체성에 대한 통합력을 형성하는 것으로 분석할 수 있었습니다.

하지만 이러한 과정들이 순전히 개인들의 노력만으로 이루어진 것은 아니었습니다. 거기에는 여러 조력자들이 있었습니다. 그들이 만난 사람들은 이들로 하여금 미래에 대해 욕망하는 것을 가능하게 해 주었고, 활동으로 이어질 수 있도록 지지를 보내 주었습니다. 그것은 곧 자신이 적응하고자 하는 사회의 구성원들과의 관계 맺음

속에서 정서적 지지를 받으면서 자신의 욕망을 승인받는다는 것을 의미합니다.

이러한 점에서 2부 두 번째 논문 「민족적 연대와 통합으로서 탈북민의 적응」은 적응에 대한 한국인의 관점을 변화시켜야 한다는 점을 주장하고 있습니다. 특히 탈북민에 대한 시선에는 같은 민족이면서도 분단된 한반도의 이북에서 온 사람들로서 분단 체제가 낳은 이데올로기가 개입하고 있습니다. 그것은 탈북민을 사회구조뿐만 아니라 심리적으로도 소외되게 만들고, 낯선 환경에서 자기 정체성을 재구성해 나가는 데에 혼돈을 야기합니다. 문제는 그러한 혼돈을 감추기 위한 '자아 연출'이 과도한 정치적 행위로 나아가거나 탈남 혹은 자살과 같은 극단적인 선택을 하게 만든다는 것입니다. 따라서 탈북민들이 한국 사회에 적응하는 데에 있어서 무엇보다 중요한 것은 바로 탈북민에 대한 한국 사회의 '정서적 지지'라고 할 수 있습니다.

이에 이 논문에서는 적응의 몫을 순전히 개인의 것으로 돌리는 관점에 변화가 필요하다는 점을 지적하고 있습니다. 일반적으로 적응은 개인을 변화시켜 조건에 맞추어가는 것으로 인식하고 있는데, 그러한 개념에 기댄 적응 교육과 프로그램은 실패할 수밖에 없다는 것입니다. 그래서 이 글은 적응이 '나' 혹은 '너'의 문제가 아니라 '우리'의 문제라는 점을 인정하고, '생명-치유'의 관점에서 탈북민과의 '연대'와 '통합'을 모색하는 것이 곧 이들의 적응이 되어야 한다는 점을 주장하고 있습니다.

이 책이 빛나는 이유는 이 책의 취지에 공감하여 밝히기 힘든 자신의 경험을 진솔하게 풀어내 주신 신영호, 박성철, 김미희 세 분의 깊은 배려와 협조, 그것을 일관된 체계와 내용으로 만들어 간 학생들의 노력에 있습니다. 이 구술 인터뷰에는 탈북 대학생 신호명(건국대), 유지혜(숭실대), 한국 대학생 김도연·서동기·이민성·임재하·최희재(건국대)가 참여했습니다. 이들은 각 분야별로 인터뷰 대상자들을 물색하고, 예비 인터뷰를 진행해서 본 인터뷰 적임자를 선별하였으며, 세미나를 통해 질문지를 만들고 2년여의 시간 동안 인터뷰 작업을 진행하였습니다. 이들이야말로 이 책의 숨은 공신들이자, 이 책의 또 다른 주인공들입니다. 이들의 이야기는 이 책의 의미를 잘 담아내고 있어 서문의 말미에 이들의 이야기를 싣는 것으로 서문을 마무리하고자 합니다.

"처음 이 책을 시작할 때는 새로운 변화를 주고 싶은 마음이 정말 컸습니다. 언론이나 신문에 나와 있는 탈북민 이야기들은 너무 극화된 부분이 많아서 조금 더 진솔하고, 북과 남의 경험 전체를 아우르는 내용을 책으로 내 보면 어떨까 하는 생각이 들었습니다. 하지만 용기가 나지 않았습니다. 아마 통일인문학연구단 선생님들의 전폭적인 지지와 응원이 없었다면 아마 이 책은 이 세상에 나오지 못했을 것입니다.

또한 남북의 대학생들이 서로 힘을 합쳤기에 이 책이 모양을 갖추고 나올 수 있었던 것 같습니다. 2년여 동안 인터뷰 작업을 진행하면서 처음에는 서로의 삶이 다르고 사고가 다르다 보니 맞지 않는 부분도 있었지만, 서로를 이해하고 서로의 부족한 점을 품어 주고 이끌어 줌으로써 인터뷰를 잘 마무리할 수 있었던 것 같습니다. 끝으로 이 책에 적극적으로 참여해 주신 신영호, 박성철, 김미희 세 분께 진심으로 감사의 인사를 드리고 싶습니다."

2015년 4월 필자들을 대표하여
건국대학교 통일인문학연구단 치유팀장 김종곤 씀

목차

2부 연대와 통합으로서 탈북민의 적응과 치유

1부

한국 사회 적응 이야기

신영호 이야기

1. 북한에서의 삶

단란했던 가정, 고난의 행군으로 기울어지다

어렸을 때가 참 제가 어떤 성격이었냐 하면요, 아빠, 엄마가 힘들어할 정도로 에너지가 넘치는 아이었어요. 한 마디로 말하면 개구쟁이였죠, 되게. 제가 근데 그거부터 얘기해야겠네요. 함경북도 회령이라는 곳에서 태어났어요. 회령에서 조금 떨어진 유선이라는 곳이 있어요. 원래 회령군과 유선군이 있었는데, 김정일 생모인 김정숙이 회령에서 태어났다고 해서 회령시를 승격시키려고 회령군과 유선군을 통폐합했거든요. 그러면서 원래 두 곳은 한 10리, 25리 정도 떨어진 곳, 5km 정도 떨어진 곳인데, 그런 식으로 통폐합돼서 유선이라는 곳이 아예 그냥 회령시에 속하게 됐거든요. 제가 유선이라는 곳에서 태어나게 됐어요.

태어나서 어렸을 때 기억은 솔직히 희미해서 잘 안나요. 근데 일단 초등학교 들어가면서 개념이 약간 생기면서 그때부터 기억이 나기 시작하는데, 제가 초등학교, 북한에서 인민학교라고 하는데 저 때는 인민학교라고 했어요. 유선인민학교 다녔었는데 보통 저희 앞집에 저랑 한 살 차이 나는 친구가 있었어요. 아주 저랑 베스트 프렌드, 저랑 소꿉놀이 할 정도로 친한 친구였는데 그 친구가 8살에 입학한 다고 하더라고요. 근데 저는 그때 7살이었거든요. 보통 8살에 입학 하는데 저는 한 살이 어린데도 친구가 가니까 호기심에 같이 가겠다 고 어머니한테 졸라가지고 입학했던 기억이나요. 참 어렸을 때, 그래 서 7살에 입학해가지고 정확하게 9살이 되는 해까지 다녔어요. 정확 하게 1년 다녔어요.

　　인민학교 2학년 1학기 시작해서 3일 다니고 갑자기 배가 아프기 시작한 거예요, 북한은 초등학교가 학교에서 급식 안 줘요. 다 집에 서 밥 먹고 그러거든요. 집에 왔는데 옥수수밥인 거죠. 그때가 96년 도 이때니까 한창 고난의 행군 시작될 때니까, 배급도 원래는 월에 한 번씩 주는 건데 몇 개월씩 밀린 상태였어요. 그러다가 한번 나왔 을 때인데 그때 배급소에서 줄 서 있던 생각이 나네요. 아무튼 옥수 수밥이 있었는데 아침에 해놨던 건데 점심이 되니까 이게 굳어 버린 거예요. 땅땅하게 완전 돌처럼 굳어 버린 거예요. 그런데 어떻게 하겠어요. 먹을 게 없으니까 그거라도 먹었는데 그게 배탈이 난 거 죠. 그러면서 그 배탈 때문에 거의 1개월 정도 학교를 못 갔어요.

　　치료받고 이러면서, 그러다 보니까 점점 진행은 심각해지고 저희 아버지랑 저희 형이랑 막 파라티푸스, 장티푸스 유행병이 걸린 거예 요, 어머니만 빼고. 나중에 제가 걸리기는 했는데 남자들만 다 걸린 거죠 그냥. 그래가지고 학교도 못가고 그런 상태로 쭉 일 년이 되니 까, 원래 아빠가 트럭기사여서 남의 집에 부탁받고 물품 같은 것 실어다 주면 운임비 따로 다른 것 따로 챙겨주는 거였어요, 그런 거였는데 아빠가 파라티푸스 걸리면서 거의 1년 가까이 일을 못하시다 보니까 집안생계도 어려워지는 거예요.

그러다 보니까 배고픈데 오로지 먹을 생각밖에 없는 거예요. 학교 나가서 공부할 엄두가 안 나는 거죠. 학교 안 나가는 친구도 많았으니까. 제 생각에는 출석률이 20%도 안 됐던 것 같아요. 고난의 행군 시기인 94년부터 99년까지 학교에 학생들이 20~30%만 출석했으니까요. 그때 당시는 그래가지고 학교를 쭉 못 다녔죠. 주변에 못 다니는 친구가 또 많으니까, 그 친구들이랑 휩쓸려 다니면서 봄, 여름, 가을, 겨울 힘들게 살았죠. 열심히 옥수수 밭에 가서 옥수수도 훔치고 살구 서리도 하고 이러면서 신나게 놀러 다녔죠.

어머니가 엄청 힘드셨죠, 온 가족이 병에 걸리고 이랬으니까. 저도 어머니 따라 몇 번 장삿길에 따라 나섰었는데 한 120리? 120리를 걸어서 왕복을 하시는 거예요. 240리 왕복을 하면 그것도 빈 몸에 가는 게 아니라 등짐지고 60~70kg하는 등짐을 지고 가는 거니까. 그러니까 어머니가 장사수완이 뛰어나지를 못했어요. 원래 시장이 우리 집에서 엄청 가깝거든요. 유선리면 중심이 유선동이거든요. 유선동에서도 시장이 엄청 가까운 지역에 저희 집이 있었거든요. 근데 그럼에도 불구하고 어머님이 장사수완이 뛰어나지 못하다 보니까 자꾸 외상이나 사기를 당하는 거예요. 어머니가 그런데 여리세요, 착하시고 하니까 자꾸 사기 당하고 이러니까 시내에서 못 버텨 경쟁이 안 되었어요.

그래서 결국은 시골로 가는 거예요. 시골은 그나마 순진하고 덜 사기를 당하시고 이러니까. 또 시골에는 공산품 같은 게 유통이 잘 안 되어 있으니까 교통수단이 발달이 안 됐잖아요. 그런 게 안 되어 있으니까 공산품을 주고 쌀 같은 현물을 받아가지고 다시 시장에 와서 그거를 파는 거예요. 이런 식으로 교환을 해서 마진을 남기는 거예요. 원래 일주일에 한 번씩 왔다 갔다 하시거든요. 갔다 오는 기간이 일주일 정도 되는데 그래봤자 마진이 얼마 남지도 않았어요. 그러니까 일주일 식량분이 남는 거에요. 한번 갔다 와야지 일주일 버틸 수 있는 식량이 남을 정도로 그 정도 식량이 떨어지는 거예요. 그러니까 하루라도 쉬면 안 되는 거죠. 아무리 힘들고 어려워도 쉬면 안 되는 거였어요. 어머니 따라 저도 한번 120리 정도를 계상, 계상 이었구나. 계상, 계하1) 이름이 그랬어요. 시골 이름이. 그런 곳으로 어머니 따라 갔었거든요 술장사하러.

그러니까 술장사도 하고 갖가지 했는데 주요 상품이 술이었어요. 그러니까 술 같은 소비가 좀 많았거든요 시골이. 그리고 '술'하면 보통 북한 공장이 있는데 공장에서 하는 건 거의 생산량이 별로 없고 개인집에서 많이 했거든요. 물론 불법적인 건데 그런 식으로 개인집에서 해가지고 저희 집도 집에서 했거든요. 물론 장사 밑천이 없으니까 어느 정도 잘사는 집에서 밑천을 빌려다가 장사만 하고 팔고나면 마진을 주고 나머지 가지고 우리가 살고 그랬거든요. 그런 식으로 술을 직접 하다 보니까 마진율이 다른 집보다는 높은 편이었어요. 그래서 그렇게 술장사를 몇 년 하셨어요. 한 3~4년 하다가 기업소에서 준 땅을 일구다 보니까 어느 정도 괜찮아지면서 술장사는 더 이상 안 하게 됐어요.

농사로 호전된 살림살이

그런 어린 시절을 보내다가 98년도 이때가 아마 최정점이었던 것 같아, 고난의 행군이나 식량난 같은 것이. 그러면서 97년도 이때에 큰형이, 년도가 정확하게 맞는지는 모르겠는데 아마 큰형이 군대 갔나 봐요. 집에 생계도 어렵고 그러니까 식구 한 명이 입을 던다

---

1) 함경북도 회령시 계상리·계하리 지역.

는 게 엄청 큰 의미였거든요. 그래서 큰형이 먼저 군에 갔죠. 그때 고등학교 졸업하고 나서 아마 17살이었어요, 17살 때 형이 군대를 갔었죠. 형이 군대 가면서부터 집에 생계가 점점 나아지고 그랬어요.

아빠도 병에 걸리셨던 게 거의 다 완쾌되셨고, 그래서 일을 다시 시작하게 됐고. 그리고 둘째형도 병이 좀 낫고. 그리고 이제 고등학교 졸업하고 사회에서 일할 수 있는 나이가 됐거든요. 그래서 일하게 되면서 아빠일도 좀 돕고 여러 가지 농사일도 돕고 98년도 이때부터 식량난이 엄청나게 심해지니까 국가에서 기업소별로 땅 같은 것을 나눠줬어요. 북한말로 하면 소토지인데 소토지를 하라고 기업소 별로 나눠줬는데, 그 기업소 안에서도 직원 수대로 가족 수대로 나눠줬거든요. 저희 집은 한 500평 정도 배급받아가지고 그거를 저희는 그냥 화전하듯이 했어요. 산이 불타가지고 나무 그루터기나 별 그런 불모지 땅이었는데 개간을 해가지고. 그걸 3~4년 하니까 어느 정도 쓸모 있는 땅이 되는 거예요. 그러면서 집안생계가 점점 좋아졌죠. 그리고 둘째형도 밥벌이를 하고.

일단은 그때가, 처음 농사를 시작하게 된 것은 94년에 식량난이 시작되었고 98년 되면서 아사자가 진짜 최고조였던 것 같아요. 주변에서도 그렇고 저도 체감적으로 느끼기에 아마 98년 그때가 식량난의 최정점이라고 보고. 그러니까 정부 입장에서는 자기네들이 도와줄 수 있는 방법이 없으니까. 일단은 특히 많이 힘들었던 게 회사원들, 그니까 예를 들면 공산품을 생산하거나 일단 공학산업 쪽 종사자들이 많이 힘들었거든요.

그에 비해서 상대적으로 농업 분야에 종사하시는 그니까 농부들이죠. 농작원들 같은 경우는 상당히 괜찮았고 이런 상황이었는데, 정부에서 할 수 있는 최선의 방법이었겠죠. 일단은 산에 불같은 게 많이 났으니까 화전을 해가지고 식량난을 어느 정도 해소할 수 있게끔, 각 기업소 별로 땅을 일정 평으로 나누어줬어요. 저희 가족 같은 경우는 4인 가족이었어요. 그때는 맏형이 군대를 가있었고, 그렇기 때문에 둘째형하고, 저하고, 어머니하고, 아버지하고, 4인 가족 기준에서 500평 정도를 받았었어요, 저희가족 몫으로.

그래서 받았었는데 저희 집에서 한 10리에서 8km 정도 떨어진 곳에 4km구나, 4km 정도 떨어진 곳에 산성이었는데 그쪽이 다 불탄 거예요. 불타가지고 그것을 원래는 나무가 울창한 수림이었는데 불타고 이러다 보니까, 탄 나무들은 다 잘라내고 그냥 나무뿌리나 그루터기 남아 있는 불모지였어요. 한마디로 이야기하면 그런 땅이 었는데 그것을 개간하라고 주는 것이에요. 일단은 그것이라도 생겼으니까 생계수단에서 상당히 저희가 유리했죠. 그런데 중요한 것은 땅은 받았는데 그곳에 심을 씨앗 있잖아요. 종자라고 하죠. 옥수수나 콩이라던가 이런 씨앗들을 구할 수가 없는 거예요. 그때 당시에 저희 집이 저희 가족이 어머니만 빼고 형제 세 명에 아버지까지 파라티푸스, 장티푸스 이런 유행병을 한 일 년 정도 앓았어요. 그래서 가사를 거의 탕진한 상태여가지고는 식량도 거의 없었어요. 그러다 보니까 지금 당장 먹을 게 없는데 종자를 구하기는 너무 어려운 거예요.

그래도 아버지가 어떻게 친척집에서, 그때 고모네가 림산사업소 다니셨는데 그 림산사업소는 그전부터 농사 관련된 것을 토지 같은 거나 나무를 중국에 수출하면서 밀가루나 옥수수 이런 것을 받았었 거든요 회사기업소로부터. 그런 생활적인 측면에서 형편이 저희보다 조금 나았어요. 그래서 고모네 집이랑 큰어머니네 집 그러니까 아빠의 형들이죠. 형들은 돌아가셨는데 아무튼, 큰집에 가서 종자 같은 것을 구해오셨어요.

그것을 가지고 처음 농사라는 것을 해봤어요, 진짜. 아빠는 운전기사였으니 그런 것을 해본 적이 없고, 어머니는 그전까지만 해도 집에 전업주부로 있기 전까지만 해도 림산사업소 합숙소, 보통 부기라 그러는데 여기로 말하면 회계인 거예요. 회계 팀에서 경리로 일하신 거예요. 그런 일을 하시다 보니까 농사 이쪽 부분에 아주 그냥 생소한 거예요. 그러니 처음에 진짜 힘들었어요.

일단 쓸모 있는 땅을 개간하는 것부터가 너무 어렵더라고요. 돌이나 이런 게 너무 많고 이게 원래 거기는 수림이어가지고 나무들이 자랐던 곳이니까. 나무그루터기라던가 나무뿌리들이 그대로 있는 거예요. 그러니까 그것들을 다 파내야 되는 거예요. 쓸모 있는 땅으로 개간하려니까 그 과정이 상당히 한 몇 개월 걸린 것 같아요. 그래서 둘째형하고 아빠랑 어머니가 가시고 난 항상 집을 지키고. 그래서 계속 몇 개월 정도 고생을 해가지고 쓸모 있는 땅을 만들어놨어요.

그리고 씨앗을 뿌리고 이런 것을 처음해본 것 같아요. 저도 따라가서 해봤는데 이게 쉽지가 않더라고요. 땡볕인데 그니까 그때 봄이었는데 엄청 더운 날씨였는데, 그게 엎드려가지고 땅을 파고 씨앗을 뿌리는 것이 상당히 어렵더라고요. 근데 또 신기했던 것이 그렇게 심고 나니까 한 달 정도 지나서 올라가보니까 씨앗들이 돋아나는 것 있잖아요. 생명이 이런 불모지에서 눈뜬다는 자체가 너무 신기한 거예요. 그때 처음 그런 경험을 느꼈던 것 같아요. 또 직접 내가 심었던 것들 있잖아요, 심었던 것에서 씨앗이 나온다는 자체가 너무 신기한 거예요.

그런데 좀 안타까운 부분들도 있었는데 심었는데 안 나오는 것들 있잖아요. 종자가 약간 문제가 있어가지고, 아니면 그 주변에 오소리나 너구리 이런 종류들이 와서 다 파먹는 거예요 씨앗을, 참 미웠어요. 그때 다 잡았어야 되는데 잡을 수가 없었어요. 아무튼 그런 부분들이 좀 아쉬운 점이었어요.

여러 가지를 배웠던 것 같아요. 그니깐 자연이나 이런 것에 대해서 많이 배우고, 그런 과정 속에서 또 가을 좀 여름까지도 많이 어려웠던 것 같아요. 그니까 풋옥수수라고 그러죠. 풋강냉이라고 그러는데 북한에서는 풋강냉이가 보통 8·15(광복절) 그때 되면 나오거든요. 그런데 그전까지는 식량을 해결할 수가 없었으니까. 산에 가서 약초나 풀 같은 것 채취하고, 강에는 이미 고기가 씨가 말랐어요. 사람들이 하도 하루에도 수십 번씩 그물 들고 별의별 방법이 다 동원되었는데, 그런 방법으로 그 강을 훑고 지나가니까 진짜 새끼고기 말고는 싹 그냥 궤멸 상태인 것이죠.

그래서 고기도 잡을 수 없어가지고, 논이나 이런데 가면 개구리들이 많잖아요. 개구리 같은 것을 많이 잡아다가 대용식품으로 먹고 그랬었는데 하여튼 그런 과정이 많이 어려웠었는데, 그래도 가을되고 김매기 세 번 정도 하거든요. 그 세 번 끝나고 가을 되니까 옥수수가 어느 정도 자라고 또 밑에는 콩 같은 것들이 잘 자라가더라고요. 그나마 그 땅이 원래 소나무 밭이었는데 소나무가 있었던 곳이 약간 부식토라고 그래요. 충분한 영양분이 있는 그러한 땅들이어가지고 곡식 같은 것 상당히 잘 자랐던 것 같아요.

그래서 한 98년도에 시작해가지고 삼 년 했네요. 99년, 2000년, 2001년까지 했으니까. 3년 정도 하니까 가을 때 되면 아빠는 또 기업소 가서는 운송일 하다 보니까, 그거 실어 나르는 것 있잖아요. 달구지 해가지고 실어 나르는 것은 다른 분들에 비해서는 상당히 유리하더라고요. 탄광이나 이런 분들은 나르는 자동차 이런 게 없으니까 운임비를 따로내고 빌려서 사용했거든요. 저희는 다 무료로 사용할 수 있으니까, 그런 것은 상당히 좋았던 것 같아요. 그때는 그리고 일 년 내내 가꿔왔던 곡식을 수확할 때 농부들도 그렇고 뿌듯하잖아요. 그런 것을 아빠가 회사 다니고 월급 받을 때는 잘 몰랐는데, 물론 그냥 월급은 높지만 그런 것을 잘 몰랐었는데, 농사 일 하면서 그렇게 얻게 된 부분들이 기쁘더라고요. 또 다른 만족감이라든가 그런 게 생기는 거예요.

소농경영을 하며 협동농장의 한계를 느끼다

가을되면 트럭으로 실어 나르는 옥수수 같은 걸 집안에 보통 쌓아 놓거든요. 밖에다 원래 말려야 되는데 밖에 놓게 되면 어려운 분들이 훔쳐가는 분들이 많거든요, 진짜로 많거든요. 그래서 웬만하면 다 집안에서 말려요, 건조 과정을. 그리고 한국 같은 경우는 밖에 말리는 칸 같은 게 따로 있잖아요, 창고 같은 게. 근데 북한은 그럴 수가 없으니까 콩 같은 것도 지붕 위에다 말리거든요. 지붕 위에다 말리면 도둑들이 쉽게 오를 수가 없으니까 그래서 지붕에다 말리는데, 그런 것도 신기하게 서리해 가는 사람이 진짜 많은 거예요. 그래서 지붕 위에서 콩 덩굴 옆에 자리 하나 마련해놓고, 둘째형하고 저하고 아빠랑 교대로 계속 경비 섰던 기억이 있네요.

참 그때는 신기했던 게 경비서면서 일단 가을이니까 쌀쌀하고 춥고 이런 것은 있었는데, 그 왠지 뿌듯함 같은 게 있잖아요. 우리 일 년 동안 열심히 노력해서 얻은 결과물이니까 뭔가 만족감이 있고 기쁘고. 그리고 밤이 되니까, 북한은 전기사정이 안 좋으니까 밤이 되면 아주 깜깜해요. 그냥 좀 호롱불이나 이런 것을 켜고 있으니까, 하늘을 쳐다보면 그 무수히 많은 별들이 진짜 그때 신기하게 느껴지더라고요. 웬만하면 밖에서 자는 경우는 별로 없는데 그때는 어쩔 수 없이 밖에서 자게 되었는데, 하늘을 쳐다보니까 진짜 별이 그렇게 많은 것은 난생 처음 느꼈던 것 같아요. 그래서 어린 마음에 꿈을 가졌던 게 '나중에 천문학자가 되고 싶다'라는 생각을 막연하게 가졌던 것 같아요. 그러한 작은 꿈들을 키우면서, 농사일하면서 그런 보람을 느꼈던 것 같아요.

그게 재미있는 게, 북한에서 여러 에피소드 같은 것이 있었는데 그 저희농장 밭 있잖아요. 저희가 가꾸었던 그 밭을 지켜야 되거든요? 지켜야 되는데, 중요한 것은 저희 밭은 지키면서 점심이나 저녁에는 끼니를 해결해야 되잖아요. 그런데 그것은 자기 밭에 것을 건드리지 않고, 주변 밭에 가서 훔쳐오는 것이에요. 산 전부다 그래요. 결국은 평준화가 되는 것이에요. 모든 밭이 털려, 털리긴 털리는데 그런 사람들의 약간 묘한 심리가 있더라고요. 내 밭에 것은 건드리지 않으면서 주변의 밭 것을 가져먹는 만족감 같은 게 있다고 할까. 결국은 저희 밭도 다른 사람들과 거의 똑같은 결과인데 사람들이 묘한 심리가 있더라고요. 그런 재미있는 에피소드도 있었던 것 같아요. 일단 농사에 대해서는 그런 게 있고.

그런데 최근에 북한에 그런 것들이 협동농장 형식으로 다 운영되고 있잖아요. 제가 있을 때만 해도 개인 밭을 주로 소토지라고 하는데, 그 소토지랑 농장 밭에 똑같은 과정을 들어서 심고 재배를 했는데 결과물에 차이가 상당히 많이 나는 거예요. 농장 밭은 일단 밭을 지나가면서보면 옥수수가 작고, 메말라 있고, 그리고 옥수수 이삭도 상당히 일반 개인 밭에 비해서 작은 거예요. 그러니까 소출량이라고 하죠. 소출량이 상당히 작다 보니까 확실하게 느껴지더라고요. 이 계획경제가 왜 이렇게 잘 안 되는지 이유를 알겠는 거예요. 그러니까 자기 협동농장이다 보니까 일단 책임의식 같은 것이 상당히 떨어지고, 그리고 자기가 들인 노력에 비해서 얻어지는 결과가 현저하게 떨어지다 보니까 거기에 대해서 정성을 들이거나 노력을 덜 들이게 된다는 것을 확실하게 느끼게 되더라고요.

그래서 최근에 그런 시스템을 개선해가지고 일부 농장원들에게 일정 토지를 1인당 1,000평 정도를 나눠주고 거기에 대한 결과물에 대해서 몇 % 비율로, 6 : 4라고 알고 있는데 그 비율로 나눈다고 하더라고요. 정부에서 60%를 가져가고 그런 방법이 상당히 문제점을 해결하는 데는 상당히 도움이 되는 정책이다. '그나마 가장 바람직하지 않나'라는 생각이 들더라고요, 최근에 들어서. 그리고 북한에서는 집집마다 경제사정이 좀 다르다 보니까, 일반적으로 옥수수 같은 경우는 비료를 많이 소요를 하는 작물이에요. 그래서 비료 같은 것이 가장 문제였어요. 첫해는 뭣 모르니까 퇴비 이런 것 있잖아요. 인분이라던가 아니면 동물들 가축들의 배설물을 가지고 주로 많이 해결하려고 했었는데 그것 가지고는 솔직히 옥수수의 수확량을 늘리긴 어렵더라고요.

토지는 딱 정해져 있으니까 수확량을 늘려야 되는데, 늘리는 방법 중 하나는 가장 효과적인 방법은 비료를 사용하는 것이거든요. 그런데 보통 옥수수 같은 경우는 한 번 재배하려면 두 번에서 세 번 정도를 비료를 주면 가장 좋다고 이야기하거든요. 그런데 비료값이 너무 비싼 거예요. 북한 내에서 생산되는 비료는 질이 떨어지지만 그 떨어진 질도 없는 거고. 그것은 농장 밭에 국가에서 지원해주는 것이고 일반 기업소로 따로 나누어주는 그런 소토지 밭에는 국가에서 지원해주지 않거든요 비료 같은 것은.

그런데 개인 입장에서 해결하려면 상당히 어려운 부분인데 그래서 집집마다 차이가 있어요. 같은 기업소 내에서도 경제사정이 좋은 집은 비료를 한 번 더 치니까 수확량이 확실히 더 늘어나고. 경제사정이 안 좋은 집들은 그런 것을 못 치니까 똑같은 밭인데도 수확량이 현저하게 떨어지는 그런 것을 경험했었고. 저희 집 같은 경우는 그나마 괜찮았던 게 저희 아빠가 트럭 기사다 보니까, 물건 같은 것을 실어다 주면 운임비를 받을 때가 있어요. 그니까 운임비 외에 운전기사에게 또 팁으로 주는 게 있었거든요. 서비스라고 하는데 그런 서비스라고 주는 게 있었는데 그런 부분들을 현금으로 받을 때도 있고 아니면 농장 밭의 일을 해주게 되면, 공임비 따로 아빠가 개인적으로 부탁을 하는 거죠. 농장 책임자에게 비료 같은 것 남는 것 있으면 달라고. 그런 식으로 해서 저희 집은 해결을 했던 것 같아요.

다른 집들 같은 경우는 가을에 어느 정도 그니까 이자라고 해야 되겠죠. 고리대 개념이긴 한데 그런 심한 고리대는 아니고, 이자의 개념으로 옥수수나 이런 것을 가을에 가서 갚겠다. 이런 식으로 해서 미리 외상으로 받는 방법들을 택하더라고요. 그니까 그것은 그때그때 다른 것 같아요. 그해마다 식량 사정이 어느 정도 괜찮을 때가 있고 전년도 식량 사정에 따라 다른데 전년이 풍년이었다 그러면 고리대 그게 예를 들면 3 : 1 옥수수 1kg을 빌려줬으면 가을에 옥수수 3kg을 갚는 다던가 이런 식으로 비율이 있는데, 그 비율이 전년도에 농사생산량에 따라 달라지는 것이죠. 그게 저때만 해도 3 : 1 정도였는데, 좀 심하게 안 좋을 때는 5 : 1 정도였죠.

그게 법정(법으로 정해진 것)인데, 한국도 과거에는 그랬죠. 그런데 최근에 와서 법정이율이니 이런 게 많이 금융 선진화 되면서 좋아지긴 했지만 제도권 안으로 들어오면서. 그런데 북한은 그런 시스템, 금융시스템이 아예 갖춰지지 않다 보니까 국가에서 고리대 그것을 정할수가 없는 것이죠. 더 중요한 것은 그런 사람들 자체가 없으면 아예 그런 것을 구할 수 있는 방법이 없으니까. 일단 그런 것을 사람들이 상당히 많이 따졌죠. 3 : 1 정도 그런 식으로 하는 집들도 있었고, 그런데 어느 정도 안면이 있고 많이 친하다 그리고 신뢰관계가 두텁다 하면 그 비율이 줄어들기도 했고요.

그런데 농사를 못 짓는 사람들이 거의 없었던 것 같아요. 왜냐하면 아까처럼 고리대나 그런 방법을 통해서 구할 수는 있었거든요. 대신 가을에 가서 생산량 대비 이게 너무 줄어들었기 때문에, 그러다가 과거의 한국도 그랬지, 조선시대 말기에 그랬지만 점점 시간이 지날수록 사람들이 경험하는 게 약간 소작 형식이 되는 것이죠. 그리고 빈부격차도 점점 심해지죠. 왜냐하면 토지를 만약에 제가 관리할 수 없으면 그 토지를 담보로 옥수수 같은 것을 봄에 꿔 쓰잖아요. 그러면 그 토지 생산물 담보가 되니까, 그 생산물을 또 가지고 가는 거예요. 그러다 보니까 못사는 사람들은 점점 더 못살게 되고, 나중에는 그 토지를 관리할 수 없으니까 명의만 본인의 명의지만 그

토지 소유권은 다른 사람에게 넘어가는 거예요. 소유권이라고 하긴 그렇지만 관리권이죠.

약간 초기 자본주의단계 식으로 많이 흘러가더라고요. 그래서 진짜 머리가 좀 빨리빨리 회전하고, 장사 쪽으로 이렇게 실리를 잘 챙기시는 분들은 그런 식으로 부를 축적하는 방법도 있었어요. 그래서 최극빈층들 같은 경우는 그렇게 해서 파산나는 경우는 중국으로 탈출하시는 분들도 많이 계시고, 아니면 진짜 오지산골로 들어가는 것뿐이에요. 모든 채무 관계 이런 것 없이 홀연히 모든 가족을 정리해서 올라가는 거예요. 거기 가서 누구도 못 찾아오게 화전을 하는 것이죠. 그런 식으로 많이 되더라고요. 최근에 들리는 소문에 의하면 엄청나더라고요. 대토지를 가지고 있는 거의 지주들이 대형화가 되가지고, 지주가 생겨가지고 그 대형 토지를 운영하고 그 밑에 소작농들을 부리는 식으로 있잖아요. 가을 가서 어느 정도 일정 부분을 떼어주고, 이런 식으로 운영되는 토지들이 상당히 많더군요. 저희 때부터 일단 시작이 보였어요. 한 3년 정도 지나니까 그런 식으로 흘러가더라고요.

한 10년 12년 정도 되네요. 상당히 시간이 흘렀으니까 북한의 자본주의 시스템이 어느 정도 아마 전 분야에 파급되었을 거라고 저는 그렇게 봅니다. 농업 부분도 그렇고 산업 부분도 그렇고. 우리가 생각하고 있는 사회주의하고 동떨어져 있는 시스템이죠. 북한 사람이 계획경제에 의해 사는 사람들이라 잘 적응 못한다는 것은 식량난 이전의 얘기고, 그 이후의 얘기는 그 북한은 정체된 사회라고 밖에서 보기엔 그렇게 보이는데, 실제로 내부 안을 면밀히 보게 되면 상당히 역동적인 사회라고 볼 수 있어요.

유행이나 이런 것도 상당히 민감하게 많이 타고 요즘은 북한에서 보는 남한 드라마 이런 게 예전 같으면 몇 년 차이였는데, 요즘엔 1개월 차이라고 하더라고요. 남한에서 방영되면 최근에 들어온 한 달된 친구 이야기를 들어보니까, 탈북한 지 한 달된 친구 이야기를 들어보니까 거의 일주일 단위라고 그러더라고요. 여기서 방영하면 일주일 후에는 거기에 남한드라마가 들어간 데요. 그 정도로 유통기한이 짧아지고 있고 유행을 많이 타고.

아버지의 암으로 다시 기울어진 살림살이

그래서 이제는 우리가 어느 정도 자립할 수 있어가지고 먹고 살만하다고 생각한 시점이 2001년도였는데, 2001년도에 아빠가 갑자기 병을 얻으신 거예요. 그러니까 북한 보통 운전기사들이 술을 많이 마셔요. 왜냐면 이게 물품을 실어 날라주면 그거 주문한 집에서 꼭 운전수에게 식사 대접하는 문화가 있어요. 술이나 밥 이런 것 대접하거든요. 그거 안 해주면 다음부터 주문해도 안 해요. 그 일을 그런 식으로, 그런 문화가 있으니까 직업병이죠. 아빠가 술을 계속 달고 사시다시피 했어요. 또 북한은 음주운전 이런 게 없거든요, 단속 같은 것. 그러니까 술 계속 마시게 되는 거예요. 싫어도 마시게 되는 거예요. 만약에 식사대접 했는데 안 드시잖아요. 그럼 뭔가 그 사람한테 불편한 감정이 있거나 이런 걸로 착각할 수가 있으니까. 그러니까 직업병으로 계속 드시다 보니까 간이 안 좋아지신 거죠.

그러다 보니까 치료할 방법이란 게 없어요. 일단 약이 없어요, 암에 걸렸는데 치료약 같은 것이 할 수 있다는 게 중국에서 약들이 있는데 링거 있잖아요. 링거 그때 한 통에 500원 했었거든요. 근데 쌀이 50원이었어요. 그러니까 링거 한 통 맞으려면 쌀 10kg를 소모해야 하는 거예요. 링거는 보통 하루에 한 통 일주일에 한 2~3통 맞아야 되거든요. 그렇게 맞아야지 통증도 좀 가시고 식사량도 적으니까 영양분도 보충할 수 있는데 링거를 맞는 게 장난이 아니에요 비용이. 비용이 워낙 많고 그리고 따로 치료할 수 있는 약이 없고 하니까. 그니까 진단을 받고 거의 사형선고나 다름이 없죠. 앞으로 3개월 딱 남았다는 거예요. 그래서 3개월 동안 링거를 엄청 맞아댔죠. 집안 살림도 좀 어려워지고 그리고 아빠가 딱 2001년에 돌아가시고 나니까 기업소에서 해줬던 땅도 다 몰수해 가는 거예요, 아빠가 돌아가시니까. 갑자기 생계가 아주 그냥 원점으로 돌아간 거예요. 원점보다 더 심하게 된 거죠. 어머니도 몇 년 동안 장거리로 술장사를 다니고 하다 보니까 몸도 되게 안 좋아지신 상태였는데, 그런 상황이 딱 벌어지니까 이게 더 이상 해결책이 없는 거예요.

그래서 둘째형이, 먼저 둘째 이모가 저희 어머님이 일곱 분인데 첫째 이모가 먼저 중국에 가게 된 거예요. 가게 되가지고 어떻게 하다 보니까 잡힌 거예요. 그래서 북송당해서 왔는데 감옥에서 나와가지고 저희 집에 들른 거예요. 어떻게 사나 보려고 들렀는데 살림이 진짜 장난 아닌 거예요. 보름식량밖에 안 남아 있는 거예요. 보름식량밖에 없는 게 세 가족이 있으니까, 둘째 이모가 아무래도 안 되겠다 싶어가지고 둘째형을 데려간 거예요. 먼저 중국에 데려가서 거기서 벌이를 하던 남의 집에 가서 일을 하던 해가지고 돈을 벌어서 다시 북한 나와서 먹여 살려야 되니까. 그래서 둘째형 먼저 데려갔어요. 첫째 이모가 데려갔는데 한 일 년 동안 소식이 없는 거예요. 저랑 어머니가 둘이 있는데 힘들었어요.

진짜 하루 벌어 하루 살다시피 별에 별거 다했어요. 장사부터 시작해서 나무도 해오고…. 그리고 그러다 보니까 저희 집에 가사랑 다 탕진하다시피 했어요. 집안에 있는 그나마 모아놨던 거, TV한대 빼고 다 판 것 같아. 그런데 보니까 막내이모네가 시골에서 돼지 같은 걸 많이 키워놨었거든요. 그 집에서 새끼 돼지 하나를 준 거예요 이모네가 저희가 어려운 걸 알고. 그 돼지에게 그냥 모든 정성을 다 쏟아 부었죠. 근데 그 돼지가 참 착했어요 모든 걸 다 먹었어요. 원래 옥수수대 같은 것 돼지가 잘 안 먹는데, 옥수수대까지 먹더라고요, 소처럼. 그니까 배고파서 우리 마음을 안 거야. 그 돼지를 진짜 지극정성으로 키워갔고 나중에 진짜 70kg인가? 팔고 어느 정도 식량을 얻게 된 거죠 겨울 양식을.

그런데 그 다음 대책이 안 나는 거죠. 땅은 이미 없어졌고, 그래봤자 어머니가 할 수 있는 게 두부장사한다고 두부 하는데 친척들이 많거든요. 엄마 형제들이 시골에 갔다가 시장에 물건 팔러나, 사러오거든요. 그러면 우리 집 꼭 들르거든요. 들르면 두부장사해서 뭐해요. 친척들 다 주고 먹을 것도 없고 뭐 장사가 안 돼 장사가. 그니까 원래 장사 수안이 없는데다가 장사가 안 되는 거죠. 그러다 보니까 점점 살림이 점점 피폐해지는 거죠.

둘째형이 어떻게 하다 보니까 1년 만에 잡혀 나온 거예요. 잡혀 나온 게 아니라 데리러온 거예요. 데리러오다가 어떻게 오다가 국경 연선에서 잡혀 버린 거예요. 그래서 가지고 있던 돈이나 이런 거 벌었던 거 다 뺏겨갔고 그냥 빈 몸에 오게 된 거예요. 그래서 참… 그때는 진짜 막막했던 거 같아요. 이걸 어떻게 살아야 되나. 형도 갔더니 그래도 1년 동안 희망을 가지고 있었는데. 어떻게 해서든 중국 갔다고 하면 뭔가 가지고 올 거라고 생각했는데 아무것도 없으니까. 뭔가 집에 왔는데 거의 식량이 없는 거죠. 거의 또 원점으로 돌아 왔어요. 또 이제 보름 동안 먹을 식량밖에 없었어요.

굶어죽느냐 국경을 넘다 총에 맞아 죽느냐

그래서 어머니가 힘들지만 선택을 해야 되는 상황이 온 거예요. 여기서 굶어 죽느냐 아니면 국경을 넘다가 총에 맞아 죽느냐 선택을 해야 되는 거죠. 빨리 죽느냐 늦게 죽느냐의 차이인데, 좀 그래도 모험을 즐기는 편이어서 빨리 죽는 쪽을 택했죠. 한 방에 50%의 확률로 걸리면 죽을 수도 있는 상황이고 아니면 성공하면 잘되는 거고. 그런 상황이어가지고 형이 가자고 하더라고요. 근데 솔직히 망설여지더라고요. 아 이거 그래도 하루라도 좀 더 살라치면 더 낫지 않을까. 내가 진짜 운명을 걸어야 되는 상황에서는 그게 쉽지가 않더라고요. 그 상황에 선택을 한다는 것이. 그래서 한 며칠 동안 고민을 하다가 북한에 있어 봤자 대책이 없는 거예요. 미래가 안 보이고 캄캄해가지고 그래서 세 명이 딱 굶어죽는 것보다는 저는 형을 따라나서는 게 낫겠다 싶은 거예요.

원래 어머니도 함께 건너려고 했는데 어머니는 큰 형을 기다려야 된다는 거예요. 큰형이 지금 군대가 있잖아요. 큰형이 군대 갔다 왔는데 엄마도 없고 그러면 어쩌겠냐. 그리고 그 집을 아빠가 돌아가시면서 꼭 지키라고 유언을 남기셨거든요. 그니까 심지어 우리 부모님이 지으신 집이예요. 남의 집을 산 게 아니고 직접 지으신 집이다 보니까 그 집에 대한 애착이 엄청 강하신 거예요. 그러면 어쩔 수 없으니까 지키시다가 나중에 힘들어서 팔더라도 계시겠다고 어머니가 말씀하시더라고요. 그래서 어머니의 선택을 존중해줘야 하니까, 그냥 형하고 둘이서 국경을 넘었어요. 두만강 7월이었는데 장마철이었어요.

7월이고 장마철이었는데, 국경 연선 쪽이다 보니까 지리상은 저희가 거의 꿰뚫고 있어요. 어느 쪽에 초소가 있고 이런 건 다 알고 있는데 벙커 같은 게 있었어요. 지형마다 좀 다른데 평지 같은 경우에는 두만강을 쉽게 넘을 수 있는 곳이었어요. 한 50m에서 하나씩 잡고 좀 지형상 어려운 데 있잖아요. 계곡 있고 막 절벽 이런 데는 한 50m에 하나씩 있어요. 어떤 데는 그 두만강하고 떨어진 절벽 있잖아요, 산 중턱에 그런 게 있는 거예요. 초소가 있는 거예요. 지리적으로 잘 모르면 금방 잡히는 거예요. 그게 저희도 잘 몰랐어요. 근데 저희 둘째형이 넘어오다 잡혀가지고 알게 된 거예요. 산 중턱에 그게 초소가 있는 줄 모른 거예요.

암튼 지리적으로 좀, 다른 사람들은 브로커를 통해서 쉽게 넘어간 다던데 저희는 그럴 상황도 아니었고 그래서 절벽 쪽을 택했어요. 지리적으로 절벽 쪽으로, 높이가 제 생각으로 60m 정도 되는 것 같아요. 그 절벽 암벽 등반했어요. 끈 하나 없이 그냥, 그래서 둘째형 하고 새벽 2시에 건넌 거예요. 절벽까지 간 데는 이게 북한이 워낙 시골이고 조용하다 보니까 바스락 소리가 들릴 정도예요. 진짜 모든 움직임이 들릴 정도예요. 이게 조용한 거예요. 이게 때마침 장마철이 니까 소나기가 온 거예요. 한 2,000m 정도는 기어갔어요. 절벽까지 그래서 절벽까지 기어가서 다시 절벽을 기어서 내린 거예요. 새벽 2시에, 사람이 제일 졸릴 때가 그때라고 하더라고요.

그래서 2시에 절벽을 암벽등반해서 수영을 하는데 며칠 동안 영양 상태가 별로 안 좋잖아요. 하루에 한 끼나 두 끼 정도면 잘 먹는 걸 그 먹는 것도 죽인데, 한국으로 말하면 본죽이나 이런 건 엄청 거의 밥 같은 죽이더라고요. 근데 북한의 죽은 그런 죽이 아니에요. 그니까 옥수수가 밑에 한 절반 한 삼분의 일 깔리고 그 삼분의 이는 물이에요, 호박이나 풀 같은 것도 둥둥 떠다닌다고 해야 되나 그런 정도의 죽인 거예요.

그니까 영양상태가 엄청나게 결핍된 상태여가지고 수영을 했어 요. 수영 같은 건 제가 친구들이랑 놀러다니면서 배우긴 했었는데, 중앙까지는 또 그게 물살이 엄청 센 거예요. 엄청 물살이 센 거예요. 절벽이다 보니까 강폭이 좁고 깊고 물살이 세고 하니까 휩쓸려 내려 가는 거예요 강물에 따라서. 그런데 형하고 손잡고 건너고 있었는데 이게 형을 놓친 거예요. 그래가지고 중간 정도 가는데 더 이상 수영 이 안 되는 거예요.

더 이상 힘이 다 빠져가지고 그래서 형을 찾아야 하는데 찾으면 경비대들이 볼 거잖아요. 그런데 '섯섯' 세 번하는데 수영하는 상황 에서 설 수가 없어요. 세 번 이상 군명에 서지 않으면 경비대들이 발포를 하게 되어 있거든요. 수영하는 상황에서 설 수 없는 상황이잖아요. 그니까 형을 부를 수도 없는 상황인 거예요. 그냥 물속으로 빨려 들어가는 거예요. 제 생각엔 한 3~4초 정도 되는 거예요. 근데 그게 진짜 엄청난 죽음의 공포의 시간을 지나는 것 같았어요. 그 찰나의 순간인데 제 15년의 삶이 좌악 주마등처럼 지나가는데, 영화에서 나오는 것처럼. 그거 딱 사람이 위기의 순간이 들면 초당 몇천 장이 이게 사진을 찍듯이 한대요. 그런 것처럼 머릿속에 사진이 지나가죠. 내 삶이 이렇게 끝나는구나 생각하는데 그냥 신이란 이런 개념도 없었는데, 그냥 '아, 신이 있다면 날 좀 살려주세요' 이런 생각이 딱 드는 거예요.

근데 그런 생각하는 순간 형이 저의 목덜미를 딱 잡아끌어 올리는 거예요. 야, 이게 진짜 구사일생이었어요. 진짜 기도가 이게 지금 한국에 왔으니 하나님 이런 걸 알게 되었는데, 그때 당시 하나님 이런 것 잘 몰랐었어요. 신앙 간증할 때도 이런 얘기 많이 하는데, 암튼 목덜미를 끌어 올리는 거예요.

2. 탈북 후 중국 생활

위에서 강기슭까지 거의 끌려가다시피 했어요. 끌려가서 한 5분 동안 이름 없는 놈이었어요. 뭐든 기진맥진해서 형도 힘들어하고 나도 힘들어하고. 그러다가 5분 후에 형이, 누워 있으면 안 되니까 일으켜 세워가지고 부추겨 줘가지고, 밤에 그냥 보이지도 않은데 막 가는 거예요. 가는데 도로로 가면 이게 중국의 변방대 순찰차 두 시간에 한 번씩 순찰하고 그러거든요. 그니까 그쪽으론 못가고 산으로 막 올라가는 거예요.

그냥 오솔길이었는데 산의 오솔길을 따라 정처 없이 가는 거예

요. 소나기가 그치고 나니까 하늘의 별이 보이는 거예요. 북극성이
나 이런 것을 보고 방향을 그걸로 잡고 가는 거예요. 형이 사막에서
그렇게 한다고 하더라고요 길을 잃었을 때. 그것을 따라 그냥 보고
가는 거예요. 정처 없이 그냥 밤에는 걷고 낮에는 자고. 왜냐면 낮
에 들키게 되면 그 지역주민들이 보면 중국 사람들이 우릴 신고하
거든요.

북한 사람들을 뭐, 여러 가지 문제가 있긴 있었죠. 북한 사람들이
가서 뭐 훔치고 이러니까 그런 문제도 있고 그리고 또 하나가 우리를
신고하면 그때 당시만 해도 한 명당 돈을 이백 원 줬어요. 근데
식당에서 일하면 월급이 오백 원이었거든요. 꽤 큰돈이었어요. 그게
한 명당 이백 원 정도 받는 게. 그런 여러 가지 이유 때문에 우리를
신고를 많이 했었어요.

그래서 눈에 안 띄려고 낮에는 자면서 가는데. 중요한 건 가는데
식량을 연길까지 갔어야 되는데 한 5박 6일 정도 가야 되요. 걸어만
갈려면 근데 식량을 3일분밖에 안 챙긴 거예요. 3일 식량이 거의
떨어져갈 무렵이었는데, 진짜 거의 떨어져갈 무렵이었죠. 그냥 가다
가 풀밭 주워 먹고 약초 같은 것 알고 있으면 그런 것 먹고. 대충대충
꿰매서 가는데 더 이상 식량이 없는 거지. 산속에서 식량을 구하려
해봤자 산속에 아무도 없으니까, 사람이 안 사니까.

암튼 풀 먹으면서 가다가 진짜 이젠 더 이상 힘들겠다. 형도 못
가겠다고 그러는 거예요. 발도 너무 아프고, 북한이 신발이 안 좋아
요. 밑창이 금방금방 닳아서 구멍나가지고 거의 발이 보일 정도였던
거예요. 그런 신발을 신고 가니까 발바닥 물집 잡히는 건 그게 물집
잡힌 것도 터져가지고 거기서 피가 나는 거예요.

더 이상 날 이제는 그냥, "형 날 버리고 가라고, 굶어 죽으면 여기
서 굶어 죽어야겠다고" 이렇게 얘기하는 거예요. 근데 형이 포기할
수가 없는 거예요. 엄마랑 약속했는데 내 목숨을 꼭 살린다고 약속했

는데, 형으로선 그게 안 되는 거지. 겨우겨우 막 응 얼리면서[2] 쫌만 가면된다고 이렇게 절 설득하고 얼리가지고 이러면서. 그러면 "좀 가면, 아 좀만 가면된다"고 계속 그런 식으로 얼리다가 그래서 더 이상은 못가겠다고 막 윽박지르고 협박하다가. 그러면서 한참 걸어 가다가 더 이상 못 가게 된 거예요. 배가 너무 고프고 더 이상 걸어 갈수가 없는 상황인 거예요. 그래서 좀만 쉬자고, 그래서 좀 쉬자고 주변 좀 둘러보고 오겠다고 형이 갔어요. 형이 갔는데 한참 걸려도 안 오는 거예요. 그래서 겁이 많이 나더라고요. 정작 죽어도 된다고 생각했었는데 형이 없으니까 또 두려움이 몰려오더라고요. 그게 막 떨고 있는데 형이 보이는 거예요. 근데 형이 저기 움막 같은 게 하나 있다고 가보자는 거예요. 그래서 형 따라 같이 갔어요.

가서 보니까 이게 비닐하우스 같이 되어 있더라고요. 보니까 벌목 공들이 거기서 지내면서 며칠 동안 벌목하고 다시 내려가고 그런 움막이더라고요. 그래서 보니까 가마솥 이런 건 다 빼간 거예요 이미 내려간 거예요. 철수했는데 그 사람들이 먹다가 버린 쌀이 있더라고 요. 포대에 보니까 엄청 한 3~4kg 정도 되는 쌀이 있는 거예요. 우리한텐 엄청난 횡재였죠. 그게 거의 신은 우릴 버리지 않는구나 생각 그때 한 것 같아요. 그래서 암튼 생쌀을 먹으면서 아 생쌀 엄청 감사하더라고요. 생쌀 먹으면서 꼬덕 꼬덕 씹으면 생쌀도 엄청 오래 씹으니까 약간 단맛이 나는 거예요.

그래서 쌀 먹으면서 오는데 그것도 이삼일인지 한 이틀 지나니까 못 먹는 거예요. 그게 소화가 안 되니까. 그게 또 가다 보니까 웬 아저씬데 조선족 아저씨였는데, 산에 나무하러 온 거예요. 소달구지 끌고 나무하러 왔는데, 중요한 건 내려갈 때 소 여물 끓이려고 여물 통을 하나 가지고 온 거예요. 그 여물통 좀 빌려달라고 그래가지고

---

2) 얼리다: 어르다의 북한말이다.

그 여물통에다가 물을 샘물 받아서 거기다 밥을 한 거예요. 그 아저씨가 그때 비가 와서 우비를 입고 있었어요. 우비를 좀 우리한테 달라고 그래가지고. 밥을 다한 것을 먹고 우비에다 밥을 넣고 동여매가지고. 아저씨가 부탁하는 거예요. 북한여자 있으면 좀 데려와 달라고. 그래서 북한여자 엄청 예쁜 여자 많다고 지금 당장 아저씨를 협상해야 될 상황이여가지고. 예쁜 여자 많아요. 꼭 기다리고 있으라고 아저씨 주소 주면 그쪽으로 찾아갈 거라고. 주소도 받고 막 이러면서 당장 먹고 살아야 하니까 협상을 했지.

그리고 또 그래서 그것도 한참 걸어가다 보니까 용정이라는 도시가 있더라고요. 중국말로 하면 융진인데 용정이라고 보통 한국어로는 그렇게 표현하는데, 그니까 그쪽에 가게 됐어요. 근데 와, 밤에 그쪽에 들어갔거든요. 근데 엄청 화려하더라고요. 거기가 저는 그렇게 밤에 불이 화려한 데가 처음 봤거든요. 거의 천국에 왔다는 느낌이 들더라고요. 멀리서 봤는데 산이 깜깜한 데서 도시를 보니까 더 환해 보이는 거예요. 그래가지고 저기가 어디냐고 형보고 물어보니까 도시라는 거예요. 거의 다 온 것 같다고 그렇게 또 용정에 도착해가지고 또 형이 아는 집이 있더라고요. 그래서 먹을 거랑 돈이랑 차비 구해가지고 또 버스를 타고 간 거예요.

용정에서 연길까지 가는데 검문소가 있어요. 거기 검문소는 형이 이미 알고 있으니까 검문소 전의 역 전 정거장에 내린 거예요. 내려가지고 그 정거장에 있으면 근데 그 주변에 산이 너무 가팔라가지고 산으로 갈 수가 없는 거예요. 그래서 그 도로가 있던 그 옆에 강이 흘렀는데, 강 쪽으로 거의 숨어서 강 쪽으로 해서 그 검문소를 지나갔던 거예요. 그리고 또 한참 걸어가니까 연길시에 도착한 거예요. 연길시에 가니까 그 이모네 집 있잖아요. 이모네가 연길시에서 살고 있었거든요. 그 집에 가서 하아… 모든 걸 다 풀고 밥 먹고 며칠 동안 좀 쉬다가, 그러다가 그 연길시에서 사는 고속버스타고 한두 시간 정도 떨어진 삼도만이라는 곳이에요. 삼도만3) 맞아요. 한자로 표기하면 삼도만이라는 그곳이었는데 그쪽에 가서 일하게 된다는 거예요.

음… 조선족 할머니였는데 심장이 나쁘셔가지고 심장병을 앓고 계신데, 그 집의 가사일이나 그런 것을 도와주면서 있을 수 있다는 거예요. 형 따라 그 집에 가게 되죠, 3일 후에. 이모네 집에는 살 수가 없어가지고. 그 이모네에는 사촌 형이랑 얹혀살고 있는데, 저까지 얹혀 살 수는 없어가지고. 힘들면 정말 힘들면 이모네 집 내려오라고 이야기는 하시는데, 제가 봐도 그럴 상황이 아니었어요. 그래서 그 시골 가서, 할머니 집 가서 거기서 거의 살았던 거 같아요.

소년, 불안한 이방인으로 살아가다

전 솔직히 북한에서의 연애 경험은 없어요. 왜냐하면 제가 초등학교 1학년 때 중퇴했다고 이야기를 했잖아요. 그래서 학교생활을 거의 못하다 보니까 계속 집에만 있었고, 그 집 주변에 있는 친구들하고만 놀았어요. 근데 그 친구들이, 제 나이 또래 친구들은 주로 나무하러가고 농장일 가고 부모님 따라서 일하고 장사하고 이러다 보니까. 제 또래 친구들도 있었다고 하긴 하지만 저보다 어린 나이의 친구들 그런 친구들하고 많이 지내다 보니까 연애감정 이런 건 아예 없었어요. 되게 어렸으니까 나이가.

15살 이때 되니까 이성에 대한 관심, 호기심이 많이 생길 때였거든요. 그런데 그때 고등중학교 담임선생님이 찾아오셔가지고는 "졸업은 정규학교를 몇 개월 다니면서 해야 되지 않겠느냐" 하면서 부모님께 사정을 하시더라고요. 북한 같은 경우는 출석률 낮으면 담임

---

3) 중국 연길시 삼도만진 지역.

선생님이 엄청 질책 받거든요. 그래서 그것 때문에 출석률을 위해서 나갔었어요. 한 1개월 정도를 나갔었는데, 북한 같은 경우는 남녀공학이에요. 한 교실에서 남녀가 같이 수업을 듣는데 그 중에서 유독 눈에 들어오는 친구가 있었어요. 이름은 아직도 기억이 안 나는데 너무 오래 되가지고는, 되게 차분한 성격이었고 아쉬웠던 점이 저보다 키가 컸어요. 훨씬. 그래가지고 제가 몇 개월만 더 있었으면 대시 같은 것을 했을 수도 있을 텐데, 제가 1개월도 안 되서는 그 학교를 그만두다 보니까 연애감정까지는 가지 못했어요.

그런데 주변에서 연애하는 친구들을 보면 공개적으로 막 사귄다 하고 다니는 친구는 거의 없었던 거 같아요. 다 몰래 저녁에 만나고, 저녁에 만나서 주로 데이트를 하는데 산책 같은 거 있잖아요. 예를 들면 강 있으면 강둑 같은데, 제방 같은데 가서 산책을 하거나, 다른 공원이나 이런 데를 가서 산책을 하거나 이런 식으로 많이 하거든요. 웬만하면 사람들 눈이 없는, 이목이 집중되지 않는 곳에 가서 데이트를 많이 하더라고요. 이런 식으로 하는 것을 많이 목격 했었어요 저는. 그랬던 기억이 있었고.

제가 보기에 이성에 눈을 뜨는 시기가 고등중학교 한 4학년에서부터 5학년 때가, 그러면 한 14살, 15살 그때. 그런데 북한하고 남한은 학제가 조금 다르잖아요. 일단 북한은 17살부터 성인으로 취급하기 때문에 15살, 16살이면 여기로 말하면 고등학교 2학년 정도로 보면 될 거 같아요. 그 정도 나이대 되면 이성에 대한 관심도가 가장 높아지고 그런 것 같고. 그런데 연애를 잘하는 친구들 보통 특징이, 집안이 요정도 살아요. 성격적인 측면에서 상당히 그렇게 활달하고, 그런 외향적인 친구들이 여자 친구를 많이 사귀더라고요. 자주 바꾸고 그러는 것 같더라고요.

연애하다 들키면 퇴학, 정학당하는 것은 없었던 것 같아요. 연애하다 들켜도 좀 지적 같은 거 받고, 또 생활총화 시간이 있잖아요?

이런 시간에 좀 비판의 대상이 되겠지만 또 그런 친구들은 반에서 인기도 많고 그렇기 때문에 남자들 속에서도 그 친구를 공개적으로 비판하고 그러는 친구는 별로 없었던 것 같아요. 그래서 잘 사귀는 친구는 몰래몰래 잘 연애하고 어느 인간 사회를 나가봐도 연애나 이런 것은 다 비슷한 거 같아요.

북한은 남한하고 미인상이 좀 많이 달라요. 남한에 와서 좀 놀랐던 게 서양적인 외모스타일을 많이 요구하더라고요. 상당히 몸매도 날씬하고 그런 쪽으로 많이 보는데, 북한을 보면 물론 너무 뚱뚱한 사람은 없지만 전제 자체를 안 하지만 뚱뚱한 사람 자체를 본 적이 없어서, 여성들 몸매가 어느 정도 살집이 있어야 해요. 너무 삐쩍 마르면 매력도가 확 떨어져요. 몸집 자체도 어느 정도 통통하다, 뚱뚱하다는 아니고 통통하다 정도고요.

그런 정도고 얼굴형도 남한 같은 경우는 막 쌍꺼풀에다 코도 높고 다 이런 식인데 뭔가 큼직큼직하게 이런 식인데, 북한은 꼭 그렇지는 않고 쌍꺼풀 이 정도는 성형수술을 많이 해요. 북한 여성들도 상당히 많이 하고 쌍꺼풀 정도는 상당히 미인상으로 보고. 그런데 얼굴 형태 자체는 남한은 보통 달걀형이라고 하죠, 좀 갸름한 형태를 많이 요구하는데 북한에서는 둥근형을 되게 미인상으로 많이 봐요, 둥근형의 시초가 어딘가 했더니 북한의 미인상으로 많이 뽑는 게 김정일의 생모 김정숙, 그런 형태를 미인상으로 많이. 홍보 학습효과라고 해야 되겠죠? 그러니까 약간 미인들로 나온 스타일들이 다 그런 스타일인 거예요, 약간 둥근 형태. 그런 식으로 많이 되었던 거 같아요. 남자 같은 경우는 상당히 남성성이 부각되는 측면이죠. 뭔가 터프하고 카리스마가 있고, 이런 스타일들이 한국 연예인 중에서는 장동건 같은 스타일이겠죠. 근육도 좀 붙고, 터프하고 말 많지 않고 과묵한 면도 있어야 하고요.

그런데 제 첫사랑이라고 하기는 좀 그렇고 첫 짝사랑을 해봤던 경험이 중국에 와서였어요. 북한에서 있을 때는 그러한 생각 자체를 잘 못했었는데, 중국 오고 그때가 16살, 15살 때였는데, 이성에 대한 시각이 많이 눈을 뜰 때였고 또 영양 관계도 상당히 영향이 많이 되는 것 같아요. 어느 정도 영양상태가 좋아지니까 신체적으로 건강해지고 남성성이나 이런 것들이 상당히 건강해지다 보니까 이성에 대한 생각도 많이 들고 그러더라고요.

그러면서 제가 처음 느꼈던 감정을 연애감정이라고 해야 되나 연애감정은 아니고 짝사랑의 감정이라고 느꼈던 게, 제가 중국에 있을 때 주인집 할머니가 아들이랑 딸, 둘이 있었는데 길림성이었는데 다른 도시에서 식당을 운영했었어요. 그런데 저희가 딸네 집에 식당에 종업원으로 일하러 갔었죠. 일하러 갔었는데 그 당시만 해도 그 농민공이라고 하죠, 시골에 있는 젊은 남녀들이 시내로 나와서 일을 많이 할 때였어요. 지금도 그런 게 많지만 그때가 한창 그때여 가지고, 그 친구도 지방에 있는 시골 마을이었는데 도시로 일하러 나왔던 거예요.

그렇게 일하러 나왔던 집 중에서 식당이었는데, 그 식당에서 저처럼 잘 곳이 없어서 낮에는 식당일 도와주고 밤에는 거기서 숙식을 해결하는 것이었어요. 저랑 같이 그런 비슷한 생활을 하다 보니까 동질감 아닌 동질감을 느꼈다고 할까. 그리고 24시간을 같이 있는 거잖아요? 낮에는 같이 식당일 도와주고, 밤에는 함께 잠깐 만나고 물론 방은 따로 있었으니까. 그러다 보니까 저보다 한두 살 위인 누나였는데 저를 많이 챙겨줬어요. 그리고 성격도 저보다는 상당히 활발했어요. 저는 상당히 소심한 성격이어서 말도 잘 못 붙이고 그랬는데, 그 누나는 상당히 저를 잘 챙겨주고 여러 가지로 많이 챙겨줬어요.

밤에 그 식당에 도둑이 든 적이 있었는데요. 아무튼 그 도둑 사건 이후로 상당히 밤마다 무서워하더라고요. 그래서 그런 무서운 것 때문에 같이 방에 있어도 되냐, 이런 일들이 있었는데 물론 같이 잔 적은 없고요. 아무튼 그러다 보니까 이런 감정에 대해서 잘 몰랐었는데, 그런 것들이 약간 빈번하게 있다 보니까 이성에 대한 감정 이런 게 생기더라고요. 그러면서 그 누나에 대해서는 사모했죠. 그 누나는 저를 동생으로 보니까, 저는 그런 감정이 아니었는데 그게 처음으로 느껴본 짝사랑의 감정이었던 거 같아요. 그런데 그러다가 그 누나가 2개월 뒤에 다른 식당으로 옮겨가게 되었어요. 그러면서 연락이 안 되고 했었는데, 지금도 생각해 보면 제 첫 번째 사건인 거 같아요.

둘째형이랑 같이 있지는 못했어요. 왜냐하면 거기가 호구조사 불심검문? 이런 게 잦거든요. 자주 있어가지고, 한 번 와서 잡히면 둘 다 잡혀 나가잖아요. 그래서 형이 연길시에 있는 식당에서 일하고, 나는 할머니 집에서 가사일 돕고 약초 캐고 나물하고 별별 일을 다 했던 거 같아요. 남의 집 가서 품삯 받아다가 할머니한테 돈을 주고 그런 일을 좀 하다가 한 6개월에 한 번씩 위치를 체인지한 거예요. 그러니까 형이 올라오고 내가 대신 내려가서 식당가서 도와주고 서빙하고 주방일하고 그러면서 있었지.

근데 형이 참 운이 없었던 것 같아요. 형이 중국에서 있는 기간에 5번 정도 잡혀 나가는 거예요. 한국행으로 하다가 한 번 내몽골 쪽에서 잡혀나가고, 크로싱 그 루트 쪽으로 가다가 잡혀나가고, 그리고 텐진 쪽으로 가다가 한국대사관 들어가려 하다가 잡혀나가고, 여러 번 잡혀 나간 거예요. 그런데 그 삼도만이라는 곳에 형이 가서 일하고 있었는데, 저랑 자리를 바꾼지, 저는 연길을 내려오고 형은 삼도만 갔는데, 딱 3일 만에 형이 잡혀 나간 거예요. 진짜 운이 나빴던 것 같아요 형이. 나 대신 잡혀 나간 것 같아. 그 3일 만에 딱 잡혀 나가는데 진짜 깜짝 놀랐어요.

그러니까 중국에서 친척이라곤 그때 이모네도 이미 한국 갔어요.

그래가지고 의지할 사람이 아무도 없는 거예요. 원래 둘째형밖에 없었는데 둘째형도 잡혀나가니까 진짜 그때가 제일 막막했던 것 같아요. 그때 너무 힘들었어요. 그리고 연길시에서 있는데 식당일을 하는데 그때 15살이었거든요? 15살이었는데 좀 힘들었어요. 제가 일하기에는 너무 고된 노동을 하다 보니까. 서빙부터 주방일 그리고 밤에는 그 다찌4) 뒷정리하고 그 식당에서 자고 했었거든요. 그런게 너무 스트레스 받고 손님들 접대하는 것도 너무 싫었고. 그 형이 잡혀나가는 상황인데 식당이라는 서비스 업종이 웃으면서 대해야 되자나요 손님을. 근데 웃음이 잘 안 나오는 거예요. 지금 내가 마음이 불안하고 심리적 스트레스도 너무 심하다 보니까, 사장은 손님접대 해야 되는데 웃지 않으냐고 또 그러고 야단을 치고 하니까, 스트레스가 가중이 되는 거예요. 그리고 심리적으로 너무 우울하고 우울증도 올 것 같고 그런 상황이 지속 됐었는데 그러다가 진짜 힘들더라고요.

이 집에서 도망쳐도 다 다른데 그냥 혼자 여행해볼까 이런 생각도 하다가, 그냥 어차피 인생 한 번이니까 계속 이렇게 살 수는 없잖아요. 의미가 없는 거니까 거기서 남의 집 일이나 해주고 그랬었을 수가 없으니까 그런 생각도 많이 들더라고요. 사장도 너무 싫고 그러니까 어린앤데 어린애로 대해 주질 않고 약간 직원으로, 정직원으로 대해주니까 돈은 안 주면서. 그런 것들이 너무 싫은 거예요. 그리고 같이 일하는 사람들도 조선족들인데, 중국 사람도 있었는데 그니까 북한에서 왔으니까 되게 뭐라 할까 궂은일 막 시키는 거예요. 그리고 약간 무시하는 것도 많고, 북한에서 왔다고 그런 것들이 너무 싫은 거예요. 그런 것들도 싫고 그런 것들이 모든 게 전체적으로 싫은 거예요, 그 상황 자체가. 근데 그 싫은 상황에서 벗어날 수 없다는

---

4) '카운터'의 속칭.

게 더 싫고. 거의 내 삶을 체념하다시피 살아야 하니까, 그게 너무 싫었던 거 같아요.

그리고 경찰들도 손님들로 오잖아요. 경찰들이 오면 갑자기 긴장되고 왠지 나의 신분을 물어볼 것 같고, 그런 것들도 많이 힘들었어요. 그러다가 식당에서 더 이상 못하겠다고 하고 할머니 집으로 올라갔어요. 형이 잡혀나간지 몇 개월 안 된 상황인데 올라갔어요. 그냥 잡히면 형을 볼 수 있으니까. 그리고 가족들 볼 수 있잖아요. 그래서 '잡히면 나의 운이 따라주는 거지 뭐' 하고 올라가서 그냥 할머니 집에서 일했어요. 겨울에서 나무하러 다니고 그런데 한 번 잡혀나가니까 더 이상 검사하러 오지는 않더라고요, 검열하러.

그러다가 형이 잡혀나간 상황이 몇 개월 지났어요. 한 6개월 이상 지났는데 어머니랑 연락이 왔더라고요, 어머니랑 같이 두만강을 넘었다고. 그때 12월 달이었거든요. 12월이여가지고 연락이 왔는데, 그래서 2003년이었는데 전화가 와가지고 어머니랑 지금 같이 오고 있는데 나한테 차를 보내 달래 택시를 보내 달라는 거예요. 차를 보내줄 수가 없는데, 내가 내 손에 돈이 없는데 내가 어떻게 보내 주냐고. 그래가지고 그때 또다시 연길의 식당에 내려와 있는 상황이 었는데, 그 사장한테 얘기했어요, 형이 오고 있다고. 그때 식당에 사람이 필요할 때였어요. 사장에게도 되게 도움이 되는 상황이니까, 택시를 보내주네요. 그 택시를 보내줘가지고, 그걸 타고 어머니랑 오셨더라고요. 그때 상황이 좀 잊혀지지가 않는 것 같아요 진짜.

1년 만에 어머니를 봤는데 반가운데 한편으로는 낯설어요. 계속 밤마다 울면서 보고 싶었던 엄만데, 정작 보니까 반가움 반, 낯설음 반 그리고 약간 내 속에 원망이나 미움 같은 게 있었던 것 같아요. 왜 이런 힘든 시기에 날 낳아가지고 이런 것들 있잖아요. 그니까 어머니한테 살갑게 못 대하는 거죠. 처음엔 되게 낯설고 어색하고, 1년 동안이라는 시간 동안 이렇게 떨어져 있어 본적이 없거든요.

15년 동안 북한에서는 근데 갑자기 1년 동안 떨어져 있다가 만나니까 되게 어색하고. 그리고 어머니기 초췌한 모습이구 때기 지글지글한 옷을 입고. 북한 옷 있잖아요. 그런 게 생소하고 낯선 거예요. 어머니한테 살갑게 대하지 못 했던 게, 그게 아직도 후회에 남는데 참 어린 마음이었어요. 그때는 그래가지고 그리고 내가 계속 무시당하고 그런 것 때문에 어머니도 무시당할 거 그런 생각을 하니까 더 싫은 거예요.

그래서 며칠 동안 쫌 어색한 사이가 흘렀는데 나중에 되니까 조금 많이 편해졌죠. 어머니 오다 보니까 신발이 안 좋다 보니까 동상에 걸리신 거예요. 발에 동상이 걸리셔서 되게 힘들어 하셨는데 동상에 걸린 거, 약도 사다드리고 동상 걸린 거 보니까 또 마음이 아프더라고요. 어머니 돌봐주다 보니까 어머니랑 조금 더 가까워졌던 거 같아요.

그러면서 어머니는 다시 할머니 집에 올라가고, 형은 식당에서 일하고 그럼 또 인력이 한 명이 남잖아요. 저는 그 사장 아들 그 할머니 아들 손자죠. 손자가 5살이었는데 남자애였는데 엄청 개구쟁이에요. 보모를 구해야 되는데 일주일 이상 못 버텨 나는 거예요. 걔가 너무 개구쟁이여가지고 그래서 저를 대신 고용한 거죠. 또 갑자기 역할이 베이비시터를 하게 됐어요. 6개월 동안 걔랑 또 너무 힘들었어요. 주인집 애니까 뭔가 사고를 쳐도 혼낼 수가 없잖아요. 혼낼 수도 없고 계속 어울려 얼리고 달래고 이래야 되는데 이게 한계가 있지 얘가.

그때 당시 말은 쫌 못했어요. 말은 못했는데 때리면 얘기해요. 누가 때렸다는 걸 손짓으로 얘기해요. 그럴 수도 없는 상황인 거예요. 그러면 바로 나는 아웃되니까 너무 힘든 거예요. 15살인데 얘까지, 사춘기여서 나도 감당이 안 되는 상태인데 지금 애까지 지금 돌봐야 되니까 너무 싫은 거예요. 6개월 동안 집안에서만 딱 갇혀 있어야 하니까.

한국영사관의 철문을 두드리다

그래가지고 너무 힘든 상황이었는데, 이모한테서 연락이 온 거예요. 한국에 올 수 있는 기회가 생겼다고, 브로커 비용을 먼저 대준다고. 1인당 350만원, 거의 천만원돈 나가는 거예요. 그게 350만원인데 이게 우리를 위해서 먼저 대주겠다는 거예요. 그래서 우리는 진짜 엄청난 희망이었죠.

실오라기 같은 희망이었는데 대신 확률이 될지 안 될지는 잘 모르는데 올 수 있는 희망이 생겨가지고. 그때 당시는 베이비시터를 그만두고 반석시에 잇는 큰 딸네 집에서 식당일 했었어요. 근데 서로 만나진 못하고 어머니나, 둘째형이나, 저나 서로 만나지는 못하고 전화로만 연락을 했었거든요. 어느 시간 어느 때 연길 기차역에서 만나자, 만나서 브로커를 만나면 바로 한국으로 오자, 이런 계획을 짰었어요. 그래서 갑자기 그 식당일 그만두겠다고 얘기했어요. 한 2개월? 2개월 정도 했었거든요? 식당을. 그랬더니 갑자기 그만 둔다고 노발대발인 거예요. 돈도 안 주면서 그래서 차비만 주겠다는 거예요. 그래 차비라도 주면 감사하지 차비 받고 그냥 그 길로 혼자서 기차타고 연길시로 떠나고, 어머니는 그 할머니 집에서 고속버스타고 내려오고 형은 연길에 있었으니까 기차역에서 딱 만났죠.

중요한 건 만나게 됐는데, 브로커에게서 연락이 와서 갑자기 경계가 좀 삼엄해져가지고 루트가 막혔다는 거예요. 그래서 한 달이나 보름 정도는 더 기다려야 한대요. 그것도 모르는 거죠. 몇 개월 기다릴지를 모르는 거예요. 그게 정확하게 계획된 것도 아니고 하니까 갑자기 난감한 거예요. 다 떠난다고 나왔는데 그 집에 다시 들어가야 하는 상황인 거예요. 이게 참 난감한 거예요. 어머니도 도망쳐온 상황이고 형도 다 도망쳐온 상황인데 이게 참 난처하게 된 거예요.

그래서 어쩔 수 없어가지고 연길시에서 며칠 지내다가 다시 그 할머니 집에 다시 올라갔어요. 가서 잘못했다고 빌고, 다시는 이런 일이 없게 하겠다고 빌고, 약속하고 그 할머니 집에서 일하게 된 거예요. 그때 생각하니까 다시 혈압이 오르네요. 열 받는 상황이죠. 브로커 때문에 진짜. 그렇게 북한을 다시 갈까 생각도 했었는데 돈도 없는데 북한 다시 가도 막막하잖아요. 그래서 다시 그 할머니 집에서 일하게 됐죠.

일하다가 다시 연락이 온 거예요 이모님한테서. 이번엔 진짜 확실하게 된 것 같다고. 근데 확신이 안 드는 거예요. 또 모험했다가 이번에까지 이 집에서 도망치면 더 이상 기회가 없는 거예요. 그래서 엄청 신중에 신중을 기해서 다시 오게 됐는데, 루트가 어떤 루트였다면, 제3국, 베트남이나, 라오스, 이쪽을 통한 루트가 있었고, 그쪽은 좀 안전했어요. 그리고 내몽골 쪽 있었는데, 형이 한 번 잡혀나갔으니까 다시는 그쪽으로 안 간데요. 또 한 루트는 북경에 있는 한국대사관 들어가는 건데, 그게 좀 제일 단기간인 데 비해서 제일 고위험인 거예요. 만약 거기 들어가다가 잡혀 북한에 가면 바로 총살감이에요. 총살 아니면 정치범 수용소 가는 거예요. 그건 왜냐면 한국행이기 때문에 확실하잖아요. 한국대사관 넘어간다는 것 자체가. 그러니까 제일 위험하니까 북한 사람이 거기는 잘 안 가려고 해요. 그 루트는 위험하니까. 근데 저희는 너무 오래 돌아다니는데 지쳐가지고 그냥 빠른 루트를 택한 거예요 그쪽으로.

대사관으로 가는 루트를 택해가지고, 브로커를 만나가지고 기차를 탔어요. 처음으로 기차를 타봐가지고, 아 처음은 아니구나, 기차를 타본 지 오래된 것 같아요. 1박 2일 동안 연길에서 베이징까지 가는데 기차를 그리 오래 타더라고요. 한국은 5시간이면 가잖아요. 근데 거기는 1박 2일 가고 그러니까. 막 기차 타고 침대칸이어서 되게 좋았었는데, 가다가 북경 거의 근처 가는데 경찰들이 검문검색하는 거예요. 근데 브로커가 나가더니 경찰들이 나가게 돈을 찔러주는 거 같았어요. 그래서 뇌물주고 하니까 이게 또 통하더라고요.

베이징 가니까 거기까지 데려다주는 브로커가 있고, 그쪽에서 인계받는 브로커가 있더라고요. 그 아저씨였는데 되게 한국 말씨 쓰더라고요. 그러면서 절 데리고 그 이상한 오피스텔 같은 데였는데, 가보니까 이미 4명 정도 아줌마들이 모여 있는 거예요. 북한 아줌마들이 그쪽은 다른 팀이고 우리 가족은 또 한 팀인 거고. 근데 저희 가족이 들어갔는데 할머니 한 분이 계셨는데, 70세 거의 되신 할머니에요. 60세 넘으신 할머니신데 그 할머니 데려가라는 거예요. 원래 계획된 건 그런 게 없었는데 왜 갑자기 그러냐까, 부탁이니까 꼭 좀 데려가라는 거예요. 그래서 그 할머니 데리고 가기로 했어요. 그 할머니 데리고 택시를 타고 와서 거기서 밥 먹고 바로 두 시간만에 택시타고 거기 갔어요.

영사관 앞에 갔는데 택시에 한참 서 있었어요. 앞에 보니까 영사관 앞에 사람이 들어가는 게이트가 있고 차가 들어가는 게이트가 있잖아요. 두 게이트가 있는데, 한 15분 간격으로 사복경찰들이, 경찰이라고 티는 안 났는데 똑같은 사람이 그 앞을 왔다갔다 지나가는 거예요. 그럼 경찰밖에 없잖아요. 그게 두세 명이, 쟤네 사복경찰이라고 브로커가 얘기하는 거예요. 쟤네 피해가지고 없는 틈을 타서 자기네가 뇌물 다 줬으니까 그 차문 있잖아요. 차로 들어가는 데는 중국 약간 지키는 공안, 공안은 아닌데 총은 없는데 가스총 들고 있는 앤데 경비예요. 보안 같은 앤데 걔네가 지키고 있는 데에요. 걔네한테 잡혀도 안 돼요. 걔네는 바로 공안 같은 애한테 넘겨주거든요. 그니까 그 마당 안에서 잡혀도 안 된데요.

대사관 영사관 마당 앞에서 잡혀도 안 되고 꼭 그 건물 스크린도어 안에 들어가야지만 한국 땅이라는 거예요. 절대 마당 안에서 잡힐 거면 오히려 마당 밖에서 잡히는 것보다 못하다는 거예요. 왜냐면 그쪽에서 잡히면 영사관 들어가려는 확실한 증거가 되니까. 그래서 엄청 긴장된 순간이었죠. 그런데 뇌물을 줬기 때문에 긴장할 필요는 없대요. 우리가 딱 가면 알아서 문을 열어준대요. 문을 열어주면 우리는 유유히 걸어 들어가서 북한에서 왔다고 얘기하면 그냥 일사천리로 다 된다는 거예요.

또 그 말을 열심히 잘 믿었죠, 순진해가지고. 그래서 가는데 택시에 내려서 거기까지 걸어갔어요. 걸어가는데 문이 잠겨 있는 거예요. 중요한 건 우리가 가서 서 있는데 이상하게 문을 열어주지 않는 거예요. 그래 문을 막 열어 봤는데 문이 다 잠겨 있는 거예요. 그리고 그 앞에 전선으로 바리게이트 같은 걸쳐놓은 거예요. 근데 이게 너무 긴장하다 보니까 그게 보이지 않는 거예요. 거기에 걸려서 넘어지고 난리 나는 거예요. 넘어지고 그리고 막 문을 열어 봤는데 문도 안 열리고, 또 할머니는 느리잖아요. 할머니는 막 뛰어도 못가고 그러니까, 겨우겨우 어머니랑 둘째형이 부축해서 오고. 근데 철문을 열어 봤는데 절대 안 열리는 거예요. 막 당황하잖아요, 그리고 사복경찰들이 뛰어오고, 보이고 하니까 앞에선 공안들이 난리 난 거예요. 사람들 들어가는 게이트 쪽에 사람들은 우리를 다 쳐다보고 있고, 엄청 당황한 거예요.

그리고 그러다 보니까 엄청 당황한 순간이었는데, 어떤 용기가 났는지 모르겠는데 그 게이트를 뛰어 넘었어요 철문을. 그땐 제가 지금보다 키가 작았어요. 머리 하나는 훨씬 더 작았는데, 게이트 하나를 뛰어 넘게 되더라고요. 뛰어 넘고 그 마당으로 뛰어 들어갔어요. 일단 거기서 들어가기 전에 어머니랑 형이랑 약속했어요. 누구 하나 잡히더라도 그냥 다시 나오지 말고 먼저 뒤돌아보지 말고 들어가라고. 다 약속하고, 전 어리고 그래도 날렵하고 하니까 제가 먼저 들어갔죠.

들어가서 마당 안에 들어왔는데도 공안들이 쫓아오고. 경비들 있잖아요, 보안들이 쫓아오고. 유리문 있잖아요, 유리문 있는데 키가 180정도 되는 보안들이 팔짱 끼고서 서 있는 거예요. 다 막아 버리는 거예요. 유리문 열리면 보통사람이 들어갈 수 있게 돼 있는데, 3명이 입구를 막아 버리니까 들어갈 수가 없는 거예요. 그냥 막 들어가려고 비집고 들어가는 거예요. 팔만 한 쪽만 들어가고, 머리 들어가고, 다리 들어가고, 이런 식으로 들어가는 거예요. 먼저 들어갔는데 브로커 말만 믿었는데 아무도 절 기다리고 있는 사람이 없는 거예요. 그냥 당황하니까 입구란 입구, 사람표시가 있는 거예요. 그쪽으로 들어가면 되나 싶어가지고 들어갔는데 화장실인 거예요. 화장실 들어간 거예요. 당황해서 화장실이니까 다시 나와가지고 보니까, 여권 수정하는 사람들이 줄 서 있는 거예요. 날 쳐다보고 당황하고 화장실 들어갔다가 나오니까 약간 정신이 드는 거예요. 정신이 드는데 보니까 형이랑 어머니랑 아직 안 들어온 거예요. 할머니를 데리고 오느라고 좀 늦은 거예요. 아직 마당에 있는 거죠. 어머니는 팔만 들어오고 그 할머니는 머리만 들어와 있고 잡아 댕기고 막 이러면서 진짜 힘들게 들어왔던 것 같아요.

그러니 보안들이 나오고 영사관 보안담당자 나오고 난리도 아닌 거예요. 난리법석이였죠. 영사관 보안담당자가 "이 사람들 당장 내보내라". 왜냐면 철문을 뛰어넘어 들어왔다는 거예요. 우리 영사관 담장이 동네 집 울타리도 아니고 어떻게 뛰어 넘어 들어올 수 있냐고, 당장 내보내라는 거예요. 그래서 절차를 밟고 들어오라는 거예요. 아니 우리가 무슨 절차가 있어요. 신분이 없는데 무슨 절차가 있어, 엄청 황당했어요. 한국 사람들이 반겨줄 줄 알았는데 반겨주지가 않는 거죠. 근데 영사관 책임자가 나와서 괜찮다고 그래가지고, 영사관에 들어와 보니까 뒤쪽으로 들어가는 통로가 있더라고요.

한국행 비행기를 타다

뒤쪽으로 들어가니까 와 북한 사람들이 엄청 많은 거예요. 한 몇 백 명이 있는 거 같아요. 백 명 이상 있는 거 같아요. 거기 건물 안에 사람이 거주할 수 있는 시설이 아닌데 강제로 사람들을 많이 들여보내니까, 거의 시설처럼 되어 있는 거예요. 사무실인데 의자나 책상이나 한쪽 구석에 몰아버리고, 사람들이 촘촘히, 이불이나 베개가 있고, 사람들이 누워 있고 앉아 있고, 난리도 아닌 거예요. 그리고 환기시스템이 안 돼가지고 엄청 덥고 이상한 냄새도 나고 사람들이 단체복을 다 입은 거예요. 찜질방 옷 있잖아요. 핑크 막 이런 거 남자는 파란색인가. 단체로 왠지 교도소 느낌 이런 느낌이 들더라고요 참.

그래서 그런 상황이었는데 '아 이게 뭐지?' 그리고 저희들도 그런 옷을 주는 거예요. 그래서 저희가 가지고 온 짐들은 다 넣어놓고 거기서 물품관리하는 데에서 다 가져가더라고요. 세면도구나 옷만 주는 거예요. 거기 들어가니까 한 다섯 시간 동안 치료하는 것 같아요. 북한에서 태어나서부터 여기 영사관까지 들어오기 전까지의 과정을 진술하는, 녹음기 주면서 종이 이런 것 막 적구 이러면서 빠짐없이 얘기하라는 거예요. 다섯 시간 동안 취조하고 취조당하고 그러다 보니까 다섯 시간 끝나고 거기 시설에 들어가게 된 거죠.

그래서 보니까 사람들이 많더라고요. 2개월, 6개월 기다린 사람들도 있고. 2개월, 6개월 기다린 사람들 보니까, 들어올 때 급하고 잡혀가기 싫고 이러다 보니까 고춧가루 같은 것도 들고 들어오고, 공안이 오면 뿌려버린다고. 사람들이 당황하고 그러니까 고춧가루 막 뿌려버리는 거예요. 중국에서 그 사람들은 여권허가를 안 내주니까 원래 거기 있으면 임시 여권이 나오거든요. 대한민국 국민이라는 임시여권이 나와요. 그 임시여권을 절차를 밟아가지고 한국에 올 수 있는데, 중국에서 여권 심사할 때 절대 허락을 안 하는 거예요. 중국 공안한테 해를 끼쳤다 이거예요. 그래서 6개월 동안 거기서 있어가지고 거의 폐인이 돼서, 우리는 다행이 고춧가루는 안 뿌렸네요. 그래서 2개월 정도 기다리면 한국 갈 수 있다 해서, 한국드라마 열심히 보면서 코리안 드림을 꿈꿨죠.

제가 북한에 있을 때는 한국드라마가 많지가 않았어요. 그게 상당히 엄격했었고, 일부 진짜 보위부 보위지도원이나 이런 분들이 개인적으로 몰래 보는 경우는 있었지만 남한 드라마를 대놓고 봤다는 이야기는 들어본 적이 없었어요. 그게 그때는 많이 유통되고 그럴 때가 아니어가지고는, 솔직히 제가 한국 드라마를 접한 것은 중국에 있을 때였어요. 중국 연변 자치구역 이쪽에는 티비 채널 자체가 한국 드라마만 하는 채널이 있었어요, 일정 시간대에. 그래가지고 처음 봤던 게 아직도 기억에 남는 게 첫사랑5)이라는 드라마가 있었어요. 최수종 씨가 주연이었는데, 김승연 씨가. 그 드라마가 상당히 인상이 깊었어요. 그니까 약간 시대상황이나 이런 것들이 한참 오래 되었잖아요? 그런데 그 시대상황이나 이런 것들이 상당히 공감되는 부분들이 많았고. 제가 배웠던 부분이랑 약간 유사하더라고요. 북한에서 교육 받기를 "남한사회는 부익부 빈익빈 이런 차이가 너무 심각하다. 못사는 사람은 진짜 못살고, 잘사는 사람은 진짜 잘살고, 그래서 상위 10%가 나머지 90%를 통제하는 사회다"라고 막 그런 식으로 사상교육 같은 것을 많이 시켰었는데, 그 드라마가 그런 것을 토대로 만들어졌더라고요. 그러면서 청춘 남녀의 로맨스를 그린 드라마인데 그러면서 '진짜 남한사회는 그렇구나'라는 것을 당시 제가 체감하기에는 좀 더 부각되게 '아 내가 배웠던 것이 맞구나' 하는 것을

---

5) 96년도에 방영된, 빈부차이와 남녀의 사랑을 소재로 한 드라마. 배용준, 최수종 등이 주연을 맡았다.

재확인하는 정도로 봤어요.

그런데 그 드라마에서는 그렇게 느꼈었는데, 또 다른 드라마들이 있었거든요? 비슷한 시기에 제가 영화를 하나 봤었는데, 〈반칙왕〉[6]이라는 영화를 봤었는데 상당히 코믹물이었어요. 재밌는 그런 것도 있었고, 제가 그때 봤던 드라마 중에 〈가을동화〉[7]였나, 원빈 씨랑 나오는 그런 것을 보면 아닌 것 같기도 하고 약간 헷갈리긴 했어요. 제일 처음에 봤던 것이 첫사랑이었고, 그 다음으로 남한 드라마 여러 개를 접하면서 '제가 생각한 게 또 아닐 수도 있겠다'라는 생각을 좀 바꾸어 먹고. 일단 중요한 게 그 드라마가 문제가 아니고, 드라마에서 보이는 것은 항상 화려한 부분들이 많으니까, 일단 한국에 대한 환상이랑 이런 것을 많이 키우는 과정이었어요.

그리고 주변에서 보니까 조선족 자치구역도 그렇고 남한에 일하러 가신 분들이 그렇게 많더라고요. 그러면서 그분들이 주변에서 하는 이야기가 "남한사회는 중국보다 월등히 잘사는 사회. 인건비나 이런 게 상당히 높고 사람 살기도 중국보다 훨씬 좋다"라는 이야기도 많이 들었어요. 그래서 주변에서 다 그런 식으로 이야기하니까 그 영향을 자연스럽게 받더라고요. 그래서 아무래도 '중국 사회보다는 남한사회가 조금 더 발전한 사회겠구나'라는 막연한 생각은 있었어요.

그래서 '나도 기회가 된다면 남한사회 가서 살고 싶다'라는 생각은 가지고 있었고. 제가 남한에 오게 된 직접적인 계기는 솔직히 중국에서도 있을 수는 있었어요. 어느 정도 있을 수도 있었는데, 중국에서 제가 있었던 그런 상황 자체가 너무 불안했거든요. 왜냐하면 항상

---

6) 2000년에 개봉된, 레슬링을 소재로 한 코미디 영화.
7) 2000년에 방영된, 남녀 간의 연애를 소재로 한 드라마. 송혜교 원빈 등이 주연을 맡았다.

신분이 불안정하니까 공안이나 호구조사 이런 게 올 때 불안했었고. 그리고 다른 사람들에게 항상 거짓말해야 된다는 이런 부담감 있잖아요, 내 신분에 대해서 감춰야 되니까. 너 어디서 태어났어, 고향이 어디야 그러면 항상 바뀌어요. 물어볼 때마다 고향이 바뀌는 거예요. 그럼 저도 거짓말하는 그 고향을 기억하고 있어야 되는 거예요. 그리고 제 모든 가짜 신분에 대해서 기억하고 있어야 되니까 그런 상황들이. 그리고 사람들하고 관계를 맺을 때 깊게 관계를 맺을수록 신뢰나 믿음 이런 게 상당히 중요한 부분이잖아요. 그런데 그게 일단은 형성이 안 되다 보니까 왠지 이 사회에 살고 있지만 그에 속하지 않았다는 느낌 이방인이라는 느낌을 항상 가지고 있고. 그리고 죄책감 이런 게 항상 느껴지고. 왜냐하면 그 사람하고 점점 관계를 깊게 가질수록 거짓말 하고 있다는 상황 이런 것들이 상당히 힘들었어요.

그리고 신분보장이 안 되고 항상 불안해가지고. 자동차나 사이렌 소리가 들리면 마음이 불안하니까 도망갈 준비를 하는 거예요. 2년 동안 정신상태가 너무 예민해져 있다고 해야 되나 그 사람들 눈빛 표정들 이런 거에 대해서 눈치를 많이 보게 되더라고요. 이 사람이 나에 대해서 안 좋은 감정을 가지는 것이 아닌가. 왜냐하면 다 좋게 대해줘야지 나를 신고를 안 하고 나에 대해서 악감정을 가지지 않게 계속 해줘야 되니까. 요즘 한국 사회에서 많이 이슈가 되는 감정노동 이런 거 있잖아요. 상담 콜 센터 인원들처럼, 그런 형식인 거예요. 내 육체적 노동도 있지만 그런 감정적인 것이 소비되는 것들이 상당히 많았고, 내가 계속 일은 하고 있는데 일에 대한 대가를 못 받는 거예요. 주거공간을 제공하고 숙식을 제공한다는 것이었는데, 그것만 있고 미래가 없는 거예요. 내가 이런 식으로 하다가 어느 순간 주인집 사람들이 기분이 언짢아지면, 우리를 내치게 되면 그 다음부터는 어떻게 살아야 되나 하는 불안감. 그런 것들이 미래가 없이 배불리 먹고는 있는데 왠지 행복하지 않은 그런 것을 너무 심하게 느낀 것 같아요.

그래서 일단은 안정적인 삶을 원했던 거 같고. 그리고 남한사회에 오게 되면 한민족이고 그리고 그런 부분에 있어서는 약간 신분적인 안정감 이런 것이 생기지 않을까, 하는 것이 한국에 오게 된 계기가 됐죠. 그런데 거기에 플러스 된 게 한국 드라마 영향도 있었고 주변 분들의 영향도 있었고 여러 가지 복합적인 영향이 있었던 거 같아요.

그래서 그러다 2개월 되고 한국에 오게 됐어요. 한국에 오게 됐는데 저희는 그때 당시 북한에서 유소년축구대표팀 감독이었던 분 가족이 평양에 계셨던 분들인데 그분들이랑 함께 일행이었거든요. 일행으로 한국에 오게 됐어요. 그래가지고 비행기티켓 좋았어요. 그분들 되게 유명한 분들이니까 그냥 이코노미가 아니라 비즈니스 클래스로 딱 태워 주더라고, 저희도 덩달아 비즈니스 타고.

덩달아 타고 오다가 비행기 또 난생 처음 타봐서, 그래가지고 "와, 비행기를 타보네" 이러면서 비행기 처음 타니까. 베이징에서 가서 샤먼8)이라는 곳에서 다시 경유해서 한국에 오게 된 거예요. 비행기를 갈아타는 거예요. 샤먼에서 갈아타고 다시 필리핀 가서 필리핀에서 또다시 갈아타는 거예요. 필리핀에서 대한항공이 인천으로 가는 게 있데요. 그래서 그 전까지 중국비행기 타보고, 필리핀 비행기 타보고, 한국비행기 제일 좋더라고. 대한항공이 진짜 훨씬 좋고 그리고 중요한 건 말이 통하잖아요. 스튜어디스 누나들도 상당히 예쁘시고.

그리고 대한항공 탔는데 커피 드시겠냐고 그러는 거예요. 그리고 커피를 난생 처음 먹어보니까 커피 달라고 그러는 거예요. 우린 또 일행들이 주변에서 다 커피 시키니까 저희도 커피 시키는 거예요. 뭔 맛인지 몰라 그냥 일단 커피 시키니까 시키는 거예요. 눈치보고

---

8) 중국 푸젠성에 있는 도시.

옆에서 설탕 같은 거 뿌리는 거 같아 하얀 가루, 그래서 저희도 하얀 가루 뿌려가지고. 커피에 뿌옇게 물이 그래서 그냥 음료수는 아니다 싶어가지고, 우리는 소금 달라고 했어요. 저걸 달라고 소금, 근데 소금 달라는 건 얘기 안 했는데 원래 프림 달라고 해야 하는 건데, 그 두 가지가 있잖아요. 봉지가 있어가지고 그런 거 하얀 가루 뿌리는 거 저거 달라고 했더니, 옆에서는 설탕 뿌리는데 우리는 소금을 뿌리고 앉아 있네. 소금 뿌려가지고 먹었는데 쓰고 짜고 엄청 맛없는 거예요.

그런 에피소드를 겪으면서 비행기타고 왔던 것 같아요. 아무튼 새벽 2004년 1월 31일 새벽 5시 인천공항에 내리니까 엄청 화려하더라고, 야 인천이 진짜 밝더라고요. 여기가 무빙워크 인천국제공항에 또 유명하잖아요. 세계적으로도 유명한 공항이고 엄청 화려하고 역시 중국하고 '비할 바가 아니다'라는 생각이 들고요.

새벽 5시에 내리니까 국정원 요원들이 저희를 기다리고 있더라고요. 그래서 새까만 버스도 타고 북한에서 그런 얘기 많이 했거든요. 우리 남한에 가면 남산 지하실 끌려간다고 그런 생각이 드는 거예요. 갑자기 막 무서운 거예요. 갑자기 국정원 요원들이 새까만 정장 입은 사람들이 딱 기다리는 거예요. 암튼 새벽 5시에 인천에서 빠져 나와서 경인고속도로를 타고 서울에 온 거예요. 영등포 쪽인 거 같네요, 아마. 대성공사라고 합동 심사하는 데 있잖아요. 합동조사본부 거기에서 국정원 시설이라 그러던데 암튼 거기 가서 또 열심히 3개월 동안. 그런 과정을 거쳐가지고 하나원 또 거쳐서 나오게 됐죠. 남한에 오게 된 과정은 그랬던 거 같아요.

3. 한국에서의 적응기

탈북 소년의 남한 일주기

처음에는 사촌 형이나 누나가 먼저 한국에 왔었어요, 와 계셔가지고. 형들은 저에게 남한에 대해서 너무 모르니까, 1개월 정도는 여행도 해보고 그러면서 남한사회에 대해서 일단 배워보고 그 이후에 학업적인 부분에 전념해서 공부해보라고 해서 1개월 동안은 하나원 나와서 계속 놀러만 다녔어요. 제주도도 갔다와보고 부산도 갔다와보고, 안가본데가 없는 것 같아요 구석구석을.

처음에 나왔을 때는 생소했던 것 같아요. 남한이라는 사회 자체를 일단 처음으로 겪어보니까. 하나원이나 국정원에서 말만 듣고 잠깐 동안 나온 게 있었거든요. 그런 체험 빼고는 진짜 쌩 리얼로 그냥 살아 보는 게 이게 상당히 다른 거예요. 교과서적으로 배웠던 거랑 실제 삶이 차이가 상당히 있더라고요. 제일 좀 많이 힘들었던 게 집을 찾는 게 어려웠어요. 모든 거리를 지날 때마다 아파트나 이런 집들의 모습이 오래 살게 되면 많이 차이를 느끼는데, 그때 당시만 해도 다 비슷비슷해 보이는 거예요. 그래서 집을 찾는 게 상당히 두려웠었고, 그리고 밖에 나간다는 것 자체가 두려운 거예요. 일단 집을 못 찾을까 봐 그런 두려움도 있었고.

그리고 언어적 차이가 조금 많았던 것 같아요. 일단은 남한에서는 외래어나 외국어를 상당히 많이 써요. 이런 것도 놓고(외래어가 적힌 음료를 가리키며), 이런 것처럼 마트 자체도 외래어 수준이죠. 외래어인데 그런 걸 발음한다는 것 자체가 상당히 어색했었고 북한에서는 상점 이런 식으로 이야기했었는데, 그리고 마트에 가서도 물품을 골라야 하는데 상당히 똑같은 주스라도 똑같은 주스가 아닌 거예요. 브랜드별로 다 다르고, 맛도 조금씩 다 차이가 있고. 그런데 난 경험을 못해봤으니까 어느 게 더 좋고 어느 게 더 나쁜지를 구별 못하는 거죠. 일단 이런 선택의 문제, 이런 것들에 항상 직면했던 것 같아요. 북한에서는 항상 정해줬거든요. 그것만 소비하고 그것만 사용하면 되는데 남한에서는 그게 아니고 모든 걸 내가 선택해야 된다는, 처음엔 이런 것들이 상당히 부담감으로 정신적인 스트레스로 작용한 것 같아요.

그리고 또 한 6개월 이상 지나니까 어느 정도 적응이 됐었는데, 그리고 또 하나 조금 어려웠던 게 사투리를 자주 사용하고 북한어를 사용하잖아요. 그러면 사람들이 이렇게 쳐다보는 것, 그런 시선들이 부담스러워요. 일단 마트에 일례로 들자면 건전지를 사러갔는데 배터리를 사러갔는데, 북한에서는 시계약이라고 그러거든요. 그래서 시계약을 좀 달라고 그랬거든요. 어디 진열되어 있는지를 몰라가지고요. 그랬더니 "시계가 아파?, 시계가 어디가 아프니?" 이런 식으로 그분도 당황스러웠고, 나도 당황스러웠고. 그분은 거의 농담식으로 했는데, 저는 그거에 대고 거의 진담 수준으로 받아들이고 스스로 당황스러워하고. 그래서 시계약, 건전지도 못 사고 집에 왔던 거 같아요. '여기서 뭐라고 그러지 그걸?' 갑자기 그걸 생각해보니까 막막한 거예요. 어딘가에 물어볼 수도 없는 거지, 왜냐하면 이웃들하고 친한 사이도 아니고 옆집에 누가 사는지도 잘 모르니까 서로 인사도 안 하니까. 그런 부분이 상당히 어려웠던 것 같아요. 도움을 받고 싶은데, 도움을 받을 수 있는 그런 기관도 없고 사람도 없고.

일단은 그런 부분도 있었고. 그리고 나름대로 좋았던 것은 북한에서 왔다고 하면 사람들이 도와주려는 자세가 일단 나오잖아요. 도와주려고 그러고. 그리고 "북한에서 왔으니 힘들었겠다". 배려하는 차원에서, 일단 식당 같은 데라도 남한 분들이랑 같이 가게 되면 자꾸 먹을 음식을 주시는 거예요. 난 북한에서 떠나서 한국에 와 있는데 몇 개월째 살고 있는데, 그런데 지금도 마찬가지에요. 지금 10년 됐는데도 북한에서 왔다고 그러면 초면인데도 항상 음식 같은 것 권하고 그러세요. "힘들었겠는데 많이 먹어라." 10년인데 사람들의 인식 속에서 그런 것들이 잘 변하지 않는다는 그런 생각을 많이 하게 돼요.

그래서 1개월 동안에 여러 NGO단체들이 상당히 도움을 많이 줬던 것 같아요. 일단 뭐 제주도 이런 데에 남북 청소년들이 함께 여행을 떠나고 이런 프로그램이 있었는데 그런 데를 저는 그런 정보를 잘 모르니까 사촌들을 통해서 했어요. 저 같은 경우에도 다행이었던 게 친척들이 먼저 와 있었으니까 사전정보를 입수할 수가 있어 쉽게 접할 수 있었는데 여기에 아예 친척이 없는 분들은 상당히 어려울 것 같아요. 아무튼 저는 그래도 친척들의 도움을 많이 받았던 것 같아요. 그래서 그 친척들이 그런 정보를 주게 되면 그걸 또 신청하게 되고, 그리고 신청하는 데도 상당히 복잡하잖아요. 서류 같은 거 작성하는 게. 그리고 하나도 모르니까 그런 것도 처음이고 하니깐 많은 어려움을 느꼈었는데, 친척들이 많이 도움을 주었고 그런 걸 신청해서 많이 돌아다녔던 것 같아요. 그래서 제주도도 갔었고 부산에도 갔었고 그리고 또 다른 강원도 지역도 갔었고, 그런 지역들을 많이 돌아다녔어요.

그러면서 남한사회는 제가 바라봤던 건 서울이라는 한 지역이었거든요. 바로 하나원 나오자마자 여기 서울에서 살다 보니까, 남한은 다 이런가 하고 선입견을 갖게 되는데, 지방을 여행하게 되면서 아 남한이란 것 속에 서울하고 또 다른 분위기의 지방의 문화가 있고 또 서울의 문화가 있고 이런 걸 좀 전체적으로 알게 되는? 어느 책이나 다른 사람들의 말을 듣는 것보다 실제로 경험해보는 게 상당히 중요하다는 걸 느끼게 되었어요. 그래서 그런 식으로 여행을 많이 다녔던 것 같아요. 막 가까운 거리는 버스 같은 걸 안 타고 일부러 걸어오면서 사람들이 지나가면서 하는 대화나 이런 것들을 엿듣게 되고 또 하는 행동들이나 그런 것들을 보게 되었고, 그런 것들이 상당히 재밌었던 것 같아요. 그때 당시 모든 게 신기하니까, 일부러 그러면서 배우려고 했던 것 같아요.

대안학교에서 노력 끝에 일등이 되다

학교는 한국 와가지고 일단 초등학교, 중학교를 북한에서 못 나왔어요. 못 나와가지고 초등학교 1학년 때 중퇴를 해서 국정원에서 학력인증이 안 되는 거예요. 그런데 어차피 제 실력이 한글을 잘 못썼어요. 맞춤법 다 틀리고 이래가지고 그것뿐만 아니라 수학이나 영어나 이런 건 아예 배운 적이 없으니까. 그것도 어렵고 하니깐 어차피 공부할 기회에 그냥 해야겠다 하는 마음을 가지고 했죠. 처음에 할 때 막막하더라고요.

그때 당시만 해도 2004년이었는데, 대안학교가 없었어요. 남한에 있는 대안학교에 친구들이 많이 생겼는데 그때 당시만 해도 대안학교라는 학교 자체가 없었고, 우리 친구들이 많이 올 때긴 한데 그 친구들을 위한 특별한 교육이 필요한 상황이었는데, 그 교육에 필요한 시설도 없었고. 그래서 유일하게 있었던 게 야학으로 하는 거, 자유터9)라고 야학으로 하는 학교가 있어요. 대학생이나 성인들을 대상으로 하는 학교였는데, 거기에서 주로 영어공부를 많이 가르쳤죠. 저 같은 경우는 해당 사항이 없는 거예요. 아예, 초등학교 과정을 새로 시작해야 하는데, 영어나 국어나 수학이나 이런 걸 가르쳐줄 선생님이 안 계셨고. 그래서 그때 당시 자유터 학교 선생님한테, 교장선생님한테 말씀드렸죠. 그때 당시 조명식 선생님이셨어요. 교

---

9) 서울시 동작구 상도2동 456번지에 소재한 북한이탈주민을 대상으로 하는 평생교육 기관.

장선생님, 그 선생님한테 말씀드려가지고 자원봉사 선생님을 구했어요.

자원봉사 선생님을 구해가지고 일단 초등학교 과정부터, 초등학교 교재를 먼저 봤죠. 그것부터 시작했어요. 일단 목표를 검정고시 보는 거, 왜냐하면 17살인데 초등학교에 편입으로 들어갈 수는 없잖아요. 나이 차이가 심했고. 물론 외모상으로는 별 차이가 없는데 그래가지고 상당히 어려웠어요. 그런 게 많이 어렵더라고요. 그래서 일단 검정고시를 보기로 했었고.

그러다가 한 3개월 정도? 3개월 정도 했었는데 그 이후에 여명학교10)라는 대안학교가 처음으로 생겼어요. 제가 거의 그 생기는 전 과정을 지켜봤던 거 같아요. 그래서 학교 생길 때 그때 당시만 해도, 선생님들도 처음인 거예요. 북한에서 온 친구들 가르치는 것도 선생님들도 처음이고, 그리고 그런 교육 과정 자체가 없었기 때문에 저희들 수준에 맞춰가지고 해야지 일반 남한 청소년 수준으로 교육하면 저희가 아예 이해를 못하니까. 그리고 북한에서 학교를 다녔던 친구들도, 그 친구들 같은 경우는 배웠던 내용이 상당히 좀 다른 부분이 있거든요. 사회 같은 과목은 북한에는 아예 없고, 역사 같은 과목들도 내용 자체가 좀 많이 다르고 역사관이 좀 많이 다르고 그러다 보니까 그런 데에서 문제가 많이 생기더라고요.

그런데 그런 걸 해본 적이 한 번도 없으니까, 선생님들께서 저희를 대상으로 시험상 한 1개월 정도를 교육시켰던 것 같아요. 아 이런 부분에서 많이 어렵다 이해가 안 된다. 그리고 논쟁도 벌어지고요.

---

10) 서울시 중구 남산동 2가 49-25번지에 소재한 탈북 청소년을 대상으로 하는 대안학교, 이 외의 탈북 청소년 대상 대안학교로는 하늘꿈학교(경기도 성남시 수정구 복정동 641-15), 한겨레학교(경기도 안성시 죽산면 칠장로 107-9), 두리하나 국제학교(서울특별시 서초구 방배동 818-3), 다음학교(서울특별시 서초구 서초동 1490-31 영일빌딩 2층) 등이 있다.

선생님들은 남한 역사관을 하는데 북한에서는 그런 역사관이 아니니까, 왜 그러냐고 막 따지기도 하고. 이런 시행착오를 겪으면서 아마 여명학교가 그때 생겼던 것 같아요. 그때 9월에 여명학교가 처음 생기고, 거기서 1기 입학생으로 들어갔죠.

여명학교 생기게 되면서 공부에만 거의 매몰되어 있었던 것 같아요. 다른 데에는 거의 신경을 안 쓰고 이제 사촌누나나 형들도 이야기했던 게, 공부할 동안에는 다른 데에 신경 쓰지 말고 항상 그걸 강조했거든요. 저도 그게 제가 남한에 정착하는 데 도움이 될 것 같다고 생각했어요.

하여튼 공부적인 측면에서 보자면, 여명학교 일단 처음에 시설이 많이 안 좋았어요. 요즘은 명동이나 이쪽으로 옮겨와가지고 상당히 좋아졌는데, 그때 당시만 해도 관악구 봉천동 쪽에 있었거든요. 낙성대 옆 그쪽에 근처였는데, 건물이 상당히 낡은 건물이었어요. 건물 안에 교실 하나당 평수가 상당히 작았던 것 같아요. 내가 볼 때는 몇 평이라고 해야 되지? 한 5평 6평? 될라나, 작은 방 안에 한 열 명 정도 학생을 몰아넣고 그래서 그냥 옹기종기 모여가지고 공부했어요. 그런데 여름엔 특히 지옥이었어요. 선풍기 하나를 틀어놨는데 선풍기 하나 가지고 해결이 안 되는 거예요. 그게 너무 더워가지고 사람은 한 방에 많이 모여 있고 그러다 보니까 환경적인 측면이 열악했던 것 같아요.

그리고 이때 공부적인 측면에서 보면 많이 어려웠어요. 일단 애들이 보통 북한에서 학교를 다니다 온 친구들도 있고, 아니면 남한에 와서 저처럼 아예 새롭게 시작하는 친구들도 있고, 그리고 중국에서 학교를 다니다 온 친구들도 있고요. 실력이 천차만별인 거예요. 그래서 선생님들께서 이게 수업진도를 나가야 하는데 난이도를 어느 정도 맞춰야 되는지 조정 못하시는 거예요. 너무 낮게 하면 다른 애들도 수업의 집중도가 떨어지고 너무 높게 하면 낮은 친구들이 못 따라오고 하니깐, 그런 것 때문에 상당히 고민이 많으셨어요. 나 같은 경우엔 기본이 안 되어 있으니깐 상당히 어려웠었고. 그러다 보니깐 제일 좀 충격적이었던 게, 입학하고 중간고사를 봤는데 반에서 거의 꼴등인 거죠. 뭐 예상은 했지만 실제로 예상 했던 거랑 결과로 얻어진 거랑은 느낌이 상당히 다르더라고요. 점수 받고 나니깐 허탈감, 좌절감, '공부해야 되나?' 아니면 밖에 나가서 일하고 싶은데 솔직히 초등학교 졸업도 안 된 사람이 거의 무학이잖아요. 무학이 요즘 사회에 무학이 없는데 요즘 남한사회에 받아주지도 않잖아요. 아 이게 공부할 수밖에 없는 상황이긴 한데 너무 실력이 뒷받침이 못 되고 하니깐, 상당히 좌절감이 많이 들더라고요. 그런데 그걸 복구하는데 시간이 많이 들었던 것 같아요.

여명학교 선생님들이 조언도 해주시고 격려도 해주시고, 특히 한 선생님이 계셨는데 그 선생님은 제가 거의 형이자 아빠처럼 따랐던 것 같아요. 또 그 선생님이 정이 많으셔가지고 저 같은 몇몇 친구가 있었는데, 거의 차에 태워서 집에 왔다 갔다 할 정도로 통학을 시켜줄 정도로 진짜 성심껏 많이 도와주셨던 것 같아요. 아무튼 그 선생님 덕분에 의지가 돼가지고 공부를 좀 더 집중해서 할 수 있었던 것 같아요. 그리고 좀 좌절감 같은 게 솔직히 많이 들죠.

수업이라는 게 갑자기 그런 다짐이 있다. '아 난 열심히 해야지' 하다가 한 3일 정도 지나면 긴장이 늦춰지고, 그러다가 다른 친구들 하는 걸 봐서 '아 난 언제 쟤를 따라갈 수 있지?'라는 생각도 들고, 그리고 거기서 더 나아가서 '내가 이런 실력으로 앞으로 남한 친구들하고 앞으로 경쟁해야 하는데 이거 할 수 있을까' 할 수 있을까 보다. '너 이거 해내야 할 것 같은데.' 아 이게 자신감이 없는 거죠. 그런 부분에 있어서는 상당히 많이 우울하고 침울한 시간이 있었는데, 내가 모르는 부분도 모르고 그냥 지나치는 법이 없었으니까 그게 점점 쌓이는 거죠. 항상. 그러다 보니까 열 몇 개월 다 돼서 한 1년 되니까, 어느 순간에 나는 내 실력이 잘한다는 생각을 못했는데 어느 순간 1년 되고 나니까, 반에서 상위권에 진입한 거예요. 저 스스로도 상당히 놀랐고 뿌듯했어요.

그러다 보니까 공부에 상당히 흥미가 생기는 거예요. 제일 신기했던 건 내가 원래 간판이나 이런 걸 보다 보면 읽을 수가 없었어요. 한글을 잘 못하다 보니까 읽는 게 더듬더듬하고 받침이 어렵거나 이러면 좀 잘 못 읽거든요. 그리고 영어나 이런 건 더더욱 못 읽었는데, 버스 타고 가거나 이럴 때 창밖에 보면 간판들이 보이잖아요. 그걸 읽을 수 있다니 이게 너무 신기하고 뭔가 어두운 방안에다가 갑자기 비추는 것 같은 느낌? 그 느낌 자체가 상당히 좋은 거예요. 그래서 하나하나 배우는 게 거의 하얀 백지에다가 글을 쓰는 느낌, 그런 느낌이 상당히 좋았었던 것 같아요.

다른 친구들은 항상 집에 일찍 가려고 하는데, 나는 항상 학교에 더 남아 있으려고 하고. 저녁 늦게까지 학교 마지막 당직서는 선생님이 문 닫고 나가기 전까지 계속 있었던 것 같아요. 어떨 때에는 그냥 집 가기 싫어가지고 학교에서 자고 가겠다고 그런데 잘 데는 없었거든요. 선생님께서 그건 안 된다고. 그래서 그냥 같이 찜질방에서 자고 간 적도 있었고요. 그런 적들이 가끔 있었던 거 같아요. 그때는 왜 그랬나 싶어서 지금 생각해 보면 상당히 이해가 안 되는 부분이었는데 그때는 그런 마음이 강했었어요. 그래서 공부를 진짜 재밌게 했었어요.

시험 보고 나면 선생님께서, 공부하는 방법으로 오답노트를 정리하는 방법을 가르쳐주시더라고요. 그래서 검정고시 준비하면서도 항상 오답노트를 만들었어요. 검정고시 책은 솔직히 거의 문제풀이하는 것밖에 없어요. 그런데 그거에 보면 패턴이 있더라고요. 고정 나오는 문제가 있고 고정 틀리는 문제가 있어요. 내가 아는데도 꼭 그 문제를 틀리더라고요. 그러는 거를 딱 가위로 오려가지고 정리해

가지고 나만이 알 수 있는 가장 쉬운 방법으로 적어놨어요. 다음에 딱 봐도 '아, 이거였구나' 알 수 있게. 오답노트를 정리하면서 상위권에 있었던 실력이 진짜 최고까지 올라가는 거예요. 반에서 항상 일등하는 실력까지 올라가게 되고 그러다 보니까 아마 학급 회장도 하게 되고, 자칭 간부이다 보니까. 그래서 회장도 계속하게 되었던 것 같아요. 그래서 자신감이 그때로 치면 하늘을 찔렀던 것 같아요. 이런 식으로 가다 보면 내가 남한에서 남한 친구들과 경쟁해도 충분히 승산이 있을 거라는 자신감이 들었어요.

아무튼 2004년 9월부터 공부를 시작해서 2005년 4월 초등학교 검정고시 합격하고, 중학교 검정고시를 8월에 봤어요, 4개월 후에. 중학교 검정고시는 솔직히 좀 긴가민가했어요. 왜냐면 내가 이 실력으로 학교를 갈 수 있을까라는 그런 의구심을 가지고 시험을 봤는데, 나름대로 잘 봤나 못 봤다 좀 헷갈렸어요, 많이. 시험 결과를 봤는데 보통 60점만 맞으면 합격인데 60점 이상인 거예요. 그리고 70몇 점인가 되고, 제가 조금 부족한 게 수학하고 영어였었는데 수학 영어는 60점 이상이었고, 나머지 과목들이 90점대니까 평균이 상당히 높아지더라고요. 생각지도 않게 진짜 그건 선생님께서 추천해서 봐보라 했는데 합격한 거예요. 저는 자신감이 진짜 하늘을 날라 가더라고요. '아, 나도 할 수 있구나'라는 자신감도 가지고.

또 한 가지가 그때 고민이 있었어요. 여명학교 1기 졸업생들이 있었거든요. 그분들이 대학교에 갔는데, 그분들뿐만 아니라 다른 분들도 검정고시 통해서 들어갔는데, 대학교에 적응을 잘 못한다는 거예요. 중도 탈락을 많이 하고 공부에도 못 따라가고, 그런 분들이 너무 많다는 거예요. 그리고 친구, 나이도 많이 들어서 가고 더더욱 대인관계 면에서 북한에서 왔다는 이런, 스스로 핸디캡을 가지고 있는 거죠. 그런 것 때문에 쉽게 다가가지 못하고. 그러니까 대인관계가 안 좋으니깐, 공부적인 측면에서도 떨어지고, 대인관계적인 측면에서도 떨어져서 대학 적응을 못 한다. 그 원인이 두 가지다. 그때의 사회 분위기가 그런 식이었거든요.

그래서 '아, 그것 때문이라면 내가 두 가지를 보완할 수 있지 않을까' 생각했어요. 그 방법으로 '일반 고등학교에 들어와서 공부해보고 싶다'는 생각을 갖게 됐어요. 또 다른 개인적인 이유는 북한에서도 그렇고 중국에서도 그렇고 정규학교를 다녀본 경험이 거의 없고, 대안학교만 나와서 학교생활을 마치기는 너무 아쉽다는 생각이 많이 들더라고요. 그래가지고 일반학교를 들어가기로 해서 가기로 하고 선생님들께 말씀 드렸더니 선생님들께서 다 반대하시는 거예요. 일단 나의 실력을 아시고 계시고, 또 문제되었던 게 보통은 저희 친구들보면 중학교까진 정규학교를 나오고 고등학교는 어렵기 때문에 검정고시를 보고 대학교에 가거든요. 저는 거꾸로 하는 거죠. 중학교까지 검정고시를 보고 오히려 어렵다는 고등학교를 가서 입학하려고 하니까. 그러면 애들이 수능을 봐야 하는데 수능준비라는 건 여러 가지 어려울 텐데 그걸 굳이 고생을 왜 사서 하느냐. 또 한 가지가 일반학교를 적응을 못한다. 대학교보다 더 어렵다. 왜냐면 학교에서는 거의 같이 생활하잖아요. 같이 밥 먹고 같이 생활하다 보니까, 왕따, 이런 적응 못하는 것이 상당히 심할 거다. 주변의 우려가 컸어요.

여명학교 졸업하고 나오게 될 때는 교장선생님 면담부터 시작해서, 담임선생님 면담까지 한 세네 번 했던 거 같아요. 그리고 다른 과목 선생님들도, 나를 좋아 아끼시는 선생님들도 저를 조금 만류하시는 거예요. 너 진짜 후회할 거라고, 가서 1년도 못 버텨가지고 여명학교에 돌아오게 될 거라고, 그러면 시간만 낭비하게 될 거라고, 너의 자존감 이런 것만 낮아질 거라고, 그래서 진짜 그걸 반대하시더라고요. 그런데 이게 원래 사람이 심리가 참 묘한 게 반대하면 또 오기가 생기잖아요. '다른 사람이 그런데, 나도 꼭 그렇다는 보장은

없고. 다른 사람이 조금한다고 내 결과도 똑같을 수 없진 않겠냐.'
그런 식으로 계속 선생님들에게 반대 논리 폈던 것 같아요. 선생님들
은 그런 주장하시고, 그래서 딱 학교를 가게 됐죠.

수업 중에 탈북자임을 밝히다

일단 제가 다녔던 고등학교는, 제가 양천구 쪽에 사는데 그쪽 지역
에 처음에 고등학교 배정받으러 강서 교육청에 갔었어요. 갔더니
고등학교를 배정해주는데 집에서 가까운 학교를 배정해준다는 거예
요. 그래서 저희 쪽에 가까운 고등학교 세 개가 있었는데 금옥여고가
있었고 양천고가 있었어요. 근데 그건 남고였어요. 그리고 제가 다녔
던 고등학교는 백암고등학교였어요. 그 세 개 중에서 그나마 집에서
좀 가까운 쪽이 세 개가 다 비교적 가까운데 좀 더 가까운 쪽이
지리적으로 백암고였거든요. 그래서 거기에 입학하게 됐죠.

그런데 이게 접수하고 보니까, 남녀 친구들이 중학교 졸업하고
막 배치표 받고 접수하고 그러더라고요. 되게 신기하더라고요. '아,
이제 나도 남한에서 일반 고등학교를 다니게 되는구나.' 엄청 설레더
라고요, 이게. 학교 정문에 들어서는 순간부터 심장이 두근거리고
상당히 진짜 기분 좋았던 것 같아요.

입학식 날 어머니께서 오신다는 걸 만류했어요. 왜냐면 같은 학년
들에서 제가 두 살 위였거든요. 그때 19살 2006년이어가지고 다른
친구들하고 난 다르다고 생각했거든요. 난 어느 정도 걔네들보다
어른이다. 그래서 어머니 보고 이런 거를 어머니가 힘드시니까 오시
지 말라고 나 혼자 가겠다고 그래서 입학식 날 딱 보자 하는데 진짜
저만 혼자 왔더라고요. 그리고 또 하나 좋았던 게 교복을 입는다는
것 자체가 너무너무 남한에서도 부러웠었고 북한에서도 항상 부러
웠었고 대안학교에 교복이 없으니까. 중국에 있을 때도 학생들이

교복 입고 다니는 게 항상 부러웠으니까. 남한에서 교복을 딱 입으니까 너무 스스로 대견스럽고 멋져 보이는 거예요. 교복이 거의 저의 정체성을 결정짓는 것처럼 그런 식으로 봤던 것 같아요.

아무튼 그래서 입학 첫날 갔는데 엄청 들뜬 마음으로 갔었는데 반 배정표가 쫙 대자보 형태로 게시판에 붙어 있는데, 좀 많이 당황스러웠어요. 다른 애들은 어느 중학교, 출신, 이름, 어느 반 딱 나와 있는데, 난 검정고시 출신이라고 나와 있는데, 진짜 그렇게. 우리 같은 학년이 한 400명 정도 될 거예요. 400명 중 유일한 검정고시. 다른 친구들이 그걸 보면서 손가락질하면서 "검정고시가 있다" 그러더라고요. 나인 줄은 모르고. 옆에서 수군수군 그러는데, 그런데 얼굴이 화끈거리더라고. 뭔가 죄를 지은 건 아닌데.

뭔가 기분이, 다른 사람들하고 다르다는 걸 딱 느끼게 되는 그런 게 있더라고요. 그런데 아무튼 첫날은 잘 넘어갔고 그리고 고민이 됐어요. 나의 정체성을 밝혀야 될까 말아야 될까? 일단 왜 그게 좀 문제가 많이 됐냐면 처음에 자기 정체성을 안 밝히게 되면 고등학교 3년 동안 친구들을 많이 사귈 거잖아요. 그런데 나중에 됐을 때, 나의 정체에 대해서 딱 이야기를 하게 되면 그 친구들하고 관계가 계속 유지될 것인가 말 것인가 이게 가장 큰 문제인 것 같고. 그리고 뭐, 당연한 건 여러 가지 대인관계로 인해서 어려움이 있을 수가 있겠는데, 그런데 일단 정체성을 밝히게 되면 왕따가 되고 뭐 이런 여러 가지 설들이 많았어요. 실제 그런 사례도 여러 건 있었고요. 그래서 참 이걸 스스로 선택해야 되는데 그 문제가 너무 어려운 거예요.

그리고 내가 이미 경험해 봤으면 선택이 쉬웠을 텐데 그런데 내가 딱 아직 경험해 보지 못한 상황이었고, 아직 청소년이고 뭔가 사회적 경험도 많이 없는 상태여가지고. 그래서 모든 걸 스스로 선택해야 되는데 그게 너무 어려운 거예요. 결과가 두려운 거죠. 어떤 결과가 나오든 간에. 그래서 내가 만약 북한에서 왔다는 걸 밝히게 되면, 이 사람들이 반응이 어떻게 될까. 물론 긍정적인 사람도 부정적인 사람도 있을 텐데, 전부 다 부정적이면 어떻게 하지. 이런 생각. 막연한 두려움 같은 게 많이 있었고, 그것 때문에 대안 학교 선생님들이나 주변에서도 보통 얘기하지 말라 그래요. 가능하면 숨기라고 북한 사람인 걸.

그래서 솔직히 난 그러고 싶진 않았어요. 내가 뭐 죄를 지은 것도 아니고. 그래서 그런 게 사실 자존감을 오히려 낮추는 일이라고 생각했어요. 그래서 할까 말까 고민하다가 일단 좀 기다려보는 걸로 생각했었어요. 그래도 담임선생님한테는 말씀 드려야 될 것 같더라고요. 어차피 아시게 될 텐데 말씀드리는 게 낫겠다 싶어가지고, 1학년 때 담임선생님. 입학해서 한 2~3일 지나고 찾아가서 말씀드렸더니, 선생님께서 깜짝 놀라시는 거예요. 처음에 북한에서 왔다고, "저 고향이 북한이에요"이랬더니 "어디?" 처음에는 잘못, 무슨 어디 북창? 이런 고장인 줄 알고 잘못 알아들으시고, "아 그랬어?" 그냥 그러시는 거예요. "저 북한에서 왔다고요 이북이요." 그랬더니 그 다음에 선생님이 이해하신 거예요. 감정 살리셔가지고, 아 그랬냐고, 엄청 반가워하시더라고요. 선생님들은 놀라시면서 당황해하시고, 그래서 어려운 점 있으면 언제든지 찾아오라고. 그래서 가끔 부탁할 거 있으면 언제든지 오라고 말씀하시더라고요.

그래도 다행인 게 제가 학생들한테 얘기 안 한 거 아시고, 선생님께서 얘기는 안 하시더라고요. 원래 종례시간이나 그럴 때 얘기하잖아요. 그런데 얘기 안 하시더라고요. 그래서 그냥 은유적으로 우리 학급에 어려운 친구들도 있을 텐데 잘 도와주라는 식으로 특정화하진 않고, 고런 식으로 이야기하시는 거예요. 그래서 1학년 선생님 잘 만났구나, 개인적으로 생각했었어요. 그래가지고 한 보름이 지났던 것 같아요 15일 정도. 그런데 아직도 어느 정도 짝꿍이랑 되게 말 편하게 친하게 지내는 사이였고 몇몇 친구들이랑 많이 친했었는데, 그나마 그 속에서 친했었는데 그런데 이제 문제가 터진 거죠.

체육시간이었는데 밖에 비가 왔어요. 보통 체육선생님들이 교재를 안 들고 다니잖아요. 그런데 수업시간에 딱히 할 게 없는 거예요. 그런데 애들이 그 지역에 있는 중학교들에서 왔으니까 서로 아는 친구도 있고 모르는 친구들도 있으니까 자기소개를 하는 시간이었어요. 자기소개를 해보라는 거예요. 그런데 다른 친구들이 자기소개를 하는 걸 보니까, 어느 중학교 출신이고 몇 년 생이고 취미가 뭐고 좋아하는 연예인은 뭐고 이런 식으로 하는 거예요. 그런데 난 거기에 어느 후보 하나도 해당되는 게 없는 거지. 내가 몇 년 생인지 이야기하면 다른 친구들 보다 두 살 위고 어느 중학교 출신인지 이야기하면 검정고시 출신이고 좋아하는 연예인 이런 건 한 명도 없고 취미 생활은 아직 찾지 못했고. 그래서 이런 식이니까 다 걸리는 거예요. 아 어쩔 수 없이 얘기해야 되겠구나. '아 이 타이밍이 그 타이밍인 거 같다'란 생각이 딱 오는 거예요. 그래서 이야기했어요. 북한에서 왔고 나이는 어떻게 되고 일단 북한에서 왔다니까 애들 깜짝 놀라고 나이 얘기하니까 두 번 놀라고.

검정고시까지 얘기하니까 거의 폭탄발언을 했어요, 우리 학교의 빅 이슈였지. 자기소개를 시킨 선생님도 당황하시고 애들 전체가 그냥 술렁이죠. 아주 폭탄선언을 하는 바람에 애들이 난리 난 거죠. 그때 체육선생님이 수습하는 거예요. "잘 왔다" 그러고, "니가 거기서 왔는지 몰랐다. 아무튼 자기소개 해줘서 고맙다. 그리고 앞으로 괴롭히는 애들 있으면 와서 얘기해라". 아니 "덩치가 작으니깐 괴롭히는 애들이 있으면 이야기해라". 그리고 애들 보고 잘 도와주라고 그런 식으로 얘기하고, 그래서 아무튼 훈훈하게 조언과 교훈을 섞어서 덕담 마무리하셨는데 그 후부터 문제인 거예요.

애들이 전부다 몰려오는 거지, 몰려와가지고 별의별 질문 다 하는 거지. "어떻게 유학 왔냐. 비행기 타고 왔냐, 배 타고 왔냐, 분계선 그 휴전선 넘어 왔냐." 별의별 질문이 진짜 많은 거예요. 고등학교 학생이 아직 미성년자니까 생각하는 게 호기심 많을 때니까 진짜 별의별 질문은 다 하는 거예요. 너무 복잡한 거예요. 그래서 핸드폰 내밀면서 번호 찍어보라고 친구하자고 그런 친구들도 있고. 어떤 애들은 와서 "형이라고 불러야 돼요?" 하는 애들도 있고. 그래서 그냥 편하게 같은 학교 다니면서 형 하면 이상하니까 두 살 위지만 친구처럼 대하라고 말 편하게 놓으라고 그랬죠. 형 하는 애들도 있고 그냥 말 놓는 애들도 있고.

그런데 그게 며칠 동안 너무 어려웠어요. 우리 학급만 그런 게 아니라 소문이 쫙 퍼지다 보니까 전교생이 다 오는 거죠. 앞에 반 뒤 반 완전히 창문에서도 들여다보고, 문에서 서서 막 내 쪽으로 손가락질하면서 뭐라고 지들끼리 이야기하고. 난 너무 그게 부담스러웠어요. 난 원래 조용히 있고 싶었거든요. 그래서 일반 남한 청소년들처럼 조용히 있는 듯 없는 듯 그냥 투명인간처럼 있고 싶었는데 너무 이게 부각되니까. 또 성격이 그땐 상당히 내성적이었고 남 앞에 나가고 이런 걸 상당히 부담스러워할 때인데, 이게 더 더욱이 부각되니까 너무 어려운 거죠. 내 행동하나 말 하나하나가 몽땅 이슈가 돼. 내가 이렇게 얘기했다 그러면 "북한에선 저렇게 얘기한다". 그리고 내가 저렇게 행동하면 "어, 북한에선 저렇게 행동한다". 막 이러고. "북한에서는 태권도 하냐?" 그러면 "태권도 한다". 그러면 "북한 애들 싸움 엄청 잘한다". 막 소문이 나고 장난이 아니구요. 다른 애들이 좀 껄렁 껄렁한 애들이 와서 약간 시비조로 "싸움 잘하냐?" 이런 식으로 묻기도 하고 좀 그런 것들이 많았지.

남한 친구와 관계 맺기를 위한 첫걸음

그런데 한 일주일 정도 지나니까, 관심이 다 사그라지니까 그 다음부터 더 어려운 거예요. 관심이 갑자기 많았다가 갑자기 없어지니까. 애들이 내가 두 살 위다 보니까 쉽게 다가 못 오는 거예요. 그 전까지는 짝꿍이랑은 엄청 친했었는데, 짝꿍이 나한테 말을 못 거는 거예요.

"영호야, 영호야." 이러던 애가, 갑자기 형이 되니까 어떻게 대해야 할지 모르는 거예요. 상당히 난감해 하더라고요. 옆에 짝꿍이 엄청 수다쟁이였는데, 쉬는 시간만 되면 엄청 나한테 말 걸고 이러던 애인데 말을 못 거는 거예요. 그런 상황 어색한 이 상황이 너무 힘들었고 다른 친구들이 일단 관심이 사그라지니까 소외감 같은 게 막 밀려오는 거예요. '아 이런 식으로 스스로 왕따가 되는 거구나'라는 걸 느꼈어요. 약간 위기감 같은 것이 느껴지더라고요.

일단 공부는 둘째 문제고, 그래서 일단 대인관계 먼저 회복해야겠다. 이런 생각부터 가지고 여러 가지 방법들을 스스로 많이 생각했던 거 같아요. 수업시간에 모르는 부분이 워낙 많았는데 일단 대안학교와 일반학교와의 실력 차이가 비교가 많이 되더라고요. 이미 애들은 학원에서 과외선생님한테서 다 배워 와가지고, 수업시간은 이미 다 아는 내용이라 그러더라고요. 나만 모르는 거 재밌어가지고, 애들은 다 자고 있고 나만 눈이 똥그렇게 반짝반짝 빛나면서 열심히 적고 있고.

선생님께서는 학기 초반에는 내가 상당히 공부도 잘하는 모범생인 줄 아셨는데, 그래서 나한테 수업진도를 어떻게 나가야 하는지 상담하시더라고요, 수학선생님이셨는데. 그런데 난 수학을 하나도 이해도 못하고 있는데 열심히 따라 적기만 했거든요, 대안학교 때처럼. 하여튼 그런 형편이었는데 그랬었어요. 그런데 그런 형편이었고 모르는 부분이 너무 많다 보니까 적어가지고 학교, 반에 보니까 한 1개월 정도 되니까 그룹별 끼리끼리 놀더라고요. 공부 잘하는 애들은 또 잘하는 애들끼리 지네끼리 다 알아보더라고요. 노는 애들끼리 놀고 중간그룹은 중간그룹끼리 놀고 노는 애들은 뒷자리에서 또 지들끼리 놀고.

'야 난 어느 그룹에 끼여야 될까? 속해야 되는데 어느 그룹으로 갈까.' 그런데 내 지금 실력상으로 보면 저쪽 노는 그룹으로 가야 하는데 저쪽 그룹으로 가면 너무 공부 안 할 거 같고. 그래서 잘하는 그룹에 갈려니까 애들하고 나하고 실력 차이가 심하니까 이게 잘 끼워줄 거 같지도 않고. 그래서 중간그룹으로 택해서 일단은 공부 좀 잘하는 친구들한테 찾아가서 모르는 거 물어보고 수업시간에 몰랐던 거 리스트 같은 거 정리해 오고 물어보면 친구들이 잘 답변을 해줘요. 물어보면 잘 답변해주더라고요. 그래서 답변해주면 우리학교 지하에 매점이 있었어요. 매점 내려가서 친구들한테 우유나 빵 같은 거 사주면서 음료수도 많이 사주고 그랬는데 이게 좀 관계를 많이 회복시켰던 거 같아요. 상당히 관계가 많이 개선됐었고, 그런데 관계가 개선되는데 애들 그룹에는 속하는데 중요한 건 대화에 참여를 못하는 거예요.

애들이 보통 대화주제가 남자애들 같은 경우는 연예인, 판타지 소설, 게임 이렇게 세 개 드라마는 잘 얘기 안 해요. 그리고 스포츠 관련된 거 이야기하는데 이 세 종목, 네 가지 종목 단위를 아예 모르는 거예요. 생소한 거예요. 그래서 일단 애들이 판타지 소설 얘기하면 그런 거 뭔지 모르니까 "그런 소설 있다" 그러면은 집에서 막 찾아봐, 줄거리랑 스토리라인 인물 간의 갈등관계 이런 걸 다 파악해. 주인공 이런 걸 다 파악해가지고 '아 대충 이런 내용이구나'. 그 다음날 가가지고 애들이 그런 이야기하면 나도 끼어가지고 아 나도 그거 아는 척하고 "걔는 그렇게 하지 않냐?" 그러면 애들 설명해주고 이런 식으로 하고. 게임 같은 거는 직접해봐야 알겠고. 친구들 따라 피시방이란 데를 처음 가봤거든요. 피시방 가자고 그래가지고, 애들이 막 물고기방이래요 물고기방 가자고. Fish랑 PC가 약간 유사음이라지고. 그래서 학교 끝나면 피시방 열심히 찾아갔고, 그때 스타크래프트 이런 거 많이 하더라고요. 그런 걸 많이 해가지고 그런 거 배우면서 많이 했었어요. 그래서 약간 친구관계는 상당히 좋아졌던 거 같아요, 그런 것 때문에.

뭐 그런다고 해도 그런 식으로 나름대로 잘해 왔다고 생각하는데 그런데도 약간 그런 게 있어요. 어떤 특정 주제나 그런 게 대화에 나오잖아요? 아니면 관계에 있어서 항상 서로 간에 이해가 안 되는 부분이 있는 거예요. 살아온 배경이 너무나 다르니까. 그리고 저 같은 경우는 좀 어린 나이였지만 고난이나 이런 걸 많이 경험했잖아요? 그리고 좀 그 친구들하고 보는 세계관이 다르니까 대화하는 데 한계가 있는 거예요. 상대방 이해하는 데도 한계가 있고 내가 알려주는 데도 한계가 있는 거예요. 서로 그런 부분이 있는 거 같아요. '아, 약간의 유리벽이 존재하는 거구나.'

그리고 약간 남한 친구들의 대인관계를 보니까 상당히 개인 프라이버시나 이런 걸 중요시 여기더라고요. 그러니까 친구라고 해서 무조건 다 공유하는 게 아니고 공유 안 되는 부분이 존재하는 거예요. 그리고 재밌었던 부분 중에 하나가 가족얘기나 이런 걸 웬만하면 잘 안 하고 그런 부분이 존재하더라고요. 어려운 부분 학업 쪽이나 대인관계나 이런 스트레스, 스트레스나 이런 걸 잘 공유하지만 좀 많이 친해졌다고 생각했는데도 자기네 개인 사정이 있잖아요. 그런 것들은 쉽게 공유를 안 하더라고요. 그거는 남북한 친구들의 관계를 맺는 데서 차이인 것 같아요.

어느 정도 그런 걸 이해하고 나니까 상당히 좀 이해되고, 그리고 개인주의적인 성향이 좀 강하고, 상당히 그러니까 내 부분이 정해져 있어요. 그러면 그거는 서로 존중해 주는 거고 반대로 좀 안 좋게 하면 터치를 안 하는 거죠. 그 부분, 그 영역에 대해서는. 약간 그런 부분이 상당히 존재하고 밥 먹었을 때도 더치페이 이런 식으로 하는 것들, 이런 것들이 상당히 신기하면서도 나에게는 좀 거리감이 느껴지는? 그런 상황들이었던 거 같아요. 약간 문화 차이가 있으니까 그런 것들이 존재했던 거 같아요. 그래서 어찌 보면 안 좋게 보면 쪼잔해 보이기도 하고 또 다른 방면에선 '아, 개인적인 부분에 있어서는 상당히 존중해주는 이런 게 있구나'라는 부분으로도 이해하기도 하고.

근데 좀 그랬던 게 저도 그렇고 사람들은 누구나 다 편견을 가지고 있잖아요. 근데 그런 부분이 어떻게 극단적으로 표현되느냐에 따라서 문제가 되는데, 저 같은 경우는 이제 고등학교 1학년 때 입학해서 보니까 친구들이 학급에서도, 또 학교에서도, 같은 학년에서도 노는 친구들 있잖아요. 중학교 때부터 좀 덩치도 있었고 이런 날라리? 날라리라 해야 되나? 좀 일탈행위를 많이 꿈꾸는 친구들이 그런 게 있어요. 제가 북한에서 왔다니까, 북한에서 왔으면 왠지 싸움을 잘할 것 같은 그런 선입견이 있나 봐요. 그래가지고 약간 시비조로 저를 건드리는 거죠. 굳이 그렇게 하지 않아도 되는데 약간 그런 게 있는 거 같아요. 이게 또 청소년 시기고 하니까 겉모습 그런 걸 많이 중요시하고 그런 게 있으니까.

체육시간이었는데 각자 선생님께서 공을 가져다가 축구하고 싶은 사람 축구하고, 농구하고 싶은 사람 농구해라 그러는 거예요. 그래서 각자 몰려가서 원하는 공을 하나씩 가져오는 거였는데, 근데 공이 상태가 다 똑같은 상태가 아니고, 어떤 공은 좀 많이 낡은 공이 있고, 상태가 안 좋은 공이 있고, 어떤 공은 금방 들려와서 새 공인 거예요. 그래서 제일 먼저 달려가서 가져오는 사람이 새 공을 가져가는 거예요. 근데 그 안에는 또 알력이 존재하는 거죠. 이게 좀 힘이 센 애들은 천천히 가면서 좋은 공을 가져오는 애들 걸 그냥 뺏는 거예요. 근데 다른 애들 건 다 뺏는데, 제 것은 웬만하면 건드리지 않았는데 어느 정도 친해졌다고 생각했는지 내 성격을 어느 정도 파악했다고 생각한 건지 조용히 지냈거든요. 있는 듯 없는 듯 조용히 지냈었거든요. 근데 그런 차분한 성격 덕분이었는지 이때 딱 건드리는 거예요. 내가 공을 가지고 나왔는데, 내 걸 그냥 가져가면서 다른 공 가져오라는 거예요. 그런데 이걸 고민되는 거예요. 몇 초 사이인데 고민이 되더라고요. '이거에 대해서 화를 내야 되나? 친구긴 하지만 얘가 분명히 나보다 어린앤데, 그냥 자기가 덩치가 있고 이렇다는 것을 믿고 나한테 이렇게 행동하는 게 맞는 걸까? 내가 여기서 가만히 있어야 되나? 그럼 앞으로도 계속 이런 상황이 반복될 텐데'라는 생각이 드는 거예요.

그래서 '아, 이제 좀 바로 잡아야겠다'라는 생각이 드는 거예요. 나름대로 그래서 화를 냈죠. 막 엄청 거기다 대고 걔한테 욕했어요. 애들이 엄청 모여 있는 그 자리에서 그러니까 다른 애들이 깜짝 놀란 거예요. 저랑 같이 노는, 주로 친하게 지내는 애들은 조용한 성격이고 반에서 보면 되게 조용한 차분한 애들이에요. 물론 떠드는 애들도 있었는데, 중간급이었으니까 애들이. 웬만하면 피해보고 사는 그런 애들인데, 이렇게 대들거나, 반항하거나 이런 게 없는 애들인데 내가 하는 행동 보고 다 깜짝 놀라는 거예요. 덩치도 되게 작았는데 자기보다 머리 하나 더 큰 애들한테 그렇게 하는 걸 보고 애들이 다 놀란 거예요. 그리고 막 그렇게 했던 애도 놀라는 거예요. 감히 상상을 못 했었는데 그런 상황이 벌어지니까.

그래가지고 끝나고 보자고 그랬어요. 끝나고 결판을 지어야 될 거 같데요. 그래서 애들이 막 말리는 거예요, 친한 애들이. "야, 나가지 말라"고, "넌 나가면 무조건 진다"고, "싸움에선 질 건 뻔한 건데 왜 하냐"고, "그럼 소문만 안 좋게 난다"고 그러는 거예요. 오히려 난 소문이 이렇게 나길 원하는 거죠. 그렇게 하면 오히려 또 다른 끼리끼리 노는 애들이 날 안 건드릴 거 같더라고. 그렇게 딱 한 번 해주면. 물론 부작용도 있었겠지만 그걸 일단 생각하고 학교 끝나고 또 만났죠. 그래서 또 몸으로 해결했는데 문제는 지긴 했어요. 거, 어차피 체급이 안 되니까. 그건 결과는 뻔한 거였는데, 그렇게 싸움이 끝나고 인정했죠. "내가 너한테 진건 맞는데, 앞으로 그런 부분에 있어서는 날 터치하지 않았으면 좋겠다. 니 친구들한테도 이야기해 달라." 그래서 그런 식으로 잘 화해를 했어요. 싸움은 싸움대로 끝냈고.

그래서 이게 소문이 그날, 그 다음날 엄청 퍼진 거예요. 이게 일파만파가 되고 다른 반에도 좀 친한 친구들이 있었는데 그 친구들도 와서 물어보고. "진짜 그런 일이 있었냐" 막 이러고. 그 다른 애들도 막 수군수군대고. 그런데 그게 아마 담임선생님 귀에 들어갔나 봐요. 담임선생님이 막 찾더라고요. "너 혹시 불미스런 일이 있지 않았냐. 괴롭힘 당하는 일들이 있지 않았냐." 그래서 "아, 그런 일 없었다"고 그런 식으로 둘러댔어요. 그게 아무튼 그런 식으로 딱 해결이 되니까, 고등학교 3년 내내 절 진짜 건드리는 애가 없었어요. 그러니까 내가 처음 시작을 잘 잡았던 거 같아요. 나름대로 판단하는 거를 좀 잘 했던 거 같아요. 그게 어린 나이였지만 그래도, 그게 초반에 딱 정리를 해주니까 고등학교 올라가면서도 계속 소문이란 건 존재하니까. 저에 대한 이미지가 있을 거 아니에요. 그니까 작지만 건드리면 안 되는 애라고 이렇게 소문이 났던 거죠. 그래서 그런 갈등 상황이 좀 있었지만 나름대로 제 생각 안에서는 잘 정리된 거 같아요. 그러면서 좀 학교생활이 재밌었던 거 같고.

어머니의 빠진 손톱을 보며 마음을 다잡다

그런데 좀 안 좋았던 게, 그러다 보니까 공부에 소원해지니까 공부에 따라가는 게 너무 어렵더라고요. 그런 것 때문에 너무 힘든 거예요. 내가 고등학교 입학할 때는 '내가 반에서는 5등 안에 든다'라는 걸 목표로 했었거든요. 왜냐하면 내가 여명학교에서는 늘 1등만 하던 사람인데, 여기 와서 '그래도 5등 정도는 해야 되지 않을까?'라는 나름대로 기대감이 있는 거예요. 그런데 실제 중간고사를 보면 그렇지 않은 거지, 중하위권으로 뚝뚝 떨어져 있고, 반이 34명이었는데 거의 30등 안에 드는 거예요. 난 나름대로 열심히 했다고 생각했는데 그게 수학이나 영어 같은 경우는 도저히 어려운 거예요. 기초실력이 부족하다 보니까 단기간에 올리기 너무 어려운 거예요.

영어 같은 경우는 교재 전체를 배웠던 범위 있잖아요. 문장 전체를 통째로 외웠는데 실제로 문장 통째로 외워도 질문이 영어다 보니까 이해를 못하니까 어차피 못 쓰는 거예요. 못 쓰고 그냥 그런 거 있잖아요. 문장을 괄호 쳐놓고 빈칸 쳐놓고 하는 건 쉽게 쓰는데, 문장을 만들어 보라 작문해 보라 이런 걸 못 쓰니까 성적이 안 나올 수밖에 없는 거예요. 수학 같은 경우도 수식을 전부 다 외워버렸어요. 근데 솔직히 수식대로 나오지가 않잖아요. 오히려 응용해서 나오죠. 왜냐면 남한 친구들은 참고서나 학원, 이런 데서 이미 배웠기 때문에 그런 기본적인 수준에서 안 나오더라고요. 다 응용해서 더 어렵게 나오고 하니까, 이걸 더 이상 도저히 풀 수가 없는 거예요. 그래서 수식을 아무리 외워서 써봤자 도움이 안 되고 그나마 좀 많이 따라갔던 게 사회나 국사 같은 거 죽어라고 외우니까 되는 거예요. 그리고 사회현상이나 이런 걸 어느 정도 이해하면서 공부를 하게 되니까, 이해력이 많이 도움이 되고. 그런데 나머지 공부는 너무 어려운 거죠.

그러니까 공부가 너무 안 되니까 좌절감이 들고 자괴감이 들고 '내가 이 정도 실력밖에 안 됐었나?' 하는 생각이 많이 들고. 그리고 그런 거 때문에 '학교를 그만 둘까? 말까?' 이런 거 솔직히 많이 고민했었어요. 그리고 고등학교 가니까 요즘은 어떤지 모르는데 나 때만 해도 야간자율학습인데 자율학습이 아니고 거의 의무학습인 거예요. 보통 애들 보면 학원가는 애들이나 과외하는 애들은 빠지는데, 난 학원이나 과외를 할 형편도 안 됐거니와 갈 수 없는 상황이고 하니까, 야간 자율학습 시간이 너무 힘든 거예요. 스스로 공부해야 되는데 스스로 공부할 수 없었고 물어봐야 하는데 물어볼 수도 없잖아요.

그리고 대안학교하고 일반학교하고 좀 차이가 있던 게, 일반학교에서는 선생님이 과목 수업시간이 끝나면 바로 교무실 가고, 물어볼 것 있으면 가긴 가는데, 대안학교 선생님들처럼 한 친굴 붙잡고 오래도록 가르치질 못해요. 왜냐하면 나름대로 행정업무가 상당히 많으시고 하다 보니까. 또 학생 수가 많잖아요. 그러니까 일일이 한 명 한 명 챙길 수가 없는 그런 구조잖아요. 그러다 보니까 물어보기도 뭐하고, 선생님 시간 괜히 많이 할애했는데도 내가 이해를 잘 못하면 그런 게 시간 낭비인 거 같기도 하고. 그래서 잘 물어보지 못하게 되더라고요.

이런 것들이 상당히 학업실력을 키우는데 걸림돌로 작용한다는 거죠. 그래서 그런 것 땜에 많이 어려웠었는데, 그냥 목표를 수정하는 방법밖에 없는 거죠. 반에서 5등보다는 평균 60점인데 평균 정도. 평균 조금 위나 평균을 맞아도 내가 일반대학이나 남한사회에 나가서 적응하는 데 문제가 없지 않을까 그런 생각을 했어요. 그래서 일단 기대치를 낮추고 나니까 그런 좌절감이나 불안감 같은 게 상당히 많이 줄어들었죠. 그래서 공부적인 측면에서 상당히 스스로는 많이 노력하고 하다 보니까, 그래도 고등학교 2학년 되니까 내가 원하던 중간 정도 성적이 나오고. 그런데 그 성적이 고3 올라가면 확 오를 줄 알았는데 그렇지 않더라고요. 갑자기 공부 안 하던 친구들이 고3 되니까 다 같이 열심히 공부하는 거예요. 안 하던 친구들이 그러기 때문에 성적이 그냥 그대로 쭉 가더라고요. 그런 문제들이 상당히 있었던 거 같아요.

그러면서도 계속 너무 집중했던 건 아니고 제가 흥미 있는 쪽으로 많이 공부했던 거 같아요. 사회과목 그쪽은 재밌더라고요. 남한사회나 자본주의 사회에 대해서 많이 공부할 수 있겠구나 사회구조가 어떻게 되는지 배울 수 있었고. 그 역사 이런 부분에 대해서는 북한에서는 역사를 다른 시각으로 많이 보거든요? 저기, 김일성이나 이쪽 위주로 많이 보고 그리고 약간 일반 인민들 위주의 역사관을 가지고 있는 거죠. 남한에 보니까 왕 중심의 역사관이, 사건 중심의 역사관이 이야기하잖아요. 그런 역사관이 다른 부분이 좀 있었고 그리고 역사를 상당히 디테일하게 많이 잘 가르치는 것 같더라고요. 북한에 비해서 훨씬. 그래서 깊이도 있고 그쪽으로 공부하니까 상당히 재밌는 거예요. 역사라는 건 과거의 일인 것 같지만 계속 되풀이된다고 하거든요. 어떤 기술이나 사상이나 이런 게 발달하긴 하지만 사람의 생각이나 행태 자체는 그렇게 쉽게 변하지는 않으니까 그런 것들이 보이는 거예요. 역사를 공부하면서 그런 쪽에 흥미를 느껴가지고 공부를 열심히 했던 거 같아요. 그러다 보니까 성적도 그쪽 부분에서는 상당히 잘 오르고. 그래서 공부는 그런 식으로 했었고.

근데 그러면서도 좀 스트레스가 쌓인 게 많았어요. 학교 안에서도 학업적인 것도 있었지만 분위기라는 것도 있잖아요. 계속 선생님들마다, 과목 선생님들 들어올 때마다, 그런 얘길 하는 거예요. 고등학교 다니는 목적은 입시가 주목적은 아니지만 그래도 세상에 나가게 되면 그걸로 판가름 난다는 거예요. 그 얘길 계속 들어올 때마다 강조하시니까 목적은 아니지만 거의 목적인 거죠. 입시가 목적이 되고 대학교 가는 게 목적이 되고 너무 싫은 거예요. '꼭 대학교 나와야지만 성공할 수 있고 그런 건가?'라는 생각도 들고, 회의감? 이런 거 많이 들기도 하고.

내가 '이런 식으로 꼭 공부해야 되나?'라는 그런 것들. 그냥 공부라는 게 흥미로워서 막 궁금한 거 있으면 찾아보고, 내가 스스로 공부하고 이런 재미가 있어야 되는데, 여명학교 때까지만 해도 예전에는 그런 게 있었거든요. 스스로 내가 모르는 부분이 많았으니까 찾아보고 재미가 있었는데, 고등학교 오니까 그런 부분보다는 이게 거의 암기식인 거예요. 다 외워야 돼 모든 걸. 내가 이걸 이해했든 이해 못 했든 중요한 게 아니에요. 이걸 다 외워가지고 답안지 안에 빼곡하게 그걸 다 작성하고 체크해야 되는 부분이 있으니까. 그런 것들에 대한 스트레스? 회의감 이런 게 좀 많았던 거 같아요.

그러면서 약간 일탈행위? 그런 것도 좀 꿈꿨던 거 같아요. 이거 좀 너무 갇혀 있는 삶? 이런 건 많이 했었는데, 지금까지 제 삶을 돌아 봤을 때 좀 긍정적이고 활동적인 거 내가 원하는 거 좀 해봤으면 좋겠다. 그런데 그때 10대 그 나이 때가 생각할 수 있는 게 많이 넓진 않았어요. 애들 하는 일탈행위 담배, 술 하거나 끽해야 좀 하는 애들이 오토바이 타거나 그 정돈 거죠. 그러니까 저도 좀 '아 친구들하고 좀 일탈행위를 해보고 싶다'. 그래서 친구들 몇 명 모였어요. 근데 그때 당시만 해도 제가 고2 때 되니까. 19살에서 20살이 됐으니까 만 19살 되니까. 진짜 성인인데 고등학교를 다니고 있는 상황이니까. 모든 걸 할 수 있는 거예요. 의식수준은 아직 청소년인데. 근데 그런 것들 때문에 애들이 그런 부탁을 많이 하긴 했어요. "술이나 담배 이런 것 좀 사 달라." 그런데 "그런 건 안 된다. 다른 거 부탁하면 해줘도 그런 거는 절대 안 한다". 그런 식으로 나름대로 원칙은 지켰어요.

그런데 친구들하고, 제 친한 친구들하고 모여가지고 그 친구 부모님 집에서, 그 부모님이 포장마차를 운영하셨거든요? 그래서 그 친구 집에 모든 게 갖춰져 있는 거예요. 어묵도 있고 떡볶이도 있고 거기다 소주까지 있는 거예요. 모든 조건이 갖춰져 있어가지고 그 친구네 집에 놀러갔어요. 원래 그래서 그 친구들도 술 마시는 게 처음이었고, 저도 처음인 거예요. 그래서 "야, 우리 술 한 잔". 원래 처음에는 술 마시려고 모인 건 아니었는데 어찌어찌 하다 보니까 술 얘기가 나오게 되고? 술 한 잔씩 마시게 된 건데. 중요한 건 술 마실 줄 모르는 상황이여가지고 배운 적도 없으니까 과음이 어떤 거였는지 모르는 거예요. 내 주량이 어느 건지 모르니까 애들이 난장판이 된 거예요. 처음 마시고 다 오바이트하고 난리도 아니에요. 이불 하나를 버렸어.

그 다음부터는 그 친구 집에 다시는 못 갔어. 부모님하고 되게 인사도 잘 하고 가깝게, 나름대로 인사도 잘 드리고 했었는데 그 이후론 못 찾아 가는 거예요. 그 친구네, 아직까지 찾아 못 갔어요. 원래 졸업하고 갈라고 했었는데 근데 지금도 그 친구들을 만나면 추억거리처럼 얘기해요. 그나마 고등학교 때 우리가 일탈행위를 했었던 게 좋은 추억의 하나였다 이런 식으로 얘기하고. 그 다음 처음으로 일탈행위를 그러니까 처음이자 마지막이죠. 그렇게 딱 했었던 거 같아요. 그 다음부턴 그냥 알코올에 손 안 대고 대학교 올 때까지. 담배 이런 거는 진짜 그런 거는 난 진짜 싫어했었거든요. 오히려 그런 건 안 했었고. 그러면서 오히려 그런 일탈행위를 좀 해보니까 오히려 또 공부나 이런 데에 집중하게 되는 거 있더라고요. 아 이런 게 다 경험해보고 나니까 별 재밌는 게 아니구나. '그래도 공부하는 거 공부해가지고 내 앞날에 좀 중요하고 도움이 될 수 있는 걸 하는 게 낫겠구나'라는 생각이 들더라고요.

그리고 더더욱 중요했던 건, 어머니가 새벽 다섯 시에 나가면 여덟 시에 들어오고, 제가 학교 나갈 때는 어머니가 이미 출근해 계시고,

학교 돌아오면 이미 쉬고 계시는 거예요. 그런 상황들이 반복되다 보니까 어머니가 너무 열심히 일하시는 거예요.

물론 경제적으로나 이런 여러 가지가 상당히 어려웠어요. 하나원에서 나올 때 일반 종교단체에서 가족 수만큼 이불이나 식기류 같은 걸 주거든요. 그런데 그게 전부예요, 동사무소에 전입신고를 하러 오니까 라면 한 박스 주더라고요. 그런데 집에 들어갔는데 아무것도 없는 거예요. 진짜 우리가 남한에 와가지고, 하나원에서 종교단체에서 받았던 이불과 식기류 그게 전부인 거예요. 저희 둘째형과 저와 어머니가 먼저 한국에 왔었는데, 이불 세 채와 식기 숟가락 세 개 이게 전부인 거예요. 그리고 가스레인지를 하나 받았던 것 같아요. 그게 전부 우리 집 가정살림의 전부였던 것 같아요. 아무것도 없는 거예요.

저는 되게 당황스러웠어요. 한국 드라마 볼 때는 다 갖춰져 있고 화려하고 이러는데, 실제 생활은 그런 게 아니니까. 아파트란 자체는 상당히 기쁘고 좋았어요. 남한에는 또 그런 것도 없는 분들이 상당히 많잖아요. 일단은 집이 있다는 것 자체로 되게 기뻤는데, 아무것도 없는 살림살이가 또 한 번 충격이었던 것 같아요. 그래도 차츰차츰 어머니가, 실제 나오게 되면 돈은 없어요. 정부에서 주는 정착금도 한 번에 나오는 게 아니라 2개월 단위로 조금씩 나오고. 그리고 나오게 되면 기초생활수급자 수급비가 나오는데, 그게 또 상당히 많은 금액이 아니에요 최저 생계비니까. 그걸 가지고 다른 걸 살 수 있는 게 안 되고, 그냥 생활유지 정도 되는 거니까.

그래서 어머니께서, 밑에 경비아저씨랑 상당히 친하게 인간관계를 맺더라고요. 그래서 아저씨가 북한에서 왔다는 걸 알게 돼가지고, 다른 데서 재활용 쓰레기 이런 걸 버리게 되잖아요. 그러면 재활용품 중에 간혹 어떤 건 쓸 만한 게 많잖아요. 그런 걸 챙겨놓으셨다가 저희 어머니를 부르셔서 가져가라고 그러고. 처음에는 이불장이고 뭐고 다 그런 재활용품들을 활용했던 것 같아요.

　그리고 또 조금 난감했던 게 서울에선 수돗물을 마실 수가 없잖아요. 그냥 마셔도 되긴 하는데 소독약 냄새가 너무 강하니까 그걸 못 마시겠더라고요. 마셔도 약간 구역질나고 그러니깐. 어머니가 한 가지 방법을 내놓은 게, 주변에 저희가 집을 받는 지역을 보면 보통 서울 외각 지역이에요. 외각 지역이다 보니까, 산하고 가까운 거예요. 그래서 산에 가서 약수를 떠오라고 그래서 그 약수를 한 4년 동안 떠왔던 것 같아요. 정수기를 안 사고요. 원래 생수를 살려고 하니까 상당히 생수가 비싸더라고요. 그리고 또 가족 수가 세 명 정도 되니깐 비용이 만만치가 않고요. 4년 동안 진짜 약수 뜨러 매일같이 갔던 것 같아요. 일주일에 두세 번, 그런데 그게 처음엔 자주 가게 되었는데 나중엔 서로 가기 싫어가지고 둘째형하고 저하고 그냥 계속 티격태격하면서 "너가 가라" 하면서 서로 계속 그랬던 것 같아요. 그래서 아무튼 4년 동안 살림을, 저희 어머니가 살림을 알뜰히 하셔가지고, 어느 정도 살림을 정말 차츰차츰 새로운 것들을 마련했어요.

　그리고 어느 땐가 한 번 고1 땐가? 집에 왔었는데 어머니 쉬고 계시는 모습을 봤어요. 근데 보니까 엄지손톱이 하나가 없으신 거예요. 어, 손톱이 빠져 있는 거예요. 그래서 주말에 어머니한테 여쭤봤어요. 이거 손톱이 왜 이렇게 됐냐고 했더니 식당에서 일하시는데 그릇을 씻는데 기름진 그릇들이 많아가지고 뜨거운 물로 씻어야 된다는 거예요. 그래서 뜨거운 물이 계속 닿다 보니까 손톱이 빠진다는 거예요. 그 말에 너무 충격 받은 거예요. '아, 내가 이런 생각 가지고 있으면 안 되겠구나. 진짜 공부 열심히 해야겠구나. 어머니를 나름대로 효도는 못 하더라도 나중에 내가 떳떳하게 밥벌이는 잘 할 수 있는 사람으로 성장하려면 공부해야겠구나.' 그러니까 일탈행위 이런 걸 꿈꿀 수가 없더라고요. 어머니가 너무 열심히 일하시는 모습을 보고 이러니까. 그래서 좀 공부에 매진했던 거 같아요.

선생님, 북한에 대해 함부로 이야기하지 말아주세요

근데 또 하나 문제가, 고3 올라가니까 문제가 됐던 게, 조금 나이 드신 선생님들이 담임을 많이 맡더라고요. 그래도 입시 나름대로 전문이시잖아요. 수년째 계속 그런 일을 해오시다 보니까. 그런 의식도 있었는데 상당히 좀 보수적인 선생님들이 계셨어요. 물론 진보적인 선생님들도 계시는데, 어느 쪽이 '좋다, 나쁘다'를 떠나가지고 두 쪽 다 제게는 약간 불편한 대상들이었어요.

왜냐면 너무 한쪽으로 치우쳐 있으면, 어떤 중요한 사실을 놓치게 된다는 생각을 많이 했었거든요. 그런데 그 중에 한 예를 들자면, 약간 보수적인 선생님이었는데 한국사나 그때 근현대사 수업이었어요. 근현대사에 6·25전쟁이 나오잖아요. 나오게 되면 북침이냐 남침이냐 이런 거 나오는데, 제가 북한에서 왔다는 걸 알고 계시거든요. 그래가지고 저에게 딱 질문하는 거예요 수업 도중에 "북침이냐? 남침이냐? 북한에선 어떻게 교육 받나?" 막 이런 식으로. 그런데 그 질문 자체가 제 입장에서는 너무 기분이 나쁜 거죠.

굳이 나도 남한에서 공부를 하면서, 어느 쪽이 남침이라는 사실을, 북한에서 남한을 침략했다는 사실을 이미 다 알고 있는 거고, 여러 가지 사료들도 많잖아요. 알고 있는데, 굳이 내가 북한에서 왔다는 이유만으로 이렇게 질문한다는 자체가 너무 상당히 기분이 나쁘고, 그렇게 질문함으로 인해서 다른 친구들이 나에 대한 시선이나 이런 게 좀 달라질 수도 있잖아요. '아 쟤랑 나랑 생각이 다르구나' 하는 생각을 할 수 있는 거고. 물론 다를 수도 있겠지만. 그런 부분이 상당히 기분이 나빴어요. 그래서 대답을 안 했어요. 그랬더니 그 선생님이 나름대로 판단을 내리는 거예요. 나의 생각을 본인 스스로 판단을 내리는 거예요. 대답 못하는 거 보라고. 남한이 북한을 침략한 거라고 배웠고 생각할 거라고. 이런 식으로 얘기해 버리는 거예요.

북한에서 실제로 이렇게 가르치고 있다고 이런 식으로 이야기하니까 너무 화가 나는 거예요. 너무 화가 나는데 이걸 당장 선생님한테 항의할 수가 없는 게 제가 다니던 학교에 유일하게 내가 북한에서 왔거든요. 그래서 내가 하는 모든 행동이, '북한에서 온 친구는 다 그렇다'라는 선입견을 자꾸 심어주는 계기가 많이 생기더라고요. 그래서 내 행동이나 언행 자체를 막을 수가 없는 거예요. 특히 선생님들이나 이런 분들한테 세상에, 수업시간엔 도저히 이야긴 못하겠고, 쉬는 시간엔 이야기하고 싶은데 도저히 화가 나가지고, 아니면 싸울 것 같다는 생각이 드는 거예요. 그래서 스스로 참으면서 오히려 주변에 있는 내 친구들이 위로해주고 그런 상황이었어요. 그런 부분들이 상당히 어려웠어요.

근데 그런 사회적인 역풍을 겪고 나니까 고3이 좀 많이 힘들더라고요. 아무래도 수험, 입시준비나 수험 스트레스 때문에 좀 많이 힘든데 그런 부분이 많이 어려웠고. 그리고 또 재미있는 게 진보적인 선생님들, 북한의 생활 총화 이런 시스템이 상당히 괜찮은 시스템이라 이야기를 하는 거예요. '이게 참 난해하다. 너무 극단적으로만 그런 사안들을 바라보게 되면 솔직히 그 핵심적인 내용들은 잊게 되는데, 너무 그런 것들에 대해서 치우쳐 있다'라는 생각이 드는 거예요. 그런 것들이 제게는 많이 힘들었어요.

그리고 또 한 가지가 국어시간이었는데, 선생님도 좋다 보니까 애들 흥미를 유발하기 위해서 이런저런 이야기하다 보니까 학교 주변에 폐쇄적인 건물이 있었어요. CCTV가 달려 있고 유리창이 다 보안처리, 선팅처리 돼 있는 그런 건물 있는데, 그 선생님이 본인도 정확한 정보는 아니겠지만 저거 국정원 건물인데 아마 탈북자들이 저기에 수용되어 있을 거라고 얘기하는 거예요. 그런데 솔직히 저희는 다 알잖아요. 국정원이 어디 있고 조사실이 합동조사본부가 어디 있는지를 다 알고 있는데, 난 알고 있는데 차마 얘기는 안 나오는 거죠. 선생님이 민망할까 봐 그 선생님이 내가 북한에서 왔다는 걸 모르고 계셨거든요. 그래서 그런 부분에 대해서 막 얘기하는데, 그러면서 탈북자 중에는 정착을 못해가지고 집을 팔고 서울에서 노숙자 생활하고 이런 사람들이 있다는 거예요. 이런 소릴 하니까 열 받는 거지, 아 그건 너무 일반화시키는 거 아니에요. 그런 사람들이 물론 있을 수는 있겠지만, 내가 주변에서 듣기로는 그런 사람은 없는 걸로, 서울에서 노숙하는 사람은 없는 걸로 알고 있거든요. 그런 사람들이 있다고 하니깐 일반화시켜 버리니까 화가 나는 거지.

그리고 어떤 선생님들은 빨갱이 이런 이야기하는 분, 빨갱이 뭐 그럴 수도 있다고 생각해요. 이미 몇 십 년 전만 해도 남한에서 반공교육도 심했었고, 북한에 대한 정보도 많이 없었고, 그런 부분들이 상당히 강했으니까 그럴 수밖에 없다고 난 생각해. 왜냐면 지금 남북한이 대치상황에 있는 거고 적대적인 관계에 있으니까 충분히 그럴 수 있다고 생각하지만. 그냥 '빨갱이'라고 얘기할 때, 저 '빨갱이 새끼'들 이렇게 이야기할 때는 그 '빨갱이'라는 용어 자체가 개념이 정립이 안 됐다고 많이 생각이 드는 거예요. 일단 나는 그걸 이해는 하는데 머릿속으로 이해는 하는데, 가슴으로 받아들이질 못하는 거예요. 막 화가 나는 거야. 내 정체성 혼란이 막 느껴지는 거예요.

난 분명 대한민국 사람인데 저런 이야기를 들으면 왜 화가 날까. 곰곰이 생각해보니까 빨갱이라는 용어 속에 개념이 정립이 안 되어 있는 거예요. 북한정권에 대해서 이야기한 건지, 북한 주민 전체를 싸잡아서 이야기한 건지, 개념이 정립이 안 된 상태에서 말하는 사람이나 듣는 사람이나 다 오해를 불러일으킬 수 있는 여지가 충분히 있잖아요. 그런 식으로 얘길 하니까 이게 화가 나는 거고. 그리고 '빨갱이라고 이야기하는 그 속에 만약에 우리 친척들이 속해 있다거나 내 친구들이, 이웃들이 속해 있다 그러면 난 여기서 참아야 할까 아니면 여기서 화를 내야 될까' 이런 혼란이 상당히 심해지는 거예요. 학교 다니기 너무 힘들지 이런 거 때문에, 물론 그런 것들은 머릿속으로는 이해되지만 심정적으로 받아들여지지 않는 말로 형용할 수 없는 그런 것들이. 그래서 하여튼 고3 올라오면서 많이 좀 그랬던 것 같아요. 여러모로 그런 사정들과 이런 게 겹치면서 그래서 고3 생활 어려운 시간을 겪었던 것 같네요.

대학에 들어가기까지의 경험

그러니까 고3 올라오면서부터 계속 고민이 많이 되더라고요. 그러니까 입시도 중요한데 궁극적으로 내가 뭘 해야 되나. 대학 공부도 중요하고 대학 입학도 중요하지만 궁극적으로 내가 어떤 직업을 갖기 위해서 그것들이 필요한 거잖아요. 필요한 그냥 하나의 길이고 학문일 뿐인데, 그게 그쪽이 목적이 아니니까. 이게 그쪽이 목적이 아니라는 생각이 드니까 너무 허무감이 드는 거예요. 그리고 뭘 준비해야 되는지도 모르겠고, 내가 직업을 가질 때 어떤 직업이 좋고 나쁘고 이런 약간 기준도 없고 개인적인 가치관이 아직 형성이 안 된 거죠. 그런 부분들이 아직 형성이 안 되니까 혼란스러운 거예요.

아 그리고 한국엔 몇 만 개가 넘는 직업이 많다고 그러는데, 정작 우리가 생각할 수 있는 범위는 딱 정해져 있잖아요. "공부 좀 잘한다. 어? 수학도 잘한다" 그러면 의대 가고 "내가 수학은 좀 못하는데 다른 부분이 뛰어나다" 그러면 법대 간다. 그러는 거예요. 아 근데 돈 버는 게 중요해. 그러면 경영대 이런 쪽으로 가고 경영, 경제 이쪽으로 가고. '그런데 난, 다른 사람 도와주는 이타심 이런 게 뛰어나' 그러면 사회복지로 간다는 거예요. 아이, 너무 뻔한 거야. '세상에 직업이 그렇게 많다는데 그런 쪽밖에 없을까?'라는 생각이 드는 거예요. 그래서 '아 내가 꼭 하고 싶은 일이 뭘까?' 이런 게 너무, 너무 중요한 시기였어요.

그리고 또 하나 좀 많이 어려웠던 게, 저희 친구들 같은 경우는 대학 보통 입학할 때 제외 국민 특별전형이라고 전형이 또 따로 있잖아요. 물론 수능을 통해서 들어올 수 있지만, 그런 전형이 있다는 사실은 알고 있었는데, 전형을, 서류 절차나 이런 걸 어떻게 진행되고 어떻게 서류를 접수해야 되는지, 이런 걸 하나도 정보가 없었어요. 근데 담임선생님께서는 그런 전형이 있다는 사실은 알고 계시더라고요. 그래서 저에게 과제를 내주시고 전형에 대해서 알아보라. 전형의 접수방법이나 시험방법에 대해서 알아보라.

그거를 직접 다 알아봐야 되니까 너무 어렵더라고요. 그분들은 이제 남한의 수시나 수능 이런 부분에서 상당히 전문적인데 그런 부분에선 상당히 많이 부족하시니까. 근데 그럴 때 또 대안학교 친구들이 너무 부럽더라고요. 대안학교 친구들은 오히려 그쪽으로 특화되어 있잖아요. 선생님들도 거의 전문가니까. 여러모로 많이 챙겨주시고 자기소개서부터 뭐, 여러 가지 서류접수에 이르기까지, 면접방법이나 이런 것들을 상당히 체계적으로 잘 준비시켜 주고 그러는데 저와 선생님은 스스로 다 해야 되니까, 그런 부분이 상당히 어려웠어요.

그래서 3학년, 그 학년 담당선생님 계시잖아요. 그 선생님하고 많이 친했었는데, 그 선생님께 사정을 말씀드리니까 학교에서 하는 모의 면접 같은 것 있어요. 이게 전문가 초청해서 그런데, 보통 이게 돈을 내고 해야 되는데, 저 같은 경우는 무료로 신청시켜 주고 그런 부분이 있긴 했어요. 그래도 상당히 많이 어려웠어요. 지원하는 자체 서류 접수하는 것이. 그래서 그냥 내가 무슨 학과를 지원해야 되는

지도 모르겠고, 내가 뭘 좋아하고 뭘 해야 하는지도 잘 모르겠고 고등학고 입학하면서 3년 동안 계속 국어공부만 했는데, 3년 내내 결론이 없는 고민이 되잖아요. 그래서 그런 부분 때문에 많이 어려웠던 것 같아요.

그래서 정작 입학원서를 넣게 될 때 담임선생님 말씀을 참고하게 됐는데, 담임선생님께서 말씀해 주신 게 "중국에서 한 2년 정도 살다 왔으니까, 중국어 어느 정도 할 테니까 중국어 전문학과 나와". 그래서 "다른 거보다 수학 이런 거 잘 못하는데, 책 이런 걸 상당히 읽는 걸 좋아하고, 또 책을 많이 읽고 이러니까 그런 문헌정보학과, 도서관사서" 그래가지고 아무튼 그런 식인 거예요. 그래서 정작 내가 하고 싶은 거는 따로 있긴 있었는데 부동산 관련된 것, 그냥 경제 무역 그런 쪽에 관심 있었는데, 그런 쪽에는 차 순위로 놓게 된 거죠. 그런 부분이 있어가지고 상당히 어려웠던 점이 있었어요. 진로 상담 같은 걸 많이 했어야 됐는데.

그러면서 그래도 좀 많이 도움이 됐던 게, 과외 선생님이 있었어요. 그러니까 제가 학원이나 과외 선생님을 구할 경제적 여력은 안 됐었는데, 그 지역에 있는 공부방이 있었어요. 방과 후 학교에 있었는데, 그 학교가 탈북 청소년들이 그런 학업 여력이나 조건이 안 되는 친구들 모아가지고, 일반 대학교 대학생들 위주로 해서 자원봉사 선생님들을 유치해가지고 그걸 가르치는 식이었거든요? 1대 1로? 아니면 뭐 1대 다로, 이런 식으로 가르치는 형태였는데 그 학교를 알게 됐어요. 그래서 고2 때부터 거길 다니면서 수학이나 영어, 논술 이런 걸 좀 집중적으로 배웠어요. 근데 중요한 건 논술선생님께서는 논술을 가르치는데 일단 나의 가치관이 형성이 안 됐으니까, 그런 걸 중점적으로 형성하는 거를 도움을 많이 주시더라고요. 그러면서 신문이나 이런 걸 읽게 하시면서 세상을 보는 시각을 좀 넓히라고 계속 강조하시고.

그리고 직업이나 이런 게 상당히 다양하고 많은데 중요한 건 변하지 않는 것 몇 가지 있다는 거예요. 모든 사회나, 어느 문화권이나, 어느 국가나 그런 걸 한 번 찾아보라는 거예요. 계속 급변하는 사회긴 하지만, 영원한 직업도 없다고 얘기하지만, 그런 거를 찾아보라고 해서 그러니까 의식주 관련된 거로 요약이 되더라고요. 큰 테두리를 보면 사람에 관련돼서 의식주 관련된 것들은 어느 사회나 꼭 필요한 부분들이니까, 그와 관련된 직업들은 분명하게 계속 변하더라도 변천사가 있기는 하더라도 없어지거나 이런 거는 없는 거 같아요. 그쪽으로 생각해 봤어요.

막연하게. 아, '식' 하니까, '어, 조리학과? 요리사? 아 이쪽은 나랑 안 맞아' 그쪽도 재능이 없는 것 같고. 근데 '의' 하니까, 패션디자인이나 MD쪽이잖아요. '아 이쪽도 나랑 뭔가 안 맞아.' 음, 내가 그쪽 감각이 많이 떨어지는 것 같더라고요. 근데 '주' 하니까, 부동산 관련된 것들이 있더라고요. 토지나? 건물 이런 거 어딜 가나 다 있는 거니까. 아, 물론 아프리카나 이런 데는 좀 그럴 수도 있겠지만, 일반 문명사회는 다 있는 것들이잖아요? '아 이런 건 좀 변하진 않겠구나. 이쪽으로 공부하면 어느 사회나 꼭 필요한 부분이니까. 이쪽으로 해보는 게 좋지 않을까?'라는 생각이 들었어요.

그리고 그때 당시 막 2009년 이때였거든요? 한참 버블세븐 강남 막, 땅값 막, 집값 막 난리 날 때였어요. 이거를 신문에 항상 토픽으로 날 때여가지고. 그런 쪽으로 관심 많이 가지게 되더라고요. 신문 기사 이런 걸 좀 스크랩해가지고 읽고 이럴 때도 경제 이런 부분에서, 경제 파트는 크게 두 부분이잖아요? 주식 파트랑? 부동산, 실물자산 그 파트니까. 실물자산, 부동산 파트 계속 관심을 가지게 되더라고요. 그래서 그쪽으로 좀 많이 준비를 했던 것 같아요. '아, 부동산 이런 데도 있었구나? 부동산 관련된 이런 공부할 수 있는 데도 있구나'라는 걸. 건국대학교에 부동산학과가 있는 것도 알게 됐고.

다른 학교에도 부동산학과가 있는 건 알았지만, 부동산학과 쪽에서는 건국대가 가장 높다는 것도 알게 됐어요. 그쪽 분야에 계신 분한테도 조언을 구했더니 상당히 좋은 학과라고 그래서 아, 이쪽에 일단 목표를 잡았었고.

그리고 또 그게 안 됐을 경우를 대비해서, 차선책을 대비해서, 그러니까 제가 좋아하는 쪽 보니까 이게 책 읽고 이런 걸 상당히 좋아하는 거예요. 성격이 약간 내성적인 부분이 강하다 보니까 조용한데서 책읽기 이런 걸 좋아하니까. 도서관 사서? 상당히 막연하죠. 그래서 Y대 문헌정보학과를 지원했던 거 같아요. 물론 보기 좋게 떨어졌지만 아무튼 그쪽이 붙었으면 그쪽도 아마 했었을 거 같아요. 도서관 사서나 그쪽도 있었어요.

그리고 제가 고1 때 담임선생님께서 대외활동 이런 거 경험해보는 게 좋을 것 같다고 하면서 특히 저한테 권유하시더라고요. 서울역에 가면 집이 없어서 노숙하시는 분들이 계시는데 그분들한테 식사대접을 준비해주는 게 있다는 거예요. 밥집이라고, 밥차라고 그러나? 뭐 아무튼 그런 게 있다고, 저 보고 같이 가자는 거예요. 그래서 아, 그런 게 있다니까 '일단 TV를 통해서 그런 거 있다는 걸 알게 됐는데, 실제로 보는 것도 경험하는 것도 좋겠다'라는 생각이 드는 거예요. 남한사회가, 다 화려하고 좋은 게 아니라는 것도 경험하는 하나의 또 좋은 계기가 될 테니까. 그래서 가겠다고 담임선생님한테 약속하고 가게 됐어요.

그런데 가보니까 진짜 어려운 사람이 많은 거예요. 그래서 그런 노숙자 분들하고, 밥 주기 전에 줄을 서 있더라고요. 그러면서 이런저런 이야기를 하는 거예요. 되게 어린 학생들이 나왔다고 막 좋아하시면서 이런 저런 얘기를 해주시는 거예요. 그러면서 그 중에는, 개중에는 엄청나게 똑똑하신 분들이 많더라고요? 그래서 막 역사, 사회, 과학, 그런 영역에 대해서 질문을 던지시는 거예요. "너 고등학생이

이 정돈 알아야 돼." 이러면서 그래서 노숙자분들한테 그런 얘기를 배울 줄은 몰랐다는 생각을 그런 편견을 딱 깨는 게기가 하나가 됐던 거 같아요. 그러면서 그분들의 삶을 들으니까, 아 그분들이 원래부터 그런 삶을 살았던 건 아니라는 걸 알게 됐어요. 나름대로 사회에서도 좀 성공하고 했었는데 IMF나 이런 거 때문에 사업체가 망하고, 이러다 보니까 집에 못 들어가게 됐고, 가족을 못 찾아가게 됐고, 이런 상황들에서 이렇게 된 거라는 걸 또 알게 되더라고요.

많이 한 건 아니었어요. 한 세 번 정도 했던 거 같아요. 이게 자주 할 순 없어가지고. 세 번 정도 따라다니면서 이게 느꼈던 게 이런 분들 도와줄 수 있는 방법? 방향 이런 쪽으로 직업을 얻는 것도 좋겠다. 굉장히 긍지나 보람을 느낄 수 있더라고요. '그런 걸 느낄 수 있으면 평생하는데도 보람과 그런 걸 느끼지 않을까?'라는 생각을 갖게 되더라고요. 그래서 또 사회복지학? 이런 쪽으로 관심을 가지게 되더라고요.

그래서 크게 보면 그렇게 되고, 또 하나가 중요했던 게 북한에서 왔다는 정체성을 버릴 수가 없는 거죠. 그래서 그쪽하고 좀 관련된 일은 뭐가 있을까. 그 사람들 도와줄 수 있는 일이 뭐가 있을까 찾다 보니까. 무역이나 국제통상 이쪽으로 가면 군이 남북한이 아니더라도, 제3국을 통해서 무역이나 국제통상 이런 걸 해가지고 그분들 개발이나 많이 도움 줄 수 있는 부분들. 통일 얘기는 많이 하지만 솔직히 통일이 지금 안 되는 상황이 체급이 거의 비슷하지 않아서 그러는 거잖아요. 경제에서 격차나 이런 거 때문에 비용문제가 가장 큰 핫이슈잖아요. 다른 문제도 있지만. 그런 걸 얘기할 수 있는 건 그쪽이 개발돼야 된다는 생각을 갖게 되는 거죠.

'그분들이 어느 정도 생활수준이 괜찮아지고 남한하고 경제력 격차나 이런 게 많이 줄어들게 되면 통일이나 이런 게 많이 앞당겨지지 않을까'라는 생각도 들고, 나의 정체성을 고려해 봤을 때 그분들을 그냥 잊고 살 수는 있죠. 남한사회에서 남한 사람처럼 살 수는 있는데, 그게 생각처럼 안 되더라고요. 나의 정체성은 평생을 가지고 가야 되는 거니까. '그런 거를 살리려면, 오히려 단점이 아니고 장점을 살리려고 그쪽으로 하는 게 좋겠다'라는 생각이 들어가지고 또 국제통상 이쪽을 준비를 했어요. 그래가지고 그래서 네 가지 큰 테두리로 보면 네 가지로 생각하고 대학교를 목표로 했던 거 같아요. 근데 그걸 준비하는 과정에서요, 지난번에도 말씀드렸지만 대안학교 친구들하고 상당히 비교가 많이 되는 부분들이 그런 부분들이 많이 있더라고요.

입시 실패, 대학 진학의 약이 되다

그래서 어려웠었는데 그래도 아무튼 그런 부분들이 있어가지고 그런데 그 중에서 또 담임선생님이 하나 추천해 주는 게 있더라고요. 제가 중국에서 2년 정도 살았거든요? 그래서 중국어를 어느 정도 할 수 있었어요. 그랬더니 "그나마 네가 잘할 수 있는 거를 해라, 그래가지고 공부를 따라가야지 않겠냐". 서강대학교 중어중문학과 그런 데를 지원해 보라는 거예요.

솔직히 제 생각에는 '아 2년 정도 살았으니까 중국어 이 정도 하면 되겠지'라는 생각. 이런 막연한 생각으로 담임선생님이 또 추천하니까 지원했었는데, 아무 생각 없이 갔어요. 근데 그것도 그쪽에 입시전형은 면접 위주로 하는 전형이어가지고, 면접을 보는데 교수님들 세 분 정도 계시고 학생은 5명 정도 그룹을 지어서 면접장에 들어가더라고요. 근데 신기했던 게 막 자기소개하고 다하는데 다 중어중문학과 지원한 학생들인 거예요. 그런데 두 명이, 그 중에서 유독 두 명이 자기소개를 하는데 엄청 잘하더라고요. 그리고 막 중국어로 제2외국어로 중국어, 중어중문학과 지원했으니까 제2외국어를 당연히 중국어로 해야 되잖아요.

그런데 저는 준비해가고 이런 게 없었으니까. 이게 더듬더듬 대고 제대로 잘 안 되는 거예요. 그게 또 혼자 준비하다 보니까 이게 잘 안 되고 그러니까. 그 두 친구는 중국어를 상당히 잘 하는 거예요. 교수님이 깜짝 놀라시면서 중국에서 몇 년 살았냐고 물어보는 거예요. 두 친구 다 북한 친구였는데, 친구들이 10년 살았다는 거예요. 그래서 '아 나는 안 되겠구나' 이미 좌절감에 차오는 거예요. 면접은 거의 어떤 정신으로 했는지도 생각도 안 나요. 아 이게 벌써 '안 되겠구나' 생각을 가지니까, 그냥 대답도 자신 없어지고 어영부영하게 되고 그런 태도부터 그렇게 되더라고요. 서강대학교를 딱 탈락하게 되는 거예요.

그러니까 그 다음부터 정신을 바짝 차리게 되더라고요. '아 좀 준비를 철저하게 해야 되겠구나, 내가 대학교에 대해서 너무 모르는 거구나'라는 생각이 들어가지고. 각 대학교, 제가 지원했던 대학교 홈페이지 들어가서 지원학과 교수님들 다 찾아보고 그 대학교 홈페이지 그냥 다 외우다시피 했어요. 학교 약력부터 시작해서 교수님들 주요 이력이나 논문 어떤 거 쓰셨는지, 이런 거까지 다 찾아보는 거예요. 프린트 다 해가지고 나름대로 자료를 만들었어요. 다 외워가지고 예상 질문 이런 거를 다 뽑아봤어요. 그리고 예상 답변을 다 만들어 보고 계속 집에서 연습해 보고.

그래서 면접장 딱 갔는데, 대기자들이 대기실에 다 모여 있는 거예요. 생각보다 많진 않더라고요. 그게 그때가 모 대학교에서 국제통상학부 지원했을 때였어요. 그리고 막 제가 찾아본 그 자료를 A4 용지에 프린트 했었거든요. 그걸 열심히 보고 있었는데 조교가 대기실에 와서 애들 뭐하는지 보고 면접사항이나 이런 걸 알려주는 거예요. 그래가지고 저한테 왔는데, 교수님들 약력부터 시작해서 사진까지 몽땅 프린트해가지고 보고 있는 거 보고 깜짝 놀라는 거예요.

이런 거까지 준비해 왔냐고. 이런 사람 처음 봤다는 거예요. 그래서 아 이렇게 철저히 준비 안 하면 안 될 것 같아서 열심히 준비했다고, 좀 덜 긴장하기 위해서 준비했다고 막 그러면서 조교랑 계속 얘기 나눴어요.

딱 면접실에 들어갔는데 재밌었던 게 면접관으로 들어오신 교수님 다섯 분 계셨는데 세 분이 내가 딸딸 외우고 있던 그분들인 거예요. 세 분이 그러니까 내가 계속 보던 분들이니까 그분들은 저를 모르지만, 저는 왠지 그분들을 오랫동안 만난 것 같은 느낌 있잖아요. 그래서 긴장이 덜 되고 그리고 질문을 하더라도 왠지 편하게 답변할 수 있는 그런 분위기가 되더라고요. 그리고 그분들이 어떤 생각을 가지고 있는지 논문이나 이런 걸 보면서 대충이라도 알고 가니까 그런 부분에 대해서 그런 시각을 좀 맞춰가지고 답변을 하게 되더라고요. 그러니까 이게 좀 예상이 되긴 하더라고요. 그냥 답변을 다하면서 '아 이거 왠지 좀 될 거 같은데'라는 생각이 좀 들더라고요. 근데 딱 합격 통지서 날라온 거 보니까 '아, 진짜 됐구나' 안심이 놓이고.

그리고 부동산학과 여기 지원했을 때, 근데 건국대학교는 솔직히 시험을 봤기 때문에 필기시험을 딱히 준비하기가 좀 애매한 부분들이 있었어요. 그래서 전 논술하고 그때 당시만 해도 학업 적성검사? 시험 두 가지를 봤었거든요. 근데 두 가지 시험 그러니까 논술시험에 대해서 많이 준비했었는데, 논술부분에 대해서 어려운 주제가 나왔더라고요. 건국대학교가 논술을 상당히 어렵게 내시더라고요. 그래서 그 시험을 아 이게 어려운 거예요. 아무튼 다 쓰긴 썼어요. 썼는데 '아, 이게 뭐지?' 싶을 정도로 썼었어요.

그리고 학업적성검사를 받는데, '이게, 야 이게 사람이 푸는 문제야?'라는 생각이 드는 거예요. 난 분명히 문과고 수학도 수1까지밖에 안 배웠고 과학 쪽은 안 배웠거든요. 오히려 사회탐구 영역을 내가 배웠었는데, 학업적성검사에서는 과탐 영역까지 나오는 거예요. 과학탐구 영역까지 다 나오고, 핵융합 이런 거 나오고 핵융합 기호 막 나오고 이건 무슨 기호냐 이런 걸 설명해봐라 이게 뭐지? 그때 시험 볼 당시에는 진짜 와 이게 너무 황당한 거예요. '이게 안 될 것 같다'라는 생각이 드는 거예요.

약간 좌절감이 많이 들었어요. 원래 제일 많이 기대했던 학부였는데 전공 분야였는데 왠지 안 될 것 같아가지고 초조했었는데 결과적으론 됐죠. 그래서 아, 너무 기분이 좋긴 하더라고요. 그래서 일단 두 대학을 합격해가지고, 이쪽을 나머지 대학들은 원서를 넣었는데 시험을 보러가진 않았어요. 두 대학을 합격해가지고 국제통상학부랑? 이쪽이 돼가지고 그래서 건국대학교에 결론적으론 오게 됐죠. 그래서 아무튼 공부하는 내내 좀 좋았어요.

4. 한국 정착 과정

탈북자임을 당당히 밝히고 시작한 대학 생활

이게 처음에 그런 부분이 대두되는 거예요. 일단 수시로 합격한 친구들 정모라 해가지고 정식 모임이 있잖아요. 음, 했는데 자기소개하는 거예요. 어느 대학교, 어느 고등학교냐, 수시 뭐로 왔고 이런 식으로 얘기하는데, 나이 얘기하고, 나이 좀 있는 친구들은 재수 삼수 이런 거 얘기하고, 그런데 저는 현역인데 나이는 두 살 위야, 애매한 상황인 거죠.

그래서 그럴 바엔 그냥 얘기하는 게 낫겠다. 그래서 또 얘기했어요. 고등학교 때 경험도 있고 하니까, 바로 그냥 북한에서 왔고 현역이고 고등학교 나왔다. 얘기했더니 애들이 다 놀라는데 고등학교 때처럼 그렇진 않더라고요. 애들이 또 의식수준이 높아졌고 그리고 어느 정도 철이 들어서 입학했는지 모르겠지만, 음 그냥 아무 반응 없이 잘 넘어갔어요. 그래서 술자리에 와가지고 술 마시고 재밌게 놀았던 거 같아요. 오리엔테이션 가서도 또 얘기하니까 거의 스타가 된 거 같은 느낌? 선배들이 여기저기서 술 주러오고 막 아무튼 재밌었던 거 같아요.

그러다 보니까 이게 대학교 1학년 때부터 그냥 딱 구분되더라고요. 그러니까 북한 살아서, 아무 거리감 없이 친할 수 있는 친구들은 주위에 모이고, 그렇지 않은 친구들은 어느 정도 거리를 유지하고 이렇게 되니까 대학 생활도 좀 편하게 했던 거 같아요. 오히려 내가 북한에서 왔으니까 학력이나 이런 게 좀 많이 부족한 부분이 있으니까. 전공수업을 들을 때 모르는 부분들이 많으면 친구들한테 도움받기도 좀 수월했던 거 같아요. 일반 대학교 나오고 수능이나 이런 거 보고 왔으면 "이런 것도 몰라?" 이런 식으로 나왔을 텐데 이미 그런 걸 다 사전에 안 상태였으니까. 오히려 조언도 구하기도 쉬웠고, 도움 받기도 쉬웠던 거 같아요.

음, 그리고 또 친구 관계도 그런 문제가 있잖아요. 고등학교 때도 그렇고, 대학교 때도 그렇고 친구 사이가 엄청 가깝게 됐는데 나중에 신분을 밝혀야 되나, 말아야 되나 이런 딜레마에 빠지는 부분이 많거든요. 특히 북한에서 온 친구들이. 근데 저 같은 경우 그런 부분에 있어서는 상당히 오히려 자유로웠던 거 같아요. 이미 오픈했으니까 별 부담감도 없었고. 오픈한 상태에서 그 관계가 더 깊게 형성될 수 있는 거니까. 그러니까 오히려 좀 편하게 얘기할 수 있는 거고, 북한에 관련된 이슈 나오면 자유롭게 나한테 묻고 그럼 내가 또 답변해주고 이런 부분들이 너무 자유로웠던 거 같아요. 그냥 지금 대학교 4학년이긴 하지만 그런 부분 친구관계에 있어서는 상당히 좀 좋았던 거 같아요.

근데 제가 대학교에 입학하면서 좀 그런 사건들이 여러 개 있었어요. 그러니까 천안함도 그렇고 연평도, 연평도도 그렇고 항상 그런 사건이 터질 때마다 마음이 불안하긴 했었어요. 그러니까 꼭 이런 식으로 관계가 악화돼야 되나 이런 것도 있었고, 내가 북한에서 왔다는 이유만으로도 주변에서 계속 질문하는 친구들도 그렇고, 친한 친구들이니까 더더욱 궁금한 거예요.

"야, 전쟁 일어날 거 같아" 하기도 하고, 이런 아주 기초적인 질문부터 시작해서 심각한 약간 정치적 성향이 다를 수가 있잖아요. 그런 대립된 질문들도 많이 듣고. 또 중요한 건, 난 그쪽에 별로 관심 없는데, 관심을 안 가지고 싶은데, 정치적으로 답변을 해야 되니까. 가질 수밖에 없는 상황이 계속되는 거예요.

그러니까 사회적 분위기나 내가 처한 상황이나 또 정체성이나 이런 게 맞물리면서 계속 그런 데에 대해서 의식이 깨어 있어야 되는 그런 상황이 만들어지게 되는 거. 그리고 그쪽에 대해서 계속 공부를 해야 되는 거? 그리고 또 그런 질문이나 답변을 준비해야 되니까 약간 스트레스를 받는 거. 그런 것들이 좀 많이 존재했던 거 같아요.

'아, 내가 굳이 이런 거에 대해서도 생각을 해야 되나?' 일반 남한 대학생들처럼 그런데 아예 신경을 끄고 살고 싶은 생각도 좀 있었어요. 그렇지만 그런 거에 대해서, 또 대학에 오면 지성인이라고 그러잖아요? 그런 부분에 있어서도 생각할 필요는 있는데, 너무 깊게 들어가면 내 전공 분야도 아닌데 오히려 전공하고 맞먹을 정도로 수준을 요할 때가 있거든요. 대학에 들어가면 애들이 정치외교학과나 이런 친구들이 있어요. 그런 쪽으로 깊이 있게 공부한 친구들이 같은 수준의 레벨로 저한테 질문을 던지는 거죠. 그러면 그 수준에 맞게끔 답변을 해줘야 되니까. 그런 부분들이 공부하면서도 좀 어려웠던 부분들이었거든요.

그리고 교수님들 중에서 성향이 좀 많이 다를 수가 있는데, 그런 부분에 대해서 북한에 대해서 얘기하실 때 고등학교 선생님들하고 또 다른 차원이잖아요. 이쪽은 더 전문적으로 공부를 많이 하신 분들인데, 어떤 단편적인 정보를 가지고 북한을 일반화시키는 그런 것들이 상당히 많더라고요. 그건 성향이 좌우를 떠나서 다 그러는 것 같아요. 어느 정도 북한에서 공부했다고 그러면 거의 전문가인 거예요. 책으로 많이 공부하셔가지고 현실감이 좀 많이 떨어지는 부분들이 많이 존재하는데, 그 교과서적으로 많이 얘기하시고 그런 부분들에 대해서 저하고 의견이 불일치할 때가 많더라고요. 의견이 충돌되고 그렇게 되면 학생들이 막 정외과 수업을 들었었어요.

1학년 때는 제가, 부동산학과가 재밌는 게 정치학부 안에 속해 있는 거예요. 그래가지고 기본 지정교양으로 정치학 개론, 제가 막 이런 수업을 들어야 되는 거예요. 그걸 들으면서도 그런 느낌을 많이 받았던 거 같아요. 정치 그런 쪽이 재밌긴 하더라고요. 제가 조금이라도 아는 부분이 나오니까. 그런 부분에 대해서 공부하게 되는 거 같고. 그러면서 고등학교 졸업하고 입학하면서 두 가지 목표가 생겼던 거 같아요. 일단은 고등학교 때까지만 해도 공부에만 계속 매진했었고.

대학교 오면 로망이 있잖아요. 연애, 대학교 커플 막 CC 이런 거 해보고 싶고. 그리고 또 하나는 제가 북한에서도 딱 닫혀진 그러니까 다른 문화에 대해서 많이 경험할 기회가 없었고, 계기가 그런 게 없었으니까 그런 것도 있었고. 그러니까 세상을 보는 시각이 너무 편협하다는 생각을 스스로 계속 느끼는 거예요.

그리고 중국 와서도 중국은 좀 다른 문화권이긴 하지만 제가 중국 여기저길 돌아다니면서 본 게 아니고 어떤 특정 지역에서 계속 일만 하다 보니까 한 지역의 문화에 대해서만 알게 되는 거예요. 그러면서도 아, 세상을 보는 시각을 좀 넓혀야 되겠다. 그리고 내가 다른 문화에 대한 또 다른 생각이나 그런 거에 대한 걸, 못 받아들이는 약간 그런 성향이 있다는 걸 알게 됐어요. 그래서 좀 '개방적으로? 개발할 필요가 있겠구나'라는 생각 때문에 '유럽이나 이쪽으로 배낭여행 하고 싶다'라는 생각이 드는 거예요.

그래서 두 가지 목표가 있었어요. 대학교 입학하면서 물론 전공공부도 해야 되는 것도 있지만 그래서 일단은 대학교 오면 그거 두 가지를 좀 해보고 싶다는 생각이 드는 거예요. 그래서 아 좀 연애나 이런 걸 해보고 싶은데 CC 이런 거는 솔직히 좀 거부감이 들긴 하더라고요. 만약에 사귀다 헤어지게 되면 이게 또 CC는 그냥 이런 단점이 있다고 그러더라고요.

외부에서도 좀 친구를 사귀어볼까 이런 생각을 하다가 그 찰나였는데, 그런 계기가 있었고. 고2 때 첫 사랑의 계기가 있었고. 첫사랑이라 하기도, 뭐 할 정도로 아 그 풋사랑이지 아무튼 대학교 1학년이 되면서 2년이 됐죠. 2년이 되면서 적극적으로 찾아봐야겠다. 내 주변에 좋은 친구들 많은데 내 시선을 끌 만한 친구는 많지는 않은 거 같아요. 오히려 경험이 아예 없으니까 많이 재어보게 되는 거예요. 있으면 좀 적극적으로 대시하고 해야 되는데 성격적인 부분도 있는 거 같아요. 그런 경험이 아예 없다 보니까 적극적으로 못 하는 거예요. 마음에 드는 사람이 있어도.

고등학교 때 만난 첫사랑과의 재회

연애를 시작한 것은 17살 때였는데, 사촌 누나가 한국에 먼저 왔거든요. 그래가지고 사촌누나가 선배잖아요. 선배다 보니까 선배 말 열심히 잘 들었죠. 누나가 하는 말이 일단 학교 공부에 충실하라고. 제 실력이 초등학교 중퇴 상태였으니까. 일단 검정고시 빨리 보고 대학교를 준비해야 되는 상황이니까, 그 상황을 복구하기 위해서는 모든 것을 학업에 집중하라는 것이에요. 연애나 이런 것은 절대 하지 말라고.

너무 그게 강력한 메시지로 저에게 들려가지고는, 그 메시지에 따라서 그게 처음 학교가 생겼을 때에요. 대안학교가 처음 생겨가지고 1기로 입학했을 때인데, 반에서는 처음에는 막 꼴등하다가 진짜 밤늦게까지 남아서 계속 열심히 하다 보니까 한 1년, 6개월, 6개월 정도 되었을 때는 반에서 상위권이 되었어요. 거기서 한 1년 정도 되니까 반에서 계속 1등을 하게 되었어요.

그러다 보니까 다른 친구들이 관심의 대상이었는지는 모르겠지만, 대시 거는 친구들이 좀 있었어요. 나 너한테 관심 있다 이런 식으로. 제가 그때 너무 어려 가지고는 그렇게 이야기하면 좀 슬기롭게 잘 극복해야 되는데, 그 친구들의 마음을 위로 해줘야 되는데 그런 것을 잘 못 했던 거 같아요. "난 오로지 지금 공부에 관심 있고 검정고시나 합격하고 나중에 이야기하자" 이런 식으로 그냥 상처를 줬던 거 같아요. 그런데 여자 입장에서는 남자한테 먼저 대시를 하는 것이 상당히 어려운 일인데, 남자의 두 배의 용기를 내서 하는 거였는데, 그때 당시는 그런 것을 전혀 몰랐던 것이에요. 그냥 사촌누나의 말만 믿고 무조건 공부에만 올인해 가지고는 그런 친구들이 있었는데, 친구들의 마음을 모두 외면했었죠.

그러다가 고등학교에 오게 되었어요. 고등학교에 오게 되면서 남녀 공학이 되긴 했는데, 남한은 반이 아예 따로 있더라고요. 그래서 그건 신기했었지만 연애의 기회가 많지가 않은 거예요. 반이 아예 따로 있다 보니까. 보충학습 시간에 합반할 때, 한 시간 정도 해가지고는 잘 모르잖아요. 그래서 또 소심하다 보니까 남한 친구들에게 먼저 대시하기도 어렵더라고요. 좀 그런 부분도 있었고, 그리고 전교생이 제가 어디서 온지 아는 거예요. 그런 부분도 있었고, 좀 먼저 다가가기 어려운 거예요. 제가 하는 모든 행위가 그냥 학교의 이슈가 되는 거예요. 제가 어떤 말을 하고 이상한 행동을 하잖아요. 그러면 전교에 소문이 쫙 퍼져요. 그러니까 많이 조심하게 되더라고요. 섣부르게 행동하기 어려워서, 그래서 '학교 밖에서 이성을 사귀어봐야겠다'라는 생각이 들었어요.

고2였는데, 예전에 예배학교 같은 반이었던 친구였는데, 그때는 그 친구가 상당히 예쁘게 생겼어요. 귀엽게 생겨가지고 주변에 남자가 좀 많았어요. 경쟁자가 많은 걸 전 싫어하거든요. 경쟁하고 싶지가 않거든요. 저는 그런 게 피곤해가지고는 싫어하는데, 그때 당시에는 저희 반에서도 인기도 많았고 학교에서도 인기도 많았던 편이어서 아예 관심이 없었어요.

관심 밖의 대상이었는데, 그 친구에게 갑자기 연락이 온 거예요. 갑자기 연락이 와서 "일반학교 잘 지내냐", "공부는 잘 따라가냐" 이런 식으로 연락을 주고받다가, 그 친구가 먼저 영화를 보자는 거예요. 그래서 그때 학업스트레스나 이런 게 있어가지고, '음 문화생활? 좀 해야 되지 않을까'라는 생각이 들 때였거든요. 고2 때여서 그리고 친구가 먼저 연락이 오니까 나쁘지 않더라고요. 그래서 "그래 영화 한편 보자". 그걸 계기로 영화 보게 됐죠.

그러면서 제가 그 친구에 대해 오해했던 부분들이 많았어요. 그 친구가 주변에 남자가 많으니까 그런 쪽으로 개방된 친구가 아닐까 라는 생각을 가지고 있었는데 오히려 반대더라고요. 주변에 많으니까 더 개방적이지 않은 성향을 보이더라고요. 그래서 '아, 내가 좀 편견이 있었구나'라는 생각이 들고, 그 친구랑 가깝게 지내고, 대화나 이런 게 통하는 부분들이 많은 거예요. 그리고 재밌었던 게 전 예체능 쪽에 문외한이에요. 그쪽에 취미가 없고 약간 그쪽에 영향이 많이 떨어졌었어요. 그러니까 내가 없는 부분을 상대방에게서 딱 보이니까 그런 게 오히려 호감으로 느껴지는 거 있잖아요. 그러면서 '아 이 친구랑 좀 사겨보고 싶다'라는 생각이 드는 거예요. 그러면서 적극적으로 계속 만났던 거 같아요. 그러다가 결정적으로 딱 사귀게 됐죠.

그래서 사귀기로 한 지 1개월 쯤 지났는데, 그 친구 가족이 이민을 가게 된 거예요. 진짜 청천벽력 같은 소리였어요. 그래서 연애를 제대로 못 해본 것이나 마찬가지였어요. 그 1개월 정도의 감정이어가지고. 그래서 어느 정도 그렇게 연애 감정을 지속할 수 없는 그런 상태여가지고는 아쉬움이 상당히 많이 남았었어요. 그게 아무래도 첫사랑이다 보니까 되게 설렘도 많았었고, 떨림도 많았었는데 그것을 지속시키지 못하고 중간에 중단되는 아쉬움 같은 것이, 상당히 미련이 많았던 거 같아요.

1년을 준비해서 유럽으로 떠나다

어쨌든 그 친구가 가게 되면서 그 이후에는 고등학교 졸업할 동안 이성을 사귄 적은 없었어요. 고등학교를 졸업하고 나서 대학 와서는 목표가 생긴 거예요. 이성 친구 만나는 것이랑, 유럽여행 가는 것. 두 가지 꼭 해보고 싶은 거예요.

고등학교 생활 동안 너무 규율화되고, 규칙적인 생활만 하고 그러다 보니까 좀 자유로운 것을 느끼고 싶었던 것이죠. 고등학생들은 남한의 고등학생들도 마찬가지인 것 같아요. 대학교 가면 왠지 다 이성 친구를 만나고 이럴 거 같은데, 실제로 대학 오면 그렇지는 않은데. 아무튼, 그런 로망 같은 것을 가지고 있었고, 저도 그런 목표를 두 가지 세웠었는데 대학교를 입학해서 1학년 되었을 때였어요.

마음에 드는 사람이 있었는데 적극적으로 안 되는 거예요. 그런데 그 찰나에 때마침 이민 갔던 친구랑 연락을 하게 된 거예요. 갑자기 그 친구가 메일로 연락이 온 거예요. 한 1년 동안 헤어지고 나서

1년 동안 연락을 안 했었는데, 어느 순간 연락이 오게 되는 거예요. 잘 지내냐고 메일 한 통이 오는데 그때 감정이 엄청 되살아나는 거예요. 아 그래서 연락을 하게 되는 거예요.

그러다 보니까 조만간 한국에 오게 될 거 같다는 거예요. 원래 방학을 걔가 다니는 학교가 있으면 중국이랑 한국을 생각했었는데, 고민 중이라는 거예요. 그러다 보니까 저랑 연락을 하다 보니까 재밌게도 한국에 오게 되는 거예요. 한국에 오게 되는 상황이 되는 거죠. 그래서 그때까지만 해도 내 감정을 어떻게 될진 잘 몰랐어요. 왜냐면 그 친군 계속 외국에 사는 친구였고, 난 한국에 있는 거니까. 그쪽으로 이민 갈 생각은 없었거든요. 그래서 약간 그런 고민이나 갈등이 좀 있었는데, 결국 오게 됐어요.

오게 돼 가지고 만났는데, 이게 예전의 감정이 다시 폭발적으로 되살아나는 거예요. 그러면서 결국은 다시 사귀게 된 거죠. 사귀게 되고 원래 1개월 동안 그 친구가 방학을 보내려고 왔었는데, 이게 2개월이 되고 3개월이 되고 하면서 거의 1년 동안 한국에 지내게 된 거예요. 그러면서 아 이게 참 애틋하면서도 그런 감정이 계속 유지되더라고요. 그러니까 '언젠간 떠나게 되니까 계속 잘해줘야 되겠다' 이런 강박관념이 있었고. 그러니까 언젠간 없어질 사랑? 뭔가 드라마틱하긴 한데, 그런 거 때문에 상당히 이게 어느 정도 익숙해지면 사랑의 감정이 다운이 되잖아요. 이게 안 되는 거예요. 언젠간 떠나게 되니까, 그런 감정 때문에 더 애틋함을 느끼게 되고 그런 상황 속에서 결국은 떠나보내게 되는 상황이 되는 거잖아요. 아 그게 너무 어려웠어요.

그때가 마음을 추스르는 게 결국은 그 친구가 1년 있다가 떠나게 되고, 떠나게 되니까 한 6개월 정도 되니까 이게 서로가 유지하기가 어려운 거예요. 상황이 떨어져 있다 보니까. 그게 너무 또 안 사귀었으면 괜찮은데 사귀다 떨어지니까 더 외로움을 많이 느끼게 되고 그런 부분 때문에 또 이게 너무 힘든 거예요.

그러면서 대학교 2학년 정도 되니까 더러 외국에 좀 나가보고 싶은 마음도 있었고, 그 친구가 원랜 캐나다로 이민을 갔었는데, 영국으로 다시 재이민 가게 된 거예요. '아 유럽 쪽에 한 번 가봐야겠다'라는 생각이 드는 거예요. 이미 헤어지긴 했었는데 마음에서 많이 떠나가지 않는 거예요. 첫사랑의 강렬함이 있잖아요. 그러니까 뭔가 상한 그런 게 있었고. 그래서 '아 유럽 쪽으로 한 번 가봐야겠다'. 그리고 유럽의 문화라는 게, 대부분 학문이 유럽에서 발달됐었고, 한국에서는 우리가 그걸 다시 복습하는 식인 거잖아요? 그래서 부동산 학문도 경제학이랑 경영학 많이 배우잖아요. 법학, 주로 무역법 같은 거 독일에서 많이 들어오고. 경영, 경영학 같은 거는 미국에서 발달했다지만 경제학의 시초는 저 영국이잖아요. 그런 거 때문에 좀 그 나라 사람, 그 문화권의 사람들의 생활양식이나 생각 같은 거를 배우고 싶다는 생각이 드는 거예요. 그리고 특히 부동산 쪽으로 도시 개발이나 이쪽을 많이 공부해 보고 싶다는 생각이드는 거예요. 유럽 배낭여행을 준비했어요. 또 이별의 아픔도 극복할 겸 해서 1년 동안 휴학을 하게 된 거예요.

그러면서 진짜 별의별 아르바이트 다 했고, 처음에는 많이 어려운 일을 하기 그래서, 스코어 법률사무소에서 로펌에서 서류보조? 이런 거를 했었어요. 서류 날라다주고 막 이런 거 정리해주고. 이런 일을 하면서 피자집 알바도 같이 겸하고. 그러다가 이게 좀 수입 이런 부분에서 단기간에 여행경비를 모아야 되는 거잖아요. 그런 부분에서 취약하더라고요.

그래서 단기간에 빠르게 수익을 올릴 수 있는 부분이 뭐가 있을까 찾다 보니까, 또 부동산학과다 보니까 건설현장 노가다, 일명 노가다라고 그러죠. 막노동을 1년 정도 한 건 아니고 많이 경험한 건 아니었어요. 한 1개월 정도 했어요. 그러면서 건설현장의 생리가 어떻게 돌아가는지 배우게 되더라고요.

근데 좀 좋은 부분도 있었고 안 좋은 부분도 있었는데, 그쪽에 계신 분들이 보면 예전에 나름대로 사회에서 이름을 날리던 분들인데, 사업이나 이런 게 좀 기울다 보니까 그쪽에 와서 하다 보니까 인생의 경험이나 노하우 같은 게 많더라고요. 교훈 같은 거 많이 주시고. 근데 그분들의 삶 자체가 이미 정상에 있다가 떨어진 상태여가지고, 패배감 이런 거에 많이 젖어 있는 거 같아요. 그래서 맨날 알코올이나 이런 걸로 극복하고 계시는 분들이 많아서, 그런 쪽에서 일하다 보니까 또 거기에 물드는 거 있잖아요. 그런 거에 물들다 보니까 나 스스로도 이건 좀 아니다싶은 그런 게 느껴지고, 그래서 '그냥 빨리 좀 나와야겠다'라는 생각이 드는 거예요. 돈 많이 버는 것도 중요한데.

일단 거기서 나와 가지고 비교적 안정된 그런 쪽으로 아르바이트를 찾다 보니까, 지인의 친구 소개를 통해서 재밌는 회사에 취직하게 됐어요. 그래서 아르바이트를 하는데 거기 재밌었던 게 의료기계를 주로 만드는 회사였어요. 뭐 조립하고 이런 회사였는데 주로 검안기라고 시력 측정하는 것도 있지만 이게 라식이나 그런 걸 측정하는 기계를 만드는 회사에요. 그거에 더해서 멸균기라 해가지고, 검안기는 주로 전문영역이고 멸균기 이쪽은 좀 덜 숙련되도 할 수 있는 영역이라고 해서 그쪽으로 아르바이트를 구했어요. 그러니까 멸균기나 그런 걸 조립하는 회사였는데 생각보다 재밌더라고요.

그러면서 몇 개월 정도 한 2000… 그때가 몇 년이었지? 11년, 12년 그때 거기서 일을 막 배우면서 상당히 재밌는 거예요. 멸균기라는 기계 부품이 한 몇 천 개가 되는데 그거를 조립하면서 그런 것들이 재밌었고, 그때 친구랑 같이 하니까 또 그런 재미가 있더라고요. 그래서 반복되는 노동이여가지고, 사람이 너무 단순해지는 것 같아가지고, 그런 문제가 있긴 한데, 좀 노동을 통해서 얻는 즐거움이라고 해야 되나? 그런 것도 있는 거 같아요. 또 학문적으로 즐거움도 있지만, 그러면서 그쪽으로 많이 배우면서 아, 이런 분야도 있구나. 세상엔 진짜 일에는 귀천이 없단 말 거기서 많이 느껴진 거 같아요. 다양한 분야에서 경험을 하다 보니까 '음 그런 일도 있구나'라는 걸 배우게 됐고. 그러면서 유럽 배낭여행 자금을 다 마련했죠.

그러면서 또 재밌었던 게, 제가 사회활동 이런 걸 많이 했었어요. NGO단체나 이런 데서 많이 했었으니까. 통일이나 이런 데 관심 많아가지고, 남북 청년들이 모여가지고, 통일운동할 수 있는 그런 단체 가입해가지고, 임원급에서도 열심히 활동하고 있고. 그런 것들 많이 준비하고 하면 그런 쪽도 재밌더라고요. 그러면서 그런 단체가 여러 개 통일운동뿐만 아니라 북한 인권도 해요. 성향이 많이 달라요, 극과 극을 달리는데 그래도 양쪽. 한 쪽만 경험하면 안 되겠거든요. 양쪽 다 경험하면서 '아 이쪽에 NGO단체도 이런 단체가 있구나. 음, 이런 쪽은 이렇게 흘러가는구나'라는 걸 많이 배우게 되고.

그러면서 또 하나 했던 게 거기 여성가족부, 지금은 여성부 산하에 그 무지개청소년센터라고 있어요. 그러니까 이주배경을 가지고 있는 청소년들이 적응하는 데 도움을 줄 수 있는, 학업적으로나 아님 정서적으로나 도와줄 수 있는 그런 기관이 있었는데, 그 기관에서 주로 탈북 청년이 적응하는 데 도움을 줄 수 있게끔 도와주는 프로그램들이 여러 개 있더라고요? 그런데 참여하고 재밌는 매뉴얼 작업도 많이 했었어요. 그니까 핸드폰 사용 매뉴얼 같은 것도 만들어보고, 성교육 매뉴얼 막 이런 것도 만들어보고. 저도 그런 쪽에 관심이 많아가지고 한참 그런 데 공부를 많이 할 때였는데, 때마침 학문적으로 좋은 경험할 수 있는 그런 계기가 생겼어요.

남한에 처음 입국해가지고 친구들이 핸드폰 이런 걸, 고가폰인데 좀 새로운 걸 많이 추구해요. 그러다 보니까 비싼 고가폰을 많이 사용하고 그러는데, 그런 폐해를 막기 위해서 어떻게 하면 좀 저렴하게 살 수 있는 방법이라든가. 만약에 고가폰을 사더라도 잘 사용하는 방법이 있잖아요? 스마트폰 같은 것도 유용한 에플리게이션 이런 것들도 있고, 유용하게 사용할 수 있는 방법들이 많더라고요. 그래서 저거 만들면서 저도 많이 공부했던 거 같아요.

그러면서 그 프로그램 중에 하나가 다문화 프로그램이라고 해가지고 외국에서, 그러니까 유학생들 있잖아요? 유학을 온 친구들인데, 다문화프로그램 해가지고 이렇게 서로의 문화나 이런 걸 이해하고 그리고 또 하나의 공통된 부분을 찾아가지고 이런 프로그램이 있었는데, 그걸 통해서 외국인 친구들을 사귀게 된 거예요.

나중에 개인적으로 연락을 해서, 이태원 그쪽에서, 이태원도 또 다른 한국인, 한국에 또 다른 외국이 있는 거예요. 처음 그런 문화가 있단 걸 알게 됐어요. '한국에도 이런 데가 있구나'라는 걸 그 친구들 통해서. 진짜 외국 같은 그런 분위기 있잖아요. 음주문화도 한국 친구들하고 만나면 또 다른 문환데 그 친구들하고 만나면 진짜 신세계라고 해야 되나? 그런 문화를 겪으면서, 이게 그 친구들하고 좀 관계가 많이 좋아졌어요.

그래서 제가 유럽 배낭여행 준비한다니까, 그 친구들이 많이 도와줬어요. 그 친구들이 유학을 왔는데 본인들에게 부모님들 집, 이런 걸 소개해주고. 그쪽에서 묵을 수 있게끔 다 소개해주는 거예요. 특히 제가 북한에서 왔다고 그러니까 더더욱 그런 걸 많이 챙겨주더라고요. 여행 루트나 이런 것들 많이 도움 받았어요. 루트를 이런 식으로 짜면 좋겠다. 그리고 어떤 나라는 이런 부분이 중요하고, 이런 것들을 많이 봐라. 오히려 여행가이드보다 그런 도움을 많이 받았던 거 같아요. 그래서 유럽여행 정작 딱 가게 됐을 때 오히려 그러니까 배낭여행을 준비하는 과정 속에서 저는 많이 배웠던 거 같아요. 과정 속에서 아르바이트도 하고.

음 일단은 유럽여행을 준비하는 데는 시간이 많이 걸리는 거 같아요. 일단은 비행기 티켓을 끊는데도 일찍 끊을수록 가격이 싸지더라고요. 그러니까 미리 준비해야 되는 거예요. 그러니까 중요한 거는, 어느 나라에서 '인'하고 어느 나라에서 '아웃'할지 귀국할지를 정하는 그 루트를 잘 정해야 되니까. 그 일단 루트를 정하는 거 중요하고.

그리고 내가 어느 나라 갔을 때 어떤 걸 볼 것인가가 중요하잖아요? 그걸 미리 계획을 짜봤어요. 짜면서 그 외국인 친구들의 도움을 받아가지고 그러면서 루트를 작성해보고. 어느 나라에서 어떤 걸 꼭 봐야 된다. 그런 거 보면 좋다. 이런 것들을 나름대로 정리했어요.

그리고 또 중요했던 게, 유럽여행하면서 여행하는 데 필요한 것들이 의외로 많더라고요. 물론 거기 가서 필요한 생필품이나 이런 것들도 있지만, 옷가진 어떤 식으로 준비해야 되고. 전 특히 겨울에 갔었거든요. 그래서 옷을 많이 들고 갈 수가 없는 거예요. 그리고 겨울옷은 부피가 크잖아요. 그래서 60리터짜리 배낭을 하나 샀어요. 배낭을 샀고 캐리어 같은 건 아예 쓰질 않았어요, 이동할 때 불편하다고 그래서. 그냥 어차피 2개월 동안 유럽여행할 건데 옷 빨아 입으려고 딱 세 벌만 준비했어요. 수건도 유럽여행 갔다 오신 분들이 얘기해주시는 걸 많이 들었어요. 그 정보, 사이트가 있더라고요. 네이버 카페 중에 유랑이라고 유럽여행정보는 거의 다 들어 있는 거 같아요. 그쪽 보니까 수건도 스포츠타월이라고 해서, 빨아서 자주 쓸 수 있는 그런 스포츠타월, 그냥 젖은 상태로 그냥 넣어도 그냥 되더라고요. 그래서 그 스포츠타월 준비하고 막 이런 식으로 해가지고, 그 준비하는 과정도 한 1개월 정도 드는 거 같아요. 철저하게 나름대로 스케줄을 짰어요.

준비하는 과정에서 또 중요했던 게, 유레일패스. 기차를 주로 타고 이동할 건데 그 유레일패스를 얼마짜리를 끊을 것인가가 중요한 거예요. 이게 만약에 '내가 어느 나라에서 어느 나라까지 계속 이동을 할 건데 며칠이 소요된다'. 그러면 유레일패스 가격이 다 달라지니까. 그런 디테일한 세부 일정을 짜는 것들도 준비하는 과정에서 중요하죠. 그래서 그런 것들도 중심으로 하긴 했었어요.

근데 더 중요했던 거는 솔직히 여행이라는 게, 계획적으로 절차적으로 딱딱 하는 거보다는 좀 여유 있게 하는 게 좋을 것 같더라고요. 어떤 나라에서는 내가 볼 거 많고 감동을 더 많이 받으면 더 오래 묵을 수도 있고, 어떤 나라에서는 짧게 묵을 수가 있잖아요? 그러니까 그런 부분들이 '좀 유동적으로 하는 게 좋을 것 같다'라는 생각이 들어가지고, 일단은 대략적인 계획은 그런 식으로 잡고. 음, 세부일정은 그 '현지 가서 상황에 맞게끔 대처해 가야겠다'라는 생각이 들더라고요. 그래서 박물관이나 이런 데 들어갈 때도 국제 학생증이 있으면 할인이 되더라고요 그런 게? 그런 게 있어가지고 국제학생증 만들어보고, 나름대로 여러 가지 경험을 했던 거 같아요.

그리고 준비하는 과정에서 이미 유럽여행 다녀오신 분들의 도움에 더해서 현지에서 살았던 그 유학생들, 외국인 친구들, 그 친구들 도움을 많이 받았던 거 같아요. 그래서 또 느꼈던 게, '아, 인간관계라는 게 상당히 중요한 거구나'라는 걸 많이 느꼈던 거 같아요. 그건 '나라나 국가 이런 걸 다 초월해서 그걸 잘 유지하는 것도 하나의 중요한 거고 자산이 되겠구나'라는 생각이 드는 거예요. 그러면서 그 친구들 사귈 때 독일 친구도 사귀고, 뉴질랜드 친구도 사귀고, 영국 친구도 사귀고, 다양한 문화권에서 친구를 많이 사귀었었어요.

그래서 준비를 다 마치고. 그 해, 몇 년 되서 정확한 년도를 기억 못하겠네. 아마 11년일 거예요 2011년. 그때 겨울에, 계획은 그렇게 잡았었어요. 그러니까 11월에 출발해 가지고 2개월이어 가지고 다음 해 1월에 귀국하는 걸로 했었어요. 그래서 한 해를 외국에서 보내는 걸로 그렇게 계획을 잡고 이제 출발했었어요.

유럽에서 한반도를 생각하다

그래서 처음에 갔던 곳은 독일이었어요. 독일 또 역사적으로 의미가 깊잖아요? 분단 됐었고 그런 상황들도 있는데, 그리고 일단 정이 끌리는 거 같더라고요. 그리고 또 중요했던 거는 독일 친구가 자기 부모님 집에서 묵을 수 있게 다 조치를 취해놨다고 거길 꼭 가라는 거예요. 그래서 그 친구 부모님 집에 먼저 가게 됐죠.

갔는데 그 친구 부모님이, 그러니까 그 친구는 혼혈이었어요. 그 친구 어머님은 남한 분이세요. 한국에서 태어나신 분인데, 예전에 박정희 대통령 그때 파독 광부랑 간호사 파견 갈 때 가신 분이었거든요. 근데 현지에서 엄청 성공하셨더라고요. 개인병원 운영하실 정도로 성공하셔서가지고, 자기 부모님 집에 소개해주고. 그리고 중요했던 것은 어머니께서 한국어를 하시니까, 또 이제는 한국음식을 얻어먹을 수 있잖아요. 이게 상당히 중요하더라고요. 나는 갈 때까지는 상관이 없었는데, 가고 나니까 한국음식이 너무 중요해가지고. 제가 유럽음식에 아직도 서툴러요. 파스타나 햄버거나 이런 걸 아직도 잘 못 먹거든요. 굳이 여자 친구가 있었고 필요해서 가면 어쩔 수 없이 배고프면 먹지만 그렇지 않고는 잘 안 먹는 스타일이거든요. 그래서 그런 부분들이 상당히 문제가 되더라고요. 유럽여행 기간이 길어질수록 더더욱 그런 거 같아요.

그래서 아무튼 그런 걸 고려해가지고, 처음에는 한국음식을 먹으면서 기분 좋게 하는 방향으로 친구 부모님 집 갔어요. 그런데 그 친구 부모님 집은 프랑크푸르트에 있었어요. 거기가 동서독이 통일되기 전까지만 해도 남한으로 따지면 서울이었죠, 수도였고. 그래서 그쪽에 가서 도시 구경을 많이 했던 거 같아요. 그리고 또 그분이 예전의 남한에 대해서 추억을 많이 가지고 있잖아요. 그래서 남한에 대해서 많이 말씀해주시고, 본인이 어려웠던 부분들, 타향살이하면서 어려웠던 부분들, 성공하기까지 그런 여러 역경을 경험하고 극복했던 얘기들을 많이 해주시더라고요. 여행하면서 처음부터 좋은 걸 많이 얻었던 거 같아요.

그리고 많이 좋았던 건 그분이 개인병원을 하시니까 쉬는 날이 딱 정해져 있지가 않은 거예요. 그래서 주말이나 이때쯤에 본인이 쉬는 시간 있을 때는 본인이 차를 태워가지고 투어시켜 주는 거예요. 독일 여기저기를 투어시키고 독일 문화에 대해서 경험시켜 주시고. 그리고 평일에는 그분 밑에 간호사분들이 계시는데, 간호사분들을 저한테 가이드처럼 붙여주시는 거예요. 그래서 독일 전통요리부터 시작해서 진짜 다양한 경험을 오히려 현지분이니까 가이드북에 있는 거보다 훨씬 더 질적으로 했던 거 같아요. 그래서 다양한 경험을 많이 하고 그랬던 거 같아요. 첫 스타트는 너무 좋았어요. 그 다음부터 좀 가시밭길이었지만.

그 다음에 이제 기차 타고 동유럽 쪽으로 갔었어요. 그 생각을 했었던 거 같아요. '통일이 됐을 때 북한도 그런 상황이 되지 않을까. 그런 상황으로 발전하지 않을까'라는 생각이 들었었어요. '동유럽 쪽으로 한 번 가보는 것도 나쁘지 않겠다.' 일단 그런 게 있어가지고 오스트리아 빈, 그건 동유럽에 속해 있기는 하지만 거의 서유럽 느낌인 오스트리아 빈 갔었고. 거기서 또 다양한 거 또 많이 봤죠. 그리고 또 헝가리, 헝가리가 동유럽에 속하잖아요. 그래서 헝가리를 갔죠.

근데 헝가리 가니까 딱 느껴지더라고요. 서유럽하고 동유럽의 차이가 확 느껴지더라고요. 그니까 소비에트연방에서 나와 가지고, 지금 신흥경제 받아들여가지고 거의 자본주의화됐잖아요? 근데 그게 뭐, 발전 안 된 부분들이 상당히 많은 게 확 느껴지더라고요. 일단 기차역에서부터 내렸는데도 뭔가 어두침침하고 회색건물들, 아직도 그런 잔상들이 많이 남아 있고. 그런 것들 보면서 '아 이제 북한도 언제쯤 개발되려나'라는 생각이 좀 많이 들었어요. 그러면서도 약간 오래된 건축물들이나 이런 건 잘 보존돼 있어가지고, 그런 거 보는 재미도 있었는데 그런 것들이 있는 거 같아요. 그리고 사람들이 의식수준이나 이런 것들도 약간 경직돼 있다. 이런 느낌을 많이 받았어요. 경직돼 있는 느낌 많이 받고, 그리고 사람들 표정 자체에서도 오스트리아에 있을 때랑은 상당히 다른 느낌 있잖아요? 뭔가 경직돼 있는 느낌. 뭔가 그런 느낌들을 많이 받았던 거 같아요.

그리고 다시 기차 타고 프랑스로 오게 되고, 이제 진정한 서유럽에 심장에 가게 됐죠. 프랑스 가기 전에 스위스 한 번 들렸네, 환승하려고 그래서 기차역에서 한 다섯 시간 정도 머무는 시간이 있었어요. 그래서 기차역 밖에 나와서 좀 둘러도 보고, 그런데 물가가 너무 비싸가지고 많이 돌아다니진 못하고 취리히에서 그냥 왔다갔다 거리 구경만 했어요. 역시 발전된 나라는 다르더라고요. 그리고 프랑스 가게 됐고, 아 프랑스 또 낭만적이잖아요. 진짜 볼 게 많은 나란 거 같아요. 그냥 프랑스 도시 전체가 박물관 같은 느낌? 볼거리, 길거리 하나하나가 뭐. 가로등도 그냥 생긴 게 없는 거 같아요. 그래서 '아 진짜 대단한 나라다' 이런 생각이 들더라고요.

서양건축하고 동양건축의 큰 차이가, 동양은 목조건축이니까 이게 계속 소실된단 말이에요. 지속적인 유지가 안 되고. 근데 서양은 한 번 지어놓으면 석조건축이니까 오래도록 가잖아요. '아 이런 차이가 있구나'라는 걸 또 알게 됐어요. 그리고 이미 도시 개발단계에서 계획도시니까, 이게 교통이나 이런 게 상당히 잘 돼 있는 거예요. 그런 거 보면서, 북한은 나름대로 계획도시적인 측면이 강해요. 그래서 계획적으로 도로나 이런 걸 다 설계를 했기 때문에 그럼 '유럽처럼 이런 식으로 도시개발하는 것도 좋겠다'라는 생각이 들더라고요. 그런 것도 많이 배우고.

그리고 다른 나라도 여러 개 갔었죠. 프랑스 이탈리아 찍고, 스페인 찍고, 영국 가고 뭐 여러 나라 둘러보니까 한 세 나라 이상 둘러

보니까 이제 질리더라고요. 비슷비슷해 서쪽 건물, 고딕양식, 돔 양식 다 그런 식이고. 그래도 나라별 분위기나 이런 건 좀 다르긴 하지만, 선진문화가 주는 그런 것들도 있는 거 같아요. '아, 선진국이 이런 게 선진국이구나.' 사람들의 의식수준이나 이런 것들이 다른 거 같아요. 여유로운 부분도 있는 걸 떠나서, 그건 약간 문화적 차이가 있을 수 있겠지만, 사람들이 친절한 거에 대해서 상당히 친절하더라고요. 특히 영국 가니까 이야 이 친절도가 장난 아닌 거예요. 그런 부분들 보면 야 한국도 아직 좀, 우리가 동방예의지국이었잖아요? 요즘은 의미 자체가 퇴색되고 있지만 그런 걸 되찾아가야 될 필요가 있겠구나.

아, 그리고 또 한 가지 봤던 게 자기 문화에 대한 자부심이 엄청 강한 거예요. 그리고 '자기 고유의 문화를 잘 지켜나가는 그런 것들도, 전통성 이런 것들을 지켜나가는 것도 상당히 중요하다'라는 생각이 많이 들었고, 근데 남한이 그런 게 좀 많이 퇴색된 거 같아요. 현대적인 거 이런 걸 너무 중시하다 보니까 오히려 그쪽을 못 보존하고 지키는 거 같아가지고. 역사적인 측면으로 봤을 땐, 남한도 한반도 자체도 역사가 짧은 역사가 아니잖아요. 그런 아쉬움들이 좀 많이 남았던 거 같아요. 그래서 여러 문화권마다 참 다양하고 재밌게 산다는 생각이 들었어요.

그런 문화권의 사람들하고 대화를 할 기회가 있어가지고, 재밌는 건 영어를 못 하는데 대화가 되더라고요. 단어 하나 던지면, 단어를 가지고 스스로 상상하고 해석해내는 거. 상대방도 그런 식으로 하고, 바디 랭귀지 동원되고. 또 여행 중에 저처럼 혼자서 배낭여행하는 분들이 상당히 많더라고요. 호주에서 오신 분도 계시고, 영국도 계시고, 미국도 계시고 다양한 거예요. 그런 친구들하고 얘기하면서 이게 '생각의 폭이라는 게 진짜 넓고 다양할 수가 있겠구나. 내가 생각했던 게 모두 진실이거나 사실은 아니구나'라는 걸 좀 많이 알게 된 거 같아요. 그래서 '아 내가 너무 우물 안의 개구리였구나'라는 생각을 많이 갖게 되고, 그러면서 좀 여행에서 얻어지는 묘미가 있겠죠. 가장 큰 묘미가 그런 것들이었던 거 같아요. 그러면서 그 친구들하고도 페이스북이나 이런 거 SNS상으로 연락을 자주 주고받게 되고, 그런 것들이 많이 남았던 거 같아요. 일단 대학교 과정에서 가장 기억에 남았던 건 그런 것들이고.

그런 게 있는 거 같아요. 유럽 가기 전에는 '내가 생각하거나 내가 알고 있던 게, 내가 배웠던 게 무조건 맞다'였는데, 한 번 갔다 오고 나니까 '아, 꼭 그렇지만도 않을 수도 있다'는 거? 다양한 시각이 존재할 수 있다는 거, 내가 꼭 아는 게 모든 게 진리가 아니고 그럴 수 있다는 걸 알게 된 거 같아요. 그리고 상대방이 말하거나 생각하는 걸 어느 정도 받아들일 수 있는 여지가 생겼다는 거와 어떤 사안에 대해서 하나의 시각으로 보는 거를 고집하지 않는 거? 음, 좀 다양한 시도를 하려고 노력하는 그런 게 생겼다고 해야 될 거 같아요. 그 정도가 있는 거 같아요.

여행하면서 어려웠던 거는 역시 그런 것이 있는 것 같아요, 언어적인 문제도 있는데, 그건 많이 중요하진 않았어요. 영어 못한다고 해서 의사소통되는데 많이 지장 있는 건 아니더라고요. 단어로도 충분히 대화하고 바디랭귀지로 하고 이런 게 있었는데, 사건이 터졌을 때가 문제인 거 같아요. 예를 들면, 소지한 물품을 잃어버렸다든가 아니면 기차 같은 걸 잘못 탔어, 내가 갈려는 방향이 아니라 아예 다른 방향으로 가가지고 그 상황이 벌어졌을 때, 저도 그런 적 있었거든요.

이탈리아 갔을 때, 피렌체에서 밀라노를 가는 기차를 탔는데 기차를 잘못 탄 거예요. 저렴한 가격으로 타려고 그냥 싼 티켓을 골랐었는데, 한 네 번인가 갈아탔거든요? 그리고 야간기차였어요. 그러니까 잠을 못 잔 거예요. 그때 당시에 네 번을 갈아타니까 좀 자다가 깨가지고 갈아타고 이러다 보니까 마지막 기차를 잘 타긴 했는데, 정거장을 훨씬 지나간 거예요. 그 기차가, 내가 내려야 될 정거장인 밀라노를 훨씬 지나가서 자다가 일어났어. 자다가 뭔가 삑 서는 소리가 나, 브레이크 걸리고 그리고 왠지 차가 안 움직이는 느낌인 거예요. 꿈속에서 꿈을 꿨는데도 그런 느낌인 거예요. 딱 일어났는데 차가 멈춰 있는 거야, 움직이지 않아. 문 다 닫혀 있고 그리고 주변에 사람들 한 명도 없어요. 너무 당황스러운 거예요.

그래서 이거 어떻게 해야 하나, 딱 보니까 열차 정비원이 망치하나 조그만 것을 들고 정비하면서 가시더라고요. 제가 앉아 있던 칸을 지나가는 거예요. 그래서 막 두드렸어요. 그런데 못 봤어 처음엔 근데 그분이 다시 돌아오시면서 딱 본 거예요. 근데 그분이 보더니 엄청 웃는 거예요. 왜 여기 갇혀 있냐고 영어로 막 질문하는데 답변 못 했어요. 아무튼 어디서 왔냐고 어느 나라 사람이냐고 그러는데, 아, 이거 너무 쪽팔린 거예요. "아, 한국에서 왔다"고 하긴 너무 쪽팔린 거예요. 그래서 그냥 중국에서 왔다고 왠지 우리나랄 욕 먹히는 거 같아가지고, 중국에서 왔다고 그랬어요. 아무튼 그런 상황들이 있었어요. 또 어려웠던 거는, 이제 지도를 봤는데 좀 어렵게 된 거 있잖아요. 지하철에서 내렸는데, 목적지까지 가는데, 지도가 조금 봤는데 어렵게 돼 있으면, 거기 길 찾는데 자꾸 헷갈리는 거예요.

근데 그러면서 좀 하나 깨달았다고 그래야 되나? 그런 걸 겪으면서 깨달았던 게, 내가 예를 들면, 에펠탑이다 에펠탑을 목적지로 잡았으면 그 방향만 제대로 딱 잡으면 길은 어떤 방향이든 상관없더라고요. 그 방향만 딱 맞으면 목적지를 어떤 길을 통해서든 도착하는 거예요. 근데 문제는 좀 시간이 좀 오래 걸리는 거예요. 그러면서 제 삶도 돌아보면서 '내가 방향성만 제대로 잡으면 길은 어떻게 돌아가든 지름길을 택하든 중요한 게 아니구나'. 이런 걸 좀 많이 깨달았던 거 같아요. 그래서 어려운 일들을 겪을 때마다 항상 그런 생각을 했었어요. 아 내 방향성만 맞는 건가? 그거만 체크하고 그게 맞으면 어떤 길을 택하든 그게 두려움이 좀 덜해지더라고요. 길을 거기서 잃었을 때는 그런 걸 느끼게 된 거 같아요.

다양한 현장경험과 미래설계

그리고 제가 대학교에서 중점을 뒀던 게 대외활동, 아까 제가 말씀 드렸는데 NGO활동뿐만 아니라 1학년 때부터 그런 생각을 했어요. 내가 직장을 얻을 건데 물론 내 전공을 부동산학과를 선택하긴 했지만 아직도 사회에 대해서 잘 모른단 생각이 많이 드는 거예요. 그래서 학문 쪽으로 배우는 것도 있지만, 학문적인 학교 밖에서 배우는 현장에서 배우는 살아 있는 지식이라 해야 되나? 그런 걸 배울 수 있는 기회가 많지 않을까 싶어가지고. 방학 때마다 1학년 때부터 그랬어요. 인턴십을 한 거예요. 보통 인턴십은 보통 3~4학년 때 많이 하는데 저는 1학년 때부터 한 거예요. 인턴십을 자원해서 하고 인턴십도 여러 회사에서 했던 거 같아요.

대한, 벽산 엔지니어링 그런 건설, 토목, 플랜트 사업을 주로 하는 그런 회사에서도 해보고, 퍼시스라고 사무용가구를 주로 하는 회사. 그 회사도 몰랐었는데 상당히 큰 회사더라고요. 사무용 가구 그 업종 쪽에서는 시장 점유율이 50%가 넘는 회사니까. 거의 삼성격인 거예요. 그런 회사에서도 일해 보면서, '아, 이 사무용가구 시장이 이런 식으로 굴러가는 거구나. 업황이 이런 식으로 전개되는 거구나'. 이런 것도 알게 됐고.

그리고 또 이쪽에 관련된 대리점 회산데, 그 대리점 격인 회사는 사무용 가구만 취급하는 게 아니라 건물의 인테리어까지 하는 거예요. 인테리어와 리모델링을 전문으로 할 수 있는 그런 기술력을 가지고 있어서, 그 회사에서 또 건물의 리모델링이나 인테리어 이런 것들을 배우게 되는 거예요. 그러니까 제 입장에선 너무 좋은 기회였던 거 같아요. 그런 것들 보면서 '아 건물 짓는 거에 더해서 유럽 쪽은 주로 리모델링 많이 해서 사는 형태니까 앞으로 한국도 그런 식으로 많이 흐름이 전개 되겠구나, 그래서 리모델링 이쪽 분야도 상당히 성장 잠재력이 있는 쪽이구나'라는 걸 좀 알게 됐어요.

그쪽 분야도 메리트가 많다는 거. 그리고 그 회사에서 일하면서 제일 놀랐던 게, 벽지 하나에도 재질이나 색감이라든가 여러 가지 형태가 수백 가지 수천 가지가 되는 거 같아요. 이야 그러니까 깜작 놀랬죠. '아니 벽지 하나가 그렇게 다양할 수가 있나.' 근데 그 벽지 뿐만 아니라 모든 게 그 인테리어에 들어가는 부품들 자체가 다 그런 형태인 거예요. 너무 많아서 그냥 책자로 돼 있더라고요. 그런 식으로 돼 있어가지고, 아 깜짝 놀랐었어요. '아 내가 모르는 또 이런 분야가 있었구나.' 그것도 알게 되고.

그리고 세상을 보는 시각을 넓히는 방법 중에 하나가, '정보를 만들어 내거나 정보를 취득하는 그런 분야가 또 있지 않을까' 생각하다 보니까. 언론사, 그쪽이 상당히 좋을 거 같다는 생각이 드는 거예요. 언론을, 그러니까 정보를 직접 가공하고 만들어내는 쪽이니까, 물론 만들어낸다고 하기에는 그렇고, 있는 정보를 보기 좋게 가공하죠. 아무튼 그런 쪽에서 한 번 경험을 쌓고 싶어서, 경제신문사에서 일하게 된 거예요.

그 인턴을 하게 됐어요. 길지는 않은데 1개월 동안 그냥 인턴기자 였죠. 수습 과정이어 가지고. 그걸 하면서 '아, 이 언론이라는 게 또 이런 쪽 부분이 있구나'. 그런 거랑 '또 언론기사를 쓰는데도 육하원칙이 적용되고 기사가 그냥 나오는 게 아닌 거구나, 그러니까 어떤 정보라고 해도 그냥 똑같은 두 개의 정보가 있다면 한 정보는 세상에 안 나올 수도 있는 정보가 있구나'. 이런 걸 알게 됐어요. '신문에 나오는 거는 진짜 가공이 된 정보들만 나오는 거구나.' 이런 걸 또 알게 됐고. 그리고 정보를 수집하는 게 주 업무잖아요? 기자들은. 그러면서 정보를 어떻게 사람들에게서 잘 얻어낼 수 있는지. 그것도 결국은 대인관계인 거예요. 사람과의 관계지 그냥 무턱대고 나가서 막 정보를 캐내고 이런 게 아닌 거예요. 그래서 '아 이런 부분이 있구나'라는 걸 또 새롭게 많이 알게 된 거 같아요.

그래서 좀 사회적인 활동을 좀 많이 하면서, 오히려 공부적인 부분보다는 그쪽 부분에 대해서 경험을 더 많이 얻었고. '실제 살면서도 아마 그쪽이 더 많이 도움이 되지 않을까'라는 생각을 갖게 됐어요. 그래서 후배들이나 그런 친구들 있으면 인턴이나 이런 걸 적극적으로 추천해주고. 요즘 그런 건 있는데, 물론 취업을 위한 인턴도 중요하지만 일단은 경험해보는 인턴도 중요한 거 같아요. 다양한 분야에서, 그래서 자기한테 맞는 걸 찾아가는 것도 중요한 거 같아요.

일단은 꿈은 제일 초반에 많이 말씀 드렸던 거 같아요. 제가 부동산학과를 오게 된 게, 부동산 도시개발이나 이쪽을 많이 해보고 싶고, 그리고 사람들이 중국어를 할 수 있는 한 아파트 개발 같은 거 많이 해보고 싶었거든요? 그런 거를 해보려고 부동산학과에 왔었고. 그런데 최근에 부동산 건설경기나 이런 게 많이 안 좋아요. 그러니까 취업하기가 상당히 어렵게 됐어요. 그래가지고 그런 부분이 상당히 좀 요즘 고민이 많아요.

특히 저 같은 경우는 기업정보라던가, 남한의 산업군이라든가, 이런 것은 남한 친구들보다 좀 부족하지 않나 하는 생각이 들어요. 왜냐하면 남한 친구들은 자라오면서 부모님을 통하거나 자신이 살아오는 과정 속에서, 여러 직업군이라든가 산업 군에 대해서 많은 지식이 있을 거 같아요. 들은 것도 있고 보고 배운 것도 있고 하니까. 저는 그런 부분에서 좀 많이 약할 거 같다는 느낌이 들고, 직접적으로 어려운 것은 회사들에 대해서 잘 모르니까.

그리고 좀 어려운 게 자기소개서를 준비하는 그 단계부터 좀 어려운거 같아요. 자기소개서 항목을 보면 성장배경이라든가, 여러 가지가 있잖아요. 성격의 장단점 이런 것들이 있는데, 일단 나에 대한 공부가 깊이 있게 되어 있지 않으면 그런 항목들을 제대로 채울 수가 없겠더라고요. 그냥 인터넷에 떠도는 것들을 보고 베끼는 수준밖에 그치지 못하고, 좀 깊이 있게 자기에 대해서 알아야 할 거 같고. 상대 회사에 대해서도 알아야 되잖아요. 그 회사의 어떤 분야가 지금 집중돼서 회사가 운영되고 있는지, 그 회사가 어떤 식으로 수익을 창출하는지. 이런 부분에 대해서 깊이 있게 공부가 안 되면 자소서 첫 단계인데 그 단계부터 준비가 안 된다는 생각이 많이 들더라고요.

그래서 저 같은 경우는 지금 한창 취업 시즌이잖아요. 대기업들도 9월부터 많이 원서 접수하고 이런 상황인데, 그런 부분들에 대해서 좀 많이 부족하지 않았나 해서 좀 그런 부분에 대해서 집중적으로 공부하고 있어요. 제가 가고 싶은 회사 한두세 개 정도를 정해가지고 집중적으로 회사 분석도 해보고, 또 저에 대해서 공부도 해보고, 그런 것을 하고 있는 것 같아요.

요즘 친구들은 그런 걸 많이 준비하잖아요. 스펙을 준비하는데 인턴경험이다, 토익이다, 자격증이다, 이런 걸 준비하는 데 솔직히 그런 쪽은 많이 취약한 거 같아요. 경험이나 이런 건 좀 괜찮은 편인데, 토익이나? 자격증 이런 부분에서는 취약한 거예요. 그래서 그쪽도 중요한데, 솔직히 일할 때는 그런 거보다는 오히려 경험이나 이런 게 더 중요하지 않을까. 특히 저 부동산 개발 쪽을 보면 주로 사람과의 관계문제들이나 법적인 그런 문제들이 많이 발생하긴 하는데, 그런 법적인 문제들이 결국은 사람과의 관계문제인 거 같아요. 그래서 '그런 문제를 잘 해결할 수 있는 역량능력이 있으면 일하는 데 별 지장은 없겠다'라는 생각을 지금 스스로는 가지고 있는데, 그쪽 회사에서 그런 나의 진가를 인정해줄 것인가가 문제긴 해요.

아무튼 그런 막연한 고민, 이런 걸 많이 했었는데, 그게 또 제가 1학년 때부터 인턴경험 많이 했었고 그리고 취업과 관련된 프로그램 이런 걸 좀 많이 들었었어요. 그래서 탈북민을 위한 취업프로그램 그런 게 좀 있어가지고, 그런데 좀 많이 수강을 하면서 아 꼭 그런 게 중요한 건 아닌데 일반적으로 사회에서 원하는 기준 성실성을 측정하는 척도라고 그러더라고요. 그게 꼭 척도가 될 수 있을지는 잘 모르겠지만, 그런 쪽으로 준비는 하고 있어요. 하지만 그걸 통해서 입사하게 될 거라곤 생각하지 않아요. 오히려 다른 부분에 대해서 어필할 부분이 있으면 그걸 하고 있고.

그리고 현재 지금 4학년인데 진로 부분에 대해서 고민이 좀 많긴 해요. 왜냐하면 제가 부동산 개발 쪽을 하고 있는데 지금 건설경기가 안 좋으니까 취업문이 그쪽이 많이 닫혀 있는 상태고, 그쪽을 지금 우회할 수 있는 방법들을 지금 찾고 있어요. 꼭 직접적인 방법이 아니더라도 예를 들면 부동산개발금융이라든가 그쪽하고 관련된 금융 쪽, 신탁사라든가 자산관리 쪽이라든가 이쪽으로 갈 수도 있고, 아니면 건설회사는 직접적인 거고 아니면 시행 쪽도 있고 법률 쪽도 있고 다양한 분야가 있는데, 그 중에서 내가 좀 먼저 경험해봐야 될 곳은 일단 건설 쪽이라고 생각하고 있고. 그쪽에선 전부 다 할 수 있는 분야니까. 그래서 일단 그쪽으로 목표는 하고 있어요. 그래서 그쪽을 준비하고 있고 지금 취업스터디를 지금 한 세 명이서 지금 시작하긴 했어요. 근데 이제 목표는 한 다섯 명? 여섯 명 이 정도 돼가지고, 취업스터디를 좀 꾸준히 해가지고, 올 하반기 안에 취업하는 쪽으로 지금 계획은 잡고 있는 상태에요.

일단은 저는 솔직히 부동산학과를 전공한다고 하면, 사람들이 북한에서도 오신 분들도 그렇고, 남한 분들도 그렇고 다 놀래요 그런 학과가 있냐고. 일단은 첫 번째로 질문하고 또 왜 그런 학과를 가게 되었냐고 물어봐요. 우스갯소리로 부동산 투기하려고 그려나 이런 분들도 계시는데 솔직히 그런 것 때문에 간 것은 아니고요.

부동산학과를 전공하게 된 이유는 고등학교 내내 진로에 대한 고민을 많이 했었어요. 하면서 남한 친구들과는 다르게 고민했던 게 저의 정체성하고 관련된 것들을 많이 고민했었거든요. 남한 친구들은 여기서 자라서 평범하게 본인이 하고 싶은 일을 하면 되지만 저 같은 경우는 자꾸 북한이 마음에 걸리는 거예요. '북한 사람들을 위해서 뭔가 좋은 일을 해보고 싶다, 아니면 관련된 일을 해보고 싶다'라는 생각을 항상 가지고 있는 것이에요.

그래서 관련된 일 중에서 보니까 북한 같은 경우는 도시개발이나 이런 부분에서는 상당히 낙후되어 있어요. 남한의 한 1980년대 수준이라고 보면 되요. 물론 평양 같은 경우는 현대적 건물도 많고, 그런데 평양을 제외한 나머지 지방 도시들은 상당히 낙후되어 있거든요. 그런 것들을 개발하고 싶은 꿈을 가지게 되었어요, 고등학교 때. 그래가지고 부동산학과를 지원하게 되었고, 지금 4년 동안 공부하면서 항상 그 생각을 해요. 만약 내가 부동산 개발 업무를 하게 된다면 내가 지금껏 실력을 키워왔고 커리어를 쌓아왔고 나중에 통일이 되든 안 되든 북한의 개발사업을 추진해보고 싶다. 그래서 제가 생각했던 게 예를 들면, 청진이다 청진이란 도시를 도시개발하는데, 제가 좀 큰 건 모르겠지만 제가 가진 지식이나 노력들로 보탬이 되고 싶다는 생각을 했었어요. 그래서 일단 단기적인 목표는 회사에서 저의 경력을 쌓는 것이고요. 장기적으로 목표를 본다면 앞으로 통일의 대상인 북한을 개발하는 쪽으로 해보고 싶다는 목표도 가지고 있어요.

앞으로 공부를 더할 계획에 대해서는 일단은 현재 제가 느끼는 바로는 공부는 많이 하면 할수록 좋잖아요. 그런데 부동산학과 같은 경우는 일단 실사학문이라는 이야기를 많이 해요. 교수님도 그렇고. 그러니까 현장에서 경험한 것이 바탕이 되어야지만 이 학문이 진가를 발휘할 수 있거든요. 그래서 일단 현장에서 회사에 취직해서 현장 경험을 많이 쌓은 후에, 혹시 그쪽에 필요한 전문지식이 있다면 기회를 봐서 대학원 공부까지 해보려고 생각 중에 있습니다.

친구들 주변에서 연애 얘기 나오면 그런 이야기 많이 하더라고요. '북한 친구랑 앞으로 결혼할 것인지, 아니면 남한 친구랑 결혼할 건지'라는 질문을 상당히 많이 받거든요. 저는 아직 직접적으로 남한 친구랑 사귀어본 경험은 없어요. 그런데 딱히 거부감이 있거나 그러지는 않거든요. 어차피 남한에서 고등학교를 다녔고 남한 친구들이랑 대화하거나 이런 거 전혀 문제가 없고 대학교 와서도 같은 학우들, 동기들, 남한 친구들도 많고 하니까. 사귀는 것에 대한 거리감은 없는데, 그런 것은 있어요. 어느 정도 그냥 친구로서의 관계를 유지하는 것이랑 이성으로 유지하는 것은 상당히 다른 부분이 있잖아요. 그리고 내밀한 부분까지 공유를 해야 되는데, 저 나름대로 약간 우려가 되는 게 그런 거였어요.

제가 살아온 세상, 환경하고 남한 친구가 살아온 환경이 다르잖아요. 그런데 저는 남한에서 고등학교를 다니면서 남한의 사회나 또래 문화나 이런 것들을 많이 경험을 했는데, 상대방이 남한 여성친구가 저에 대한 이해나 이런 게 상당히 없으니까, 저를 이해하는 데 상당히 한계가 있을 거 같다는 생각이 들더라고요. 그래서 깊은 대화를 나누거나 서로의 감정을 공유하는데 약간의 어려움이 있지 않을까 그런 부분이 있긴 한데, 그래도 사귀거나 결혼하거나 그런 것은 남북한이 상관이 없는 거 같아요.

일단은 결혼에 대해서 저 나름대로의 계획은 회사에 입사하고, 한 2년. 어느 정도 제 자리를 잡게 되면 바로 결혼할 생각이에요. 바로 결혼할 생각이고 아까 말씀 드렸다시피, 남한 북한 가리지 않고 웰컴이죠. 좋은 사람만 있으면 만날 의향이 있어요. 전 외국인도 괜찮아요. 단지 그런 건 있어요. 흑인은 좀 어려울 거 같아요. 흑인만 아니면 웬만하면 다 좋아요. 시선이 집중되는 것은 무지하게 부담스러워 하거든요.

독일식 평화통일을 꿈꾸다

솔직히 통일 방향에 대해서는 밤을 새도 결론이 안 나오는 답이긴 한데, 개인적으로 느끼기에는 제 나름대로는 남북한을 다 경험했잖아요. 대학교 와서도 통일 관련 NGO 단체에서도 일했었거든요. 그리고 통일 사례하면 보통 독일을 많이 꼽잖아요. 그런데 독일도 배낭여행으로도 갔었고, 그냥 통일 리더십 양성프로그램 이런 것을 신청해서 베를린이나 현재 집권을 하고 있는 기독교 민주당 그쪽도 갔었고, 국회의원들도 만났어요. 현지에 계신 양쪽 진영에 계신 국회의원들도 만나면서 이야기를 해봤는데, 통일은 꼭 필요한 것 같아요.

그분들이 이야기하는 것, 공통적으로 이야기하는 것은 통일이 잘못되었다고 말하는 분은 없어요. 그런데 통일된 상태에서 그 해결 과정 있잖아요, 그 분단되어 있다가 통합되면서 그 여러 가지 문제가 발생했는데, 그 해결 방안에 대해서는 의견이 확실하게 갈리더라고요. 베를린도 방문해보면서 느꼈던 것은 '아, 통일은 꼭 되어야 되겠구나'. 지금도 독일의 사례를 가지고 남한에서 의견이 분분하잖아요. '통일이 되어야 된다, 말아야 된다.'

그런데 아직 너무 초보 단계 아닌가, '통일해야 된다, 말아야 된다' 이 논의는 한창 오래전에 끝났어야 될 논의인데 아직도 그것을 가지고 싸우고 있다는 자체가 너무 좀 제 입장에서는 아쉽더라고요. 그것은 이미 정리가 되었어야 되었고, 지금 현 단계에서 논의해야 될 것은 통일을 한다면 어떤 방식으로 그런 문제들을 최소화시킬 수 있는 것인가. 이런 방법들에서 논의가 구체화되고 그래야 되는데, 그런 부분에서는 너무 아쉽다. 북한 같은 경우는 외국의 정보나 이런 게 상당히 차단되어 있기 때문에 그런 것에 대해서 논의할 수 있다고 치지만, 남한 같은 경우에서는 정보가 엄청나게 개방되어 있고 언제나 독일의 사례들을 가지고 이야기할 수 있는 부분들이 많잖아요. 그런데 아직도 걸음마 단계에 있는 사고에서 못 벗어났다는 게, 안타깝다는 생각이 들었고.

통일의 방법이야 다양하겠죠. 베트남처럼 무력으로 통합될 수도 있고, 아니면 독일처럼 평화적으로 통일이 될 수 있는데, 아무래도 가장 바람직한 건 독일처럼 평화적으로 되는 것이겠죠. 그런데 솔직히 저는 약간 반신반의해요. 한반도 정세를 봤을 때 독일처럼 될 수 있을지. 그런데 그분들의 이야기를 들어보니까 '가능성도 아예 없는 것은 아니겠다'라는 생각은 들어요. 그분들도 89년에 통일이 되잖아요. 88년이나 이때도 통일에 관련된 세미나가 열리는데 '통일이 되어야 되느니, 말아야 되느니' 이런 거 가지고 토론을 했었다는 거예요. 그런데 다음해 누구도 생각지 않게 바로 통일이 되는 것을 보니 '아, 한반도도 충분히 통일이 될 수도 있겠다'. 물론 북한의 내부 사정이 어떻게 돌아갈지는 모르겠지만, 만약에 그렇게 된다면 우리는 '뭘 준비하고 있었느냐, 어떻게 해야 될 것이냐'라는 문제가 있을 것 같고. 그래서 지금 방법적인 측면에서는 독일처럼 되는 게 가장 바람직하다고 생각하고 있습니다.

그리고 독일 통일에서 우리는 중요한 교훈을 하나 깨달아야 된다고 생각해요. 아직도 통일이 되어야 되느니 마느니 이런 것을 떠나가지고. 만약에 통일이 된다고 가정했을 때, 우리가 싫다고 해서 통일이 안 될 수 있는 부분은 아니라고 생각해요. 난 통일 반대다 해서 통일이 안 되는 것은 아니라고 봐요. 만약 북한 정권이 갑자기 붕괴되면 결국은 남한 정부에서 그것을 잘 해결해야 된다고 봐요. 중국이 들어오는 것도 아니고, 일본이 오는 것도 아니고, 미국이 오는 것도 아니니까. 일단 남한 정부에서 해결해야 될 부분인데, 그 해결해야 되는 과정에 있어서 일단 사람들의 정신적인 통일, 정서적인 통일을 첫 번째로 목표를 해야 된다고 생각해요.

그 두 번째가 물리적인 거, 예를 들면 경제적인 거, 사회적 인프라라든가 교육적인 것, 이런 것들이 뒤따라오는 거라고 보거든요. 일단 정서적으로 사람들이 그러니까, 독일 가봤을 때 항상 그런 게 있어요. 동독 사람들은 서독 사람들에 대해서 돈만 밝힌다고 그러고 서독 사람들은 동독 사람들이 너무 게으르다고 하고, 이런 시각이 존재하는 거예요. 그런 시각들을 좀 해소하기 위해서는, 서로에 대해서 잘 모르기 때문에 그런 일이 있다고 전 보여지거든요. 그런 것부터 해결할 수 있는 방법부터 일단 찾아야 할 거 같고.

또 하나 좀 생각했던 것은, 지금 현재 정권이 하는 것을 비판하는 것은 아닌데 너무 대화가 단절되어 있는 것은 아닌가. 어느 정도 수용할 것은 수용하고 대화할 것은 대화하면서 좀 엉켜 있는 신발을 풀어가야 되지 않겠냐. 독일 통일 과정도 서독하고 동독은 대화가 아예 단절된 적은 별로 없었던 것 같아요. 계속 지속적으로 정상들끼리든 그 집권하고 계신 윗분들께서 대화는 되었거든요. 그러한 부분에 대해서 한반도도 자기의 주장을 내세울 때는 내세울 필요가 있죠. 아닌 건 아니라는 원칙은 지키되 어느 정도 관용을 베풀 필요가 있다는 것.

항상 대화가 단절되는 이유 중 하나가 '북핵 문제에 관련돼서 핵을 포기하면 도와줄 용의도 있고, 북한의 개발에 도와줄 용의도 있다'. 이명박 정권도 그렇고, 박근혜 정권도 비슷한 취지인 거 같은데, 북한 입장에서 솔직히 제가 북한을 경험한 사람으로서 핵을 포기하는 것은 솔직히 불가능하다고 봐요. 왜 불가능하다고 본다면, 걔네들이 핵을 놓는 순간에는 자기네 나라는 바로 망한다고 보고 있기 때문에, 그 시각을 우리가 바꿔줄 수는 없거든요. 그 시각을 바꿔줄 수는 없기 때문에 그것은 그것대로 내버려두고. 또 민간 차원이나 정부 차원에서 교류 협력하는 차원은, 지금 개성공단이 괜찮은 사례로 보고 있는데 그런 식으로 개성공단 같은 것을 여러 개 많이 늘려도 되고. 또 통일주의 남한에서 반대하는 분들의 입장 중에 하나가 경제적 격차가 너무 크기 때문에 통일비용 문제가 많이 대두돼서이거든요. 그것 때문에 통일이 어렵다고 얘기하시는데, 그것을 해결하는 방법 중에 하나는 개성공단이나 이런 것들을 좀 활성화시키는 방법들이 아닐까 하는 생각이 드네요.

탈북 선·후배들에게 하고 싶은 이야기

일단은 선·후배님들에게, 일단 선배님들하니까 저도 한국 온 지 10년 되가니까 어떤 분들에게는 선배가 될 수도 있고, 그 전에 오신 분들에게는 후배가 될 수 있는데, 일단 죄송한 마음부터 드네요. 뭔가 선배로서 잘못한 거 같고. 제가 느끼기에는 선배분들 중에서 잘한 분들도 상당히 많이 계세요. 그런데 또 못하신 분들은 잘 적응 못하시고 제3국에 가시고 그런 분들도 많이 계시니까.

선배님들에게 한 마디 드리자면, 일단은 두 가지가 탈북자들에게는 항상 존재하는 거 같아요. '내 개인부터 잘하자.' 개인 입장에서는 잘 살고 잘 적응하면 되는 거다. 이게 첫 번째 입장입니다. 두 번째 입장은 '나는 탈북자다'. 나만 잘 사는 것이 아니라 주변 분들도 함께 잘사는 방법, 그리고 주변 분들에게 피해를 안 입히고 잘사는 방법. 이 두 가지를 많이 택하는데, 그러다 보면 사람이 살다 보면 실수할 때도 있고 잘못할 때도 많잖아요. 그런데 그럴 때마다 항상 이슈되는 게 탈북자 아무개 씨가 어떤 행동을 했습니다. 이런 식으로 나오니까 탈북자들이 약간 그런 영향에서 어쩔 수 없이 예속된다는 것이에요. 그 영향권 안에 항상 남한사회에서 사는 동안 계속 그게 꼬리표처럼 따라다닐 텐데, 만약 그렇게 된다면 저는 연대적인 차원에서 좀 공동체라는 차원에서 의식을 가지고 책임감을 가지고 행동을 해야 되지 않을까 그런 생각이 드네요. 잘 사는 게 자기 스스로 노력해서 잘 사는 것도 맞지만, 그와 함께 고민해야 될 부분들이 '내가 탈북자라서 다른 탈북자들에게 피해를 안 주는 공동체적인 의식을 가지고 해야 될 부분이 있지 않을까'라는 생각이 들고요.

요즘 이슈되는 게 그와 관련돼서 삐라 문제가 많이 나오잖아요. 그런데 그것에 대해서는 저는 개인적으로 잘했다, 못했다를 떠나가지고, 개인의 의사표현. 남한은 민주주의 사회예요. 그 의사표현에 대해서 '해야 된다, 말아야 된다'고 우리가 바로 단정 짓고 "하지 마라. 해야 된다" 이렇게 이야기할 수 있는 부분도 아니라고 저는 개인적으로 보거든요. 그래서 그런 자유로운 의사 표출, 저는 괜찮다고 봐요.

단, 다른 사람에게 피해가 가는 것. 이것에 대해서는 또 다른 문제가 될 수 있거든요. 보통 방송에 나오는 것은 탈북자 단체가 한다. 이렇게 되었을 때 '탈북자 다른 분들 피해가 되지는 않을까'라는 생각이 들기는 하는데, 솔직히 이미지가 어떤 식으로 부정적으로 갈지 아니면 긍정적으로 갈지는 모르겠지만, 부정적인 부분도 크다고 보거든요. 그렇다고 해서 그 삐라를 보내거나 하는 행위 자체는 단정지을 수는 없다고 보거든요. 그래서 그 부분은 개인적인 의사표시이니까, 장단점을 가릴 수는 없다고 그렇게 생각합니다.

그리고 후배들에게 부탁하고 싶은 것은, 저도 그랬지만 후배들도 아마 그런 생각 많이 가지고 있을 거예요. '아 선배들이 너무 남한사회를 망쳐 놨다. 우리 이미지를 너무 망쳐 놨다.' 그런데 이미 망쳐진 거, 우리가 해결할 수 있는 부분은 없는 것 같아요. 선배들이 이미 시행착오를 겪으면서 남한사회에 정착해 놓은 것이고, 그런데 그것들은 부정적인 이미지는 이미지대로 가지고 있고. 그리고 또 잘한 사람은 안 보이겠죠, 잘한 분들 있잖아요. 그런데 그것 때문에 자기가 피해를 받고 있다. 피해의식에 젖어 있을 필요는 전혀 없다고 생각해요. 왜냐하면 자기가 잘하면 남한사회는 잘한 만큼 인정받는 사회이기 때문에 자기가 열심히 하고 잘하면 또 그만큼 주변에서 인정을 해주거든요. 저도 그런 경우를 많이 느꼈어요.

그래서 꼭 그런 피해의식을 가질 필요가 없다고 생각하고, 또 한 가지는 북한 선배들이라고 해서 선배들의 말이 무조건 바른 것도 아니에요. 각자의 개인의 경험도 있고, 삶도 있기 때문에 그걸 꼭 맞다, 틀리다 이런 것보다는 하나의 참고사항으로 보아야 한다고 생각해요. 그런데 나에게 도움이 될 수 있는 참고 사항들을 자기가 스스로 현명하게 판단해서 활용해야 되겠죠. 그런 지혜를 좀 키웠으면 좋겠다고 전 한 마디하고 싶네요.

박성철 이야기

1. 북한에서의 삶과 탈북 과정

추방당했지만 단란했던 우리 집

제 출신성분을 말씀드리자면, 저희 외가 편이 다 평양출신이에요. 친가 쪽은 회령출신이고. 우리 엄마가 평양에서 어떻게 해서 지방으로 추방이 되었냐면 외할아버지가 평양에서 기술공이었어요. 전기기술공이었는데, 평양에 지하에 비밀리에 공사를 해야 하는 그런 시설이었어요. 외할아버지가 거기에 투입이 된 거예요 공사에. 투입이 됐다가 공사 다 마치고 나서 지하 시설의 위치가 어디인지 발설안 하겠다는 지장을 찍고 나서 친구들이랑 같이 술을 마시다가 그 얘기를 해버린 거예요. 내가 몇 개월 동안 어디서 지하공사를 해서 전기 뭐하고, 뭐하고 이렇게 얘기를 했는데, 그 중에 친구 한 명이 거기다가 얘기를 해 버린 거예요.

어느 날 갑자기 외할머니랑 친척들이랑 엄마 형제들이랑 집에 있는데 갑자기 까만 차가 와가지고 그냥 다 데리고 가버렸어요. 데리고 가고 나서 한 일주일 있다가 짐차가 오더래요. 짐차가 와서는 다 타라 그러더라고요. 그래서 아무 영문도 모르고 그냥 짐 쌀 새도 없이 가지고 있는 거 다 챙기라고 해서 차에 다 실었는데 평양역으로 가더라는 거예요. 평양역에 갔는데 거기에 기차가 화물을 싣는 차였는데, 그 안에 사람을 다 태우더래요.

그런데 우리 엄마네뿐만 아니라 다른 사람 평양에서 그때 78~79년도 이때 평양에서 엄청나게 많은 사람이 지방으로 내려왔데요. 그런데 거기 기차 방이 열세 량이 됐는데 사람들을 거기에 빼곡히 다 채운 거예요. 채우고 이틀을 그렇게 해서 왔는데 거기가 함경북도 무산이라는 곳이에요. 78년도에는 무산이라는 곳이 사람이 아무도 없었데요. 나무가 엄청 많고 무산광산밖에 없었는데, 거기다 던져놓고

"여기가 너희가 살 곳이다."

그래서 그냥 엄마랑 엄마형제들이랑 할머니랑 맨땅에서, 집은 이제 국가에서 지어주는 거. 그래서 거기서 이제 살았는데 신분이 안 좋아. 출세를 못해요. 출세를 할 수 없었고. 근데 또 이게 추방되는 게 이게 달라요. 정치범이냐, 아니면 평양에서 잡히면 지방으로 추방되고. 다행히도 할아버지는 정치범 수용소 갔는지 아닌지 어디를 갔는지 몰라요. 그 후로부터 행방이 묘연하고. 그냥 할머니는 할아버지가 어디 살아 있겠거니 그렇게 생각을 하셨대요.

어머니는 무산 제재 공장이라고 다녔고, 아버지는 은행에 다녔어요. 아버지는 은행에 다녔는데, 여러분이 아시다시피 여기하고 개념이 틀려요. 남한의 은행은 돈을 맡겼다가 이자 찾아가고 그렇게 하는데 북한 은행은… 아버지가 무산에 중앙은행에 다녔는데 은행은 어떤 역할을 하냐면 무산광산이 있으면 은행은 중앙행정부에서 내

려오는 그 돈을 월급을 주는 거예요. 회계에요. 회계형식. 그게 은행이에요. 각 직장의 회계한테 뿌려주는 거예요. 돈을. 그 회게가 월급을 주고. 은행에 다녔었고. 엄마는 그랬고. 평범한 가정이었죠. 나름 화목했었어요. 근데 아버지가 술을 좀 많이 마셔서 어머니랑 사이가 조금 안 좋긴 했는데. 다른 집보다는 가족이 돈독했었어요. 96~98년도 고난이 있을 당시에 흩어진 가족이 되게 많아요. 근데 저희는 그러지 않았어요. 굶어죽어도 한 자리에서. 뭘 먹어도 가족. 똘똘 뭉쳤었어요.

부모님이 두 분 다 일하셔서 동생이랑 저랑 보내는 시간이 많았어요. 내가 밖에 다닐 때는 같이 못 있었고, 또 있을 때는 같이 있었죠. 여기서도(한국) 제가 결혼하기 전까지 같이 살았어요. 그런데 동생과 나이 차이가 많이 나기 때문에 제가 동생을 돌봐야 돼서. 내가 동생 기저귀까지 갈았죠. 내가 8살 때 동생이 태어나서 등에 업고 달래주기도 하고. 원래 내가 외동아들이었는데 그렇게 동생이 있는 게 그렇게 부러운 거예요. 엄마 아빠한테 계속 얘기해서 동생 있었으면 좋겠다고 얘기를 했죠. 엄마도 동생을 늦게 낳은 거죠. 늦둥이로. 애기 때 태어나서 계속 봤으니까.

어머니가 음식을 잘해요. 김치를 잘해요. 김치를 잘하는데 여름에 오이냉국이나 그거에 국수를 말아먹었어요. 시원한 국수를. 미역은 비싸서 못 들어가고 오이만 들어가도 맛있어요. 맛내기를 많이 먹은 것 같아요. 미원. 그것도 비싸요. 물론 엄마가 거의 키우긴 했는데, 제가 밥도 해주고 별의 별것 다해줬죠. 그래도 옆에서 거들어주고. 나이 차이가 많이 나니까 싸우지도 않아요. 원래 형제 있는 사람들은 싸우면서 큰다고 하는데 저희는 싸워본 적은 없고. 오히려 동생이 말 안 들으면 혼냈죠. 그렇다고 동생이 저를 무서워하지는 않아요. 무서워하지도 않아요. 말 잘 들었어요.

가난이 국경을 넘게 했다.

북한에서 사실은 중퇴했었어요. 고등학교 3학년까지 다니고. 북한에는 고등학교가 6학년까지 있잖아요. 고등학교 3학년까지 다니고 3년을 못 다녔어요. 중퇴할 당시 그때 시기가 북한이 진짜 어려웠어요. 아시다시피 94년부터 김일성이 죽고 나서부터 조금씩 식량을 안 주기 시작했어요. 우리도 96년도 이때 되니까 다른 집처럼 굶다시피 하고 98년 이때 두만강을 처음 넘었죠. 그래서 저희 가족은 아버지가 은행에 다녔고 엄마는 집에서 놀고 계셨는데. 그래도 아버지가 은행을 다니시니까 어느 정도 배급은 타서 쓰는데 98년 되니까 아예 끊겼어요, 그게 다.

97년 넘어서면서 그 시기에는 진짜 힘들었어요. 우리뿐만 아니라 다른 사람들도 되게 배급에 매달려 있다가 갑자기 정부에서 식량을 안주니까 자기가 할 수 있는 능력도 없고, 안 되고, 통제도 있고, 그래서 그때부터 나는 전국을 돌아다니고, 친척집을 돌아다니면서 많은 것을 경험했었죠. 나는 97년부터 거의 집을 나가 살다시피 했으니까. 아버지는 친척집에서 식량을 구해 와서 가져오고. 그렇게 살고. 다른 데 가서 구해 오고 그랬어요.

그래서 동네에도 아사자가 많이 생기고 학교도 나도 못나가게 되고. 동생도. 동생이 나보다 8살이 어려요. 한창 유치원 다닐 때인데, 유치원도 못 보내고. 그리고 나서 97년부터 학교를 못나갔어요. 친척집을 다니면서 쌀을 구하러 다니고. 평양에 저희 큰 이모가 있는데 거의 한 달에 한 번씩 왔다 갔다 하고 식량을 얻으러 다니다가 그런데 서로 바쁘고 사실 서로 자기 입 채우기도 (배 채우기) 어려우니까 더 이상 눈치가 보여서 못 가겠더라고요. 그래서 집에서 나물을 캐다가 먹었어요.

그때 내가 할 수 있는 건 다 해봤어요. 장사도 해봤고 산에 가서 나무해서 시장에 가서 팔아도 보고 겨울철에 저수지에 가서 낚시, 빙어잡이해서 먹고살기도 했고 그러다기 최후의 미지막에 동원한 게 도강. 도강도 98년 겨울이었어요. 여름이나 봄이나 가을이나 이때는 산에 가나, 들에 가나 어디든 입에 넣을 수 있는 게 있는데 겨울엔 없어요. 98년 겨울 1~2월 달 그때 도저히 없는 거예요. 3일 동안을 굶었나. 아버지도 이제 식량 구하러 나가고. 엄마도 그랬고.

아직도 기억이 나는데 98년 1월 25일 날에 엄마가 중국으로 들어 갔고 내가 엄마를 찾는다고 3일 후에 28일에 두만강을 건넜고, 그게 처음 시발이었어요. 처음 두만강을 건널 때 '내가 북한에서 할 게 되게 없구나' 그런 생각이 들었어요. 제일 큰 목표는 엄마 찾는 거였 지만, 그래서 처음 두만강을 건너게 됐지요.

그런데 중국이 땅이 넓잖아요. 갔는데 엄마를 못 찾은 거야. 그 넓은 땅에서 어떻게 찾아요. 그래서 그걸 포기하고 돌아오다 보니까 중국 가는 것을 어떻게 하는지 잘 알게 되고 그 이후에 진짜 많이 왔다 갔다 했어요. 그 3년, 4년 동안 줄기차게 왔다 갔다 했어요. 50번은 넘게 왔다 갔다 했어요. 중국에서 잡혀서 강제송환을 4번 정도 당했어요. (웃음) 사람들이 나를 보고 다 귀하게 곱게 자란 줄로 만 아는데 전혀 그렇지 않거든요.

여하튼 그때부터 시발점이 되서 (중국을) 다녔는데 그때 당시에는 진짜 먹을 게 너무 없었어요. 97년부터 사람들이 굶어 죽기 시작했 었잖아요. 아시잖아요. 97년부터 사람들이 굶어 죽기 시작했는데 그거는 기사 찾아보면 알 수 있으니…. 한 예를 들자면 저희 동네가 무산이었는데 위성지도 보면 북한이 산에 나무가 하나도 없잖아요, 그리고 이게 화장하는 그런 문화가 없어요, 북한에는. 내가 평민이라 서 그런지 몰라서 그런지 없거든요, 저는 못 봤거든요. 사람이 죽으 면 가까운 산에다 막 묻어요. 묻는데. 최고 하루에 뭐 50명 가까이 아사자가 발생했다는 얘기를 들었어요. 통계를 누가 냈는지 모르겠는데.

　내가 지금에 와서야 그게 맞는다고 생각되는 게, 자다 일어나면 옆집 앞집 뒷집에서 아프고 죽고. 북한은 이제 다 배급제고 직장을 나라에서 다 해주고 그니까 죽으면 사망하면 직장에서 와가지고 시체를 갖다가 관을 짜서 묻어줘요. 초반에는 이제 그렇게 해줬는데 그런데 북한에서 나무나 판넬 이런 게 없거든요. 그런데 처음에는 그렇게 해줬는데 사람이 점점 많이 죽어나가니까, 가마니에 싸서 그냥 산에다 묻는 거야. 근데 그게 그때 당시 내가 18살이었는데 지금 기억하는 게, 자다가 일어나서 12시 오후쯤에 밖에 나가서 뒷산을 보면 새로운 무덤들이 많은 거야. 새로 묻은 그런 게 많거든. 수십 개가 되고 그런 거예요. 특히 장마철 같은 때는 소나기나 이런 게 내리면 토사나 이런 게 싹 흘러내리는 거예요. 너무 적나라하게 이야기하나?

　아무튼 그런 과정에서, 하여튼 진짜로 살겠다고 해서 생활고에 시달리다가 저는 넘어온 케이스고. 도강 첫 시발은 아까 얘기했듯이 그렇고, 어머니는 이미 인신매매로 팔려 들어가셨고, 집에 있는 건 나이가 많은 아버지, 그리고 동생이 있는데 8살이었어요. 집에는 노동력이나 벌이해야 될 사람이 나밖에 없는 거예요. 나만 다 바라보고 있는 거예요. 중국에 넘어가서도 왔다갔다하다가 잡히면 잘못되거든요. 그래도 그런 위험을 감소해서라도 가족을 살려야 되겠다는 그런 의지가 강했어요. 다른 집보다는 형제애도 있었고, 부모 자식 간에도 끈끈했었고. 넘어가서도 중국에서도 그냥 살 수 있는데 도저히 그렇게 못 하겠는 거예요. 가서 가족들 중국에서 쌀밥 따뜻한 밥에, 따뜻한 국에 쌀밥을 먹다 보니까 자꾸 집 생각이, 동생 생각이 나니까 눈물이 나는 거야. 그래서 가자마자 쌀 구해지면 바로 그거 매고 다시 두만강 건너는 거예요. 다시 집에 가서 주고 쌀 떨어지면 다시 건너오고. 그래서 98년 이때 무산에서 아마 제가 도강 첫 시발이 아닐까 (웃음) 그런 생각이 들어요. 아무튼 대대적으로 도강들을 할 때 첫 시발이었어요.

내가 북한 군인한테 잡혔을 때, 처음에는 구타가 없었어요. 그때는 잡혀가지고 취조하는 과정에서도 구타가 없었고 군인들도 '너 어디 저 중국에 넘어갈 생각을 했냐'. 그런 때거든요 약간 동정하고. 그때 98년도가 쌀 가져오면, 편지를 이렇게 아버지한테 써가지고 다시 보내지 말라고 보내고 그랬었거든요. 한두 번은 그렇게 했는데. 그런데 그 다음부터 사람들이 엄청나게 많이 넘어갔어요. 자다 일어나면 양 옆집 가고 없어지면 중국 간 것이고. 근데 이제 99년부터 이게 엄청 단속이 심해졌어요.

내가 아까 이야기했듯이 98년도에 넘어갔을 때 내가 어느 정도로 겁이 없었냐면, 두만강을 건너가서 중국에 있는 국경 경비대 초소에 까지 들어가서 대대가 있는데, 들어가서 밥 달라고. 그렇게 둘이 들어가서 중국 군인들이 있는데 들어가서 밥 달라고 그러니까 걔네들이 깜짝 놀라가지고 다 밥 주고. 근데 다 중국인들인 거예요. 다행히 그 중에 대대장인가 중대장인가 하는 사람이 조선족이더라고요.

"새끼들 겁 없이 여기 들어와서 여기서 잡히면 너희 잡히면 건너가면 죽어."

그런데 배고프니 밥부터 달라고 하니까, 아무튼 주더라구, 무산인데. 무산에 남평 세관인데요.

소대장이 불러다가 과자랑 암튼 많이 사서

"너 여기로 갈래 여기로 갈래. 너 세관 있는 다리로 해서 건너갈래, 아니면 두만강으로 너네 제 발로 건너갈래?"

그러면

"저희 제 발로 건너갈 게요."

이러고 하여튼 초창기엔 그랬어요. 그런데 해가 지날수록 중국에 경비도 되게 심해졌고 북한에서 중국에 요청해가지고 넘어가서 우리 넘어간 사람들 다 돌려보내라. 그래서 한때 나무 한 차 주고 사람들 열 명. 중국에서 열 명. 북한 사람들 열 명을 잡아서 넘어 보내면 그 대가로 북한에서 목재를 한 차를 넘겨준다는 그런 소문이 사실인지 모르겠는데 그런 소문을 들었었거든요.

나랑 친구가 중국에 가서 뭘 했냐. 저희가 가서 할 게 하나도 없거든요. 애라고 일도 안 시키고 체구도 작고 그래서 겨우 막 봄철에 가가지고 모심기 좀 하겠다고 일 좀 시켜 달라고 제발. 걔네들이 하루 일하면, 중국 사람들이 일하면 30원에서 40원을 줘요, 중국 돈으로. 그런데 우리는 하루 일하고 5원도 괜찮고, 10원도 괜찮으니까 돈을 달라 하니 주더라고. 그래서 5원을 받고 한 열흘, 이십 일을 일하고. 그 돈 가지고 받으면 100원인가 200원인가 그렇게 모아지면 다시 북한으로 넘어가고. 그렇게 살았었죠.

두만강을 건너면 조선족도 살고 한족도 살아요. 그 사람들과는 말이 많이 통하죠. 연변에 있는 한족들 중에도 우리말을 잘하는 사람들이 많아요. 근데 이제 한족 집에 들어가면 나 지금 가장 후회되는 게 중국에서 왜 중국어를 건져오지 못했을까. 중국에서 오래 살다 오신 분들은 중국어를 잘 하시는데 나는 중국어를 배울 시간도 없었고, 왔다 갔다 하기만 하고. 제일 가장 기본적인 잘 있느냐, 안녕 하냐, 생활 영어만 알지 그 외에는 몰라요. 내 친구들은 중국어를 그렇게 잘해요. 거기서 학교도 다닌 친구도 있고. 여기 와서 중국어로 된 만화책? 중국에서 오래 있어가지고. 중국을 왔다 갔다 한 게 3년이 되는데 중국어를 배울 시간이 없어. 와가지고 일하고 바로 북한 넘어가고. 그 전에는 당일치기 단타로 많이 다녔기 때문에. 저녁에 넘어갔다가 새벽에 오고. 그러다가 횟수가 점점 줄어들고 북한에서 경비가 심해져서 많이 못 다녔죠.

아찔했던 첫 도강

　제가 도강을 하다가 여러 번 걸렸어요. 그런데 북한은 도강 기록 같은 게 디지털이 아니고 아날로그예요. 내가 온성으로 잡혀나갔으면 온성에만 기록이 있고 무산에는 없어요. 순전히 잡혀온 사람의 진술만으로 하는 거예요. 그리고 걔네들이 문건을 작성한다 해도 그게 계속 쌓이고, 쌓이고 하다 보니까 박성철을 찾으려 그러면 시간이 엄청 많이 걸려요. 인력소모가 엄청 드니까. 순경이 패가지고 진술을 받아내는 수밖에 없죠. 속이려면 얼마든지 속일 수 있죠. 나이도 속일 수 있고, 집도 속일 수 있고. 남한은 데이터 박성철 딱 치면 뭐 언제 인터뷰했고 그런 기록이 남잖아요. 거기는 아날로그니까 손으로 직접 다 찾을 수가 없는 거예요. 그리고 내가 잡혀갔던 중에 25번 잡혀나간 애가 있어요. 온성 보위부에서

　"이 새끼야, 너 또 잡혀 나왔어? 이제는 좀 잡혀 나오지마. 이 새끼야!"

　이랬어요. 딱 보고

　"야, 너 저번에도 잡혀 나오지 않았나?"

　그리고 떠보기도 해요.

　"너 저번에도 나랑 조사받지 않았나?"

　"아닙니다. 처음입니다."

　그러면

　"그래 이 새끼 너 맞아야 돼."

　이러고.

　저는 그 당시에는 17살이었으니까 그 좀 사람이 왜 청소년기에 할 수 있는 그런 거 있잖아요. 오기와 패기. 어른들은 잡히면 2년 교도소 가거나 시범으로 잡히면 총알받이가 돼요. 그런 시기에 갔거든요. 동네에 있는 내 친구 동생이랑 같이 갔어요. 둘이 해서. 무산은

5시가 되면 컴컴해요. 5시 이후부터는 못 다녀요. 우리 동네는 괜찮은데 내려가면 그래요. 아래 지역이 있는데 그쪽 두만강 지역은 5시 이후에는 못 들어가요. 군인들이 딱 지키고. 순찰하고.

두만강을 건너야 되는데 솔직히 좀 패기와 오기로 무장해서 갔는데, 처음엔 많이 겁이 나더라고요. 이게 가다가 뒤통수에 총 맞을 수도 있고, 아니면 살아갈 수도 있는데, 아니면 어떨까. 감옥에 갈 수도 있고. 근데 내 생각엔 엄마를 찾아야겠다는 생각이 가장 컸죠. 배고프고 식량을 구해야 되고 그것도 있었지만. 그래서 친구한테 3일 후에 가자고 해서 둘이서 떠났어요.

무산에는 눈이 많이 내리면 물이 녹지 않아요. 그리고 두만강은 바람이 많이 불어가지고 눈이 많이 쌓이고, 어디는 눈이 아예 없고. 아무튼 그 위에 도착하니까 4시가 된 거예요. 한 시간 내에 두만강 건너려는 그쪽까지 한 시간이 걸리는 거예요. 둘이서 걸었어요. 근데 5시가 딱 된 거야. 군인들이 그때부터 순찰을 도는 거야. 그때 당시에는 200m, 500m마다 한 명씩 지켰었어요. 순찰 식으로. 소대에 있으면 교대로 돌아서. 그때는 강을 건너기에 제일 좋을 때였죠. 그때 보니까 4시 쯤 되가지고 두만강 옆에까지 갔어요. 그래가지고 한 30분 동안을 두만강 옆에 앉아서 기다렸어요. 기회를 봤죠. 군인들이 교대를 몇 분 간격으로 하는지 봐야 되는 거예요. 한 명씩 들어오고 나가고 들어오고 나오고 하더라고요. 건너야 할 때 우리가 5시에 내려가면 15분 쯤 가면 보이지 않겠다고 생각하고는 계획을 짰어요.

이제 시간이 되서 내려갔는데, 아 그때 딱 소대장한테 잡혀가지고
"야, 임마! 너네 어딜가?"
이래가지고. 북한은 맨 위에 애들을 밑으로 내려 보내고 그랬어요. 군 복무를 그렇게 시켜요. 서울에 있는 사람을 부산에 내려보내고, 부산에 있는 애들을 서울로 보내고. 북한이 그렇게 했어요.

"니네 어디가?"

이래서

"아, 엄마가 장사를 떠났는데 엄마 마중하러 갑니다."

근데, 그때 당시에 17살 어린애들이 두만강을 건널 수도 없고, 사례도 없으니까

"그래. 너네 지금 통금시간인 거 알지?"

"네 저희도 엄마 곧 올 것 같은데 금방 다녀오겠습니다."

"안 돼, 가!"

이러는 거예요. '아! 다행이다!' 싶었지요. 그래서 그 시간을 피해 가지고 두만강을 건넜어요. 근데 두만강이 내가 봤을 때는 200m 안에 있는 것 같은데 실제로는 500m나 되는 거예요, 거리가. 그리고 눈이 깊어가지고 푹푹 빠져서 못 가겠는 거예요. 친구랑 둘이 손잡고

"야 우리 헤어지면 안 된다. 무조건 건너야 된다."

초저녁에 6시 돼가지고 완전 죽어라 뛰었어요. 그런데 북한에는 불이 없어가지고 5시에도 어두워지는데 6시에는 새까매지거든요. 그때 불이 나게 뛰었어요. 근데 뛰면서도 이제 뒤에서 총알이 날아올 것 같고, 만약에 군인이

"야!"

이러면 친구랑 내가

"네!"

하고 다시 돌아갈 그런 분위기. 가슴이 조마조마하면서 이제 건넜어요.

건너고 나니까. 두만강이 실감이 안 나는 거예요. 중국 땅인지 북한 땅인지. 건너고 나서 보니까 거리에 마을이 없는 거예요. 마을을 찾아야 되는데 중국말을 모르니까 어디가 마을인지 모르겠어요. 그래서 그냥 계속 걸었어요. 불빛 보이는 데만. 한 세 시간이 걸리니까 집이 하나 생기더라고요. 집을 두드리니까 할아버지가 나와. 할아

버지가 보더니

"너네 북조선에서 왔지?"

이러더라고요.

"네."

그러니까 포대를 주더라고. 그 할머니가 그러는데

"야 이 밤에 너네 같은 사람들이 하루에 7, 80명이 왔다 갔다 하면서 우리 집을 들른다."

그래서 밥이 다 떨어져서 없다는 거예요. 그만큼 수많은 사람들이 왔다 갔다 하는 거예요. 우리가 한 시간 동안 가는 동안에 북한에서 넘어온 사람이 엄청 많은 거지요. 할머니가 준 포대를 보니까 옥수수를 5kg를 주는 거예요. 그 할머니가 그러는 거예요. 마을로 내려가면 거기는 2, 300명이 사는 데니까 쌀을 구할 수 있을 거라고. 그래서 동네까지 내려가서 한 시간을 돌아다니면서 쌀을 구했어요.

쌀을 35kg 구해서 배낭을 메고, 그 날 밤으로 다시 두만강을 건너서 북한으로 건너가려고 한 다섯 시간은 걸은 것 같아요. 왔던 길을 건너려고 다시 왔는데 3시간을 걸었고 두만강을 건너고 나니까 잡힌 거예요. 처음에 소대장한테 잡혔어요. 그래도 다행히 애들이 처음이니까 군인들도 신기한 거예요.

"야, 이 새끼들, 너네 어떻게 두만강을 건너가려 했냐."

처음엔 귀엽게 봐줬어요. 그래서 소대장이 거기서 밥도 막 챙겨주고, 아 그때는 구타도 없었어요. 초창기였으니까. 쌀도 뺏지 않고, 편지를 써주는 거예요.

"집에 누구 있나?"

그래서 아버지랑 동생이 있다고 했더니 아버지한테 편지를 한 장을 써주는 거예요.

"조국을 대신해서, 강을 건너기 힘드니까 아들을 두만강으로 보내지 말라."

뭐 이런 식으로 A4 한 장에다가. 그래서 알았다고 하고서는 그거 가지고 그대로 집으로 갔어요. 하나도 안 뺏겼어요. 하나도 안 맞고. 집에까지 가서 그거를 쌀을 먹을 수 없어서 쌀을 팔아서 옥수수로 바꿔서 먹고. 또 빚진 거 주고. 그렇게 한 달을 먹고 살다가 결국에는 다시 한계에 도달했어요.

강제송환의 기억

중국에서 일을 하다가 잡혀서 북한으로 강제송환을 당했었어요. 감옥에서 최고 오래 살았을 때 2개월을 살았어요. 같이 잡혀나간 애 중에 거기서 굶어죽은 애가 있어요. 4월 15일 날 중국세관에서 북한으로 건네줘서 건너갔는데 그 중에서 세 명이 있는데 다 동갑이에요. 하얼빈 가다가 기차에서 잡힌 거예요. 온성[1]으로 넘어가는데.

온성 보위부에서도 엄청 두들겨 맞았어요. 온성 보위부에서 이만한 책상을 딱 두고 작성하는 애가 한 명씩 데리고 오라해요. 이 거리에서 책상 하나 두고, 옆에 각목을 하나 두고 있어요. A4용지 한 장을 딱 주고

"너가 두만강을 건넌 시기부터 지금까지 살던 얘기해라."

얘기를 막- 하는데, 중간에 떠듬거리면 각목으로 머리를 때리고, 장난이 아니었어요. 아무튼 거기서 엄청 두들겨 맞고. 다른 데로 후송이 돼서 2개월 동안 있었는데, 그 중에 한 명이 장염에 걸려서 아무것도 못 먹게 됐어요. 2주일 동안 그 친구 밥을 먹으면서 우리가 살았어요. 그때 우리가 5층에 있었고 3층이 병동이었는데, 병동으로 내려가서 그 친구가 한 달 만에 죽었다고 그런 소식을 들었어요. 아무튼 그런 경우가 있어서. 2개월 동안 감옥에 있다가 집으로 도망

---

1) 함경북도 온성군.

갔어요. 그래도 그 날로 바로 두만강 건너고 그래. 낮에도 낚시하는 척하다 건너고. 그때는 뭔 정신으로 건넜는지 모르겠어요.

보위부에서 물고문 같은 거까지는 아니고, 몸으로 많이 때려요. 싸대기(뺨)를 때린다거나, 주먹으로 때린다거나, 각목으로 맞고요. 각목으로 한 번 맞았는데 핑 - 돌더라고요. 내가 그때 별빛을 봤어요. 어디 부딪히면 별이 수십 개가 보이죠? 얘기하다가 흐름이 좀 끊길 것 같으면

"야, 너 꿍꿍이 하지 말고 제대로 말하라!"

그러면서 때리고. 구타를 당했죠. 어른들은 더 말할 것도 없어요. 그나마 그때 나는 학생이고 어렸으니까. (덜 맞았다.)

내가 온성으로 잡혀갔을 때 내가 살아남을 수 있을까. 살아서 돌아갈 수 있을까 그 생각이 들었어요. 거기에 어떤 잡혀온 사람이 온성 감옥에서 한 4개월을 있었는데요, 4개월 동안 구타당하고, 주는 것만 먹었데요. 그 사람 몸무게가 처음에 들어올 때는 80kg이었는데, 4개월 동안 엄청 맞고 해서 몸무게가 24kg밖에 안 나갔어요. 보면 진짜 그냥 뼈에 가죽만 붙어 있는 거예요. 그 사람은 말할 힘도 없어서 벽에 기대고 있어요. 그 사람한테 냄새도 나거든요.

사람들이 처음에 잡혀나가면 약간 깔끔을 떨거든요. 그걸 보고 그 사람이 죽어나가는 목소리로 그랬어요.

"너네도 여기에 4개월 동안 있어 봐라. 나처럼 된다."

이러더라고요. 그 얘기 들으니까 참 까마득하더라고요. 그래도 나는 미성년자니까 거기서 나왔었죠.

감옥에 별의 별 사람들이 많았어요. 여자분들이 있는데, 임신한 사람도 있고. 중국에서 애를 임신해서 감옥에서 애를 낳는 거예요. 근데 그 풍경은 너무…. 잡혀나가서 조사 받는 과정에 막 발개 벗겨 놓고 수색을 해요. 여자들 같은 경우에는 이런 말을 해요. 돈을 자궁이나 항문에 숨겨서 나온다는 말이 있어서, 여자 보위부 애들이 와서

다 수색하고 그랬어요. 남자들도 거기서 다 변을 보게 했어요. 아 진짜 더럽고 치사한 놈들이지. 고문은 이루 말할 수가 없죠.

근데 보위부의 담당관을 좋은 사람으로 만나는지, 나쁜 사람으로 만나는지 달렸어요. 다 나쁜 사람만 있는 게 아니라, 좀 착한 사람들도 있어요. 운이 좋으면 착한 사람들을 만나서 운 좋게 살아남는 사람들도 있고. 보위부에서 이제 다 소견서를 써가지고 형을 때리고 (매기고) 하죠.

극적인 감옥 탈출

내가 두만강을 3년 동안 그러니까 내가 2001년에 남한에 내려왔는데 98년부터 2001년까지 4, 50번은 왔다 갔다 한 것 같고, 그 중에서 중국에서 잡혀서 북한으로 강제 소환된 게 한 네 번이 돼요. 감옥에 처음에 내가 제일 기억에 남는 건, 나는 그때 18살이었는데 그때 애들 20명인가 30명인가 한 번에 모았다가 보냈는데. 온성 보위부에 들어갔는데 한 5평 되는 곳에 20명을 꽉꽉 채워 넣었어요. 근데 거시서 내가 진짜 인간 이하의 취급을 많이 받았어요.

소변을 보고 싶다 그러면. 요만한 칸이 있어요. 거기로 누게 하는 거예요, 소변을. 그런데 거기에 소변이 막 쌓여 있는데 맨발로 들어가라 그래요. 하-. (한숨을 쉬며) 내가 진짜…. 안 들어가면 막 때리는 거예요. 그래서 들어갔는데 소변이 발에 막 묻잖아요. 씻지도 못하니까 나중에는 이게, 소변이 독이 있어요. 발이 껍질이 다 벗겨지더라고요. 구타도 많이 당했고.

거기 하루 일과가 어떠냐면 내가 하루는 5층에 있었는데, 3명이 붙잡혀 들어갔는데, 거기가 이런 맨바닥이 아니라 나무판으로 된 곳이었어요. 근데 그때가 한-창 빈대가 엄청 많았던 때에요. 하-. (한숨을 쉬며) 근데 그 안에 중국 인신매매로 몸 팔다가 잡혀 들어온 누나들 많이 들어왔는데 누나들이랑 우리 잡혀 온 애들이랑 한 30명이 있었던 것 같아요.

하루에 두 끼를 줘요. 아침에 밥을 주는데 그게 밥이 아니고, 시래기 한 네댓 개 있고, 통 옥수수알이 5개 들어가 있는 맹물. 양은 냄비 같은 요만한 그릇에 나와요. 그거를 두 번을 훅 마시면 없어지거든요. 그거를 아침, 저녁으로 먹고. 아무튼 하루 종일 아무것도 안 시켜요. 그냥 냅둬요. 그러면 그 안에서 왔다 갔다 하다가, 몸 팔다 들어온 누나들이랑 대화하다가, 미성년이라서 그런지 좀 자유로웠던 것 같아요.

근데 진짜 내가 예쁨 받았던 게, 거기 지키는 반장이 있었는데 엄청 괜찮은 사람이었어요. 먹을 것도 챙겨주고. 사실 그 옥수수 두알 띄워준 거 먹고는 2개월 동안 못 버티거든요. 거의 다 영양실조 걸려서 죽거든요. 근데 반장이 틈틈이 옥수수랑 떡이랑 넣어주고. 그리고 그 들어왔던 누나들이 일주일 있다가 나가기도 하고 누나들이 나가면서 애들 배고프니까 먹을 것 좀 들여보내주라고 말해주면 가끔씩 국수 같은 것도 들어오고.

아무튼 2개월 동안 살았고. 그 안에서도 3명이 제일 빠릿빠릿했었는데, 나랑 한 친구랑 다른 애랑 3명이 있었는데, 다른 한 명은 죽었고. 그러니까 걔네들이 딱 보고 우리를 일을 시킬라 하는 거예요. 거기가 완전 산골인데, 어떤 데냐면 전국에 있는 고아, 부모들이 굶어 죽었다거나 뭐 그런 애들을 데려다가 일을 시키는 완전 산골. 약간 정치수용소 같은 데에요. 거기 있는 애들은 일만 하다가 밥만 먹고 사는 거예요. 거기에 애들이 5, 60명이 있어요. 그런데 우리를 거기에 데려가라는 거예요. 떠나기 전에

"너네 어디로 보내는지 알지?"

모르겠다 했더니

"평생 동안 일을 하면서 먹고 살 수 있다."

해서 어디든지 보내 달라 했죠. 보내주더라고요 그쪽으로. 걸어서 3시간인가 4시간을 들어갔어요. 들어가서 아 첫날에 들어갔는데 보리밥을 다 먹고 보니까, 내가 그때 18살이었는데 10살 애들이 텃세를 부리는 거예요. 와가지고

"야, 몇 살이야?"

(가슴을 가리키며) 요만한 애들이 와가지고

"몇 살이야?"

이러는 거예요. 이러면서 큰 형들을 데리고 와서 우리를 막 두들겨 패는 거예요. 그래서

"안 되겠다. 도망가자."

그날 밥을 엄청 먹었어요. 밥 먹고 나면 걔네들이 조회하는 시간이 있더라고요. 모여서 다음날 조별로 뭐 감자밭, 옥수수밭 등 갈 곳을 정해요. 그래서 밥을 엄청 먹고 쉬다가 저녁에 튀었죠. 경비가 심했는데 근데 좀 어떻게 어떻게 해가지고 나왔죠.

감옥에서 문짝 뜯고 밤에 나온 적도 있어요. 영화로 보면 〈쇼생크 탈출〉 비슷할 정도로. 그 도망쳤던 거는 조사를 받다가 나는 1년 형을 받았어요. 그리고 도장까지 다 찍고. 다음날이면 감옥으로 후송되는. 그때 나는 정말 절박한 상황이었어요. 그 방이 여기서부터 한 2평 정도 되는데 방안에 2명을 가두어 놓는 거예요. 밖에는 조사관들이 있고. 그런데 그 문이 나무판이에요. 그리고 밖으로 걸게 돼 있어.

조사를 받다가 보니까 옆에 도끼가 있는 거예요. 그래서 조사받고 들어가고, 조사받고 들어가고, 하다가 조사받고 들어갈 때 도끼를 그때 이제 몰래. (훔쳤다.) 들키면 도끼날에 맞아 죽지. 진짜 완전 마지막이다 싶은 거지. 이렇게 숨겨가지고 들어가서 구석에 안 보이는 데다가 숨겨놨다가, 밤이 돼가지고 걔네가 다 퇴근해서 이제 문을 바깥으로 걸어놓은 거예요. 방에는 우리 둘이 있는데, 아 진짜 1년

동안 거기 있으면 영양실조 걸려서 죽거든요. 진짜 살려고 했는데, 여기서 죽으면 안 된다 해서.

몰래 그 도끼를 숨겨 들여 와가지고 밤에 6시 되니까 퇴근을 해. 완전 진짜 새-까매요. 사방으로 감방으로 되어 있는데 문은 다행히도 나무로 되어 있더라고요. 도끼를 써야 하는데 어떻게 써야 하는지 잘 모르겠는 거예요. 한 세네 시간을 고민을 하다가, 새벽에 이제 뚫어야 되는데 새벽이라는 짐작이 없는 거예요. 어두우니까. 대충 어림잡아야 하니까 시간도 잘 안 흘러가고. 근데 새벽 됐다 싶더라고요. 그래서 도끼 가지고 모험을 했죠.

밖에 지키는 애가 있으면 죽는 거고 없으면 살아남는 거다. 그리고는 도끼로 문짝을 깠어요. 문이 있는데 합판으로 되어 있어서 도끼날이 확 들어가는 거예요. 아 진짜 다행이다. 통으로 되어 있으면 못 갔지. 도끼날을 내고 세 시간을 하나하나 뜯어냈어요. 소음이 나면 또 이제 그럴까 봐. 손이 들어갈 수 있게끔 이만큼 뜯었습니다. 밤이라 작은 소리라도 엄청 컸어요. 그래도 다행히 밖에까지 들어왔다 나갈 수 있는 구멍을 뚫었어요.

그런데, 만약에 걔네가 겉으로 걸어놨는데 자물쇠로 걸어놨으면 다음날에 완전 죽었죠. 그래서 이제 구멍에 팔을 넣어가지고 쭉 훑었어요. 다행히도 자물쇠가 안 잠겨 있고 걸려만 있더라고요. 아 다행이다 하고, 걸린 걸 풀고 문을 열었죠. 그랬는데 또 문이 있는 거예요, 밖에. 유리가 있는 거예요. 그래서 그냥 도끼를 유리창에 던졌거든요. 그랬더니 통유리가 '와장창' 깨지는 거예요.

"야, 우리 뛰자!"

해서 둘이서 그냥, 거기 창문이 되게 높더라고요. 거길 넘어서 담을 넘었지. 그때가 한 새벽 두 시쯤 된 것 같아. 나가서는 아는 사람 집 가서 자고 그랬었죠.

최악의 굶주림에 지쳐 탈북을 결심하다

중국에 가서 초반엔 아무도 모르니까 진짜 쌀을 날랐는데, 두 번째는

"우리 쌀을 나르면 돈이 안 된다. 다른 거 해보자."

그래서 중국에 가서 중국옷을 몇 마대씩 날랐어요. 그런데 여름이 왔는데 그거를 또 나를 수 없는 거예요. 그래서 시골에 좀 더 깊숙한 데 들어가서 돈을 벌어서 돈을 가져오자. 그래서 시골에 들어갔어요. 중국에는 벼농사를 지어요. 하루에 중국 돈으로 5원 받고 한 달을 일했어요. 그 돈을 가지고 다시 북한으로 넘어가는 거예요. 그러다가 잡히면 두들겨 맞고 그랬어요.

내가 중국에서 농사를 지을 때 내가 시골에 한 집에 들어가서

"우리 북한에서 왔으니까 제발 좀 써주세요. 북한에 가족이 있어서 그러니 제발 조금이라도 좋으니까 돈 좀 주세요."

했더니, 얼마면 되겠냐고 그래서 여기 있는 사람들은 얼마 주냐고 그러니까 30원 준데요. 아침 7시부터 저녁 7시까지 일하면 중국인들은 30원을 준데요. 그래서

"우리는 30원도 원하지 않는다. 5원이라도 달라."

일을 안 시킬까 봐 어리니까. 근데 내가 농사일을 해봤기 때문에 잘 했어요. 자랑은 아닌데. 농사일이면 농사, 낚시면 낚시, 하루만 시켜 달라, 열심히 하겠다 했더니

"그래, 해봐라."

그 사람이 알았다 해서. 그 사람이 공안국에서 일하다가 정년퇴임을 한 사람이에요. 그 사람 집에서 일을 하면 안전한 거죠. 공안이 와도 커버해줄 수 있는. 자기가 공안이었데요. 거짓말하지 말라고 그랬더니 사진을 보여주더라고요. 근데 농사를 짓고 있더라고요. 우리가 불쌍하다고 일을 하라고.

첫날에 일을 열심히 했어요. 그 사람이 딱 보더니

"야, 너 일 진짜 잘한다. 여기 사람들보다 진짜 잘한다."

여기 사람들 일하는 것보다 두 배 세 배 일을 잘했으니까. 한 달 동안 일했는데 얘가 다음해에도 오라고 그래요. 일을 잘하니까. 그래서 뭐 벼 심고, 옥수수 김 메고, 잘하니까 내년에 또 오라고. 알았다고 해서 돈 받고. 중국에서 막노동을 많이 했어요. 별의 별짓 다해 봤어요.

99년도에는 겨울에 두만강을 건너갔다가 밤에 건너오다가 너무 힘들어가지고 건너자마자 너무 힘들어서 배낭을 메고 평평한 평지에서 쉬는데 어디서 코고는 소리가 들리는 거예요. 근데 어디서 나는지 모르겠어. 우리 세 명이서

"야, 무슨 소리냐, 누가 어디서 자는 거 아니냐?"

그러고 봤는데 바로 우리가 있던 그 위가 땅굴이었죠. 국경경비대 애들이 그 안에서 자고 있었던 거야.

"야! 우리 도망가자!"

이래가지고 배낭을 메고 도망갔던 기억도 나고.

내가 살았던 그 시기는 진짜 어느 정도였냐면. 가족을 살리기 위해서 돈을 삼키기도 했어요. 돈 삼켜 봤어요? 돈 삼키는 건 우리가 초창기였어요. 돈을 가지고 가야 되겠는데 돈을 숨겨가지고 가면 보위부에서 다 이렇게 검색을 하니까 돈을 도저히 못 가져가겠는 거예요. 신을 까가지고 신을 찢어서 그 안에 넣어보기도 하고 별 방법을 다해 봤는데 다 실패했어요.

그래서 마지막에 한 게 '돈을 먹어보자'. 중국 돈 백 원이 생기면 새 돈으로 바꿔서 그거를 완전 똘똘 말아요. 엄지손가락만 하게 만들어서 이로 꽉꽉 깨물어서 완전 압축을 해서 그걸 비닐봉투에 여러 번 싸요. 그리고 그게 안 풀리게 스카치테이프로 돌돌 말고. 그래서 그걸 말면 엄지손가락보다 1.5배 정도 두꺼워져요. 그걸 가지

고 3백 원이라 치면 세 개가 되죠. 세 개 가지고 강을 건너야겠다 싶은 시기에 이틀 동안 밥을 굶어요, 만약을 대비해서. 밥을 먹으면 잡히거나 했을 때 소변이나 대변으로 다 나와요. 그러면 안 되니까 적어도 강 건너기 하루 전에 안 먹어요. 두만강 건너기 전에 물병을 하나 가득 채워가지고, 두만강 내가 여기 건너야겠다. 그 시점에 와가지고 싼 거를 삼켜요 물을 마시면서. 성공하면 2, 3일 내에 나와요.

보위부에 잡혀가지고 내가 일주일 동안 대변을 안 봤던 적이 있어요. 위가 빈 상태에서 돈이 들어가면 돈뭉치가 각이 져 있으니까 엄청 아파요. 속에서 위장을 비비니까 엄청 쓰려요. 지금도 위가 좀 안 좋은데 그때 위가 많이 좀 망가진 것 같아요.

내가 두만강도 30~40번을 건넜는데 그 중 5~6번을 잡히고 강제 소환된 것도 4번 정도 되고. 그 나머지는 거의 성공했는데. 그 성공 비결을 말씀드리자면 그걸 다 보여줘요. 위성지도를 보면 내가 건넜던 자리를 다 보여줄 수 있거든요. 두만강을 왔다 갔다 하는 게 요령이 생겨요. 나같이 돈이 없는 사람은 그런 비결이라도 찾아야지 어떡해.

두만강을 딱 보니까 안성맞춤인 곳이 있는 거예요. 그래서 산에서 둘이 내려다보다가 진짜 괜찮은 곳이 있는 거예요. 그곳을 어떻게 골랐냐면, 중대가 있고 마을이 있었어요. 근데 중대와 마을이 있는 그 거리가 불과 100m에요. 마을이 여기(오른쪽) 있고 중대가 여기(왼쪽) 있고. 두만강이 이렇게(가운데) 있고. 그 가운데로 이렇게 건너가면, 등잔불 밑이 어둡다는 얘기가 있잖아요, 속담에. 저기를 건너면 왠지 성공할 것 같은 예감이 드는 거예요.

다른 데는 엄청 어렵게 해놨어요. 50m에 하나씩 서 있으니까. 그런데 거기는 없을 것 같아. 마을 입구이기도 하니까. 그래서 "우리 저기를 한 번 건너볼까?"

했더니 안 된다는 거예요. 저기를 어떻게 건너냐는 거예요. 옆에 바로 중대 있고 바로 옆에 마을이 있는데.

"야 니가 생각하기에 안 된다고 생각하는 거지."

이랬더니 자기는 아니라고 그래요. 그래서 내가

"모든 사람들이 그렇게 생각하면 뭔가 구멍이 있다. 내 말 믿어라."

그래서 새벽 한두 시쯤에 내려갔어요. 불이 없잖아요. 소대에는 불이 이렇게 있어서 그게 보이는 거예요. 그걸 보고 내려가서 가운데를 진짜 건너갔는데

"와 진짜 직통이다."

두만강을 건너는데 거기가 물이 깊은지 얕은지 알 수가 없는 거예요. 건넜는데 다행히도 물이 여기까지(허리춤을 가리키며)밖에 안 와. 거기가 통로였어. 거기로 내가 3, 40번 다녔어. 한 번도 안 잡혀. 거기가 나의 영원한 코스였는데. 아 내가 그거를 사람들한테 안 알려 줬죠. 왔다갔다할 때. 지금은 좀 후회되지. 알려주고 올 걸.

마지막으로 올 때는 거기로 안 왔어요. 만약을 대비해서 돈 주고 건너왔죠, 군인들한테. 마지막에 돈을 주고 건너왔는데 그때 천원 주고 건너왔어요. 2000년도 당시에 북한 돈으로 천원이면 큰돈이었어요. 1인당 천 원이었는데 나 천 원, 동생 천 원해서 2천원 주고 했는데, 경비대에도 레벨이 있어요. 짬(경력)이 되느냐 안 되느냐에 따라서. 물살이 깊은 데는 짬이 안 되는 애들이 감시를 하고 물살이 얕은 데는 중대장이 하고.

내가 거래했던 애는 짬이 안 되는 애였던 거예요. 물살이 쎈 데로 간 거지요. 동생이 11살이었는데, 한 세 발짝을 건너니까 벌써 여기까지(가슴을 가리키며) 찬 거예요. 두만강이 보기보다 물살이 세거든요. 근데 내가 동생만 업으면 괜찮은데, 그 군인애가 나한테 밀수품을 쥐어서 보낸 거예요. 구리를, 한창 구리 밀수할 때였는데 구리

20kg를 나한테 쥐어주는 거야. 중국 쪽에서 그걸 받는 사람이 있었어요. 그때 조금 개고생했었죠.

건너서도 중국에 있는 그 전방대 애들한테 안 잡히려고 산을 많이 탔죠. 밤마다 산을 타고, 낮에는 자고. 진해까지 가는데 이틀이 걸렸어요. 얼마 안 된 거예요. 나 혼자 몸이면 괜찮은데 동생이 11살인데 잡히면 그냥 죽죠.

아무튼, 그래서 99년도에 여름에 내가 시골에서 일을 하고 돈을 모아서 집을 갔는데 그때 내가 남한으로 넘어오려고 결심했어요. 북한에서 도저히 있을 수가 없겠다는 생각이 들어서. 내 동생하고 아래로 8살 차이나요. 그때는 내 동생이 9살. 내가 동생을 끔찍이 아꼈어요. 그런데 집에 가보니 동생이 굶어 죽겠는 거예요. 아버지랑 동생이 일주일을 굶은 거예요. 아버지는 거동도 못하고, 동생은 굶어서 얼굴이 부어가지고 잘 걷지를 못하는 거예요. 그때 내가 그걸 보면서 눈물이 핑 돌면서

'우리가 북한에 있다가는 우리 가족 다 죽겠다.'
싶더라고.

'내가 진짜 우리가족을 살리겠다. 두만강을 건너서 중국을 다 데려가든, 남한으로 내려가든 둘 중 하나를 하겠다.'

결심을 했어요. 그리고 그 돈을 가져간 거로 이제 영양보충 다 시키고, 다시 두만강으로 돌아갔어요. 그때 내가 18살이었는데 자꾸 잡으러 오는 거예요. 군대에 가야 될 나이가 돼서 학급 애들이 잡으러 왔어요. 선생님들이 보내요. 우리 학급에 누가 학교를 안 나왔다고 그러면 학급반장을 시키든 누구를 시켜서 데려오라 그래요. 아니면 단체로. 나는 뭐 항상 집에 없었으니까 애들이 맨 날 허탕치고 돌아가고. 군대에 가면, 지금은 많이 줄었다고 들었는데. 내가 있을 때 13년이었고 지금은 7년인가 10년인가 그래요.

그런데 내가 졸졸 피해 다니다가, 이제는 도저히 안 되겠더라고요.

그래서 내가 아버지한테 말했어요. 내가 언젠가는 북한에서 살지 못하겠다. 중국에서도 살지 못 하겠다. 왜냐면 북한으로 강제 소환될 수도 있으니까. 내가 남한에 갈 수도 있다는 언질을 한 번 줬었고, 내가 언젠가 아버지랑 동생을 데리고 나가겠다고 했어요.

99년도에 그 결심을 하고 2001년도 내가 5월에 나가가지고 나가서 마지막으로 동생이랑 아버지 데리고 나오려고 갔었어요. 갔는데 아버지가 도저히 안 가겠다는 거예요. 그래서 동생이라도 데리고 가겠다니까 동생도 안 된다는 거예요. 그러면 어떡하자는 거냐고. 그럼 여기서 다 굶어죽자는 거냐고 했더니 그건 또 아니래. 그냥 여기서, 북한에서 살자고 해요. 그래서 1주일 동안 내가 설득을 해서 동생을 데리고 가겠다는 걸 확답을 받았어요. 아버지한테 내가 3년 동안 살다가 다시 아버지 데리러 나오겠다고 말했더니 그렇게 하래. 그래서 그 아버지한테서 동생을 떼어냈는데, 아버지는 믿고 살 데가 가족밖에 없어요. 아버지는 믿고 의지할 데가 동생밖에 없어요. 나는 이미 여기저기 왔다갔다 많이 하고 북한에 있으면 잡힐 것 같으니까 크게 신경을 썼는데, 동생을 떼어내기 싫어했었어요. 인제 그때 아버지를 뵌 게 마지막이었죠 2001년. 그래서 뭐 동생 데리고 업고 두만강 건너서, 이제 남한의 NGO단체의 도움을 받아서 한국에 오게 됐어요.

그때가 7월 28일 날 나왔죠. 아버지와 헤어지던 게 그게 마지막이었는데. 무산에서 아버지랑 헤어질 때, 사실 나는 이미 한국으로 간다는 생각을 가지고 있었기 때문에, 언제 볼지 모르는, 이제 죽어서도 못 보겠구나, 그렇게 생각했죠. 아버지와 동생을 떼어놓는데 많이 힘들었어요. 언덕에서 헤어졌는데 내가 동생 손을 잡고 두만강 쪽으로 걸었는데 아버지가 그 자리 뜨지 않더라고요. 안 보일 때까지. 나는 내가 뒤를 돌아보면 되게 눈물이 날 것 같고, 못 건널 것 같아서 뒤도 안 돌아보고 모질게 계속 걸었어요. 동생은 계속 뒤를 돌아보면서 형 아버지 아직 저기 있다. 그래서 많이 눈물이 나더라고 요. 마지막에 그랬죠.

아버님은 북한에 혼자 계시다가 돌아가셨고. 작년 6월 6일 날에 소식을 들었어요. 언제 돌아가셨는지는 모르겠고. 찾다가 결국은 못 찾았어요. 수소문을 계속하다가 동네사람이랑 통화가 됐는데 돌아가셨다고 하더라고요. 그래서 돌아가셨다고 들은 날을 기일 날로 잡아 모셨어요.

나는 여지껏 열심히 살아서 여기까지 왔는데, 살아 나와 가지고 부모들한테 살아줘서 고맙다는 얘기는 할 수 있는데. 아버지한테는 불효자 아닌가 싶어요. 마지막 돌아가실 때 임종을 못 지켜드렸고, 그냥 전화상으로 듣고, 추석이나 이때도 고향을 못 가잖아요. 아버지 산소가 어디 있는지도 모르고. 내가 할 수 있는 거는, 여기서 살아남 았으니까 열심히 행복하게 잘 사는 거고, 통일이 된다고 하면 아버지 산소는 찾아야죠. 그게 아버지에 대한 효도가 아닌가 생각해요.

나는 진짜 두만강을 건넌 게 제일 초창기였고, 남한으로 온 것도 초창기였어. 2001년에. 와서도 도와준 사람들이 없다기보다는 NGO단체나 정부기관이 지원해주는 단체가 없었어요. 상담 같은 것. 맨땅에 헤딩. 중국에 와서도 어떻게 살아야 될지. 그래서 지금 뭐 애들 만나서 얘기하는 게 너네는 남한사회에 살면서 꿈을 가지고 목표를 가지고 달리면 죽을 위기에 닥쳐도 살아날 수 있다. 그래서 너네는 성공하느냐 실패하느냐 두 가지 기로지만 나는 그 당시 죽느 냐 사느냐 좌우적인 문제였다. 그 얘기를 꼭 했어요.

2. 한국 생활 적응기

스무 살짜리 고등학교 2학년

한국에 오니까 20살이에요. 한국은 아시다시피 거의 다 대학 가잖아요. 그니까 사람들이 다 그러는 거예요. 사람들이 그러는 거예요. 대학 가야지 안 가면 남한에서 살아남기 어렵다. 회사 구하고 직장 나중에 직장 구하기도 어렵고 살기가 너무 어려우니까 대학을 꼭 가야 된다 그 얘기를 하더라고. 대학을 가야 되는데 고등학교 졸업장도 없고. 저기 북한에서 중퇴했으니까. 다시 여기서 고등학교를 다녀야 되니까.

그래서 20살에 고등학교 2학년에 들어갔어요. 오자마자 한 달 있다가 학교를 들어간 거예요, 고등학교를. 근데 처음에는 많이 갈등도 하고 고민도 많이 했었는데. 그니까, 이게 검정고시와, 일반 고등학교, 이게 선택이 두 개 있었는데, 흠ー (잠시 고민하며) 뭘 하든 이제 고민하는 거예요. 검정고시도 그렇고 일반 고등학교도 그렇고. 근데 마침 내 친구 중에 한 명이 먼저 여기 와서 스무 살에 고등학교 2학년에 다닌 친구가 있거든요? 그래서 그 친구를 통해서 얘기 많이 들었지. 고등학교 생활이나 이런 것들을. 뭐 근데 다닐 만하다 그러더라고. 그래서 '아, 그러면 나도 고등학교 다녀야 되겠구나'.

근데 검정고시 같은 경우에는, 주변에서도 그렇게 얘기했었어요. 그러니까 검정고시를 보면 혼자서 공부해야 되고 (웃음) 그리고 뭔가 남한에 있는 또래 친구들하고 어울리는데 상당히 어려움이, 벽이 있을 수 있다. 나중에 대학교 가면 아무래도 세 살 어린 친구들이랑 배우게 될 텐데, 그러면 거기 가서 또다시 배워야 된다. 뭐 이런 식으로 얘기하는 거예요. 그래서 나는 최종으로 결정할 수 있는 게 고등학교였죠. 그래서 고등학교 2학년에 편입을 하게 됐고.

들어갔는데, 사실 (웃음) 그러니까 이게, 내가 체구가 작고. 고등학
교 2학년 애들이 되게 굉장히 크더라고요. 내가 진짜 반에서 제일
작았을 거예요(웃음). 이제 뭔가 다른 데선 꿀리진 않는데, 뭐 공부라
던가 이런 거 하고, 그리고 뭐 좀 키, 체력 그거에서 위압감이 있다고
하죠. 애들이 다 크니까. 소외감 같은 것은 아니고 뭔가 열등감이지.
나는 작고 걔넨 크고. 제일 작은애한테 갔는데도, 내가 진짜 작더라
고. 그래서 이게 참, 처음에는

"애들이랑 어떻게 공부하지?"

이런 생각이 드는 거예요.

그래서 한 일주일을 애들하고 지내봤는데, 덩치만 컸지 생각하고
말하는 거 하고 다 애기더라고요. (웃음) 그래서 그때부터 마음을 딱
놓고, 애들이 좀 형이다 보니까, 내가 세 살이 많다 보니까, 나한테
막 다가오는 거를 되게 꺼리기보다는 선뜻 못 오더라고. 왜냐하면
자기보다 형이고, 한, 두 살 많은 게 아니라 세 살씩이나 많으니까,
굉장히 좀. '어 저기 형 – 인데, 어떻게 대해야 되지?' 모르겠고. 근데
난 북한에서도 왔고, 그러니까 어쩔 줄 모르는 거예요.

처음에 들어가서 교장선생님을 만났어요. 그런데 교장선생님을
잘 만난 거 같아요. 원래 내가 일반 고등학교를 다니려고 학교를
두 군데를 다녔어요. 첫 번째를 갔다가 그쪽에서 북한에서 왔다 하니
까 퇴짜 맞은 거예요. 그래서 그 고등학교가 지금도 기억이 나는데,
안산에 있는 모 고등학교에요. 갔는데 북한에서 왔다 그러니까, 알겠
다고 그러더니 뭐 학교에서 검토해보고 알려주겠대요. 근데 나는
학교를 빨리 들어가고 싶고. 그때가 3월이었거든요. 그래서 빨리
들어가고 싶은데 일주일 기다려도 답장이 없는 거예요. 그래서 저를
담당하는 형사가 저한테

"저 학교 교장은 좀 아닌 거 같다. 학교에서 받아준다 해도 다니기
어려울 거 같다. 다른 학교 알아보자."

그래서 이번엔 미션 스쿨을 알아봤었어요. 근데 그 학교에는 이미 북한에서 온 친구 네 명이 다니고 있었어요. 그래서 제가 같은 학교 들어가기 싫어서 다른 학교 갈려고 했었는데, 결국은 그 학교로 가게 됐죠.

어쨌든 교장선생님을 만났는데 교장선생님이 그러더라고요.

"나이와 출신 성분을 떠나서, 배우려고 온 사람인데 우리가 받아 줘야지, 여기서 내치면 안 된다. 원하는 학년에 내가 넣어줄 테니까, 맘 놓고 공부해라."

와 - 굉장히 그때

"나도 이런 사람을 만날 수 있구나. 남한에서 되게 따뜻한 사람을."(웃음)

그래서 2학년에 다니겠다고 했거든요. 나이도 어느 정도 있고 그러니까 1학년에 들어가면 너무 늦은 거 같고, 그리고 3학년에 들어 가면 너무. 이제 1년 동안 애들이랑 친해야 되는데 애들이 수능, 수능이랑 거의 공부만 하려고 하니까 정신이 없고. 이제 애들이랑 친할 수 있는 기회가 거의 없을 거 같았어요. 그래서 중간인 2학년이 좋겠다 싶어서 2학년에 넣어 달라 했거든요. 담임선생님도 굉장히 어머니 같고, 굉장히 자상한 사람을 딱 붙여주더라고요.

내일부터 학교 다닐 수 있냐고 해서 부랴부랴 집에 가서 교복 사갖고, 다음날 학교에 나갔는데 담임선생님이랑 교무실에서 한 30 분 정도 상담을 했어요. 그런데 선생님들이 북한에서 온 게 처음이니 까, 처음 접하니까 굉장히 어쩔 줄 모르고 당황하는 거예요. 이런 저런 얘기하다가 선생님이 먼저 물어보더라고요.

"지금 다른 아이들이 성철이보다 다 세 살이 어린데, 같이 잘 다닐 수 있겠니?"

그래서 그렇다니까,

"내가 애들한테 소개하는 시간이 있는데, 북한에서 왔다고 얘기를 먼저 해야 되겠니, 아니면 네가 말하겠니?"

그래. 선택하라고. 그래서 북한에서 왔다는 걸 그렇게 크게 숨길 필요는 없을 거 같아서. (웃음) 애들한테 이제 미리 쉬는 시간에 모아 놓고 얘기했나 봐요. 그러니까

"우리 반에 이제 세 살, 너희보다 이제 세 살 많은, 북한에서 온 형이 있으니까 잘 좀 대해주고, 같이 좀 잘 놀아라."

뭐 이런 식으로. (웃음)

이제 반에 들어가니까 애들이 되게 신기해하더라고. 그때가 2002년도니까 사람이(북한에서 온) 많지는 않았어요. 되게 신기해하고. 가서 딱 섰는데, 앉은키는 잘 모르겠는데 애들이 진짜 덩치가 장난이 아니었던 거지. 그래서 뭐 북한에서 왔고, 언제 왔고, 뭐 너희랑 같이 다니게 됐다고 그랬지. 짝꿍을 딱, 붙여줬는데, 짝꿍도 굉장히 활발한 친구를 딱 붙여준 거예요. 그래서 막 옆에 앉아가지고 수업시간에 맨날 물어보고, 북한을 물어보기도 하고.

근데 그런 게 굉장히 좋았던 거 같아요. 나름대로, 애들이 다 이제 좀 형이라 그러지만 한 달 지나니까 다 슬슬 한 놈씩 와가지고 말을 좀 걸고 그러더라고요. 근데 진짜 1주일, 가서 1주일 동안은 애들이 신기하니까 쉬는 시간되면 저기 (창문을 가리키며) 창문에 달라붙어가지고. (웃음)

그런데 이제 뭐 좀 그런 생각도 있었어요. 그러니까 검정고시를 봐야겠다는 생각들? 어린 친구들이랑 어떻게 공부할 수 있지? 뭐 이런 생각. 그때는 자존심이라는 거는 나한테는 필요 없었던 것 같아요. 뭔가를 배워야 되는데 자존심이 뭐가 필요해. 여기서 어차피 여기서 살아남아야 되는데, 모든 걸 다 포기하고 여기에 맞춰서 내가 나가야겠다. 그런 생각이 있었어요. 그래서 고등학교를 다녔던 것도, 지금 생각하면 고등학교 다녔던 게 나한테 큰 자산이고, 진짜 잘됐다는 생각이 드는 게, 대학교 올라와서도 똑같은 애들이 올라오는 거예

요. 그런 종류의, 그런 부류의 애들이 딱 올라오니까 대학교 생활에도 크게 걸림돌이 없는 거예요. 이미 나는 애들하고 친할 대로 다 친했고, 여기 문화에 대해서 2년 동안을 애들이랑 지지고 볶고 했으니까. 그런 거는 굉장히 좋았죠. 또래문화 같은 것들.

나를 열어 소통했다

좀 어려웠던 게 공부였지. 그니까 또, 북한에서도 고등중학교 3학년에 자퇴를 해가지고, 하나도 못 배웠으니까, 공백 기간이 거의 한 7년 8년이 되는 거야. 그리고 북한에서도 정규교육을 받아왔다고 해도 여기 애들을 따라가기가 상당히 어렵거든. 그러니까 공부 부분에 있어서는 굉장히 자신감이 없었어요. 굉장히 어렵고.

대신에 뭘 했냐면 국어책을 막 읽거나, 수업시간에 신문을 많이 봤어요. 신문을 많이 봤고, 매일, 한겨레, 중앙일보, 경향신문 이런 신문을 계속 수업시간에 본 거죠. 영어 시간, 과학 시간 뭐 노는 시간에. 그게 굉장히 도움이 됐고, 책(글씨를 쓰는 시늉을 하며), 소설책이나 인문학, 이런 책을 많이 봤어요. 역사책이나 이런 것들.

담임선생님이 그렇게 얘기하더라고요.

"남한에서 적응하려면, 정보를 빨리 알아야 한다. 그러려면 꼭 봐야 될 게 있다. 신문하고 뉴스 그리고 책을 봐라."

그래서 그때 고등학교에 들어가서 이제 공부는 따라가긴 어렵고, 그래서 역사책이라든가 신문은 진짜 빠지지 않고 봤어요. 그리고 저녁에 집에 와서는 여덟시 뉴스, 그때는 아홉시 뉴스였죠. 아홉시 뉴스는 꼭 챙겨봤어요. (웃음) 그때 고등학교 때 야간 자율학습을 해야 되는데 선생님한테 말씀을 드리면 선생님이

"집에 가서 뉴스 꼭 챙겨봐."

"예, 알겠습니다."

집에 가서 뉴스 꼭- 챙겨보고. 근데 뉴스가 진짜 재미있더라고요. 드라마보다 더 재밌는 거예요. 그러니까 그 대한민국에서 일어나는 그 모든 일을 한눈에 볼 수 있는 게 뉴스더라고요. 다음날에는 신문, 그게 굉장히 도움이 됐어요.

사실은 어려웠다고 하는 거는 2학년 때, 애들하고 이제 좀 문화 차이가 좀 나니까. 그런 부분에 대해서는, 외래어를 많이 쓰는 거는 누구나 다 겪는 거지만, 그거에 대해서 좀 못 알아듣는 거? 그런 게 좀 있었어요. 못 알아듣는 거는 집에 가서 인터넷으로 찾아보고. (웃음) 그랬던 기억이 나네요.

그래서 고등학교를 그렇게 마치고 대학교에 올라가서도 사실은 성적이 신경이 많이 쓰였죠. 인간관계나 뭔가 대인관계 하거나 이럴 때는 뭔가 지장이 없었어요. 워낙 성격 자체가 (웃음) 내 말로 하기는 좀 그렇지만 좀 활발하거든요. 그런 거는 나한테 큰 장점이었으니까. 애들을, 여기 남한 애들하고 대할 때, 그런 거에서는 되게 벽이 없었어요. 제일 어려웠던 게 공부였지.

한국에 온 북한 사람들에게 이렇게 말하고 싶어요. 내가 아까 얘기했듯이 이제 대부분 자존심을 다 내려놔야 된다고. 이게 제가 모든 상황이 일어나면은 좀 긍정적인, 긍정적으로 해결을 하려고 그러는 성향이 있어요. 성향 자체가 좀 스트레스 잘 안 받고, 그리고 뭔가 이제 약간 평화주의자(웃음)라고, 평화주의자에요. 싸우기 싫고, 뭔가 좋게, 좋게 해결하려 그러는.

그러니까 내가 이제 애들하고 이렇게(소통을) 할 때, 상대방이 내가 북한에서 왔다는 것 때문에 굉-장히 궁금해 하는 게 많아요. 그런데 질문을 던질 때, 내가 들으면서

"이거-이런 거를 왜 물어보지?"

뭐 이런, 기분 나쁜 말이 있어요. 그런 것은 사실 입장을 바꿔 보면, 남한 사람이고 (오른쪽을 가리키며) 북한 사람이라 (자신을 가리

키며) 그러면 진짜 궁금해 할 거 같아. 그런데 그걸 악의가 있는 것으로 볼 게 아닌 거죠. 얘는 진짜 순수하게 물어보는 거예요. 나는 그때는 그렇게 생각을 했죠.

"아 얘가 뭔가 악의 있어서 물어보는 게 아니구나."

그러면 이렇게 물어보죠.

"야, 이런 거는, 이런 것쯤은 북한에 있다."

이런 식으로 얘기해요. 막 껌을 씹으면서 와가지고

"북한에도 껌 있어요?"

이렇게 물어봐요. 그러면 상당히 자존심이 상하거든요. 그래도 웃으면서

"야, 야, (때리는 시늉을하면서) 북한에는 껌이 없는 줄 아냐? 거기도 다 있다, 뭔가 풍족하지 않아서 그렇지, 있다."

그러면

"아 그래요?"

이러는데, 거기서 내가 자존심이 상해가지고

"야, 이 새끼, 나를 어떻게 보고 그런 식으로 하냐."

그러면 이제 애들하고는 굉장히 좀 (가로막는 행동을 취하면서) 점점 거리감이 되는 거예요.

"아 저 형한테는 뭔가를 물어봐도 저렇게 대답하니까, 진짜 무섭구나."

이런 식으로 수그러드는 거예요. 그러니까 막 얘기하다가도, 이러면 농담 식으로 막 던지는 거예요.

"야, 장난하냐? (웃음) 뭐 이런 게 왜 없겠냐."

그런 식으로 얘기해요. 그러니까 보통 어떤 걸 물어보냐면

"엄마가 그러는데, 아빠가 그러는데 북한은 이렇대요. 아 진짜 맞아요?"

막 이렇게 물어보면 맞는 거는 맞다고 얘기하고, 틀린 건 틀린

거라고 얘기하고.

　그런데 학생들이 진짜 궁금해 하는 건 딱 한 달이에요. 그 이후에는 궁금해 하지 않아요. 그리고 이제 그 이후에는 애들하고 더 친해지게 되면 내가 스스로 얘기하는 거지.

　"야 북한에는 이런 거 없다."

　뭐 이런 식으로 얘기하면

　"아 그래요 - 형?"

　나는 물어볼 때 기분이 안 나빴어요. 그러니까 사전에 내가

　"아, 이게 애들이 순수한 마음에서 물어보는 그거구나."

　이런 거를 기본 전제로 깔고 나갔기 때문에 자존심도 별로 안 상했고, 그랬지요.

　물론 내가 느끼는 이질감 같은 것들도 있어요. 여기서 애들이랑 같이 문화적으로 쭉 함께 자라온 건 아니기 때문에, 아예 다른 문화권에서 살다가 여기 왔는데, 언어는 똑같은데 이게 뭔가 북한에서 쓰는 사투리라고 하죠? 나는 사투리라고 표현하고 싶은데. 그 다르다는 거는 문화적인 차원에서 다른 것 같아요. 뭔가 대화를 하다 보면 딱딱 막힐 때가 있어요. 보이지 않게 내가 얘기하다가 애들이 막 얘기하는데 나는 못 알아듣겠는 거야, 도저히. 그럼 굉장히 궁금해질 때가 있어요. 그럼

　"아 -. 이런 게 바로 다른 거구나."

　이렇게 생각했어요. 그러니까 그때는 몰랐는데 지금은 그렇게 생각하는 거죠. 그렇다고 불편한 거는 없었는데, 내가 못 알아들으니까 답답한 거는 있었지. (웃음) 예를 들어서 알다시피 처음에 부딪히니까 못 알아듣는 게 영어를 많이 못 알아듣거든요. 애들이 막 영어를 섞어가면서 하는데, 지금은 알아요. 영어 단어는 몰라도 그 뉘앙스가 어떻다는 건 알거든. 사람들과 많이 얘기하니까. 그런데 그때는 아예 못 알아들었다는 거죠. 그래서 '스트레스' 하면 집에 가서 막 찾아봐

요. 뭐 압박감 이런 게 나와 버리면, 이게 뭐지 도대체. (웃음) 그런 거 있잖아요. 흔한 예로는 그런 거죠.

내가 이제 탈북해서 온 친구들을 만나면 나는 당해보지 않아서 잘 몰라요. 구타라는 걸 나한테는 관련이 없는 얘긴데, 근데 들어보면 대부분 학년이 저학년일수록 애들이 왕따를 많이 당해, 그러니까 애들이 개념이 없는 거야. 점점 갈수록 지식이나 뭔가 많이 쌓이면서 상대방에 대해서 저거 있잖아요. 배려를 한다든가, 뭐 그러니까 내가 이거를 하면 상대방이 상처를 받겠네, 이거를 안단 말이야. 그러니까 애들이 어느 정도 인제 그거를 다 거치게 되죠. 내가 만약에 중학교에 들어갔다고 그러면 나도 왕따 당했을 거예요. 근데 고등학교 2학년이라 그런가, 어느 정도 애들이 의식수준이 깨어 있는 거예요. 그렇잖아요. 대학교 들어가면 왕따가 없어요. 근데 고등학교에는 있잖아. 학년이 내려갈수록 확률이 높아.

북한에서 온 친구들 중에 초등학교, 중학교 특히 중학교가 많아요. 왜냐면 또래 형성, 또래들끼리 완전 뭉치는 그런 게 있거든요. 고등학교 가면 고게 좀 해소돼요. 이게 왕따 당하거나 학교에서도 보면 우리 내가 고등학교 다닐 때도 우리 반에 왕따 당하는 애들이 있었어요. 근데 이게 좀 왕따가 뭐라고 그래야 되지 좀 안타까운 게, 그게 본인이 다른 사람들하고 접촉하기 어려워하고 자기만의 세계에 갇혀 있고, 고집 센 친구들이 좀 왕따를 많이 당하더라고, 그리고 약간 잘난 척 한다든가 아는 게 잘난 척 하면 왕따 당하는 거죠. 그니까 이게 뭔가 왕따 세계 그런 게 있는 것 같아요.

자기의 성격도 있는 것 같아요. 어떻게 보면 나도 보면 자신하는 것 같고, 그리고 이게 특히 북한에서 온 친구들 같은 경우에는 자존심을 내려놔야 돼. 그리고 이제 그 전에 북한에서 자랐을 때는 여기하고 전혀 틀리잖아 그래서 딱 틀리기만 하면 주먹질하고, 과격하죠. 뭔가 막 이게 예전에 있었던 게 감정표현이 제대로 다스려지지 않는 거. 그러다 보니까 애들끼리 싸움나면 주변에 몰려들잖아요.

북한에서 왔으니까 그러니까 이게 어떻게 되냐면, 북한에서 왔다는 것만으로도 애들이 딱 저기 편견을 딱 가지고 있는 거예요. 그니까 편견이라기보다는 '어 그런 게 있어요. 아 쟤네들은 그럴 거야'라는 그런 게 있어요. 딱 자리 잡은 게 있어요. 근데 그걸 깨려고 그러면 좀 어렵지. 사실은 그리고 그때 애들이, 애들이 이해력이 충분하다든가 이런 게 없기 때문에 그거는. 근데 의외로 또 잘 지내는 친구도 있으니까. 리더십 있어가지고 화악 휘어잡는 애들 있으니까.

저도 마찬가지였어요. 처음에는 되게 그런, 딱 봤을 때 이제 그 구체적인 그런 거에 대해서 봤을 때도 이제 위압감이 오고, 딱 보면 덩치에서부터 밀려오는 팍 그런 느낌이 오는 거야. 그리고 또 하나 이제 말투! 아 내가 이런 말을 하는데 이게 말투가 되게 저거 하니까 애들이 내 말투 이상하다고 느끼지 않을까 내가 한 말이 쟤네들한테 우습게 들리지 않을까 뭐 이런 거? 그러니까 그런 거 있었지. 애들이 처음에 와가지고 '왕따 당해' 그런 거 때문에 말을 조심히 하려고 그리고 예쁜 말 쓸려고 하고, 근데 나는 그냥 막 했어요.

우리 학년에 같은 나랑 같이 친구인 애가 같이 다녔었는데, 같은 학년이고 옆에 반이였어요. 근데 걔는 좀 성격이 많이 저거 하는 그러니까 감정 주체를 잘 못하는 친구였는데 고런 애들이 학급에서도 고런 애들이 있어요. 그러니까 형인데 좀 건드려보려고 따악 오는 애들이 있어요. 꼭 있다니까. (웃음) 근데 걔네 반에 특히 있었어요. 봄이었는데 같이 점심 먹고 그때 철쭉하고 그때 한창 꽃이 필 때였어요. 교단이나 이런 데 보면 주변에 진달래도 피고, 철쭉도 피고 이렇게 했다고.

점심을 먹고 날이 좋으니까 기대가지고 걔랑 같이 막 얘기하고 있는데, 한 애가 딱 오는 거예요 껄렁거리는 애였어. 와가지고 진달래하고 철쭉을 딱 꺾어가지고 오는 거예요. 와가지고

"형"

걔한테 가서,

"형, 이게 진달랠까요 철쭉일까요."

그러는 거야.

"야 인마, 이게 진달래지."

"아니 이게 둘 다 다 철쭉이에요."

근데 우리가 철쭉 알아요? 북한에 철쭉이 없죠. 진달래만 있다고,
근데 딱 고거 가지고 오는 순간, '아 요 새끼가 뭔가를 해가지고
오려고 하는가보다, 그래 시험할려 그러는가보다' 지금 둘 다 다
느낌이 있었어요.

"근데 너 이거 왜 물어보는데?"

"아 그냥 형이 모를 거 같아서 물어보는 거예요."

우리가 근데 철쭉이 뭔지, 진달래는 알았는데 철쭉이랑 진달래랑
구분이 잘 안 되는 거야. 잘 안 돼. 그래서 가만히 있다가 (고개를
갸우뚱하며)

"근데 너 이게 물어보는 의도가 뭐냐?"

그러니까

"아 이거 형이 모를 거 같아서요. 북한에서 와서."

막 이런 식으로 얘기하는 거야. 그래서 근데 이제 걔가 (성격이)
왁 하는, 근데 키도 작아 근데 걔가 크고 우리는 좀 작아서,

"야 너 새끼 내려와라"

근데 나는 좀 약간 평화주의자니까. (웃음)

학교에서 어떻게 해서든 졸업을 하자. 아 뭐 이런 거 잘 지내다가.
(웃음)

"내려오라고"

걔를 데리고 운동장까지 내려가서 보이지 않는 산 옆이었고, 데리
고 내려갔는데, 걔(친구)가 그동안에 있었던 감정을 걔한테 다 쏟아

버리려고 하는 거예요. 진짜 줘 팰려고! 근데 걔(한국 학생)가 쫄아 있는 거예요, 그래서 내가 옆에서

"진짜 그러지 마라, 때리지 마라, 진짜 때리지 마라."

암튼 걔가 몇 대 맞긴 했는데, 때리지 말라고 무조건 말렸거든요. 때렸다가 만약 정학당하거나 퇴학당하면 걔 인생도 그렇고 나도 안 좋고 하니까 무조건 말렸어요.

그때 한 번 그런 일이 있었는데 소문이 돌았어요. 쭈-욱 돌아가지고 '아 쟤는 건들면 안 되겠구나'란 거를 걔가 이미 보여줬고.

또 한 번은 뭐였냐면, 걔랑 같이 진짜 친하던 애였는데, 얘가 돈을 계속 줬어요. 그러니까

"야 너 내려가 우유랑 빵 두 개 사오는데 빵 하나 너 먹고 나머지 가져와라."

걔가 가서 심부름했어요. 이렇게. 하다가 오다가 빵을 다 나눠줘 버린 거예요. 이렇게 그래서 기다리다, 아무리 기다려도 안 오는 거예요. 그래서 걔가 왔는데 빈손으로 와서,

"형 빵 다줬어!"

그래서

"왜 줬냐."

"아 그냥 애들이 달라고 해서 줬다."

"내가 너한테 시켰는데, 네 거로 주고 나한테는 가져와야 될 거 아니냐."

아무튼 대들었나 봐 그래서 복도에서 싸움이 붙을려고 했는데 애들이 다본 거예요. 그래서 그 다음에 인제 애들이 저 형은 건드리면 안 되겠구나 싶어가지고 그래서 뭐 어쨌든, 근데 애들이 워낙 착했었어요.

걔는 선생님한테 좀 혼나진 않았어요. 선생님이 걔를 굉장히 예뻐했었어요. 말 잘 듣고 성격이 되게 서글서글하고 자기랑 맞으니까,

담임선생님이 별명 막 지어서 놀리고, 별명 가지고 부르기도 하고. 근데 선생님이 굉장히 좋았던 것 같아요. 그러니까 이게 학교 담임선생님을 잘 만나야 되는 게 있어요. 담임선생님도 잘 만나야 되고, 반도 잘 만나야 되고, 여러 가지 다 상관관계가 있어요. 서로 얽히고 설키고. 거기서 하나라도 잘못 만나면 진짜 학교생활 진짜 어렵게 되요. 그래도 나는 굉장히 잘 들어가고, 잘 만났지 사람들. 복이 있는 것 같아요.

하나는 또 뭐였냐면, 수능이 딱 끝났는데. 그러니까 내가 2년 동안을 있으면서, 애들이랑 같이 지내면서 내가 진짜 가까워졌다, 문화적으로 애들이랑은 어느 정도 공감이 됐다고 생각했는데, 보이지 않는 이제 벽이 딱 부딪히는 게 있었어요. 뭐냐면 연말에 대한 그거 있잖아요. 그러니까 수능이 딱 끝났어요. 수능이 끝나면 고3 애들은 거의 다 놀러가잖아요. 신촌이니 뭐 에버랜드 가거나 이런 식으로 간단 말이야. 그때 내가 스물두 살이었으니까 운전면허증이 있었어요. 집에 아는 사람끼리 그 차를 가끔씩 운전할 때가 있었는데, 애들이 이제 신촌에 놀러가자고 해요. 그래서

"그래, 신촌 놀러 가자. 내가 차를 빌릴 수 있는데, 차 타고 가자."

그러니까 알았데. 신촌에서 만나자 해서 가는 길에, 신촌으로 가는 길에, 안산에서 신촌으로 가는 길에 자기네 집 있으니까 자기를 태워가라, '픽업'해 가라 그 얘기를 하는 거야. (갸우뚱거리며) 운전하고 막 가는데 '픽업'하라는 것이, 이게 '픽업'이 도대체 뭐냐, 그래서 운전하고 막 가다가 '픽업이 뭐지' 그러다가 그냥 지나버렸어요. 픽업을 무시해버리고. 이제 그냥 신촌에서 보자, 이제 무시하고 신촌에 딱 갔는데, 중간에 픽업해라 했던 애가 좀 삐져 있는 거야. 왜 그러냐고 물으니까, 아니 픽업해 가라 했는데 왜 자기만 두고 갔냐면서. 이런 식으로 얘기하는 거야.

"아! 픽업이라는 게 그런 얘기구나. 중간에 자기를 데리고 가라는

애기구나!"

그런 거 있잖아요. 그러니까 하다 못해 고런 용어. 그런 거 잘 모르겠는 거예요. 그래서 그때 2년 동안 수많은 게 있었지만 고런 거, 그러니까 다른 사람들은 굉장히 오해할 수가 있죠. '아 이형이 나를 싫어해가지고 가지 않았나' 이런 추측?

모르겠어, 그때 고거 딱 했었지. 그게 마음에 타악 찔렸었어요. "이야- 내가 요런 데서 진짜로 문화에 차이를 딱 부딪히는구나."

그러니까 상대방이 여기서 충분히 오해의 소지가 있다고, 걔네들도 나한테 오해가 있다고, 나도 있지만 이게 서로 충돌이 일어나 보이지 않는, 그게. 걔가 만약에 이 사람이 날 싫어하는구나 하면서 딱 닫으면 나는 걔랑 못 노는 거지. 근데 그 친구들이랑은 지금도 계속 만나요. 고등학교 때 친구들이랑은 만나고, 결혼식에 가서 축하도 해주고, 축가도 불러주고.

그래서 고등학교 다닌 게 큰 자산인 것 같아요. 그, 한국사회는 삼연, 삼연이 필요하다면서요. 그 삼연이 뭐냐면 학연, 지연, 혈연 이게 굉장히 필요하다고. 그런데 나는 하나도 없어요. 학연도 없고 지연도 없고 또 그 혈연 그런 게 다 없는데. 딱 자부심 있는 거는 그거밖에 없는 거야. 우리 동창들 학연! 학교에서 만난 친구들밖에 없는 거예요. 그때는 공부하기도 어렵고 했지만, 나중에는 다 이게 인맥, 아 인맥이라기보다는 사람의 자산이 되는 거. 뭔가 어렵거나 힘들거나 이제 할 때는 애들 불러서 놀기도 하고 그런 게 좋았던 거지.

사회복지학과에 간 늦깎이 대학생

그 2001년에 와가지고, 그 고등학교 다니면서 우리가 기초생활수급자니까, 연결될 수 있는 그 부분이 동사무소랑 많이 연결이 됐었어요. 그래서 명절이나 뭐 이제 특별한 일이 있을 때 동사무소에서 사회복지사들이 많이 왔었거든요 우리 집에. 주변 환경이 사실 다 그 복지와 관련된 그런 분들이 많이 왔었거든요. 사회의 복지와 관련된. 그러다 보니까 자연스럽게, '이제 사회복지학을 전공해야 되겠다'. 그런 생각이 들었고.

그리고 여기 와서 한 1년 이후, 1년 돼서 아는 사람이 안산 외국인 노동자센터에서 근무를 하게 됐어요. 그래서 거기에 주말, 방학 이럴 때 가서 뭐 한글도 가르치고, 무료봉사도 하고 하면서 사회복지에 대한 관심이 좀 높아졌고, 그리고 고등학교 3학년 되면서 좀 전공에 대해서 많이 고민을 하게 됐죠. 근데 이제 주변에서 이제, 사람들이 다 얘기하기로는, '너는 되게 차분하고, 좀 뭔가 성격이 사회복지 쪽이라고 하면 좀 맞을 것 같다.' 그런 얘기를 하는 거예요. 그래서 '아 그렇구나'. 그래서 사회복지와 관련해서 그, 서적이나 이런 걸 찾아보지는 않고, '아 복지를 해야 되는구나, 해야 되겠구나' 이런 생각을 가졌지.

다른 전공과목이나 이런 게 있었는데, 그런 거에 대해서는 전혀 생각을 안 해봤어요. 그래서 사회복지학을 그냥 전공, 대학원서 넣을 때 써서 넣었죠. 그때 뭐

"야 너 사회복지학, 사회복지 왜 하려 그래?"

그러면 그냥

"어려운 사람 도와주려고요."

그것밖에 없었거든요. 근데 이제 대학교에 들어, 아 그리고 또 뭐냐 뭐가 있었냐면, 사회 많은 전공도 있었지만, 뭔가 '사회복지학을 하면 쉽게 대학을 졸업할 수 있겠다'. 그 생각이 있었거든요.

그래서 고등학교 2년을 마치고 나서 이제 대학교를 가려고 하는데. 그때가 2004년에. 내가 2002년에 고등학교를 가서 2004년에 졸업을 했거든요. 내가 04학번인데. 어 대학입시 그 시험은 재외국

민 특별전형으로 그때 당시 학교를 이렇게 막 넣었는데. 선생님이 우리학교 선생님이 탈북자 전형을 잘 모르니까. 도움을 못 주는 거에요. 자기네들은 도움을 줘야 되겠는데 얘들은 제도나 이런 게 다 안 되어 있으니까. 우리도 잘 모르는 그런 거는. 지금은 많이 양반이에요. 대학입시 설명회가 강남에도 있고 요즘에 선배들이 많아지고 얘기들을 수 있는 기회도 많고. 그때 당시에는 없었거든요. 그래서 뭐 수시가 뭔지(웃음) 재외국민 특별전형이 뭔지 그런 거를 잘 몰랐거든요.

저희 학교에 두 명이 있었는데. 이렇게 지금 친구 그니까. 진짜 친한 친구에요. 북한에서도 같이 넘어오고 중국에서도 같이 그런 친구. 걔랑 같이 둘이서 아무튼 그 뭐 서울에 어떤 학교 있는지도 잘 모르겠고. 그리고 전공이나 이런 거를 원래. 할 수 있는 게 뭐냐면 그니까 자원봉사활동을 했으니까 사회복지사들을 많이 만나봤었어요. 그래서 사회복지에 대한 그 약간 동경이 있었고. 되게 멋있다는 그런 느낌이었어요. 어 되게 괜찮다 저 일하는 사람은 다 착하고 그렇게 보였고 그래서 사회복지를 전공해야 되겠다. 그래서 사회복지 관련된 학과를 찾기 시작했어요. 그래서 그 서울 수도권에 있는 대학교를 검색해 봤는데 수십 개가 뜨더라고요. 그래서 거기서도 이제 좀 많이 좁혀서 인제 찾아서 몇 개를 집중해서 넣었는데.

하여튼 그 내가 04학번인데 그 전에 인제 그 우리 선배들이 19기 전에 있던 그런 선배들이 조금 학교에서 그니까 좀 중퇴율이 많다고 자퇴. 말하지 않고 학교 그만 안 나오고 이런 게 많아가지고 2004년부터 그게 문제되는 거예요. 그니까 2003년부터. 아 2003년부터. 그래서 그게 이제 그 대학교마다 탈북자라고 해가지고 이제 막 받았는데. 아 이 사람들이 사실은 그 사람들의 문제는 아니고. 대학교나 거의 어디든지. 이제 뭔가 대책이 없이 다 받은 거야. 그 사람들을 그니까 무조건 다 받아주면 다니겠지. 얘들이 이제 다니겠지.

그런데 이 사람들이 사실은 여기 와서 남한 생활 하나도 모르는데 대학교 들어왔는데. 상위 1퍼센트 친구들이랑 같이 공부하려고 하니까 말도 못 알아듣겠고. 여러 가지 문제점이 이제 뭐 거기에는 경제적인 것 그런 것도 있고. 부딪치니까 다 그만두게 되는 거예요. 근데 그걸 휴학, 자퇴 신청서 이런 거는 낼 줄도 모르고 그냥 그만 두는 거예요. 학교에서는 이게 문제 있다고 생각이 드니까. 이게 학교마다 네트워크가 있을 거 아니에요. 소문이 막 퍼진 거예요.

2004년에 사실 (탈북자) 04학번이 별로 없어요. 야 그래서 그때. 04학번 그니까. 넣었는데. 아. 이제 중앙대학교 사회복지학과 졸업했어요. 학교 얘기 안 하려고 했는데(웃음). 넣었어요. 넣긴 넣고 3갠가 4갠가 넣었어요. 4갠가 넣었는데 그때 다 떨어진 거야. 어ー 하나만 됐어요. 중앙대만 됐고. 다른 데는 다 떨어졌고 그때 같이 넣었던 친구들이 거의 다 떨어졌어. 된 애들이 한 4명인가 3명인가 밖에 없어 내가 아는 애 중에선. 근데 거의 다 네다섯 명이 다 중앙대가 다 됐더라고. 그래서 중대가 그때 처음으로 사람을 받았었어요. 그래서 04학번이 중대가 제일 많고(웃음). 다른 데 넣었던 것은 다 떨어졌고.

그래서 '아, 이게 진짜 대학가는 게 어렵구나'. 그래서 04학번으로 들어가서 학교생활을 하는데, 사실은 어렵죠. 여기서 공부를 반에서도 제일 잘하는 친구들이 들어가는 학곤데, 지방에서도 저희 중대 들어가면 플랜카드 붙는다고 막 그런다고 들었는데. 우리 학과에 친한 친구가 있었는데, 걔가 전준가 어디서 왔는데 중앙대학교 그 학교에서 총 한 명이 왔다. 근데 그게 자기라는 거예요. (웃음) 학교에 플랜카드 붙고.

근데 들어갔는데 애들 장난 아니더라고, 공부하는 거 자체가 다르고. 그리고 교수님들이 강의하는 그런 것도 따라가기가 굉장히 어렵더라고요. 나도 학교를 고등학교 2년, 2년을 다녔는데, 상당히 어렵더라고. 그나마 나는 성격이 사실은 좀 친화적이고 밝은 편이에요. 그래서 여러 친구들하고 잘 어울리거든요. 그래서 걔네들이랑 같이 모르는 거 있으면 물어보고, 나이 차이가 세 살이 나잖아요. 그래서 2년 전부터 그 경험을 했기 때문에 이 친구들의 문화라든가 다 아는 거예요. 그래서 대학교 들어가서도 뭐, 친구들하고 쉽게 융화될 수 있고, 그래서 4년 동안을 줄기차게 다녔죠. 성적은 안 좋지만.

학교 다니면서 제가 느낀 건데, 사실은 제가 한국에 와서는 그렇게 생각했어요. 좀, 그니까 먹을 것만 해결되면 뭔가 다 될 거라고 생각했어요. 북한을 떠나면서 그 생각만 했는데, 그게 먹을 것만 해결되면 그게 인생의 전부 해결되는 건 아니더라고요. 먹고 사는 게 괜찮아지면 다른 게 눈에 들어오고, 다른 게 눈에 들어오면 또 그게 하고 싶고, 저도 또 성취 욕구가 있거든요. 이거하고 싶으면 이거, 저거하고 싶으면 저거 하고 싶고. 해서 아무튼 졸업을 그래도 휴학 한번 안 하고 어렵지만 했어요.

적응하고 또 적응해야 하는 대학 생활

하 - 이 학교 사회복지학과 내가 04학번인데, 사회복지학과는 그때 내 때도 남자들이 적었어요. 우리가 정원이 60명이면 남자가 10명밖에 없었어요. 다 여자들인 거예요. 나는, 그 알잖아요. 북한에서 그 여자하고 남자들하고 얘기하는 거 크게 안 하죠 잘, 진짜 안 하잖아요. 여기 와서 학교 다니면서 남자들하고 여자들하고 막 장난치고 이런 거 보고 막 놀랐다니까요.

이거 문화의 충격을 받았는데, (웃음) 대학교에 갔는데, 나는 이런 생각을 하고 대하는 게 굉장히 서툴고, 이런 거 모르니까 여자들하고 전혀 말을 안 했어요. 남자들하고 얘기했는데, 남자들도 그나마 있는 남자들도 10명밖에 없어. 2학년 되니까 다 떠나고 없어져. 그래서 과에서 나밖에 없는 거야. 나밖에 안 남고. 한 학년 위 선배들이 나랑 나이가 동갑인 거지. 학교라는 게 선후배가 딱 있으니까, 걔네들하고 친해지는 것도 한계가 있는데. 나중에 친해지게 됐는데.

그래서 또 이제 다른 방법을 택했지. 동아리를. 그래서 이제 CCC 동아리²⁾를, 기독교 동아리를 들었던, 거기서 이제 애들이랑 많이 친해졌지. 근데 과에서도 이제 남자들 몇 명 안 되니까, 다 서로 알고 지내고 군대 갔다가 휴가 나오고 만나서 밤새고 막 밤에 놀고 그랬었지. 근데 지금도 한 명 두 명 장가가고.

저한테도 나쁜 기억들이 있겠지요. 내가 다 좋은 얘기만 얘기해서 그렇겠지. 그런데 나는 그 뭐지, 크게 힘들었던 적은 없는 것 같아. 그러니까 시험이나 이런 거는 굉장히 스트레스를 많이 받았어요. 공부하는 게 쉽지 않더라고요. 1학년 때는 굉장히 레포트 쓰다가 과제물 제출하라고 할 때는, 진짜 모르겠더라고요. 앞이 캄캄해요. 내가 04학번인데, 알다시피 04학번 별로 없을 거예요. (탈북자들이) 03학번 별로 없고, 03학번 02학번 이런 애들은 우리로 말하면, 선배들은 그때 뭐 거의 힘들어서 다 자퇴하고, 퇴학하고, 이런 친구들이 많았거든요.

그래서 04학번이었는데, 어디 가서 물어볼 데도 없고, 요즘은 그래도 우리같이 이렇게 나와 가지고 애들한테

"야 레포트 어떻게 했어?"

물어봐서 그거라도 알려주는데, 그땐 그런 게 없었거든. 그래서 막 근데 이게 막 딱 들어가지고 애들이랑 OT,³⁾ MT⁴⁾ 가는 게 굉장히

---

2) Campus Crusade for Christ, '대학생 선교회'. 대학교 내에서 대학생들을 대상으로 선교활동을 하는 기독교 동아리.
3) Orientation, 대학신입생들의 적응을 위한 행사.
4) Membership Trainning. 학과나 학부 등의 단위별로 구성원들 간의 친목을 도모하기 위해 실시하는 행사.

중요하거든요. 오리엔테이션을 내가 갔거든요. 그게 큰 힘이 됐던 것 같아요. 거기서 이제 동기애들 친해져가지고. 걔네들도 똑같은 거예요. 대학 생활 처음 하니까, 레포트 어떻게 제출해야 되는지 과제를 어떻게 해야 되는지. 그래서 나는 걔네들 따라가며 졸졸 다녔지. (웃음) 그래서 이렇게 쓰면, 아 이렇게 쓰는구나 하면서. 옆에서 이렇게 보고, 막 하고.

발표도 어렵더라고요. 이게 저기 뭐야 사람들 앞에 나가서 발표하고 이런 거는, 아- 못하겠더라고요. 그래서 나는 대학교 때 발표는 거의 다 안 했어요. 근데 강제적으로 시키는 게 있으니까, 네 명 그룹으로 딱해서 어디 파트, 누구 파트 이렇게 하는 게 진짜 부담되더라고요. 그래도 4학년 때 되니까 그래도 하게 되더라고요. 4학년 되니까, 이게 학번이 높다 보니까.

"어우- 형이 해야죠, 오빠가 해야죠."

(웃음) 이러면, 안 하겠다고 미룰 수도 없고 진짜 부담이어도 하는 거지. 밤새 이제 애들 보내준 자료들 보고, 근데도 여기 애들하고는 게임이 잘 안 되더라고요. 발표능력이나 표현력 이런 거 전달능력 이런 거는 게임이 안 되더라고요. 내가 아무리 뭐 준비를 많이 하고 해도, 게임이 안 되더라고. 애들이 다 이제 어느 정도 하던 애들이 같이 다니니까, 뭔가 이제 일상생활에 이런 데에서는 크게 차이가 안 나는데, 공부할 때는 확 그냥 거리가 있더라고요. 레포트 쓴다던가, 똑같이 쓰는 거 같은데, 뭔가 애들은 다 달라. 공부도 똑같이 하는 거 같은데, 학점이 나보다 잘 나와. 그러니까 그런 거에, 이게 이거는 진짜 따라갈 수 없는 거구나. 이게 공부했던 그런 노하우가, 또 여기서 계속 살아왔고 머리도 또 있는 친구들이니까 거기에 기본바탕이 되니까. 나는 기본바탕이 안 돼 있더라고.

그리고 내가 진짜 지금은 이렇게 되게 활동적인데, 내가 A형이거든요. A형인데, 고등학교 1학년 2학년, 대학교 1학년 2학년까지는 나에 대한 성격이 밝은 성격이 있다는 건 알았는데, 이렇게 활발하고 활동적이고 뭔가 친화력 있고 이런 거는 대학교 2학년. 점점 이게 나이가 들수록 이게 쫙 올라오고 그러면서, 어느 순간 이렇게 탁탁 튀어나오고 그래서, 이게 나한테 진짜 장점이구나.

지금은 좀 자신감이 있죠. 왜냐면 고등학교 때는 자신감이 좀 없었어요, 사실은. 뭔가 모르는 게 너무 많으니까, 뭔가 모르는 게 너무 많으니까. 애들이랑 얘기를 해도, 일상 얘기를 해도 깊이 있게 잘 안 되는 거예요. 한계가 있더라고요. 근데 이제 갈수록 이제, 또 서당 개 3년이면 붓글을 쓴다고. 나이가 갈수록 쭉 올라갈수록, 자신감 생긴다니까. 근데 제일 결정적인 거는 내가 어떻게 받아들이고 어떻게 생각하고 어떻게 행동하느냐 그거에 따라 다 틀려지더라고.

적응이라는 거는 내가 아무리 지금 온 지가 13년이 됐는데, 13년이 되도 그 적응하는 속도는 13년이 된 친구들도 여기 적응 못하고 나가떨어지는 친구들도 있어요. 근데 온 지 한 3년, 4년 됐는데, 여기 애들이랑 쫙쫙 잘 젖어 들어가는 그런 친구들이 있어요. 그거는 어떻게 보면, 나의 그 가지고 있는 장점을 어떻게 잘 찾느냐 그거에 따라 틀려지는 거 같아요. 그런 거지 한 마디로 자존심 이런 거 버리고, 나에 대한 그 장점을 최대한 살리는 거. 그리고 사람을 많이 만나야 되요. 제일 좋은 건 사람을 많이 만나야 되요. 이런 사람들도 만나보고, 저런 사람들도 만나보고 하면서 거기서 배워가는 거 같아요.

공부가 가장 어려웠어요

솔직히 말씀드리면, 근데 대학교 들어가고 나니까, 사회복지학이라는 게, 이게 사람을 대하고, 사회를 좀 많이 알아야 하기 때문에, 알아야 되기 때문에 깊이 들어갈수록 굉장히 어려운. 그래서 1학년은 뭐 어영부영 다니고, 2학년부터, 아, 1학년부터 사실은 어렵긴 했었죠. 뭐, 전공과목 따라가고, 뭐 교양수업 따라가고 하는 게 사실은 좀. 그니까 고등학교 때 다 완충장치. 완충을 했다 했지만 수업 따라가기 굉장히 어렵더라고요. 교수님들 얘기하는 게 사실은 뭐 다 못 알아듣겠더라고요. 워낙 기초지식이 없기도 하거니와 또 북한에 있을 때, 책을 많이 안 읽어가지고, 책을 더군다나 나는 한국에 와서 2년 동안 대학교 들어가기 전에 2년 동안을 책을, 서적을 보기는 했었는데, 아 이게 이해를 이제 확 몸에 와 닿게 머리에 딱 쏙쏙 들어오게 하기에는 쉽지 않고 무리가 있더라고요.

그리고 교수님들이 얘기할 때 영어를 많이 섞어 쓰시고 그런 부분도 어떻게 보면 공부를 하는 데 좀 어렵더라고요. 기말고사나 중간고사 이때는 굉장히 스트레스 많이 받아요. 그렇게 막 전공과목 같은 거는 성적도 안 나오고 하니까, 아 이게 참 어떨 때는 '학교는 그만둬야 되나?' 싶기도 하고.

근데 이제 그 공부는 좀 어려웠지만 이제 내가 좀 인간관계 이런 걸 되게 중요시해요. 학생. 나 또래 친구들이랑 같이 어울리는 걸 굉장히 좋아하거든요. 뭐 MT 가거나 뭐하고 OT 가거나 뭐하면 다 쫓아다니고 고등학교 다닐 때 이제 학생. 그 또래 애들을 많이 친하기도 하고 그 또래 그 뭐지 문화를 알기 때문에 대학교 가서는 큰 무리가 없이 잘 다녔고 그래서 뭐 이제 공부에서 오는 스트레스를 사실상 학생들과, 그니까 우리학과 친구들과의 관계에서 이제 완충장치를 많이 했죠. 그래서 크게 어려운 건 없었던 것 같아요.

1학년 때는 사실은 아, 누구나 다 모른다고 하니까, 그냥 같이 시험 망쳐도 크게 스트레스 안 받았는데, 2학년 되니까 그때부터 이제 좀 실감이 나더라고요. 3학년 되고, 그니까 2학년 때 가장. 그때 휴학하고 싶은 생각도 들고. 여러 가지로 좀 가정환경도 좀 그렇고 좀 많이 신경이 쓰이더라고요. 그래서 그때 좀 '그만두고 쉬었다가 좀 해야 되지 않겠냐?' 그 생각이 들었는데. 뭐 내가 학교를 늦게 들어왔고 나이도 또 어느 정도 있고 주변에서도 좀

"니가 힘든 거 휴학한다고 해가지고 전혀 이제 힘들지 않을 수는 없다. 여기 있는 애들도 힘들다. 하지만 이제 다 다니는 애들도 있다."

그때는 사실 난 지금 같으면 휴학을 했을 것 같아요. 근데 그때는 되게 조급했었어요. 빨리 대학을 졸업해서 빨리 돈을 벌고 싶었어요. 사회에 나가고 싶었어요. 좀 어려움이 있었지.

그게 이제 '힘들다'라고 하는 게 또 뭐가 있었냐면 내가 동생이 8살 아래예요. 그니까 25, 26살 때 동생도 그때 한창 고등학교 1학년인가 중학교 3학년인가 그때 그랬어요. 그니까 내가 집에서 부모 역할을 해야 되는 거죠. 동생의 그 학교 보내는 거도 그렇고 뭐 진로 선택하는 거도 그렇고 상담을 내가 가서 해야 하는 거야. 고런 거도 되게 겹쳐가지고 좀 더 어려웠지.

그렇다고 동생이 속 썩이고 그런 건 없었어요. 그리고 속 썩이는 건 없어도 그래도 방치하는 건 그렇고. 한국까지 데려왔는데 이왕 사는 거 잘 살아야지. 잘 적응하고. 동생도 별 무리 없이 잘. 근데 이런 거 있잖아요. 그니까 형으로서 '형이 적응을 잘 해야지 동생도 따라서 잘할 거다. 그리고 동생한테 뭔가 잘못했을 때 지적질할 때, 뭔가 내가 좀 더 떳떳해야지 동생도 뭘 보고 들을 거 아니에요. 그런 거도 있었던 것 같아요. 형으로서의 그런. 형이기도 하고. 아버지이기도 하고. 부모 역할을 해야 되니까 책임감이 좀 많이 막중했었지.

대학 때 동아리활동은 CCC하고 기독교 동아리 다녔어. 근데 그거도 한 1년? 1년밖에 안 했어요. 1학년 때 바짝 했다가 그 다음엔 안 했어요. 그렇다고 오직 공부는 아니고. 학교 끝나고, 학교에서는 1년 동안은 CCC활동을 좀하고 그리고 내가 혼자 산 게 아니라, 그룹 홈에서 살았었어요. 그래서 그룹 홈에 가면 프로그램에 많이

참여했었죠. 주말 이럴 때는 여행가고, 애들하고 프로젝트 참여하고. 뭐 그랬습니다. 아 근데 내가 지금에 와서 약간 좀 후회되는 게, 일단 대학교 다닐 때 되게 자신감이 없었어요. 지금에 와서 보면, 지금 돌아보면 자신감이 좀 없어서, 없었거든요. 그리고 흔히 말하는 숫기가 없었고, 그리고 이렇게 작은 자신감이 없다 보니까 좀 약간 위축됐던 것 같아요. 그래서 애들하고 다니기엔 좋았었는데 크게 활발하게 막 움직이고 그런 건 아니었어요. 근데 대학교 때 왜 엄청나게 놀지 못했을까, 그게 지금은 좀 약간 아쉽네요. 그니까 아는 애들만 한 두세 명만, 사회복지학과 한 40명, 우리 동기들만 40명 되고, 뭐 선배, 후배 포함하면 좀 어느 정도 숫자가 되거든요. 나 진짜 딱 동기들 하고만 놀았던 거 같아요. 동기들 한 세 명, 세네 명하고만, 딱 걔네들 하고만 이렇게 쫙 놀았거든요. 그리고 CCC활동했었고. 그때, 그때 되게 소극적이었고, 아, 대학교 졸업하고 나서 그리고 성격 좀 바뀌었어요. 그때부터 아 내가 이 성격 가지고는 내가 사회생활 잘 못하겠다. 은행 다닐 때부터 좀 많이 바뀌었죠.

'자신감이 없다'라는 건, 나는 한국 사회에 대해 잘 모르니까, 애들하고 얘기할 때 모르는 거도 많고. '음 그러니까 뭔가 자신감이 있다'라는 건 내가 많이 알았을 때 다 저기 나오는 건데, 나는 별로 아는 것도 지식이 해박하니까 지식이 별로 없으니까, 그런 거에 많이 위축이 됐었지. 하지만 북한에서 왔다라고 하는 건 크게 영향이 없었어. 학교 다닐 때도 그렇고.

초반에는 학생들이 되게 궁금해 해. 아 우리 학과에 북한에서 온 형이 있다. 오빠가 있다. 초반에는 막 궁금해 하는데 근데 그게 길어봤자 한 달밖에 안 돼. 한 달밖에 안 돼가지고 그 이후부턴 자유롭게 할 수 있어. 근데 싫어하는 애들이랑, 저기할 때, 부딪혀봤지. 뭔가 발표하거나 이럴 때 되게 스트레스 받아. 그 애들 발표하고 그러는 거 되게 잘하잖아. 그런데 우리는 어, 나는 청소년기를 다 북한에서 보내 왔기 때문에, 북한 같은 경우에는 뭔가 발표라는 그런 게 없어. 남의 앞에 나가가지고 뭔가 설명을 한다든가 설득을 시킨다든가 그런 훈련도 안 돼 있고, 연습도 하나도 안 돼 있는데, 여기 와서 할려고 하니까 그게 정말 어렵더라고.

대학교 때는 발표는 될수록 다 빠졌어. 그리고 회사 다니면서 뭐가 대중 앞에 나가서 얘기도 해보고 많은 사람하고 어울리고 그러면서 그게 조금 많이 괜찮아졌죠. 학교 다니면서 뭘 했나 생각하니깐, 한 게 없네. 아니 뭐 대학 생활이라는 게 그렇지 뭐, 학교 수업 듣고 공부하고 중간고사, 기말고사, 그거 끝나고 방학 때 되면 학생들하고 놀러가고 그게 끝이지. 뭐, 그렇지 않나요? 나 조용히 자랐어요. 진짜 (웃음) 조용히 자랐어요.

장사에 소질을 발견한 군밤장수

대학교 1학년 때. 그때 심정이라는 게 뭐, 부모님 만났으니까 좋았고. 근데 어머니도 잘 적응해가지고, 잘 사니까 내가 수입이 없어가지고 사실은, 많이 도와드리고 싶은데, 정착지원금에서 많이 까서, 막 이렇게 중국에 한 번씩 둘이 가야 되니까. 갔다올 때 또 어떻게 해야 되고 그러니까. 방학 땐 아르바이트도 하고, 그래서 타이트하게 살았던 것 같아요. 방학에는 아르바이트를, 나 진짜 군밤장사까지 했다니까. 군밤장사를 했었죠. 3학년? 3학년 마치고? 마치고. 겨울에 군밤장사 했었는데, 그게 사실은 내 경험, 사회 경험 중에 제일 컸었던 것 같아요.

아르바이트는 노가다해보고, 군밤장사해보고, 조금 뭐, 학교 다닐 때 논문 찾아주고 그런 건 했었어요. 아르바이트, 아, 노가다는 할 게 아니더라고요. 방학에 한 달? 두 달을 했는데, 어우 사람 죽겠더라고요. 아는 분이 소개를 시켜 줘가지고 했는데, 그러니까 아르바이트를 했는데 어떤 걸 했냐 하면 진짜 돈이, 진짜 돈이 절실히 필요했어요. 중국에도 가야 되고, 비행기 값도 마련해야 되고, 어, 나도 써야 되겠고. 그리고 정부에서 나오는 뭐, 지원금, 기초 생계비 32만원 가지고 도저히 안 되는 거예요.

아르바이트를 했는데. 그 왜, 그런 거 알 거예요. 그런 고급 아파트 가봤어요? 고급 아파트 보면. 목동에 지금 세워져 있는데, 그 아파트 보면 법적으로, 베란다에 100평 이상 되는 거기에 실외에 실내 조경을 해야 되는 게 있어요. 정원해야 되는 게 있는데, 그거를 사람들이 의무적으로 해야 되는 게 있나 봐요. 그런데 그런 업체에 들어갔어요. 그니까 주말, 그 아침에 일어나서 새벽 6시, 5시에 일어나서 가가지고 일하고 나오면 저녁 10시가 되는 거예요.

근데 일하는 건 괜찮은데, 괜찮은데, 소외감이 드는 거예요. 100평대 150평대 딱 가면, 사람이 기가 팍 죽는 다니까(웃음). 그 사람들이

"아, 아저씨 이리 와가지고, 차 한 잔 마시고 해요."

"네 알겠습니다."

하고 마시고 있는데 막 얘기하다 보면

"뭐 남한에 일반 사람들 보면 통장에 한 5억이나 10억 가지고 있지 않나요?"

뭐 이런 식으로 얘기하는 거야. (웃음) 나는 수중에 300만 원도 없는데. (웃음) 어 - 되게 위축되더라고. 아 그래서 그때 내가 진짜 돈, 돈을 잘 벌어서, 진짜 잘 써야겠구나, 잘 살아야겠구나 생각을 가졌고. 군밤장사할 때 사실은 제일 뼈저린 경험을 하고.

군밤 장사를 하는데 나는, 아, 노점상, 노점상 아시는지 모르겠다. 누군가 또 노점상하는 거 아니야? (웃음) 아, 학교 다닐 때, 노점 상인들을 옹호해야 된다. '보호해야 된다'라는 거를 나는 진짜. 그 사람들은 약자니까. 중앙대학교 병원이 들어설 때, 그 자리에 노점상

이 엄청 많았었어요. 근데 그걸 밀고 병원을 지었단 말이에요. 근데 그때 중앙대학교 학생들이 한창, 노점 상인들의 권익을 보장해 달라, 많이 데모를 했었거든요. 근데 그걸 나도, 대자보도 보고 몇 번 왔다 갔다 하면서 듣기도 하고, 보기도 하고 했었는데.

내가 노점상을 딱 차려봤는데 (웃음) 되게 쉬운 줄 알았어요. 군밤 기계를 사고 매대도 사고, 아 우리 집이 상록수, 아 뭐야 안산이었거든요. 상록수역, 저기다 놓으면 되겠네, 그리고 거기다 놨어요. 한 삼십분 있다가 주변에 노점상들이 몰려오는 거예요. 몰려와가지고 하지 말라는 거예요. 다 치우라 그러는 거예요 여기서.

"왜 그러세요?"

그러니까, 자기는 여기서 장사하고 있는데 안 된다는 거예요.

"왜 안 돼요?"

그러니까, 자기네가 여기서 20년 30년 해 왔는데, 니가 여기서 군밤을 팔게 되면, 자기네 장사가 안 된다는 거예요. 떡볶이 사먹을 걸, 군밤을 사먹으러 오면 자기네 장사가 안 된다는 거예요. 그래서 여기서 하지 말라는 거예요. 아니 내가 당신네들 거기서 세 들어서 사냐고, 날 왜 못하게 하냐고, 난 방학 동안에 잠깐 여기서 할 거라고 그러니까 안 된대요. 가래요. 내가 한 시간 후에 와가지고 있으면 다 엎어 버리겠다는 거예요.

"엎겠으면 엎어라."

한 시간 동안 계속 했어요. 몇 개 팔고 이러는데, 아 두 번째 보니까 조폭 같은 아저씨들이랑, 아줌마들이랑 험악하게 생긴 아줌마들이랑 떼거지로 한 열다섯 명 스무 명이 몰려와가지고, 가라고 막 기계를 막 싣고 난리가 난 거예요.

근데 그 노점상하는 거 자체가 불법이에요. 그래서 구청에서 단속이 나오면 기계까지 통째로 다 실어가요. 그런데 걔네들은 안 그런 거예요. 이미 다 조직이 되어 있는 거예요. 뭐 안산 지점, 지구의 노점상인 뭐 해가지고 연합회해가지고 다 끼고 있는 거예요. 그래서 거기에 발을 못 붙이는 거예요. 내가 야 이 노점상 거저 볼 게 아니구나. (웃음) 그런 거 알아요? 그 노점상인하는 사람들이 에쿠스5) 타고 다니는 거, 아파트 몇 채씩 있고. 물론 뭐 이제 비교한 거지만, 그렇더라고요. 그래서 내가 그랬거든요. 이 같은 처지에 노점상하는데, 나는 아르바이트다. 잠깐 돈을 벌고 싶어가지고 급해가지고 돈 필요해서 하는 거다. 그리고 나는 한두 달 하고 이 자릴 뜰 거다. 그런데 도저히 안 먹히더라고요. 그때부터 노점 상인에 대한 불신이 생겼어요. (웃음)

그래서 그렇게 해가지고 일주일 동안 쫓겨 다녔어요. 이렇게 계속 자리를 못 잡아지고. 그러다가 좀 약간 좀 상가 벗어나서, 생각해보니까 도저히 안 되겠더라고요. 그 완전 밀집 지역에 도저히 안 되겠더라고요. 그래서 아 그러면 다른 데 좀 찾아보자 하다가, 진짜 뼈 감자탕집인데 그 집이 장사가 진짜 잘되더라고요. 그래서 아 요렇게 사람이 많이 오는데 요 앞에 놓으면 괜찮겠다 싶더라고요. 그래서 고 앞에다가 놨거든요. 놨는데, 사장이 나와 가지고 치우라고 처음에는.

"아저씨 죄송합니다. 제가 대학생인데 지금 3학년입니다. 제가 진짜 돈이 필요한데, 어떻게 안 될까요. 한 달만, 한두 달만 하다가 가겠다. 그리고 내가 주변에 사람들 있으면 이집에 와가지고 꼭 먹으라고 얘기하겠습니다. 추천할 게요."

그렇게 이야기했거든요. (웃음)

얘기 듣더니만 뭐 그러면 한두 달 있다가 치워라, 아 그래 알았다. 막 놓고 있는데, 근데 그 옆에 바로 지금 CU6)로 바뀌었는데 패밀리

---

5) 현대자동차에서 생산한 고급승용차.
6) 편의점 상호.

마트[7])가 있어요. 근데 패밀리 마트에서도 군밤을, 아니 밤을 봤다. 맛밤인가 그거를 난 안 사먹어 봤는데, 맛밤 있는데 그게 겹치는 거야 내거랑, 근데 사장이 나와 가지고 또, 아저씨 여기서 밤을 팔게 되면, 우리 밤이 안 팔린다는 거야. 그래서 나가라는 거야. 아 진짜 사정사정했어요. 아 그전에 그 아저씨를 설득시켜가지고, 그 가게 앞에 딱 놨어요. 놓고 막 했죠. 근데 옆에서 또 약간 태클이 들어올 것 같더라고요. 그래서 끝날 때 남는 거를, 밤 못 판 거를, 그 패밀리 마트 아저씨한테 막 주고, 먹으라고 주고, 그리고 감자탕집 사장님한테 주고 하니까 그게 좀 풀렸어요. 그래서 거기서 한- 한 달 동안 수입이 좀 짭짤하게 났어요.

어떻게 했냐면, 밤이 되게 맛있거든요. 밤을 막 구워가지고, 거기 지나가는 사람들은 고정되어 있더라고요. 맨날 지나가는 사람들이 한 4, 50명이 되는 거예요. 그 4, 50명이 막 지나갈 때, 밤을 하나씩 계속 줬어요. 이렇게 처음에 계속, 계속 뿌렸어요. 뿌리고, 뿌리고, 뿌리고 했는데, 사람들이 그걸 막 먹어보고, 되게 이게 맛있는 거야. 그래서 계속 지나가다 계속 보고 인사했거든,

"아 안녕하세요. 안녕하세요."

막 주면서, 그래서 한 일주일 후 되니까 그 먹었던 사람들이 그다음부터 사기 시작하는 거야 이렇게, 다 막 사고. 그리고 그 가게 식당에 들어가기 전에 사람들한테 특히 애들한테 주는 거야 이렇게 밤을 하나씩 까서, 그 애들이 그거 먹고 계속 생각하고 있는 거야. 그 막 이제 감자탕 먹고 나서 나올 때 "아빠 나 저거 사줘, 밤 사줘" (웃음) 그러면 이제 난리가 나는 거지, 그러니까 애가 먹고 싶으면 사줘야 되는 거예요 부모들은. 그래서 그때 밤을 좀 많이 팔았어요.

그런 식으로 해가지고 그 밤을 접기가 좀 어려웠어요. 수입이 짭짤

---

7) 편의점 상호

하니까, 진짜 '내가 이거 대학을 포기하고 이거해야겠나'. 그런 생각이 드는 거야. (웃음) 그래서 나중에 찾아갔는데, 그 시장님이

"야 너 왜 안와?"

"사장님 저 취업했습니다!"

나 보고 밤 팔라고(웃음), 그런데 아직도 밤 기계 있어 지금도. 빨리 팔아야 하는데, 그랬었어. 그래서 그때 좀 경험을 많이 쌓았죠. 그래서 장사하면 나도 잘 될 거야 하는 맘이 들었지. 그래서 밤, 군밤. 잘 팔았지.

그렇게 돈을 모아서, 중국도 가고 교재도 사고 학교 다닐 때 좀 그렇게 썼지. 근데 한두 달 했는데, 뭐 본전을 다 뽑고 생각 외로 많이 벌었던 것 같아요. 근데 힘들긴 해요 노점상이 진짜 힘들어. 내가 두 달을, 두 달을 해봤는데, 아 겨울 같은 경우에는 특히 밤 같은 경우에는 철, 한철장사이기 때문에 아 진짜 추워요. 옷 껴입고, 막 겨울에도 진짜 추워요. 더군다나 나는 두만강 왔다 갔다 하다가 발 한 번 얼었다 치료된 발이어가지고, 좀만 추워도 아프거든. 엄청나게 춥거든, 시리거든 발이. 양말 두 개 신고, 막 그랬던 기억이 나요. 아 근데 그때 내가 밤 장사를 할 때 내 돈을 주고 뭔가 밥을 사먹고 하는 게 진짜 아깝더라고요. 그렇게 어렵게, 어렵게 돈을 벌었는데, 돈쓰기 진짜 아깝더라고요.

3. 한국 정착 과정

불안한 미래에 슬럼프를 겪다

휴학은 한 번도 안 했었어요. 생각은 했었는데, 안 했어요. 안하고 4년 동안 꼬박 다녔어요. 지금은 조금 후회되는 것 같아요.

(웃음) 체력이야 뭐 괜찮았는데, 그래도 조금은 피곤한 것은 있었어요. 안산에서 흑석동까지 통학했거든요. 왕복 4시간을. 한 세 시간 반에서 네 시간 가까이. 피곤했었어요. 하긴 했는데, 그런데 어쨌든 이왕 다니는 거 다니자.

그리고 고 시기에, 내가 04학번이거든요. 고 시기에, 고 2005년, 2006년. 그때. 북한에서 대학생들이 많이 들어갈 때인데, 휴학을 많이 하고, 자퇴하고, 막 휴학하고 다시 안 돌아오고 이런 일이 많이 있었어요. 사회적으로 많이 이슈화됐었어요. 그런데 그 시기에 나도 보니까 돌아오는 애들이 많더라고요. 겁이 났었죠. 겁이 나는 것도 있었어요. 휴학을 했다가 다시 학교로 못 돌아오면 졸업도 못하고, 아무것도 못하겠다. 그래가지고 은근히 나이도 있고, 계산해보니까 하고 싶은 마음은 있었는데, 이것저것 따져보니까 그렇더라고요. 그래서 4년 동안 꼬박 다녔어요. 4년 동안 한 번도 휴학 안 하고.

그리고 영어강의 들어야 하는 거 있죠. 뭐 그냥 성적만 안 좋게 나오면, 출석만 하면 되고(웃음). 그런데 그때 진짜 힘들었던 게, 지금은 NGO단체나 지원재단에서, 정부에서, 영어가 힘들다고 해서 여러 가지 정책이 많이 저거 했잖아요. 2000년 중반부터 최근에 많이, 우양재단 같은 경우에도 파고다 같은 것도 70% 할인해 가지고 막 그러는데, 그땐 없었어요. 아— 진짜 내가 학교 다닐 땐 운도 없게 장학금이나 이런 혜택들이 없었고, 뭐나 다 없어요. 그때 정부 초기 단계에요. 뭔가 막 만들려고 할 때이니까.

문제가 한창 생겨날 때 그런 이슈가 터졌던 거예요. 그리고 그런 이슈가 막 집중될 때, 학생들이 휴학한다, 자퇴한다. 해 가지고, 그거를 대책을 마련해야 된다. 막 그때 나는 이미 그걸 겪으면서 졸업을 하게 된 거예요. 근데 졸업을 할 때는 내가 졸업할 때는 또 이게 취업에 관련돼서 이슈가 안 됐었어요. 탈북 쪽에. 그리고 졸업하고 나서 취업을 하고 나니까 그 다음에 이슈에 대해서, 그 취업에 관련해서 계속 이제 여러모로 포럼도 많이 하고, 여러 가지 막 세미나도 열리고, 정부정책도 막 되고. 아 난 이게 초반에 와가지고 이런 혜택을 많이 못 받은 세대인 거 같아. 빨리 와가지고 좋은 것도 있는데, 이게 진짜 이런 혜택을 바라면 좀 안 되긴 한데, 그런 게 다 비껴간 세대가 우리 04학번이나, 고 전 학번들이 지금은 그러니까 휴학 안 하고 오는 애들도 있더라고요.

내가 졸업할 때 내가 2008년에 졸업했거든요. 그때는 탈북자 쪽에 대학생들 취업과 관련해서 전혀 NGO단체나 정부에서 -. 왜냐면 그때 탈북해서 온 사람들이 졸업하는 비율이 굉장히 낮았어요. 비율이 낮아가지고 이슈가 되지 못했어요. 그런데 지금은 졸업하는 학생들이 많잖아요, 점점 많이 늘어나니까, 취업을 해야 하는데 바늘구멍이잖아요. 그래서 정부에서 어떻게 이슈가 안 될래야 안 될 수가 없는 상황까지 온 거죠. 지금은. 그래서 NGO, 그 정부기관도 그렇고 대기업이나 중소기업이나 이런데도 굉장히 관심을 많이 갖죠. 정부에서 일단 많이 터트리니까. 그래서 다 비켜나갔죠. 저 때에는. 휴학을 하거나 했으면, 졸업을 늦게 했으면 그 혜택을 받았을지도 모르는데, 그런데 어쨌든 잘 된 것 같아요. 내 나이에 그냥 이곳까지 온건, 일반 남한에 있는 학생들, 남한에 있는 사회인들하고 똑같이 온 거죠. 휴학을 했다라고 하면 지금 내가 다른 것을 했겠죠.

사실은 휴학하고 딱히 할 게 없었어요. 전. 내가 휴학은 하고 싶었는데, 휴학하고 뭘 할까? 그런 게 하나도 갖춰지지 않았고, 하나도 모르니까. 내가 지금 한 13년을 한국에 살았는데, 지금 같았었더라면 무작정 외국에 떠났을 것 같아. 막 워킹홀리데이라던가, 지금은 막 가고 싶은 생각이 들어. 지금 만약에 대학생이라 그러면. 그때 그 시절로 돌아간다. 그러면 나는 1년이나 2년 해외에 가보고 싶었어. 다양한 경험을 하고 싶었고. 그때는 이게 내가 대학을 꼭 졸업해야지 4년 안에 다 해야지. 그리고 뭔가 휴학을 하면 할 게 없었어.

한국에 적응하기에도 좀 바빴고. (웃음) '휴학을 하고 뭘 할 거다'라는 그런 구체적인 그런 것도 없었고, 그래서 내가 대학교 때 배우지 못했던 거를 좀 완충하려고 대학원을 갔던 것 같애.

그러면서도 심적으로 많이 힘들었지. 겉으로는 막 되게 좀 적응 잘하는 것처럼 보여도. 사실은 저기 취업과 관련돼서도 어 – 3학년 4학년. 나는 4학년 1학기되니까 나는 그냥 '졸업하고 직장을 잡아도 되겠지'. 그런 생각을 가지고 있었는데, 애들이 다 4학년 1학기 되니까 거의 뭐 취업 1~2명씩 한다는 얘기가 막 들리더라고요. 그래서 나도 그게 부러웠고, '나도 취업해야 되겠구나'. 4학년 1학기 때부터 그 생각을 가졌었죠.

아 1학기 때부터. 그리고 2학기 때부터 원서를 넣기 시작했었지. 근데 이게 아 – 학교 공부도 좀 어려운데, 취업도 좀 약간 적응할라 하니까 또 졸업을 해야 되는 압박이 오고, 취업을 해야 되는 거니까 그게 겹치니까 사실 산 넘어 산인 거지. 뭔가 하나 해결됐다 싶으면 아 다 졸업이 왔네. 끝났네. 싶었는데, 이제 취업을 해야 되니까. 그거에 대해서 좀 많이 알아봐야 됐고, 걱정이 많이 됐지.

대학 졸업반 금융맨이 되다

2008년도에 졸업을 하는데 4학년 1학기나, 2학기되면 취업준비를 하잖아요. 근데 그때 굉장히, 골머리가 아픈 거예요. 그때도 지금처럼 북한이탈주민 취업에 관련해서 기업이나, 재단이나 이런 데는, 아 재단은 원래 없었고 이 사람들의 취업박람회나 그런 게 전혀 없었어요. 막 그래서 우리가 그냥 진짜 내가 옛날 고등학교 때 대학을 알아봤던 것처럼, 저 혼자서 졸업하고.

2008년 2월에 졸업을 했는데 졸업을 하기 전부터 계속 찾았는데, 진짜 취업이 안 되더라고요. 그래서 아 내가 대학교 나왔지만 취업이 이렇게 어렵구나를 실감하고 한 달 동안을 방에만 있으면서 아-엄청 찾았어요. 그래도 안 되는 거예요. 그래서 내가 사회복지 쪽으로 전공을, 배운 게 그거밖에 없으니까 그래서 그쪽으로만 많이 알아봤었거든요. 다른 데 한 번 돌려보자 해서 그래서 좀 기업이나 그런데 알아보다가 신협이라고 있어요. 신협인데 저희 동네 집 근처에 시흥에 신협이 나왔더라고요. 거기에 그냥 겁도 없어 넣어 가지고, 그래서 신협에 넣어 가지고 거기서 면접 보러 오래요. 그래서 갔는데, 면접 보는 사람들이 꽤 있더라고. 그래서 면접을 봤어요. 근데 서류 합격되고 나서, 한 달인가 보름인가 시간이 있었어요. 그때 또 뭐 금융권에서 영어 안 하는 것도. 그래서 책 사서 보고 신문도 찾아보고, 암튼 면접도 봤는데 잘 됐어요.

원래는 사회복지 관련돼서 기관에서 일하고 싶었어. (웃음) 전공 따라갈려고 했었지. 그래서 학기 중엔 못했고, 졸업하고 나서 3월에 3월 한 달 동안 집에 박혀가지고 원서를 이력서를 계속 쓰기 시작했는데, 계속 넣었는데 계속 떨어졌어. 한 달 동안 진짜 방에만 딱 있어가지고 아침 차려먹고, 점심 차려먹고, 저녁 차려먹고. 이게 생활패턴이야. 한 달 동안 똑같이. 그리고 공 시간에는 오전하고 오후에는 무조건 이력서 쓰고.

한 달 동안 아침 7시에 일어나서 밥 차려 먹고 12시까지 "잡코리아"[8] "사람인"[9] 이런 데 찾는 거죠. 그리고 점심 먹고 치우고. 그때 살이 좀 찐 것 같아요, 그때 진짜 힘들었던 것 같아요 한 달 동안. 그 안에서만 졸업하고 나면 기초생계비 32만원 끊기잖아요, 그땐 뭐 이력서 코칭해주는 사람들도 없고, 그 인터넷에서 막 샘플 같은 거 막 찾아봐가지고, 막 쓰기도 했는데, 아 진짜. 그 한두 문장 정도

---

8) 구인구직 서비스 홈페이지.
9) 구인구직 서비스 홈페이지.

는 내가 앞부분에 이게 출신을 써야 되잖아요. 그래서 북한 출신이라는 걸 쫙 썼었어요. 한 두 문장 썼을 거예요. 근데 그게 아마 '아-이게 좀 한국사회가 아직까지는 북한 사람을 받아들이는 데에는 좀 시간이 많이 걸리는구나'. 그때 느꼈거든.

주변에 있는 사람들이 "야 니 진짜 북한에서 왔으니까 뭔가 성공할 거고, 지금도 넘어온 것만큼 니가 그 의지대로 하면 여기서 못할 게 없다". 계속 얘기하지만, 현실은 그게 아니더라고. 막상 취업을 하려고 하니까, 굉장히 어려운 부분이 많더라고. 보이지 않는 그런 벽들이 엄청나게 이게 부딪히더라고. 뭐 그래서 되게 좀 실망감이 컸었죠. 취업이 안 되는 게, 사실 학벌도 그만 하면 괜찮았었는데, 우리 중앙대학교 사회복지학이라고 그러면 사회복지 쪽에서는 좀 알아주거든요. 근데도 취업을 못하는 거야. 근데 뭘까 생각해보니까 출신이 문제였던 거야.

그래서 그담에 아 사회복지학, 사회복지 쪽엔 가고 싶지 싶은데 취업은 안 되지, 한 달 동안 하다가 안 되겠더라고. '아 이게 내가 이게 길이 아닌가 보다.' 그렇게 결론을 했지. 내 스스로. 그리고 다른 데 한 번 찾아보자. 북한에 있을 때 아버지가 은행에 다녔었거든요. 이제 금융 쪽 관련에서 그냥 막 넣었어요. 이렇게 쭉쭉- 넣었는데, 그때 사람은 죽으라는 법은 없는 것 같아요, 한 달 지나고 나니까 첫 그 면접(은행) 한 방에 돼 가지고, 한국에 와서 제일 좋았을 때가 취업에 합격했을 때 제일 좋았을 때.

어떻게 2금융권, 제2금융권에서 이제 면접 보러오라고 하더라고요? 근데 그때는 이력서에 북한 출신이라는 걸 사실 안 썼었어요. 안 쓰고, 안 쓰고 이제 다른 부분을 이제 많이 저기 어필을 했어. 면접 보러갔었거든요? 아 근데 그 면접 보러간 자리에서 내가 좀 털어놨었어.

"사실 북한에서 왔다."

(웃음) 근데 그 아무튼 그 면접 보러 온, 면접 보러 온 사람들이 많더라고요. 면접 다 보고 나서, 끝나고 나서, 에이 씨 - 뭐 크게 기대는 안 했었죠. 그니까 나는 되게 기뻤던 게 면접까지 갔다는 게 그거에 되게 만족했었어요. 그때는, '아, 면접까지 갔었는데', '좀 더 힘을 내고 또 다른 거 알아보자.' 아 일주일 지나니까 연락이 온 거예요.

"2차 면접이 있는데 와라."

그래서 갔거든요? 갔는데, 다른 사람들은 없었고 나 혼자 면접 봤다고, 근데 그때 면접관이 있었는데 이제, 2차 면접 때는 아예 개인적인 질문을 막 -

"북한에서 어떻게 왔냐?"

부터 시작해서

"여기서 어떻게 적응을 했냐?"

그거만 면접을 보니까, 끝나고 나서, 뭐 다음 주부터 나와라 그래서 아 진짜 세상을 다 얻은 기쁜 기분이었지. 그동안 이력서를 한 30군데는 넣은 거 같애. 30군데 넣어서, 그래서 거기에 고맙다고 다니다가 정규직 전환도 다 됐었지.

결과적으로 그래서 채용되고 나서 일을 배웠는데, 처음에 들어가서 커피 따르는 일. 창구 가가지고 히터 틀고 사람들 들어오면 인사하고, 안내하고 뭐 원하는 게 뭐냐 그러고 안내해주고, 하 그렇게 1주일 2주일 배웠어요. 창구에 앉히는 거는 교육이 있어요, 얘네들은. 한 2달 교육받고 창구에 앉아가지고.

아 제가 약간 성격이 어떠냐면 되게 차분하지만 꼼꼼한 게 있거든요 근데 은행 일이라는 게 사실 숫자싸움이기 때문에 만약 10만 원을 고객이 줬는데, 0 하나만 더 써 넣으면 100만 원이 되고 제가 90만 원을 물어내야 돼요. 누구나 실수를 해요. 그래서 실수를 좀 하고 (웃음) 그래서 1년 정도를 일하니까, 사실 보수나 이런 것들은 것은 잘 걱정이 안 돼요. 은행 일이라는 게, 돌아가는 게 시스템이 다 똑같아요. 그래서 어느 정도 딱 되면 매너리즘에 빠진다는 게 그 얘긴 거 같아요. 딱 기계처럼 창구에 앉아서.

그리고 막 진상고객이나 이런 거 장난 아니거든요. 그, 1년 일하고 나니까 아 이게 그리고 은행에서 일하다 보면 카드 실적도 올려야 되고 보험도 팔아야 되고 그런 게 있어요. 지점마다 쫙 순위를 매기거든요 한 달에 한 번씩 영업 실적으로. 나는, 저희 이사장님 말대로 '한국에는 3연이 필요하다' 이런 게 있잖아요. 학연, 지연, 혈연. 근데 나는 지연, 뭐 아는 사람도 주변에 없고, 다 은행에 입사하면 초기에는 그런 실적이 싹 올라간대요. 주변에 아는 친구들이나 친척들 다 해가지고, 근데 나는 아는 사람도 없고 친척도 없고 하니까 초반에 이게 딸리는 거예요. 그래서 실적표 볼 때마다 스트레스나 부담 엄청 받고. 그리고 은행일이라는 게 또 보험 파는 게, 따지고 보면 사실 사기거든요. 판매하는 나로서는 장점만 이야기하는 거 같고, 그래서 하… 직장을 옮겨야겠다. 그래서 그때부터 사회복지 쪽으로 알아봤었거든요.

내가 우양재단의 장학생이었어요. 그때. 그래서 국장님이랑 통화 몇 번하다가 자기네 북한 출신 사회복지사 직원 채용하고 싶다는 거예요. 그래서 생각 여기 넣을 생각 있으면 넣어봐라. 그래서 진짜 고민 많이 했죠. 일 년 동안 직장 다니면서. 그래서 한 달 동안 고민을 많이 했어요. 일을 할 거냐 말 거냐고.

그러다가 주변 분들한테 많이 물어봤어요. 네가 원하는 대로 해라. 보람찬 일을 해라. 나는 사실은 사람들 많이 만나고 이렇게 자유롭게 하는 걸 좋아하거든요. 틀에 딱 갇혀서 하는 것보다, 그래서 사회복지쪽이 좀 나을 것 같더라고요. 성격도 그쪽이 맞는 거 같고. 그래서 여기… 직장으로 옮기게 됐어요. 탈북자 청년 관련 돼서 사업을 맡게 됐어요. 그래서 초반부터 이제 이것저것 모험도 해보고, 개입도 해보고 재밌게 여기까지 왔어요.

알고 보면 취업준비는 남들하고 똑같이 했어요(웃음). 나는 자격증이나 하나도 없었어요. 사회복지사 자격증 하나만 있었고, 참 MOS 자격증이 그게 하나 있었다. 워드, 파워포인트 있었는데 그거 두 개있었는데 그런데 어떻게 뽑아는… 근데 내가 북한에서 왔다는 그 문장을 한 줄을 딱 이렇게 썼어요. 구구절절 아무 얘기 없이. 궁금증 유발하기 위해서 (웃음) 딱! 쓰고 밑에 다 붙이는. 그래서 그쪽에서 많이 궁금했나 봐요, 그래서 금융에 대한 이야기를 한 사람만 물어보고 다 여기에서 어떻게 살고 있는가만 물어 보는 거예요, 그런 건 자신 있으니까 그리고 집에 가서 기다리고 하는 거예요, 그때 내가 잘 본 건지 잘못 본 건지 잘 모르겠더라고요, 사람들이 다른 거 물어보지 이런 거 물어보지 하는 마음이 드는 거예요.

내가 취업이 얼마나 힘든지를 알게 된 게 내가 그곳에 들어가서 내가 학벌이 내가 제일 높은 거야. 신협은 나이 좀 있으신 분들이 있는데, 거의 다 상고 출신들만 들만 있더라고 옛날에 은행엔 상고출신들이 많이 갔어. 그때가 2008년도였어요. 그래서 내가 1년 반만에 회사를 그만 두면서 알게 되었어요, 취업이 얼마나 어려운지. 한명을 뽑는데 300명이 지원을 한 거야 대부분 이대 고대 연대 이런 친구들이 지원을 한 거지. 중상위권 대학생을 많이 지원했구나 그때 취업이 정말 어렵구나…. 그런데 은행에선 고학력을 잘 안 뽑아요, 그 친구들이 어느 정도 수준이 있기 때문에 평생 같이 할 거라는 그런 생각을 안 하기에 학벌이 좋으면 뜬다. 그래서 고학력자들을 안 뽑아요. 머리가 좋으니까 적응은 잘해요, 그런데 자신들에 수준에 비해 기대치가 늦은 거죠, 그냥 이곳을 발판으로 더 높은 곳으로 가려고 하는 거죠, 그래서 1~2년 하다가 다른 데로 옮기고 그러죠.

금융맨은 나에게 맞지 않는 옷이었다

어렵긴 했었죠. 어려웠어요. 다 컴퓨터로 하기 때문에 시스템이 다 갖춰져 있어요. 업무수첩만 잘 보면 다 따라와요. 용어나 이런 거는 진짜 전문가들이나 쓰는 거고, 그 안에서 일반적으로 쓰는 건 일반 서민들이 아는 거만 알고 있으면 돼요. 대체적으로 잘 쓰는 그런 단어만 쓰면 돼요. 처음엔 나도 진짜, 금융상품 이런 거를 잘 파악해야 되고, 그리고 와 가지고 제일 돈이 많이 드는 게, 많이 했던 게 이제 적금, 저금 세금 떼고 이런 게 있어요. 과세, 비과세 세금우대 이런 식으로 있는데 그런 거만 잘 알면 돼. 그게 업무에 대해서는 한, 두 달이면 다 익혀요. 맨날 똑같은 거 하는데 한 달 동안 똑같은 거 계속 한다고 생각을 해봐요. 그게 자동으로 다 되지.

근데 상담을 좀 어려웠죠. 상담은 좀 전문용어를 써야 되니까. 그래서 보통 한 1년을 일하고 은행에서 일하는 게 수신하고 여신업무가 있어요. 수신업무는 은행에 있는, 고객들한테서 받는 돈을 수신이라고 하고, 여신은 우리 은행에서 가지고 있는 내보내는 거, 대출. 이런 거를 여신이라고 그래요. 여신 같은 경우에는 우리 돈을 내주기 때문에 심사숙고해가지고 사람한테 줘야 된다고. 내 돈을 빌려주는 거야. 그때는 상담을 많이 해야 되는 거죠. 그런데 고객들에게 받는 돈이야, 우리들한테 들어오는 거니까. 뭐 잘 설명만 해주면 돼. 그래서 보통 1년을 일하고 그 다음부터는 남자들은 여신 업무를 보게 해요. 대출상담이라던가, 주로 뭐 그런. 나오기 전에 한, 한 4~5개월인가 여신업무를 조금 배울 때 나왔어요.

수신업무하는 사람들은 다 고 안에서 통장을 만들어주고 보험팔고 예금상품 들어주고, 카드발급해주고, 고거고. 그 다음 고거에서 조금 더 나가면 그 다음부턴 대출, 여신으로 나가는 거죠. 여신은 진짜, 범위가 광범위해요. 사실 여신까지 하면 은행에선 업무를 다 배운 거죠. 기본은 여신이죠. 그래서 창구도 따로 있잖아요. 주택담보대출부터 시작해서, 많아요. 엄청 많아요. 그것만 하면.

사실은 금융권이라는 게 되게 뭐라고 이야기해야 될까. 사람들이 인간 냄새가 잘 안나. 어. 인간냄새가 안나, 일은 뭐 누구나 3개월 4개월씩 하면 다 똑같은 거 하니까 누구나 다 하거든요. 거기에 초등학생 앉혀놔도 다 하는데. 근데 그게 아니라 어후 끝나고 나서 맨날 술자리 가야 되고, 그리고 좀 늦게 끝났어요. 늦게 끝나기도 하구 나는 끝나고 나서 뭔가 사람들도 좀 만나고 싶고 주말되면 내 친구들도 만나고 싶고 하는데, 그게 잘 안 되는 거야 1년 반 동안 있는데, 이게 인간관계 주변에 인간관계가 다 끊긴 거 같은 거야.

그리고 뭐 하나 또 있었냐면. 은행은 실적을 굉장히 중요시 여겨. 내가 여기 왔는데 연고가 뭐가 있어요. 고등학교 때 다니던 선생님들한테 막 보험 팔고 막 이랬었지. 그런데 이게 1년 되니까 바닥이 나는 거야. 근데 사실 은행에서 대리 달고 있고 과장 달고 있다. 그런 분들은 알고 있는 사람, 고객들이 많으니까, 실적을 금방 채워요. 근데 우리 같은 사람들은 초반에 아는 사람으로 메워놓고, 그리고 은행에 온 사람들 상대로 해야 되는데, 거래를 해야 되는데 우린 또 그게 잘 안 되는 거예요.

(한숨을 쉬며) 어후, 1주일 되면 1주일, 그니까 지점에 누가 실적을 제일 많이 했는지 순위를 쫙 매기는데, 난 항상 밑이었어. (웃음) 그거에 대한 스트레스도 받고, 그래서 다니면서 여기저기 알아봤었죠. 꼼꼼하게 했었는데. 우양재단, 여기에 내가 장학생이었거든요. 여기 국장님이랑 통화 몇 번하고 "우양 재단에서 탈북 사업하는 사람 한 명 뽑고 싶다", "기회가 되면 저 그쪽으로 가고 싶습니다". 그래서 뭐 몇 번 면접도 좀 만나보고 이쪽으로 오기로 결정을 했었죠.

이 일이 경제적인 부분에 대해서는 어렵죠, 보수는 사실 적어요.

내가 좋아하는 일이고, 내가 하고 싶어 하는 일이고. 즐겁게 하니까. 그게 좋은 거죠. 돈이 아무리 많이 벌어도 일이 힘들거나 나에게 맞지 않고 부담이 되는 거면 가감하게 때려치는 것이 좋은 것 같아요. 내가 좋아하는 것을 해야 인생이 즐겁고, 행복하게 살 수 있는 것 같아요, 하루 종일 쿵떡쿵떡 거리고 8시~9시에 퇴근하고.

북한 남자와 남한 여자의 연애에서 결혼까지

나도 북한 남자의 가부장적 성격이나 북한 남자와 남한 여자의 결혼, 그런 거에 대해서는 그런 질문을 많이 받아요. 여기뿐만 아니라. 그게 이제 빈도수가 적으니까 관심을 가지는 거예요. 아까 얘기했듯이, 북한에서 온 여성이 남한 남성하고 결혼하는 거에 비해서 상당히 적고요. 한 10퍼센트 안 되게 비율이. 근데 그거는 물어봐야 될게 남한 여자들의 불만이(웃음) 마음의 문을 여는 거는 사실 여자 몫이거든요. 남자가 아무리 그걸 해도 사실 그게 잘 안 돼요.

그니까 제 얘기를 살짝 해드리려 그러면 제가 고등학교에 들어갔는데, 사실 지금 같이 살고 있는 제 아내가 사실 제 고등학교 동기에요. 근데 그 우리학교에 북한에서 온 친구가 두 명 있었어요. 나랑 한 친구 철이가 있어요. 둘이 왔는데 우리는 (남한) 애들을 모르지만 애들은 우리한테 너무 관심이 많아가지고 애들이 거의 다 알아요. 얼굴은 모르더라도 이름 석 자는 알거든요. 그래서 다니다가 졸업을 했어요. 나도 대학교 다니고 했는데, 학교 다니면서 보니까 같은 학년이다 보니까 어쨌든 얼굴은 안단 말이에요 이름은 몰라도. 왔다 갔다 하다 계단 왔다 갔다 하다 막 왔다 갔다 하다가 그렇게도 알고.

근데 그, 나도 이제 그 학교에서 우리 반에서 친한 친구가 있었는데 개랑 지금 아내랑 진짜 친한 친구더라고요, 이 친구를 통해서 거의 그쪽 소식은 잠깐씩 들었었거든요. 그래서 졸업하고 나서 대학교도 졸업하고 회사 다니다가, 회사 다니는 중에 내 친구애가 취업을 했는데 취업을 한 직장이 아내랑 같은 취업이 된 거예요. 그래서 이제 그 같이 만날 수 있는 자리가 또 만들어진 거죠. 자연스럽게. 그래서 그때 당시 나는 여자 친구가 있었는데(웃음) 있었어요. 당시 여자 친구와 제 아내가 같이 만났던 적이 있었거든요. 그래서 지금 아내도 제 전 여자 친구를 알아요. 그래서 같이 한두 번인가 만났었나.

그러다가 헤어지고 나서도 철이 친구애랑 같이 그 얘기 듣고 하다가 철이가 갑자기 그 얘기하는 거예요.

"있냐? 만날 의향이 있냐?"

"야, 헤어진 지 얼마 됐다고."

아 그냥 자기가 잘 아는 철이 오빠의 친구구나 그래서 그냥 얼굴만 알고 그리고 이제 지금 와이프의 친구들이 나와 친구들인데 또 내가 그 친구들을 잘 알고, 내 얘기는 이제 예전부터 많이 들어서 아는 거예요. 그리고 내 친구애가 같은 회사 다니면서 하루 종일 있으면서 내 얘기를 했나 봐요. 그러니까 모 굳이 만나지 않아도 내 얘기를 많이 들었으니까 많이 가까워진 것 같아요. 그래서 얘가 물어봤어요. 너 내 친구랑 사귀겠냐고 그렇게 얘기했나 봐요. 나도 모르게. 그래서 물어봤는데 처음엔 조금 모르겠다고 그러죠. 그러다가 계속 물어봤나 봐요. 그래서 한 번만 만나 봐라 계속 만나 봐라 해서 그렇게 만나서 연애해 봐라라고 했나 봐요.

근데 어느 날 그래서 얘가 어느 날 갑자기 나한테 자연스럽게 만나는 자리를 한 거예요. 근데 나한테 나는 그게 소개팅자린지도 모르고 나간 거예요. 그래서 하다가 '마음에 드냐'라고 그래서 나는 그냥 '괜찮은데' 그러니까 얘기해서 어떻게 날짜를 정해서 만나래요. 그래서 만나서 얘기하고. 아무튼 그래서 만나게 됐는데, 사실은 지금도 얘기하지만 연애하고서 3개월 정도는 나에 대해서 마음을 잘 안 열었대요. 음 사귀자고 해서 100일 지나서까지도 내가 과연 이 사람이랑. 아내가 남자친구를 한 번도 안 사귀었거든요, 그리고 제가 처음이에요.

　아 그리고 또, 제가 당사자들은 좋은데 부모의 허락이 있어요. 그래서 허락이 없으면 도저히 안 되는 거예요. 그런 걱정이 많이 되서 주변에 많이 물어봤나 봐요. 나에 대해서 호감이 가고 있지만, 이 사람을 나의 평생의 동반자로 그래 가장 걱정이 됐다고 그러더라고요. 3개월이 지나서 있다가 자연스럽게 엄마 만나겠냐고 물어보더라고요. 그래서 알았다고 만났는데 어머니가 좋더라고 좋으신 분이시더라고요. 보더니만 되게 괜찮다고(웃음), 그래서 첫 인상이 좋대요. 저도 몰랐는데 첫인상이 좋다고 그러더라고요. 근데 그 엄마가 딸을 되게 믿는 편이에요. 100프로 믿어가지고… 니가 원하는 대로 해라. 부모들이 약간 그런 마음을. 그래서 아버님도 만나고.

　저희가 연애를 2년 했어요. 연애를 2년하고, 그리고 6개월 7개월을 돼서 만났죠. 또 결혼을… 그때 애기하더라고, 근데 그거(결혼)는 남자도 좋아야지 결혼을 가지만 남한의 여자 분이 어느 정도의 마음의 문을 여느냐 그것도 있고. 제일 큰 관건은 부모의 설득이 가장 중요해요 사실 그거 없으면 결혼까지 못 가거든요. 네 그래서 저는 좀 복 받은 (웃음) 근데 나중에 신혼여행 가는데 편지를 썼어요. 어머님이. 그래서 한두 장을 썼는데, 두 장을 써서 주더라고요. 주셨는데, 가서 짐 풀고 나서 아내한테 낱장주고 나한테 두 장을 줬는데, 읽어봤어요, 두 장을, 읽어봤는데 그 얘기를 하드래요. '처음 봤을 때 사실 맘에 안 들었다.' 일단 그냥 겉으로 잘 해봐라 얘기했는데 사실은 키도 좀 작고 하하 그 얘기를 하더라고요 신체가 약해보였다. 그 얘기해가지고 자기 딸을 맡길 수 있는지 최초에 되게 의심이 들었다. 좀 가깝게 지내다 보니까 그런 편견이 이런 게 없어졌다. 내 딸을 맡길 수 있어가지고 내 딸을 주니까, 딸을 울리지 말고 행복하게 잘 해주라. 그 편지를 쭉쭉 쓰더라고요. 보고 눈물이 핑 도는 거예요. 보고 잘해줘야겠다.

어쨌든, 상대방이 남한 사람이든 북한 사람이든 제3국의 사람이든 저는 마음이 통하고 서로 하면 어떻게든 책임을 져야겠다는 그런 책임감이 강해요. 그래서 만나가지고 잘 싸우지도 않아요. 싸워야 된다고 얘기하는데, 왜 싸워야 되는지도 잘 모르겠고. 결혼한 지는 한 6개월 되었어요. 그런데 저보고 막 빈약해 보인다고, 그래서 운동 좀 다니고 그랬어요. (웃음) 하하하. 그전에도 운동했는데 사람들 만날 때마다 자꾸 너무 약해 보인다고 어른들 만나면 자꾸 많이 먹으라고 막 계속 주거든요. 난 위가 작은데, 그래서 되게 부담되는 처음에 내가 몸무게가 48kg이었어요. 대학교 2학년까지 48kg이었는데, 96년도까지 48kg이었는데 운동은 다니기 시작했어요 그래서 10kg해 가지고 평균 몸무게. 키에 비해 평균몸무게 지금은 정상이에요.

내가 결혼을 한 입장에서 결혼은 반드시 해야 된다고 말해요. 사람마다 다 다르지만, 필요하다고 느끼지 못한 사람들은 그냥 살면 되는 거고, 각자. 근데 그 얘기가, 비율이 낮은 게 그거예요. 같이 내가 북한 남성이라 그러면 남한의 여성이 사실은 많이 만나 봐야 돼요. 사람 다 똑같거든요. 태어난 장소가 다르지 사람 다 똑같은데. 북한에 태어났다는 그거에 너무 편견을 가지는 게, 먼저 북한 사람이라 그러면 아 좀 믿어야 되나? 그런 게 있잖아요. 가부장적일 것 같고. 사실 우리도 대한민국 헌법상에 한반도 북한 사람도 우리 주민으로 되어 있잖아요. 그냥 쉽게 말하면 남한 여성분들이 북한 사람을 전라도 사람이라고 생각하고, 그렇게 하면 될 거 같아요.

북한에서 오신 분들도 좋으신 분들이 많아요. 능력이 뛰어나신 분들도 있고 생각이 열려 있고 사람은 만나봐야 돼요. 출신이 어디든 만나봐야지 출신을 따지고 보면 좋은 사람 놓쳐요.(웃음) 그래서 거기까지 가게 됐습니다. 저는 가부장적이지는 않아요. 가사 분담에서는 밥은 거의 아내가 본인이 하려고 해요. 청소랑 쓰레기통은 제가 무조건 비웁니다. 설거지는 될수록 내가 하려고 그러고. 저희가 맞벌이를 하기 때문에. 빨래는 같이 하려고 노력합니다. 그런데 거의 아내가 많이 해요. 화장실 청소는 한번 했다가 혼나가지고 깨끗하지 않다고. 혼나서 안 하고. (웃음)

결혼하면 알겠지만, 잘해줘야 되요. 남자는 자기가 옛날에 생활했던 습관을 버려야 하는, 그 생리 주기. 그 남자는 생활습관 소변보는 것도 앉아서 봐야 돼요. 튀기면 아 진짜로. 아 나중에 여자들 결혼하게 되면 그거에 대해서 많이 싸운대요. 한동안 얘기를 하다가 이건 안 되겠다 그래가지고 앉아서 (웃음) 아 그 정도까지 해야 돼요. 다 맞춰줘야 하는 거지요. 옆으로 튀잖아요. 그러면 물로 한 번씩 헹구고. 그전에도 옛날에도 혼자 동생이랑 같이 살 때도 그랬어요. 여자들이 코에 민감한가 봐. 그런 걸로 한 달 동안 얘기하더라고

"신랑 앉아서 누면 안 좋겠어요?, 좋을 거 같은데요."

그런 얘기를 하더라고요. 아 이게 싫은 거구나 했어요. 그래서 왜 싫은지 생각해봤어요. 튀기니까 마르고 나면 냄새가 나는, 아무리 물로 이렇게 해도. 화장실 청소를 '내가 할 게요' 해도 물로 이렇게 대충하고 청소를 했는데. 마음에 안 든다고, 알아, 알아. 그럼 앉아서 누겠다고, 앉아 누는 게 평생을 습관이 돼서 남자는 앉아 누는 게 굉장히 불편해요. 쉽게 안 고쳐져요. 한 2개월 3개월 애를 먹었어요, 가끔씩 무의식적으로 하기도 했거든요, 그러면 물로 이렇게 청소를 해놓고. 그 정도로 남자들은 좀 해야 돼요. 그래야지 아내의 사랑을 받고. 평생 깨를 쏟을 수 있고.

남북한 상관없이, 결혼은 서로 맞춰가는 게 가장 중요한 것 같아요, 서로 다른 환경에서 살았고, 특히 우리 북한에서 온 분들 같은 경우에는 가부장적이라는 말을 많이 한다고 하더라고요, 저는 그런

편이 아니거든요, 그런데 결혼하고 나면 둘이 하나가 되는데 진짜 두 가지를 맞출 수 없어요. 하나로 맞춰하는데 부부가 하나 되기 때문에 그래서 생활습관부터 서로 맞으면서 해야 하는 거지 안 그러면 맨날 싸우게 되요. 서로 양보하는 것도 있고 존중해주고 인정해줘야 해요. 안 그러면 계속 그게 싸워서 나중엔 심하게 싸우다가 이혼 이야기 나오면 그러시더라고요.

탈북자의 이미지는 탈북자가 만들어야 한다

제가 이런 일을 하다 보니까, 내가 학교에 가서도 느낀 건데 우리 남한 탈북자 대학생들을 만나면 차별이 많다, 선입견이 많다고 하는데 저는 거꾸로 생각해요. 선입견이라는 것은 몰라서, 몰라서 선입견이 생기는 거고, 차별이라는 거는 내가 이 사람에 대해서 정확히 모르게 때문에 차별이 생기는 거예요. 남의 말을 듣고, 직접 만날 수 있는 기회가 있어야 되는데, 그래서 사실 관심이 없으면 만날 수 있는 기회도 적거든요.

사실 그래서 우리(북한이탈주민 대학생들)한테 무관심하다, 무관심하다 하는데 그거는 무관심이라는 거는 사실은 탈북 대학생들한테 무관심하다고 이야기하기에는 아직 이른 것 같아요. 아직까지는 우리 지극히 관심 있는 사람들은 우리에 대해 아는데, 사실 관심이 없는 사람들은 잘 모르거든요. 근데 그 관심을 어떻게 끌어내야 되는가? 그거는 사실 북한에서 온 사람들의 몫이거든요. 우리가 많이 알리고, 주변에 우리도 너네와 같은 민족을 인식시켜야 되는데, 이게 사실은 범위가 좁아요. 아직까지는 또 활동 영역도 적고 3천만이 되는 수에서 탈북 대학생들 수가 천명, 천이백 명이 되는데, 이게 이 적은 수의 사람들이 어떻게 다 알리겠어요, 그래서 시간이 많이 필요한 거고.

그래서 차별이나 편견이나 이런 거는 아직 탈북 대학생들 쪽에서는 아직까지 섣부르게, 그런 발언들이 나온다고 하는 그 얘기가 해주고 싶어요. 그 이런 걸로 인해서 좀 많이 알려야 그 사람들이 차별이나 이런 거에 대해서 그 벽이 낮아지고 무너지는 거지 사실 모르거나, 사실 그 방법을 모르면 끝까지 담이 쌓아지는 거거든요 그걸 허물려면 우리도 많이 알려야 되고 남한 청년들도 알고 싶어야 되고, 그런 게 있어요.

북한이탈주민들뿐만 아니라 탈북 관련 일을 하는 사람들도 북한 사람들에 대한 나쁜 이미지보다도 강점 단점 중에서 좋은 부분을 많이 노출시켜야 돼요. 부적응이라던 이런 것은 될수록 피해야 되는 부분이고요. 사람들은 누구나 남이 잘된 거에 대해서는 배 아파하고 잘 안 된 거에 대해서는 되게 자극적인 것을 더 좋아해요. 그러다 보니까 다 보셨잖아요. 간첩사건 하면 엄청 보더라고요. 누군지도 다 보는데 만약에 누가 성공했다면 '아 이런 사람 있구나' 그 정도에요. 좋은 쪽으로 많이 비쳐줘야 되요. 그런데 그게 우리가 해야 될 일이고 NGO단체가 해야 하는 몫인 것 같아요.

우리 재단에서 실시하는 남북한 대학생 교류 프로그램도 그런 의도에서 나온 겁니다. 모두가 잘 알지만 남북한 하면은 교육프로그램은 진짜 중요한 거예요. 그런데 이렇게 관심 있거나 있는 분들은 자기가 껴서 많이 만나는데 그렇지 않는 분들은 관심이 없거나 방법을 몰라서 하는 분들은 방법을 몰라서 하는 분들을 끌어다가 탈북 대학생들과 함께 섞여 놔봐야 되요. 그래야지 남한에 있는 학생들이 '이 사람들이 북한에서 넘어왔지만 우리와 다를 게 없구나, 똑 같은 학생이구나'. 이걸 느끼거든요. 그런데 이런 게 없으면 이거는 단절인 거죠. 편견이나 선입견들이 평생 가죠. 그래서 이런 프로그램을 만들고 있는 거죠

이 프로그램은 기업체 방문이라던가, 장학생 MT 문화 모임 이런

걸 통해서 많이 만나죠. 그리고 또 하나가 축구 대회가 있어요. 축구 계획을 할 때 사실은 이렇게 커질 줄 몰랐어요. 2009년 6월에 여기를 입사를 했어요. 6월에 입사를 해서 맨 처음에 한 프로그램이 머냐면 축구대회에요. 처음에 한 게 머냐면 남한 대학생 대 북한 대학생 축구 대회를 하는 건데 그걸 한 번 해보자. 그걸 기획을 했거든요. 처음엔 8팀이 해거든요. 연대 축구장에서 했었는데 그게 반응이 엄청 좋은 거에요. 그때 통일 한마당 탈북 대학생 동아리가 1등을 했었거든요. 그것만큼 좋은 게 없더라고요. 사람이 엄청 많이 모이니까, 8팀이 참여를 하면 보통 150명 정도가 오거든요. 그러면 그게 효과가 엄청 크거든요.

프로그램을 통해서라도 간접적으로 만날 수 있는 그런 기회. 그런 걸 통해서 탈북 쪽으로 관심을 가지고 자원봉사를 하는 그런 친구도 있고. 무조건 탈북에 대해서 '너희가 알아야 한다'는 주입식보다 자연스럽게 만나는 그런 프로그램이 필요한 거예요. 자연스럽게 알아가는 것이 좋은 것 같아요, 그 프로그램을 통해서 자원 봉사활동도 하고 축구에도 참여하고 한 달에 한 번씩 큰 대회는 1년에 한 번씩 있어요. 축구대회를 할 때면 한 200~300명 오거든요.

우리는 계속해서 적응해야 한다

내가 경험한 바로는 남한사회가 그리 호락호락한 사회가 아니에요. 산 넘어 산이에요. 고등학교를 졸업하고 나니까 대학교를 가야되고, 대학교를 졸업하고 나니까 취업의 문이 딱! 그리고 회사 취업하면 가족하고 회사를 병행하면서 뭔가 내 인생을 꾸려나가야 하고 또 노후 준비를 해야 하고. 과연 내가 이 회사에서 끝까지 살아남을 수 있을까? 끝임 없는 그런, 앞에 보이지 않는 그런 것들이 부딪치거든요, 그런 부분은 사실은 본인이 어느 정도의 끈질김과 인내심으로 해야 하지. 그건 본인의 몫이거든요.

그래서 저는 한 마디로 이야기한다면 무조건 인사 잘 하고 항상 밝은 사람으로 사람이 첫인상이 매우 중요하다고 하더라고. 그래서 많이 웃으니까 사람이 많이 모이더라고요. 내 주변에 좋은 사람이 많다고 이야기하더라고요. 그게 많이 웃고 하니까 많이 모이더라고. 사람을 많이 만나야 돼요. 그리고 어려운 일에 부딪치면 무조건 혼자서 풀려고 하지 말고 대화로 풀려고 해야 하며 혼자서 하면 지치기 마련이에요, 제가 경험했어요.

취업하기 전에 슬럼프에 빠진 적이 있었어요. 나는 그때가 제일 힘들었던 것 같아요. 학생일 때는 학생이라고 해가지고 학생은 공부만 잘하면 되잖아요. 학생일 때에는 사회에서 보호해줘야 한다는 인식이 있잖아요. 학생이니까 보호 받아야 한다? 졸업하면은 땡이에요. 졸업하면 능력에 따라 가름 나요 취업을 하느냐 못 하느냐로 평가를 하니까 어찌됐든가 학생신분으로 무엇이든 해야 해요. 자격증이 그것을 스펙이라고 하죠. 어찌되었건 학생 신분일 때가 유리해요. 학생신분으로 자격증이라든가 스펙이라든가 준비해야 해요. 정말 졸업하고 나면 정말 사회인으로 인정하기에 사회에서 능력 없으면 끝이에요.

그러니 학생일 때 준비를 모든 준비를 하는 것이 가장 중요한 것 같아요 그래도 학생일 때 정부라든가 NGO 단체라든가에서 관심을 가지는데 졸업하고 나면 정말 땡이에요. 졸업하고 나면 홀로서야 되는데 사회에 관심이 다 끊겨요. 그때부터는 나 혼자의 힘으로.

나는 '완전히 적응했다'라고는 생각을 안 해요. 지금도 적응하고 있는 단계인데, 이미 나는 남한 문화에 대해서 어느 정도 받아들이고 수용할 수 있는 그런 자세가 되어 있고, 어느 정도 젖어들었다고 생각하고. 그리고 뭐든 정보 싸움인 것 같아요. 내가 적응을 하고 못하고의 차이는 정보의 차이인 것 같아요. 내가 있으면서 막 이런 매체들, 수많은 매체들이 많이 쏟아 나오잖아요, 한국에서는. 근데 보다시피 한국에 있으면서 내가 모르는 정보도 알 수 있고, 모르는 정보를, 서로 이제 모르는 정보를 교환하고. 정보교환이거든.

근데 진짜 나는 그냥 한 마디로 딱 까놓고 말을 해서 지금은 적응하고 있는 단계예요. 지금도 계속. 근데 그 적응하고 있는 단계가 뭔가 북한에서 왔다고 해가지고 내가 지금 거기 있는 문화를 다 버리고 남한사회에 다 적응하냐. 그건 아니고. 그냥 남한사회에 살아나가는 게 계속 적응하고 있는 상태라고 생각을 해요.

나는 딱 두 가지일 것 같아요. 그러니까 거기에 대한 문화를 버릴 수는 없어요. 내가 그- 나서 탯줄을 묻고, 20년 동안 그 안에서 자라왔는데, 내가 그거에 대한 거는 버릴 수도 없고, 버려지려야 버려질 수가 없어요. 이미 내 몸에 그 문화가 다 잡혀 있기 때문에. 그리고 지금은 남한에 와서는 새로운 문화를 접해서 만들어가는 과정인 거죠.

그러니까 이제 그 문화를 버린다는 표현은 좀 그렇고. 다만 이제 그 문화를 안 쓰는 거지, 여기 와서는. 남한의 문화에 젖어들고 그 문화에 따라서 가는 거지 내 몸이. 근데 내가 지금 이렇게 막 일상적인 대화를 하지만, 진짜 깊이 있게 들어가면 사실은 그 문화의 충돌이 온다니까요. 내 아내가 남한 사람인데, 가끔씩 진짜 서로 이 출신을 구분 못할 때가 있는데, 얘기를 하다 보면 어느 순간 충돌이 오는 경우가 있어요.

하다못해 이제 막 얘기하다가 내가 예전에 교회에서, 애들 레크리에이션 진행한 적이 있었는데. 레크리에이션 진행했었는데 걔들이 중고등부였는데, 막 하다가

"야! 니네 가위바위보해."

그래가지고 이긴 사람 두 명, 최종으로 이긴 사람 두 명 나와 했는데. '중 가운데'로 나와, 그랬는데 애들이 그걸 무슨 소리 하냐고

가만히 서 있는 거예요. 근데 내 아내가 그러더라고.

"아 오빠, 이거 여기서 남한 애들은 중 가운데라 그러면 못 알아
들어."

그러는 거야. (웃음) 정 가운데로 나와 그러라는 거야. 그래서 이게
아직도 적응해 가는 단계인거지. 아무튼 고게 있더라고. 똑같은 말인
데 난 똑같은 말이라고 생각했는데, 애들이 못 알아들어. 북한 사람
들은 중 가운데 나오라면 다 나온다구. 그러더라고 모르더라고. 중
가운데 나와 그러니까 애들이 멍해서 서 있는 거야.(웃음) 그러니까
그런 거조차도 이제 계속 배워가고 있는 거지. 그게 뭐 크게 지장되
는 건 없어요.

김미희 이야기

1. 북한에서의 삶

부유한 삶, 부러움 없어라

저는 북한에서 86년 2월 7일에 태어났거든요. 태어나서 청진에서 계속 살았어요. 함경북도 청진이라는 곳인데 제가 태어나고 보니까 집안 형편이 좋은 편은 아니었어요. 제가 태어났을 때만 해도 아빠는 그냥 무역일 같은 걸 한다고 해서 일을 만드시느라 돌아다니다가 나중에는 중국도 한 번 갔다 오기도 하면서 계속 일을 찾다가 외화벌이라는 걸 시작하게 됐어요. 어릴 때라서 자세하게 생각은 안 나는데 암튼 제가 철이 들었을 때 보니 아빠가 차도 몰고 다니고 회사 이름으로 승용차도 가지고 있었어요. 처음엔 자전거를 타다가 오토바이를 타다가 나중엔 승용차를 타면서 점점 아빠가 발전했던 것 같아요. 아빠가 워낙에 사업 수완이 좋아서 그나마 저는 어렵지 않게 행복하게 잘 살았죠.

94년 그 당시부터가 고난의 행군이라고 얘기는 했었지만 저는 고난의 행군이 어떤 건지도 모르고 자랐어요. 거기서 살 당시에 사람들이 어렵게 사는구나 정도로만 알았는데, 그렇게 어렵게 살고 사람들이 먹지 못해서 그렇게까지 힘들어한다는 것을 거기 살면서는 정말 상상조차 못하고 살았어요.(진지한 표정으로) 그런데 어느 날 엄마랑 시장에 갔는데 진짜 어떤 꽃제비가 내가 먹는 아이스크림을 훔쳐가는 거예요. 그 고난의 행군 시기 이후부터 길가에 사람들이 굶어서 쓰러져 있는 것부터 시작해서 북한이 삭막해졌던 것 같아요. 내가 잘 살고 있으니까 그런 것들이 확 와 닿지가 않았어요. '왜 저렇게 못살지?', '왜 사람들이 저렇게 밖에 쓰러져 있지?' '시골에 가서 땅을 뒤지고 물고기라도 잡아서 먹으면 저렇게는 안 되지 않을까?' 그냥 이런 정도로만 생각하고 있었어요. 그렇게 저는 아빠가 잘 하셨기 때문에 잘 살 수 있었어요.

청진에서의 저의 일상을 말하자면 경성에 있는 온천에 자주 갔던 기억이 있어요. 거기는 외화로 거래를 하는 곳인데 저희는 일주일에 두세 번 정도 그 온천에 가서 목욕을 하고 왔어요. 항상 아빠 차를 타고 갔다 오곤 했는데 차로 30~40분쯤 걸렸던 것 같아요. 거기는 일반 사람들은 아예 가지도 못했어요. 그래서 가면 사람도 별로 없었고 청진에 있는 외화벌이 사장들 몇몇이 오다 보니까 가면 매번 친구들 판이에요.

그 온천 옆에는 외화벌이 식당이 있는데 거기에 들어가면 우리끼리 만나요. 우리는 식당으로 뭘 좀 먹으려고 들어가서는 음악도 틀어 놓고 애들끼리 춤도 추고 즐겁게 놀다고 돌아오는 생활을 했고, 또 방학 같은 때는 아빠랑 같이 평양에 놀러가곤 했어요. 그런데 저희가 방학이 자주 있는 것이 아니고 또 겨울 방학은, 그나마 기니까 그때는 가족들이 같이 놀러 가는데, 갈 때마다 아버지가 달러를 이만한 트렁크에 하나씩 꽉 채워서 들고 갔어요. 평양에 외화로 거래할 수 있는 데는 싹 다 가서 노는 거에요. 호텔, 가라오케부터 시작해서 창광원,1) 옥류관,2) 청류관3) 같은 데는 대부분 다 내화4)를 내야 하기 때문에 그렇게 좋다고 생각하질 않았어요. 내화를 내면 평양보다 더 훌륭한 곳도 많거든요.

어렸을 때니까 기억은 잘 안 나는데 청년 호텔 가라오케장인가? 거기 테이블에서 맥주를 마시기도 했는데 저는 어렸을 때니까 어른들이 마시면 옆에 있었죠. 그런데 거기는 외국인들도 많이 오는 곳이고 사람들이 앞에 나가서 노래 부르고 춤추고 하는 곳이라서 어른들 옆에 있다가 아빠가 나가서 노래하라고 해서 나가서 노래를 하면 외국인들이 좋다고 박수치면서 나한테 간식도 갖다 주고 그랬어요. 그리고 아빠는 제가 가고 싶은 데는 다 가고, 제가 하고 싶은 건 다 하게 해주실 정도의 능력을 가지고 있었어요. 북한에서는 선전, 선동하는 식으로 "세상에 부러움 없어라"라는 말을 많이 하거든요. 그런데 사람들이 우리에게는 이 말이 안 맞다고 하면서 "너는 정말 세상에 부러움 없어라" 이런 얘기를 되게 많이 했어요. 그때는 그게 무슨 소리인지 몰랐어요. 저도 탈북을 하면서 '사람들이 이렇게 어렵게 사는구나'를 체험하게 됐어요. 그 어렵게 살던 사람들과 같이 탈북을 하면서 이야기를 들으면서 그때 처음 사람들이 힘들게 살았다는 것을 알게 됐어요.

---

1) 1980년에 개관된 평양 창광원은 4층으로 된 목욕탕과 2층으로 된 수영관을 비롯해 이발소, 미용실, 청량음료점 등을 갖춘 북한 최대의 고급 목욕탕이다.
2) 평양 최고의 냉면을 파는 음식점.
3) 평양 최고의 고급식당과 유흥문화 시설.
4) 자국 화폐.

조인성도 울고 갈 내 남자친구

저는 저희 아빠가 보위부 사령부에 들어가서 예심받기 전까지는 항상 행복했어요. 저는 또 청소년이고 학교에 다니다 보니까 국가에서 나를 조여매어 나에게 자유가 없다고 생각하지도 않았고 내가 하고 싶은 건 북한체제 안에서 다 했어요. 원래는 졸업을 하고 나와서부터 토대나 그런 것 때문에 압박 받는다고 하더라구요. 그런데 저는 그걸 받기 전에 왔기 때문에 처음에는 그냥 엄마랑 떨어져서 많이 힘들었어요.

학교는 남녀 공학이었어요. 인기도 장난이 아니었죠. 그때는 제가 정말 아무 근심 걱정 없이 살다 보니까 스트레스 받을 일도 없으니까 행복했고 북한에서는 못사는 애들이 많다 보니까 잘 사는 사람들이 원래 인기가 많아요. 주변에 친구들도 많고 그렇다고 제가 티를 막 내고 다니던 애도 아니었지만 그래도 나름 키도 크고 멀쩡하고 하니까 인기도 많았고 했던 거죠.

짝사랑은 해본 적이 없어요. 짝사랑이란 건 한국에 와서 알게 됐고 (미소 지으며) 한국에 오니까 북에서는 연애하고 그런 걸 제제하지 않는지 많이 물어 보시더라구요. 북한에서는 손만 잡으면 결혼해야 되는 거 아니냐구요. 정말 심각하더라구요. 똑같아요. 여기나 거기나 똑같고 제가 학교 선배랑 사귀었는데 그 선배가 인기가 많았어요. 학교에서 짱이었어요. 주먹짱, 몸짱, 노는 거 잘하고 얼굴도 완전 잘 생긴 우윳빛깔이고요. 제가 처음 만난 친구가 진짜 너무 잘나가지고 그 친구 말고는 만나본 적이 없어요.

그 친구는 북한에서 김정일의 친척이었어요. 북한에서 제가 사는 동네가 좀 부유한 곳이었는데, 7세대라고 해서 김정일의 가족만 사는 동네가 있어요. 그 가족이었거든요. 그래서 엄청 짱이었고 얼굴도 조인성 저리가라였어요. 잘생긴 사람이 많지는 않은데 그 친구는 되게 잘 생겼었어요. 한 1년 정도 사귀었나? 그럼 결혼한다고 소문날 법도 한데 14살의 어린 나이에 사귀어서 저는 그런 것을 싫어했기든요. 저랑 개랑 우리 오빠랑 셋이서 평양에도 같이 놀러갔다 왔었어요. 그 친구랑 놀러 다니니까 어느새 여자 아이들 사이에 소문이나 시기를 많이 하기도 하고 친구들이 좀 힘들기는 했어요.

우리가 주로 데이트한 곳은 영화관이었어요. 왜냐하면 북한이라는 게 낮에는 손잡기도 좀 뭐하고 특히 어린애들이 그렇게 하면 "이놈의 자식들, 대가리에 피도 안 마른 것들이" 막 이러면서 엄청나게 혼이 나요.

그리고 우연치 않게 그 아이와 같은 학교가 됐어요. 제가 다니던 학교가 '1고중'이라는 영재학교가 되면서 동네에 같이 있던 '천마고등학교'라는 데로 우리 학교 학생들이 다 이동을 하게 된 거예요. 우리가 다 이동을 해 가지고 그 학교에 합류되다 보니까 같은 학교가 됐어요. 그래서 쉬는 시간마다 학교 뒤울안에서 같이 다니면서 얘기도 하고 그랬어요. 학교 뒤울안에 가면 애들이 다 거기로 와서 커플이 한두 커플이 아니었어요.

우리는 되게 깨어 있었어요. 청진은 되게 개방적인 도시거든요. 남자친구들이 반지도 다 끼고 다녔고 걸려서 맨날 교단에서 교장 선생님한테 욕먹고 장난 아니었어요. 그런 연애도 하고 쉬는 시간마다 친구들하고 놀다가 남자애들하고 어떤 안 좋은 일이 생기면 어느 순간에 오빠가 달려와서 상황 종료해주고 그랬어요. 제 남자 친구는 우리 학교에서 싸움 짱이었거든요. 머리도 좋고 싸움도 잘하고 집안도 좋고 잘 생기고 진짜 장난 아니었어요.

그래서 학교 여자애들이 엄청 질투하고 제 남자친구한테 엄청나게 관심을 보이고 그랬는데 제가 딱 자리를 지키고 있으니까 가까이 못하는 거죠. 그런 것들에 되게 의기양양하고 그랬어요. 연애는 여기랑 똑같고 별 차이가 없어요. 청진 같은 경우에는 놀이동산이 있어도 돌아가지를 않으니까 그런 데는 안 가고 자전거 타고 왔다 갔다 하면서 만나기도 하고 같이 비디오를 보기도 하고 그랬어요. 제가 엄청나게 도도해서 뽀뽀는 못해봤어요. 전 손가락만 잡았어요.(박장대소) 뒤울안에서는 "쪽쪽쪽" 소리도 나고 그랬는데 저는 그렇게는 못하겠고 그냥 손만 잡고 있었어요. 그런데 남자애는 되게 개방적이어서 뽀뽀를 하려고 했었어요.

그리고 그 친구가 집안의 토대가 좋으니까 나중에는 평양 만경대혁명학원에 간다고 하더라구요. 거기는 항일열사 자녀들이 가는 곳인데 걔가 가게 된 거예요. 어느 날 저보고 저녁에 둘이 만나자고 하더니 절 집에 데려다주는 길에 자기가 학원에 가서 한 오 년 정도 있어야 한다고 하면서 기다려줄 수 있냐고 그러는 거예요. 지금은 어이가 없는데 그땐 심각했죠. 나한테 얘기하는 거 보니까 '설마 간다 간다하더니 얘가 진짜 가나보다' 했죠. 아무 얘기 안 하고 있다가 기다려줄 수 있냐고 해서 "어 기다릴게" 그랬는데 그때 가지는 않은 상태에서 제가 탈북을 했으니까 그 이후에 어떻게 됐는지 모르겠는데 나중에 소문을 들으니까 이 친구가 '인민군협주단' 단원이 됐다고 하더라구요. 북한에서 군복 입고 '김일성 장군의 노래'를 부르는 거 있잖아요. 거기에 노래하는 단원으로 갔다고 하는 소문이 있는데 워낙 토대가 좋으니까 그랬을 거예요. 그 애 아빠도 승진은 했는데 그 옛날에 있던 그 자리보다는 조금 안 좋다고 그러더라고요. 승진은 했는데 자기가 먹고 살기도 조금 힘들었나 봐요. 그래도 과거에는 7세대다 보니까 워낙에 잘 살고 먹고 사는 데는 문제가 없었거든요.

다른 지역 애들은 모르겠는데 청진 애들은 되게 개방적이었어요. 평양 애들도 개방적이긴 한데 청진 애들은 엄청나게 개방적이었어요. 다른 친구들 연애하는 거 보면서 부러운 것은 없었어요. 왜냐하면 제가 마음에 드는 애들하고 그렇게 사귀고 있으니까 전혀 부럽지 않았어요. 제가 학교에서 최고인 친구랑 사귀는데 부러울 리가 있나요? 오히려 다른 애들의 부러움을 많이 샀지요. 제가 사춘기가 되게 빨리 왔어요. 11살 그때가 사춘기여서 그때부터 수많은 오빠들이 저한테 대시(dash)를 해오면서 제가 정말 피곤했는데 여기 와서는 한 번도 못 사귀고 이게 지금 뭐하는 건지 몰라요. (웃음) 사람이 "아 옛날이여" 하게 되더라구요. 지금은 도도하지 않은데 어디 가면 말이 많아서 그런지 애들이 여자로 안 보고 그런 점이 있어요. 사실은 저도 걔들이 남자로 안 보이니까 그렇게 하거든요.

아쉬움과 미련으로 남은 첫사랑

한국에 왔는데 친구들이 저보고 북한에서는 손만 잡으면 결혼하냐고 해서 많이 당황스러웠어요.
"우리랑 똑같아. 얘들아!"
왜냐하면 제가 14살 나이에 남자 친구를 만났거든요. 지금 친구들은 "그거는 뭐 연애도 아니다". 이런 식으로 얘기하는데 나름 되게 진지하게 만났어요. 저희가 산 곳은 청진이었는데 거기에는 7세대라는 김정일의 친척들이 사는 동네가 있어요. 그 동네에 사는 애가 한 명 있었는데 우리 아빠 친구네 아들이었어요. 그래서 그 친구랑 운명적으로 만나서 연애를 했거든요. 내가 연애를 한 번 했다고 하면 믿어주지를 않아요. 아니, 내가 했다는데 그건 연애도 아니라고 그래요. 아니 뭐, 어떻게 해야 연애냐고요. 그 친구와의 연애를 디테일하게 얘길 해야 됩니까? (하하하 웃는다)
제가 다니는 미용실이 있었어요. 그땐 그 친구를 전혀 모를 때인데, 우연히 친한 친구가 거길 소개시켜줘서 그 미용실을 다니게 됐어요. 거기 미용실 이모는 자기랑 정말 친한 사람들이 아니면 머리를 안 해줬어요. 장사 목적으로 하는 사람이 아니어서 거기를 다니게 됐어요. 어느 날 파마하려고 이렇게 앉아 있는데 그 남자애가 미용실에 온 거예요. 그 이후부터 그 미용실 다니면서 걔랑 자꾸 눈이 마주쳤어요. 그 동네 지나다가 걔가 노는 게 보이면 서로 이렇게 눈을 맞추면서 뭔가 그런 것들이 왔다 갔다 했어요.

어느 날 친구들이랑 영화를 보러 갔는데 영화관에서 패싸움이 일어난 거예요. 남자 애들이 막 의자를 던져가면서 싸우고 완전 난리가 난 거예요. 그런데 걔가 거기서 이런 각목을 들고 막 싸우는 거예요. 어머! 세상에나 너무 멋있는 거예요. 그래서

"어쩜 좋니. 잘생긴 애들은 싸움도 잘한다."

"야, 다치면 안 되는데…"

하면서 옆에 친구랑 얘기했어요. 그러다가 우리는 무서워서 나와 버렸어요. 친구랑 놀다가 집으로 들어갔는데 걔가 우리 집에 있는 거예요. '뭐지?' 이랬는데, 오빠가 친구라고 하면서 소개시켜 주는 거예요. 알고 보니까 오빠도 그 날 친하게 된 거예요. 우리 오빠도 거기 어디에 있었나 봐요. 사실 걔 때문인지는 모르겠는데 오빠는 안 보였어요. 그때 오빠가 세상에 그렇게 이쁠 수가 없어요. 그런데 그때 나는 도도해서 표현을 잘 안 했어요.

"어, 내 친구야."

"어, 안녕하세요…"

이러고 앉아 있는데 걔가 눈빛이 다른 거예요. 나를 보는 눈빛이 뭔가 좋아하는 게 보여요. '어머나 세상에 어떡해. 우리 집까지 왔네' 이러고 있는데 그 이후부터 이 친구가 나한테 편지를 쓰기 시작하는 거예요. 부모님이 있으니까 대부분은 못하잖아요. 우리 오빠가 중간에서 저한테 방자 노릇을 하는 거예요. 한번은 오빠가

"미희야, 걔 아까 놀다 갔는데 나한테 편지를 주고 갔어."

"오빠, 어떻게 이렇게 할 수 있어? 동생이 이 어린나이에 연애하기를 바래?"

"아니 그게 아니라 내 친군데, 되게 괜찮아가지고."

"됐어."

내가 편지를 안 받고 그랬어요.

"미희야, 쟤 아까 놀다 갔는데 니 신발 안에 편지를 두고 갔다."

사실 궁금하잖아요. 그래서 오빠도 가족들도 다 없을 때 '뭐라고 썼지?' 하면서 꺼내봤죠. 부모님이 되게 보수적이라서 화장실에 들어가서 봤는데 세상에, 나를 위해 시를… 시를 썼더라구요. 세상에! 자기는 어느 한 순간 나를 보고 만나자 한 게 아니라 나를 쭉 지켜봤다는 거예요. 왜냐하면 그 전부터 많이 봤었거든요. 그래서 저는 '아! 그때부터 나를 마음에 들어 했구나' 했는데 너무 무서운 거예요. 그런 운명적이고 역사적인 건 보관해줘야 하는데 부모님이 볼까봐 갈기갈기 찢어서 화장실에 넣고 물을 내려버린 거예요. 그러고 나서 오빠가 계속 저녁마다 들어와서는 그러는 거예요.

"쟤가 기다리니까, 빨리 나가 봐라. 나가 봐라."

"어떻게 그래. 못 나간다. 못 나간다."

그런데 개가 계속 짖으면 엄마가 마당에 나가 보잖아요.

"개가 왜 이렇게 짖니?"

"아니에요. 아니에요."

"야 어떻게 해."

"보잖아. 보잖아."

오빠랑 한참 조마조마해 하고 있는데 엄마가 들어와서는 오빠한테 그러는 거예요.

"야, 너는 친구를 밖에 세워놓고 밥 먹겠다고 여기 나와 앉아 있니?"

그런 위기들이 되게 많았어요. 결국에는 이 친구가 나한테 엄청나게 들이대다가 한 한 달 정도 됐을 때 자기도 이제는 더 이상은 지쳤다면서 나한테 마지막으로 묻겠대요.

"정말 내가 마음에 없는 거야. 사귈 마음이 정말 없는 거냐."

그러는데 순간 속으로 '마지막 기회다. 이러면 안 되는데…' 하는 생각이 드는 거예요. 그래서

"사귀어요! 당장 사귀어요!"

그 다음부터 사귀기 시작을 했어요. 한 일 년 정도를 사귀었나? 같이 평양에도 놀러 갔다 오고 북한은 이동에 자유가 없는데 사실 그때 저희는 가정 형편도 좋고 하니까 그냥 자유로웠어요. 북한에서 살아도 모든 게 그냥 우리가 마음만 먹으면 할 수 있어서 그때 평양 방문이 어려운 것도 몰랐어요. 그래서 그냥 침대칸 타고 평양까지 가서 유희장도 가고 놀이공원도 놀러 다녔어요.

그 오빠 집안이 저희 아빠를 통해서 도움을 많이 받았었어요. 집안이 워낙 좋긴 했었지만 그래도 아빠 도움을 좀 많이 받았는데 그 집이 우리 아빠 일이 이렇게 되면서 오빠는 괜찮은데 오빠네 집안 태도가 별로 안 좋은 거예요. 아빠가 그렇게 되고 나서 그런 태도들이 기분 나빠서 그 애를 좀 멀리 하려고 했는데 그래도 이 친구는 나한테 계속 좋은 감정을 가지고 있었어요. 사실은 내가 좀 더 기분이 나빠진 상황에서 탈북을 하게 되었는데 결국 나중에는 어떤 아쉬움이 생기더라고요. 왜냐하면 이 친구는 나한테 무한하게 사랑을 줬는데 저는 잘 표현을 안 했고 오히려 그런 것들이 더 아쉬움으로 남더라구요. 실컷 사랑을 표현한 사람은 나중엔 아쉬운 게 없다고 하잖아요.

한국 드라마를 보며 연기자의 꿈을 키우다

북한에서 한국 드라마를 봤어요. 한국 드라마를 보아서 그런지 어릴 때부터 북에서 하던 세뇌교육 같은 것들이 되게 많이 없어졌어요. 드라마를 보면서 한국에 대한 환상이 되게 컸는데 아마 우리랑 똑같은 말과 언어를 쓰는 저렇게 발전된 나라가 있다는 것이 환상으

로 다가왔던 거 같아요. "의가형제"5)를 보면서 "누구 씨, 누구 씨" 말투도 따라하고는 했는데 어디 가서 애기할 수 없잖아요. 친구들이 랑은 거울 보면서 "미희 씨~"(크게 웃는다) 하고 놀기도 하고 그런 것들이 되게 좋았어요.

북한에 있을 때도 제가 연기를 하고 싶어서 아빠에게 연기를 하고 싶다고 하니까 아빠가 힘을 써서 고등학교를 졸업하면 평양 2.8영화 촬영소6)에 가게 되어 있었거든요. 그래서 그날만 기다리다가 중간 에 풍비박산이 나긴 했지만 암튼 그러면서 일 년 동안 드라마도 많이 봤거든요. 보면서 '아… 연기를 하고 싶다' 생각했어요. 뭔가 너무 자연스럽고 세련된 것들이 그냥 좋은 거예요. 결국은 아빠가 한국 가자고 해서 북한을 떠나오면서 '아, 꿈이 이루어지는 건가?' 하면서 북한을 떠난다는 자체도 좋고 되게 소풍가는 기분으로 떠났 어요. 그렇게 떠났는데 그게 순탄치 않더라구요. 소풍이 아니더라구 요.(희미한 웃음)

북한에서 교육할 때는 북한이 더 잘 산다고 해요. "북한은 세계적 으로 잘 산다"고 "우리나라가 최고다"라고요. 어릴 때 교육받을 때는 "남한은 정말 깡통 찬 거지들이 득실거리고 모두들 구두닦이하고 있어서 우리가 도와줘야 하는 나라"라고 배워요. 그래서 빨리 통일 이 돼서 구원해줘야 하는 걸로 엄청 배웠어요. 그래서 되게 살 곳이 못 되는 곳이라고 생각했어요.

근데 언제부턴가 남한에 대한 비디오가 많이 들어왔어요. 그런 걸 자유롭게 볼 수는 없어요. 자유롭게 못 보죠. 처음에 비디오를

---

5) 1997년 1월에 시작해 1997년 3월에 종영한 드라마로 의료현장에서 펼쳐지는 참 인술 의 모습을 그린 신호균 연출과 김지수 극본의 드라마다. 의사형제와 연인들이 겪어 야 하는 삶과 죽음의 모습을 통해 가족 간의 사랑과 남녀 간의 지고한 순애보를 그린 드라마로 장동건, 손창민, 이영애 등이 출연했다. 출처: MBC닷컴
6) 1990년대에 4.25 예술영화 촬영소로 명칭이 바뀌었다.

보다 걸리면 사형을 시켰어요. 그래도 사람들의 호기심을 막을 수 없기 때문에 중국을 통해서 많이 들어왔어요. 그러다가 그때 비디오가 있는 집이 얼마 안 됐는데 그 집끼리 몰래몰래 바꿔보기 시작했어요. 그렇게 보는데 저곳이 남한이고 우리말을 쓰는데 말도 엄청 예쁘게 하고 주변이 엄청 발전되어 있는 것들을 보면서 '어? 그동안 우리가 생각했던 남한이 아닌데?' 하며 처음에는 되게 충격이었어요. 북한이 워낙 우리가 최고라는 선전을 많이 하기 때문에 '남한도 우리처럼 영상으로 선전을 해서 좋은 게 아닐까?' 하고 생각했어요.

저희 할머니가 중국과 가까운 회령시에 살고 계셨어요. 그래서 놀러 가면 중국과 연결하는 전파가 잡혀서 연변 TV를 볼 수 있었어요. 그런데 연변 TV에서 남한에 대해 엄청 소개하고 연변 사람들이 남한 사람들을 많이 따라하는 게 나왔어요. 그래서 '아, 남한이 많이 발전했구나'. 그리고 TV에서 남한 사람들에 대해 말하는 걸 보면서 '아, 남한이 엄청 발전했구나. 빨리 통일이 됐으면 좋겠다'고 생각을 많이 했어요. 말조심을 해야 하니까 주변 친구들과 이런 얘기를 나눌 수 없다는 게 저로선 되게 답답했어요.

제가 처음으로 한국 드라마를 접했던 것이 가장 기억에 남아요. 아마 못 보셨을 거예요. 되게 오래된 건데 "의가 형제"라고 장동건, 이영애가 주연이고 병원을 그리는 드라마인데 그걸 보면서 엄청나게 자극을 받았어요. 심장 수술 장면을 보는데 의술도 많이 발전되고 되게 좋은 거예요.

한국에 오기 전에도 한국이 발전된 나라라는 걸 알았죠. 알기도 했고 또 너무 과하게 생각하고 온 것도 있어요. 한국에서는 화장실에서 큰일을 볼 때 스스로 힘을 주면 몸에 안 좋기 때문에 남한의 화장실 앞에는 개그 프로만 나와서 그걸 보면서 웃으면서 자연스럽게 볼 일을 본다고 생각할 정도로 과하게 말이죠.

한국에 오니까 사람들이 많이 물어보는 말이 많이 발전된 남한에서 어떤 것이 가장 놀라웠냐고요. 그런데 저는 탈북 과정이 1년 정도 걸렸어요. 1년 좀 넘게 걸리다 보니까 저는 들어올 때 아무 것도 안 보이고 "인천공항"이라는 그 우리말이, 우리글로 된 푯말이 그냥 되게 감동이었어요. '우리는 갈라져 있었지만 하나의 나라구나' 생각 하면서 감격했어요. 우리말을 사용하는 사람들을 보면서 너무 편안 하고 우리를 받아주는 이 나라가 있어서 너무 다행이었어요. 건물을 보면서도 깨끗하다는 생각을 했어요. 그런데 간판이 너무 많아서 정신이 없었어요. 간판이 엄청 많잖아요.

유명한 아빠에게 닥친 숙청의 위기

우리 가족은 동해 바다를 끼고 있는 함경북도 청진시에서 살았고 아빠는 무역을 하셨어요. 북한에서 무역을 하는 것은 외화벌이를 하는 것인데 그런 회사들이 되게 많지만 외국하고 직접적으로 거래 를 할 수 있는 회사는 몇 개 안 돼요. 저희 아빠의 경우에는 인민군총 참모산하 함경북도 국제연합무역회사 사장 이었어요. 되게 높은 자 리였는데 열심히 일을 해서 당에도 엄청 충성을 하셨어요. 북에서 무역을 하면 비리나 이런 걸 많이 저질러서 대부분 국가보위부 검열 에 걸려서 얼마 못하고 감방 가는 사람들이 많아요. 그런데 저희 아빠는 무역을 하면서 진짜 장기간을 그 사장 자리에 계셨던 분이고 되게 유명해요. 북한에서 무역하시는 분은 저희 아빠 이름대면 전국 적으로다 알아요. 그러면서 늘 집에 들어오면
"우리 장군님, 우리 수령님을 위해서 헌신을 해야 한다."
이러시니까 '우리 아빠는 국가에 대해서 열의가 엄청나구나' 생각 하면서 대단하게 봤었거든요.
현대에서 주도한 금강산 관광 사업을 진행할 때 우리 아빠 회사가 전체 도로 공사를 맡아 진행했어요. 그때 정주영 회장님과 그 아들도

만나서 선물도 받고 그러면서 회사도 상당히 많이 성장했어요. 우리 아빠 본사는 평양에 있고 지사가 청진에 있었는데 지사가 더 컸어요. 그리고 평양에 있는 본사 사장은 김책7)의 손자인데, 함경도에 김책시라고 있잖아요. 김책이라는 사람은 김일성하고 혁명 투쟁했던 사람이고 그 손자는 어릴 때부터 김일성이 많이 예뻐했던 사람인데 그 사람은 본사에 있는 본사 사장이었고 저희 아빠는 지사 사장이었어요. 근데 본사 사장은 바지 사장이나 마찬가지에요. 업무는 우리 아빠가 거의 다 했거든요. 사업 수완도 우리 아빠가 너무 좋아가지고 그렇게 다 했어요. 그러다 보니까 북한에서 무역을 하는 사람 중에 아빠를 모르는 사람이 없어요. 비즈니스를 한다고 하는 사람들은 아빠를 모르는 사람이 없을 정도예요. 지금도 북한에서 무역을 하다가 여기 온 사람들이 있는데 이 사람들도 우리 아빠를 다 알아요.

그리고 북한에서 무역을 해도 그렇게 오랜 기간 살아남은 사람이 없어요. 왜냐하면 좀 살만 하게 컸다 하면 쳐 버리거든요. 해임, 횡령, 부정부패 척결을 빌미로 북한에선 쳐 버리는데 아빠는 항상 우리한테 그랬어요.

"내가 돈을 안 모으고 돈을 쌓아두지 않고 장군님을 위해 일해서 나는 잡혀 안 간다."

우리 아빠는 16살 때 나이를 속이고 김신조8)가 있던 그 특공대에

---

7) 김책(金策, 1902.8.4~1951.1.31): 강건, 최용건, 최현 등과 함께 1930년대 만주빨치산 시절부터 김일성과 함께 활동했다. 1946년 2월에는 북한 최초의 군간부 양성소인 평양학원 원장에 취임하였고 1946년 8월 북조선노동당이 결성되자 당 중앙위원회 위원 겸 상무위원회 위원으로 뽑혀 활동하였다. 1946년 2월 북한의 임시 중앙주권기관인 북조선임시인민위원회가 북조선인민위원회로 개편되면서 부위원장에 취임하였다. 1948년 2월에는 북조선인민위원회에 신설된 민족 보위국 초대 국장에 취임하였다. 북한 정권은 김책이 사망하자 함경북도 학성군과 성진시를 각각 김책군과 김책시로 개명하고, 기존의 대학과 공장을 김책공과대학·김책제철소 등으로 개칭하여 그의 죽음을 기렸고 영웅칭호 및 국가훈장 제1급을 추서하였다. 출처: 한국 민족 문화 대백과

들어가서 당원이 됐어요. 그리고 진짜 나라를 위해서 일을 한다고 했는데(허탈하게 웃는다) 결국은 아빠도 잡혔죠. 인민군대에서는 충참모장이 제일 쎄고 그 다음이 부총참모장인데 거기는 부총참모장이 일을 다 하거든요. 그 사람은 노동신문 보면 김정일하고 군사 지도할 때 지도를 착 펼치고 (지도를 펼치는 시늉을 하면서) "여긴 어떻고 여긴 어떻게 하고" 하는 장면으로 1면에 실리던 사람인데, 이름이 안피득9)이라고 되게 잘 생겼어요. 저희 아빠의 상사였죠. (머리 쪽에 행동을 취하면서) 저희 아빠랑 일을 하시던 분인데 그분이 잡히면서 그분을 죽이려고 하다 보니까 저희 아빠 이름이 나온 거죠. 왜냐하면 연관이 되어 있는 사람이니까요. 이 사람이 하고 있는 일에 돈을 대줬다는 명분으로 우리 아빠를 잡아 들였어요. 안피득 부총참모장이 조사를 받는 과정에 그 사람 집에서 돈이 나왔어요.

"이 돈은 어디서 났나?"

이렇게 하다가 저희 아빠가 줬다고 해서 저희 아빠가 걸렸는데 평양에서 보위부 애들이 내려왔었어요. 그래서 예심10)을 하는데 그때 저희 아빠가 몸이 안 좋아서 회사에 안 나갔더니 그때 보위부

---

8) 김신조(金新朝, 1942.6.2~)는 남파 공작원 출신의 사상전향자이자 대한민국의 개신교 목사이다. 1968년 1월 21일 청와대를 습격하려던 조선민주주의인민공화국 민족보위성 정찰국 소속 124군 부대 무장 게릴라 31명 중에 유일하게 생포되었고, 후에 대한민국에 귀순하였다. 귀순 후 서울침례회신학교(현 베뢰아국제대학원대학교)에서 침례교 신학을 전공하고 졸업한 후에는 종교인이 되었다. 출처: 위키백과

9) 출생연월일 미상. 평남 남포 출신의 군 부총참모장(건설 담당)과 인민무력부 청사관리국 지도원이었다. 1986년 6월에 노력영웅 칭호를 수훈하고 1987년에는 2중 노력영웅 칭호를 수훈한다. 1996년 9월에 군 상장, 1997년 2월에는 최광 국가장의위원회 위원, 1998년 7월에는 최고인민회의 제10기 대의원을 지냈으며 1996년 9월 23일에는 중앙 방송에 출연 금강산발전소 조기완공 결의를 한다. 1998년 12월에 안변청년발전소(금강산발전소) 2단계 공사 완공을 위한 군인 건설자들의 궐기모임에 참석하며 2000년 11월에 안변청년발전소 2단계 준공식 참석하지만 곧 숙청된다. 출처: 두산 백과

10) 보위부 조사.

애들이 열받아 가지고 아빠를 무조건 잡아서 진짜 죽여야겠다며 자기네가 평양에서 여기 청진까지 왔는데 코빼기도 안 보인다면서 무작정 저희 아빠를 죽이려고 맘먹은 거예요.

그래서 저희 아빠를 내륙인 평양으로 데려가 거기서 있는 거 없는 거 다 들춰내서 보위부 사령부 지하 감방에서 1년 동안 예심을 받게 했어요. 그렇게 1년 동안 보위부에서 예심을 받고 평양 보위부 아래 정치범이 가는 수용소에 있었어요. 왜냐하면 옆에서 힘을 써서 아빠를 빼내려고 하니까 경제범인데 정치범들이 가는 보위부에 강금해 놓은 거예요.

제가 평양으로 아빠를 만나러갔을 때 아빠 몸은 말이 아니었어요. 아빠가 들어갈 때 몸무게가 80킬로그램이었는데 그 안에서 43킬로그램 아래로 내려갔어요. 한 번도 자식들한테 이런 모습을 보여본 적이 없었고 그런 모습을 보이기 싫으니까 제가 갔는데 면회소에 들여놓지 말라고 하셨대요. 평양의 그 정치범 보위부가 얼마나 조사가 엄격하고 셌겠어요. 거기서 한 달 버텨도 완전히 기적이라는데 아빠는 그 안에서 일 년을 있었어요.

이제 사형까지 간다는 소문이 났었는데 그래도 겨우 거기까지 손이 닿게 힘을 써서 최고형인 15년 형을 받고 평양 근처로 보내져야 하는데도 마지막 소원이 고향 쪽으로 가는 것이라 해서 함경도 회령시 그 근처에 있는 정거리교화소로 아빠가 내려왔어요. 그리고 아빠 위에 있던 사람들과 안피득이라는 사람은 사형당하고 말았어요. 그 사람은 북한에서 3층 영웅이라서 그 사람 집에 가면 김정일이 친필로 "안피득 동지는 미남입니다"라고 쓴 글도 붙어 있을 정도로 엄청나게 유명한 사람인데 한순간에 숙청해 버리더라구요. 그 사람이 잡히고 그 사람과 연루된 사람들의 가족까지 다 없애 버렸어요. 우리만 유독 살 수 있었고 아빠가 의사 선생님과 작전을 짜서 아픈 척하며 쓰러져 있는 척해서 7개월 만에 병보석으로 나왔어요. 그때 더 이상 여기서 살지 못하겠다고 저희 아빠가 판단을 하신 거죠. '이 땅에서는 아무리 노력해도, 또 내가 아무리 진심을 말해도 절대 인정해주지 않는구나.' 무조건 죽이려고만 접어두니깐 아빠는 더 이상 이 나라에서는 희망이 없고 자식들 미래도 없다고 생각해서 저희를 데리고 탈북을 하게 됐어요.

한국행을 마음먹다

아빠는 일반 주민들에게 잘 했기 때문에 아빠에 대한 평가도 좋았어요. 북한 체제가 항상 우리 아빠한테는 다 좋게 좋게 해주니까 살 만한 곳으로 생각하고 그렇게 살았는데 아빠가 감옥에 들어가자 사람들이 등을 돌리기 시작하고 그 안에서 무자비하게 죽이려고 하고 아빠가 여태껏 나라를 위해 뭔가를 했다는 것은 전혀 인정도 안 해주고 잡아갔어요. 당원임을 증명하는 당증은 물론이고 김정일이랑 찍었던 사진과 아빠는 무궁화 훈장 다음 가는 국기훈장 1급을 받았는데 그것까지 다 몰수해 간 거예요. 그래서 우리에게 미래도 없고 아빠가 여기서 다시 시작하려고 해도 (손으로 엑스자를 만들며) 의욕을 완전히 상실하고 다시 올라간다는 것 자체도 힘들고 해서 두만강을 거쳐 중국으로 넘어갔죠.

아버지가 투옥되셨을 때가 제가 열네 살일 때예요. 아빠가 가시고 나서 1년 동안의 주변 분위기와 집안 분위기는 정말 끔찍했어요. 저희 집은 돈을 숨겨두는 집이 아니었어요. 왜냐하면 주변에 대체로 외화벌이하는 사람들은 사업하는 돈 따로 있고 거기서 계속 떼어 먹어서 집안에 계속 쌓아 놓는 사람들이 많았어요. 근데 저희는 그러지 않았어요. 그래서 아버지가 가고 나니까 저희는 빈털터리가 되어 버린 거예요. 그래도 아버지랑 사업했던 친구들이 도와주어 살기는 살았지만 그 일 년 동안 주변 사람들의 시선이나 오해가 힘들었어요.

길을 걸어가는데 어떤 아저씨가 그러는 거예요.

"너희 아빠 사형당한다면서?"

"너희 아빠 안기부 돈 먹고 그랬다면서?"

이런 이야기를 하면서 우리를 힘들게 하더라구요. 암튼 아빠는 열심히 일하고 항상 가족한테 이야기했어요.

"난 당을 위해서 일하니까 안 잡혀간다."

그런데 결국은 잡혀가서 말도 안 되는 걸로 사람을 잡으려고 하는 것들을 제가 사춘기 그 나이에 정말 뼈저리게 보다 보니까 거기에 완전 환멸을 느낀 거예요. 평양으로 아빠를 만나러 갔을 때 일이예요. 북한은 위성이 찍지 못하도록 평양에서 완전히 외지인 산 속에 정치범을 취조하는 정치보위부를 만들었는데 거기 정문 앞에 쭈그리고 앉아 있었어요. 평양에서는 열두 시가 되면 에밀레종이 울려요. '뎅' 울리는데 그 소리를 들으며 눈물 흘리면서 '왜 이렇게 해야 하나' 생각했어요. 이런 것들이 어릴 땐 너무 충격이었어요. 아무튼 제일 컸던 충격은 주변 사람들이 우리를 멀리하는 거였어요. 같이 연관됐다고 하면 또 잡아가거든요. 북한의 현실에서는 그 사람들도 어쩔 수 없는 일이긴 한데, 하여튼 (먼 산을 보면서) 너무 살기가 막막하더라구요(침묵). 아빠는 병보석으로 나왔을 때 며칠 동안 아무 얘기 없이 가만히 있었어요. 사실은 그날 오빠와 얘기를 했어요.

"오빠, 왜 아빠가 우리보고 외국 나가자는 얘기를 안 하지?"

왜냐면 내가 봐도 이곳에 있는 게 아니라고 생각을 했거든요. 그래서 오빠보고 외국으로 나가자고 했어요. 그런데 어느 날 아빠가 말했어요.

"너희 혹시 중국 가보고 싶은 생각 없니?"

"아빠, 차라리 한국 가자."

2. 탈북 과정

두만강 얼음물에 떠내려가는 브로커 아줌마

두만강을 건너기 위해 저희는 국경 경비대한테 돈을 줬어요. 겨울에 엄청 추운 날을 선택해서 오빠랑 아빠랑 저랑 세 식구가 건넜어요. 엄마는 그때 사정이 있어서 같이 못 떠났거든요. 국경 지역에 갔을 때 브로커 아줌마 한 명이 붙었어요. 그래서 세 명, 아니 네 명이 나왔는데 진짜 추운 날을 선택한 거예요. 그때가 몇 월이었지? 10월이었나?(생각하다가) 아니 1월에 넘어왔는데 얼음이 안 언 거예요. 두만강 겉부분은 얼었는데 중간은 잘 안 얼어 있는 거예요.

"우리 어떻게 해?"

"뭐하는 거야? 빨리 건너가라고!!"

"어떡해, 어떡해."

브로커 아줌마가 그때 우리 오빠가 17살이었는데 날쎄니까 오빠보고 먼저 뛰어넘어 보라고 했어요. 겁이 많은 오빠는 싫다고 했죠.

"그래, 니가 한 번 뛰어넘어 보라."

"내가 왜 뛰어요? 나 못 뛰어요."

"어떡해, 어떡해."

나이가 좀 있는 아줌마는 본인이 직접 뛴다고 하면서 (달려오는 팔짓을 하면서) 뒤로 주춤 했다가 앞으로 막 달려가는 거예요. 그러면서 얼지 않은 부분을 훌쩍 뛰어넘는데 바로 "첨벙!!"하면서 물에 빠지는 거예요. 저희가 건너는 쪽은 강폭도 디게 넓고 물살도 엄청 쌨어요. 밑에서 물이 "좌!좌!" 하는 소리가 장난 아니었어요. 물 깊이도 엄청났어요. 근데 이 아줌마가 겨울이니까 파카를 입었는데 갑자기 물에 둥둥 뜨는 거예요. 튜브처럼 막 떠내려가는데 사실은 정말 지금 생각해도 웃을 일이 아닌데 그때는 그게 정말 심각했었는데 다음날 빵 터졌어요. 막 떠내려가는데 그냥 조용히 떠내려갔으면 괜찮을 텐데 (하하하 크게 웃음을 터뜨리며) 소리를 엄청 있는 대로 지르는 거예요.

"사람 살려! 사람 살려!"

물에 빠진 아줌마가 다른 초소가 있는 곳으로 떠내려가는 거예요. 여기 이 구역만 돈을 줬는데 이 구역을 지키는 사람이 갑자기 없어진 거예요.

"이거 어떻게 하지? 돌아가야 하나? 이 아줌마는 어떡하지?"

우리는 어렸으니까 (두려워하는 포즈로) '이제 우리는 어떡해야 하지? 가야 되나?' 하는데 아빠가 주변에서 장땡이 나무를 찾았는데 진짜 다행히도 엄청 긴 나무가 있었던 거예요. 아줌마가 멀리 안 가서 얼음 안으로 들어가면 죽는 거잖아요. 아줌마가 얼음 쪽으로 가면 얼음을 막 밀면서 가는 거예요. 그래서 아줌마를 겨우 건져 냈는데 이 아줌마가 겨울옷을 단단히 입었는데 이 옷이 젖어서 완전히 천 톤 무게인 거예요. 지금 아빠는 감옥에서 나온 지 얼마 안 되어 본인 몸도 수습이 힘든데 그 아줌마를 업고서 조금 더 위로 올라갔어요. 그런데 좀 더 올라가니까 강이 다 언 곳이 있더라구요. 너무 급하니까 주변을 살피지 않고 무작정 건너다 보니까 봉변을 당한 거였어요. 우리가 좀 가벼우니까 앞으로 걸어갔어요. 그리고 아빠가 우리 뒤를 따라 걸었는데 걸어갈 때마다 "빠지직 빠지직" 소리가 나는 거예요. 살얼음 밑으로는 물소리가 "쫙쫙" 흐르는 소리가 나고 한 번 빠졌으니까 겁이 엄청 날 거 아니에요. 완전 종잇장 상태로 가는데 세상에나 두만강 폭이 되게 넓어 보이는 거예요. 세상에 왜 이렇게 넓어요? 가도 가도 끝이 없어서 무슨 바닷길을 걷는 줄 알았어요.(한숨 내쉬면서)

"아빠, 아직 도착 안 했어요?"

"아니야, 조금 더 걸어야 돼. 조용히 하고 빨리 걸어."

한 발짝 걸을 때마다 "빠지직 빠지직"해서 '어떡해 어떡해' 하며 걷는데, 완전 추운 날인데도 진땀이 막 나면서 추운 줄도 몰랐어요.

그렇게 가다가 결국은 도착을 했는데 갑자기 저쪽에서 큰 목소리가 들려요.

"누구요?"

"아빠, 저기서 누구요 하는데?"

"야, 그냥 얘기하지 말고 조용히 아빠 따라와."

그때 긴장감이 돌았어요. 그 아줌마는 아빠한테 업혀서는 (아줌마 흉내 내면서 쉰 목소리로 손가락 짓을 하면서)

"저기, 저기."

이래요. 그래서 그 동네 어느 집에 들어갔어요. 들어가고 나서야 '아, 살아 돌아왔다' 생각했어요. 신기한 것은 긴장을 많이 해서 그런지 감기 하나 안 걸렸어요. 근데 우리가 눈을 떠보니까 온 집안 식구가 귀가 얼어서 물집이 생겨 거의 저팔계 귀가 되어 깜짝 놀랐는데 아빠가 업고 온 브로커 아줌마는 신기하게도 하나도 안 얼어서 진짜 정말 억울했어요. 사실은 그 아줌마를 업고 오느라 더 꽁꽁 얼었지만 무사히 도착해서 아줌마에게 감사했거든요. 근데 아침에 눈뜨니까 밖에서 전날에 들었던 "누구야?" 하는 소리가 들렸어요. 그래서 나가 보니까 소가 "움메" 하는 소리였어요. 사람이 긴장하니까 소가 "움메" 하고 우는 소리가 "누구야, 누구야" 하는 이상한 소리로 들린 거예요. 그리고 아줌마는 거기서 돈을 받고 돌아갔어요.

돈만 밝히던 브로커

아빠와 무역하는 사람들이 중국 쪽에 있어서 그 사람들이 우리에게 연락을 하고 간부급의 경찰차가 와서 바로 저희를 태우고 갔어요. 저희는 연길에 있는 동안 경찰관 집에 들어가 있어서 위험하진 않았어요. 아빠는 거기서 한 달 만에 중국 쪽 브로커들을 만나서 한국산 여권을 위조했고 대련에서 배를 타고 한국으로 들어왔어요. 아빠가 한국에 도착했는데 연락이 안 닿아서 저희는 엄청 걱정하고 있었는데, 사실은 아빠가 배를 무사히 타고 나니 긴장이 풀려서 술을 너무 많이 마셔서 완전 뻗었대요.(크게 웃는다)

도착했을 때 아빠는 북한 사람이잖아요. 어떤 사람들은 여권 주면 통과시켜 주니까 들어와서는 본인이 직접 인천경찰서로 찾아가서 "내 북한에서 왔다" 하고 말하는 사람들도 있대요. 근데 아빠는 가자마자 출입국 검사할 때,

"북한에서 왔습니다."

했대요. 그러니까 바로 팔을 딱 잡고 데리고 가더래요. 여권이 너무 잘 위조되어서 어떤 사람은 바로 통과시키는데, 본인이 직접 인천경찰서 찾아가서 "저, 북한에서 왔는데요" 하면 많이 당황해하는 경찰들이 있다고 하더라구요.

그렇게 아빠가 하나원을 졸업할 때까지 저희는 다른 고장인 심양으로 가서 중국의 그 브로커들과 함께 있었어요. 아빠가 돈을 보내주면 브로커들이 아빠와 같은 방법으로 우리에게 안전한 쪽을 선택해서 보내주겠다고 했는데 계속 안 보내주고 아빠랑 전화통화는 할 수 없고 이상한 사람들만 계속 와서 아빠랑 통화했다는 얘기만 했어요. 나중에 알고 보니까 이 브로커들이 계속 돈만 받아먹고 우릴 내보내지 않은 거더라구요. 우린 그때 상황을 몰랐는데 아빠가 돈을 주다주다 이제는 거의 답이 없겠다 싶어서 중국 경찰 쪽에 돈을 줘서 우리를 들이치게 했어요.(크게 웃는다) 세상에 별의별일을 다 당해봤다니까요. 지금이니까 이러고 얘기를 하는데 저쪽 상황이 진짜 기가 막혔어요. 아빠가 다른 곳을 통해서 우리를 데리고 오겠다고 하면서 돈 가지고 사람을 보낸다고 거짓말을 해서 우리와 함께 있던 브로커가 돈 가지고 오는 사람을 마중하러 우리 오빠랑 같이 나갔어

요. 그래서 난 집에서 '이제 드디어 떠나는구나' 이러고 앉아 있는데 갑자기 오빠가 전화로

"야, 왔다!"

하길래 '왔으면 올라오지 왜 그러지?' 했는데 오빠가 내려오라는 거예요. 그래서 이렇게 (걸어가는 행동) 막 내려가는데 갑자기 어떤 남자 두 명이 내 옆으로 지나가는 거예요. 계단으로 올라가는데 갑자기 '어, 저 사람들이 날 봤나?' 하고 딱 뒤돌아 봤는데 저 사람들도 똑같이 나를 딱 쳐다보는 거예요. 그러더니만

"얘인 거 같은데?"

고 하더니 내려와요. 그리고 내 손을 둘이 옆에서 딱 잡는 거예요. 그러더니 너희 아빠가 북한에 있을 때 기사 이름이 뭐냐고 그러는 거예요. 내가 설마 그걸 얘길 하겠어요? 무슨 말도 안 되는 소릴 하냐고 하면서 '왜 이런 걸 물어보지?' 생각하니까 갑자기 감이 이상한 거예요. 그런 거 모른다. 왜 그러냐. 이거 놓으라! 했는데 나를 완전 포박(손을 묶는 시늉을 한다)해서 가는 거예요. 내려가니까 경찰차가 2대 있는데 뒤에 있는 차에 오빠랑 브로커가 울상을 해가지고 나를 이렇게 쳐다보는 거예요. 상황 파악이 됐죠. '아, 우리는 잡혔구나.' 그래서 그때 오빠를 보면서 '배신자, 잡히면 혼자 잡히지 나까지 붙어가지고 나를 잡으러 왔구나' 생각했어요.

알고 보니까 브로커가 얘기를 해서 오게 된 거예요. 나는 앞차에 탔는데 수갑을 채우더라구요. 손을 이렇게 빼려고 하니까 빠지겠더라구요. '내 어느 순간 기회를 봐서 달아나야 되겠다.' 이런 생각을 하고 있는데 차 두 대가 떠났어요. 가다가 보니까 완전 긴 다리가 있었어요. 근데 거기에 차를 딱 멈추더니 경찰이

"야, 바꿔라."

하더니 우리 오빠를 제가 있는 앞차로 데리고 오는 거예요. 그 차를 타고 가다가 앞에 운전석에 있는 사람이 나 보고 이러는 거예요.

"우리 어디서 온 줄 아냐?"고 그러는 거예요. 모른다고 했더니 "북한 보위부에서 왔다"고 "너흰 이제 죽었다"고 하더니, 아빠한테 전화를 딱 바꾸는 거예요.

"아 예예. 지금 잡았는데요."

이런 식으로 얘기하는 거예요. '아! 아빠한테 협박전화하는구나. 애들 잡았으니까 너도 넘어와라.' 지금 이걸 하고 있구나 생각하면서 혼자만의 상상을 했어요. 본 건 많아 가지고 그런 상황들이 상상되는 거예요. 그러더니 우리한테 전화를 바꿔주는 거예요.

"너 받아 봐. 아빠 전화야."

그때 나는 '아! 확인전화시키려고 그러는구나' 하고 긴장했어요.

"아빠!"

"너 지금 어디야."

"어떤 사람들이 우릴 지금 태우고 가고 있어."

"야, 걱정 마, 아빠가 보낸 사람들이야."

"오빠, 아빠가 보낸 사람들이래."

세상에 기가 막혀서 아니, 우리한테 어떻게 그렇게 얘기할 수 있어? '북한에 가게 되면 어떻게 할까?' 지금 그런 상상을 다 하고 있었는데 아무튼 되게 안심이 됐죠. 그 브로커는 바로 경찰서로 잡혀가서 중국 법에 따라 처벌을 받게 했대요. 그리고 우리를 빼돌려서 그 경찰이 봐주는 루트를 통해서 중국 – 베트남 – 태국의 3국을 걸쳐서 한국까지 오게 됐죠. 사실 비행기를 타고 올 수 있는 방법이 있었는데 애들이다 보니까 잘못 행동하게 되면 한순간에 잡혀갈 수 있어서 브로커가 우리를 베트남까지 데려다줬어요.

중국-베트남-태국, 계속된 위기의 순간들

오빠와 제가 중국과 베트남 국경을 넘어 태국을 거쳐 한국에 오기까지 엄청난 고비들이 많았어요. 오빠랑 둘이 이동해야 할 때가 있었고, 브로커랑 같이 이동해야 할 때가 있었고, 제가 혼자 이동해야 할 때도 있었어요. 17살 때 진짜 말도 안 통하는 곳에서 이상한 사람들과 오토바이를 타고 가야 하는 그런 모든 것들이 엄청난 고비들이었죠. 오빠는 이동하다가 국경에서 잡혀서 겨우 또 구해서 나왔어요. 모든 걸 설명을 하려고 하니까 참 길고도 기네요. (희미한 웃음을 지어 보였다.) 뭐 이런 식으로 암튼 탈북을 했죠. 일단 오빠는 위조 신분증이 있었어요. 그래서 오빠는 그렇게 위험하진 않았지만 저에겐 그런 신분증 같은 게 없었어요. 그래서 저는 돌아다니지도 못할 정도로 위험했어요. 오빠는 그나마 괜찮았는데 북경이 되게 살벌해요. 북경은 위험하고 몰려다니면 의심을 살 수 있다고 해서 브로커랑 나랑 가고 오빠는 따로 혼자 걸어갔어요.

그러다 오빠가 잡힌 거예요. 아마 조금 의심스러웠나 봐요. 불러서 어디에 가냐, 몇 살이냐, 뭐하는 사람이냐, 이런 거 물어봤는데 그래도 1년 동안 중국에서 있었으니까 간단한 거라 대답한 거예요. 그때 브로커랑 나는 '오빠가 잡혔구나' 하면서 조마조마해 하면서 앞으로 걸어갔는데 다행히 오빠가 뒤에서 빨리 따라오더라고요. 그렇게 무사히 통과해서 열차를 타고 베트남 국경까지 가는데 일주일 간 갔어요. 일주일 동안 가는데 그 열차 안에서도 위험한 상황이 여러 번 발생했어요. 오빠랑 나는 연인인 것처럼 오빠 어깨에 기대어 자는 척 하면서 별의별거를 다하고 그랬어요. 말없이 가면 의심하니까 말도 되게 자연스럽게 하고 그러면서 베트남 국경에 도착했어요.

베트남 국경 쪽에 도착해서 일주일 동안 또 작전을 짰죠. 어떻게 해서 저 국경을 넘을 것인가? 작전을 짰는데 중국 쪽에 국제시장이 있는 거예요. 베트남하고 중국 사람들이 시장을 통해서 왔다 갔다 하는 데가 있었어요. 그래서 베트남 사람들도 중국인들도 표를 가지고 시장 상인들은 하루에 한 번씩 왔다 갔다 하더라고요. 그래서 아! 우리도 베트남 사람처럼 위장을 해서 여기에 잠깐 왔던 상인처럼 표만 얻으면 되겠다고 생각했죠. 브로커가 수완이 좋아서 표 3개를 얻어왔어요. 그리고 우리는 베트남 사람처럼 위장하려고 큰 모자 3개에다가 슬리퍼와 옷도 완전 거기 사람처럼 입고 거기를 통과하게 됐어요. 그리고 거기는 오토바이가 택시인데 두 명이 타면 국경 초소에서 세워서 검문을 한대요. 근데 한 명씩 태우면 안 세운다는 거예요. 그래서 어쩔 수 없이 거기서 다 따로 타고 가야 했어요. 랑썬11) 시내로 가 달라고 말하고 돈은 2만원인가 미리 다 나눠줬어요. 제가 과감하게 그 갓모자를 쓰고 표를 내고 먼저 통과를 해서 "일랑썬"이라고 하니까 못 알아듣는 거예요. "랑썬!!" 하니까 알았다고 타라고 그러더라구요. 분위기를 딱 보니까 모자 쓴 게 오히려 티가 나더라고요. 그 사람들은 안 쓴 거예요. 세상에! 세 명이 다 모자를 썼는데 다 따로 가는 거예요. 그게 웃긴 거예요. 난 너무 기가 막혀 어이가 없었어요.

그렇게 오토바이를 탔는데 모자가 다 날리는 거예요. 벗겨지게 생겨서 뒤로 딱 넘기고 막 가는데 길이 되게 안 좋은 거예요. 근데 이 사람이 속도를 안 늦추고 그냥 막 날아가는 거예요. 그래서 '이러다 죽겠구나'. 이런 생각도 들고 막 오토바이 타고 그렇게 가는데 옆으로 오빠가 딱 지나가는 거예요. 그 사람도 지나가고 나도 빨리 따라가야 되는데 그렇게 가도 가도 그 사람이 내리라는 도착지가 안 나오는 거예요. 옛날에 지은 되게 큰 벽돌공장 건물이 있는데 그 담을 돌아서 거기서 세우면 된다고 하면서 금방 도착한다고 했는데 아무리 가도 안 나타나는 거예요. '나 이제 완전 고아됐다. 여기서

---

11) 베트남의 도시 이름. 1940년부터 호치민은 코민테른의 지원을 받아 베트남 혁명가들의 조직을 독자적으로 건설했다. 그 중에 베트남독립동맹(Viet Nam Doc Lap Dong Minh)은 공산주의에 대한 대중적 인식을 고려하여 해방 염원을 담은 해방구를 각 도시에 설치한다. 랑썬은 그 도시 중에 하나다.

어떻게 빠져나가지?' 한국 간판이 어디 있나 막 찾았는데, 한국 차가 옆에 막 지나가고 해요. 그러다 밤이 됐어요.

분명 얼마 안 가서 도착한다고 했는데 주머니에 돈도 2만 원뿐인데 이것으로 될지 안 될지도 모르겠고 너무 불안한 거예요. 베트남 사람들이 여자들을 어느 순간에 다른 데로 데리고 간다고 되게 안 좋은 얘기들을 많이 들었거든요. 어쩔 수 없다고 생각하고 가는데 다행히 시커먼 큰 공장이 있는데 막 돌아가는 소리가 들리는 거예요. '아, 모르겠다' 하고 그냥 여기 맞는 거 같아서 세우라고 했어요. 그 사람이 안 세울까 봐 기겁해 가지고 그 사람 등을 막 때렸어요. 그 사람이 딱 세우더니 내리라고 하는 거예요. 돈 2만 원을 그 사람한테 주니까 그 사람이 돈을 (돈을 보는 시늉을 하며) 이렇게 봐요. 그래서 돈이 모자라서 그러나 생각했는데 많았나 봐요. 그 사람이 거슬러주려고 하는데 제가 괜찮다고 가라고 했거든요. 그리고 나서 제가 바로 저쪽으로 돌아서 가니까 그 사람이 또 따라오는 거예요. 왜 따라오는지 무서운 거예요. 그 사람은 많이 왔냐고 하면서 자기가 다시 저기까지 태워다준다고 하고 나는 왜 이러냐고 됐다고 그랬더니 그 사람이 알았다고 가는 거예요.

'다행이다' 생각하고 주변을 둘러봐도 제 앞으로 분명히 지나갔는데 오빠도 브로커도 안 보여요. '이거 어떻게 해' 하는데 그 브로커가 한 얘기가 생각나는 거예요. 거기서 멀뚱멀뚱 서 있지 말고 왔다 갔다 하면서 있으라고. 그래서 저쪽에도 갔다가 이쪽에도 갔다가 왔다 갔다 하다가 몇 분이 지나서 다행히 오빠를 만난 거예요.

"이야 어떻게 해. 살았다, 살았다."

했는데 생각해보니까 브로커가 있어야 되는 거지 오빠만 있으면 되는 게 아니잖아요. 그렇게 몇 분이 지나서 오빠를 만나게 된 거죠. 다행히 잠시 후에 브로커까지 만났어요. 브로커가 그 근처에 있는 매점에 가서 시내에 전화를 걸었어요. 한참 기다리니까 승용차가 왔어요. 그래서 그거 타고 시내로 들어가는데 밤이 늦어서 가는 도중에 호텔에 들어가서 하루 잤어요.

자고 나서 다음 날 눈 떠서 그 사람이 한국 대사관에 전화를 했어요. 전화해서 "탈북자들을 데리고 있는데 어떻게 하면 되겠냐?" 하니까 거기 어디냐 해서 어디라고 하니까 "거기 어떤 식당이 있는데, 거기로 들어가서 애들을 넘겨라" 그런 거예요. 그래서 거길 찾아갔어요. 거기는 한국 사람들에게 유명한 식당이었는데 사람들이 배드민턴을 치고 있더라고요. 한국에 다 온 기분이 들어서 저는 신이 나 있었는데 브로커가 거기서 (손을 흔들며) 들어가라고 해요. 브로커는 30대 후반의 중국 남자였는데 되게 좋았어요. 한국까지 무사히 잘 가라고 인사했어요. 그 사람도 돌아가야 하는데 몰래 돌아가야 해요. '아, 삼촌 감사하다' 하고 그렇게 작별인사를 나누고 방으로 들어갔어요.

가니까 거기서 우리 보고 어디서 왔냐고 그러더라고요. 그래서 북한에서 왔다고 하며 회장님 안 계시냐고 했더니 회장님은 어디 갔다면서 사랑방으로 데려가는 거예요. '우와 사랑방, 되게 신기하다.' 하면서 들어가 한참 기다리고 있는데 머리 벗겨지신 회장님이 "어, 오느라 고생했지?"

이러면서 종이를 주는 거예요. 그 종이에 언제 탈북했는지와 이것저것을 적고 밥을 먹었어요. 며칠 만에 먹는 우리 음식이라서 정신없게 먹었어요. 그리고 그분이 우리를 좋게 보셨는지 본인 집에 데려가셨어요. 사실은 탈북자들이 그 루트로 오면 그분을 다 거쳐서 보내고 하는데, 다 당일로 보내거나 하루 정도 거기서 재우고 보낸대요. 근데 오빠랑 나랑 일주일 정도 데리고 있으면서 미용실도 데려가 주시고 옷도 다 새것으로 사 입혀줬어요. 갈 때도 다른 분들은 사람이 엄청 많은 침대칸에 해줬는데 우리에게는 딱 4명이 갈 수 있는 침대칸을 내어주시고 참 도움을 많이 주셨어요. 그땐 오빠랑 둘이서 떠나야 했어요. 이젠 브로커도 없고 둘이서 이동을 해야 되는데 그분이 침대칸 안까지 태워다줬어요. 여기서도 캄보디아 국경 쪽으로 가야 되니까 기차에서 내리면 택시를 타고 거길 들어가라고 하면서 거기에 한국 사람이 운영하는 호텔이 있다고 안내해줘서 거기서 또 떠나게 됐어요.

정말 기가 막힌 건 4인실 기차를 타고 떠나는데 한 명이 미국 사람이고, 한 명은 베트남 사람이고 또 두 명은 북한 사람이라서 말이 하나도 안 통하는 거예요. 그래서 앉아서 긴 시간 동안 말도 안 통하는데 바디 랭귀지하면서 말을 했죠. 마지막에 떠날 때는 포옹하면서 눈물을 흘릴 정도로 그렇게 친해진 거예요. 한 번은 열차에 우리 4명이 있는데 승무원이 열차 안에 딱 들어오더니 뭘 내놓으라고 하는 거예요. 그래서 너무 긴장해서 '이거 어떻게 하지, 신분증을 내놓으라는 건가?' 이러고 있는데, 오빠가 갑자기

"야! 빨리 차표 내놔."

이러는 거예요. 그래서 오빠 덕분에 그런 상황에서 구사일생을 많이 했어요.

그렇게 겨우 도착을 했어요. 내려서 택시를 타려고 하는데 경찰차가 오는 거예요.

"오빠 어떡해? 경찰차가 우리 잡으러 오는 거 아니야?"

하는데 병원차가 지나가더라구요. 사람이 긴장하니까 진짜 막 미칠 것 같아요.

"빨리 택시 타."

그렇게 택시를 빨리 타고 종이에 적힌 호텔로 빨리 가 달라고 했죠. 호텔에 도착하니까 북한 사람 몇몇이 거기에 있는 거예요. 그래서 거기서 보름 정도 있다가 팀을 만들어서 캄보디아로 이동을 했어요. 이동을 하는데 완전 거긴 걸어야 되요. 걸어야 해서 되게 덥고 지치고 그랬어요. 애기 둘 있는 엄마가 있었는데 오빠가 그

애기들 챙기고 업고 돌보느라 정신없었어요. 다른 애들 돌보느라 전 뒷전이에요. 저는 그냥 알아서 가야 했어요.

가는데 발자국이 난다고 신발을 다 벗으래요. 그래서 양말을 신고 걸어가는데 바닥이 딱딱해서 발이 찢기고 더워서 죽을 것 같은데 갑자기 비가 억수로 쏟아지는 거예요. 완전 번개가 바닥에 빡 꽂히고 "번쩍!"하면 앞에 아무것도 안 보이니까 더 무서운 거예요. 완전 평야고 끝이 안 보여서 앞이 컴컴하고 하나도 안 보였어요. 그래서 우리를 어디로 데려가는 건지 언제 도착하는지도 모르는데 갑자기 떨리기 시작하면서 추워지는 거예요. 남자들은 옷 벗어서 막 짜고 있는데 여자들은 어쩔 수가 없잖아요. 비 피할 수 있는 나무 한 그루 없었어요. '야, 이러다가 우리 뭐 어떻게 되겠구나. 진짜 완전 우리 죽겠구나' 생각하면서 막 가는데 이 브로커들이 우리한테 이러는 거예요. 우리가 지금 이제 거의 도착했으니까 캄보디아 브로커들한테 전화를 하게 전화비를 내놓으라는 거예요. 그런데 떠날 때 그쪽 한국 분들이 돈을 내놓지 말라고 했어요. 오는 데 비용을 이미 다 줬으니까 걔네가 뭐 이것저것 달라고 해도 주지 말라고 했는데 얘네가 안 움직이는 거예요. 그래서 오빠가 있던 돈 100달러를 주니까 바로 전화해서 "쏼라 쏼라" 하더니 우리를 데리고 가는데 바로 코앞인 거예요. 어이가 없었죠.

그래서 거기 들어가 있다가 시내 쪽에 계신 한국 목사님들이 저희를 데리러왔어요. 짐을 다 실어서 한국 오기 전, 최종 목적지인 수용소 같은데 거기 다 들어가게 된 거죠. 거기에서 한 3개월 반 정도 있다가 비행기를 타고 7명이 팀이 되어, 사모님이 저희를 다같이 태국까지 이동시켜 줬어요. 그런데 공항에 가슴에 김일성 뱃지를 단 북한 애들이 왔다 갔다 하더라구요. 아무튼 한국비행기 탈 때까지 '진짜로 우리 이러다 한국 가기 전에 죽겠다' 하며 심장이 콩알만 해 있었어요. 그래도 '한국 가서 죽으면 여한이 없겠다' 이런 생각으로 떠났어요. 그렇게 한국 비행기를 탔는데 시름이 풀리니까 멀미도 하고 그러더라구요. 그전까진 멀미고 뭐고 없었어요. 한편으로 이 비행기가 북한으로 돌아가지 않을까 이런 생각도 했어요. 한참을 가다가 이제 한국 인천공항에 도착했다는 안내방송이 나오더라구요. 그런데 우리는 맨 마지막에 나가야 된다고 그랬어요. 그래서 앞에 사람들이 죽 빠지고 나서 우리가 내렸는데 완전 꿈같은 거죠. 영어도 조금 있었지만 간판이랑 다 우리말로 되어 있고, 그래도 우리 말 쓰는 사람들이 왔다 갔다 하니까 '세상에! 우리랑 그 동안에 갈라 졌던 반쪽인 여기도 우리 땅이구나'. 이런 감동이 밀려오더라구요. 뭐 번쩍번쩍 거리고 으리으리하고 이런 걸 다 떠나가지고 일단, '내 가 여기 어디 떨어져도 말이 통하니까 어디든 찾아갈 수 있겠구나'. 이런 안심이 되기도 하고 그런 기분이 너무 좋더라구요. 되게 감동적 이었어요. 간판이나 이런 것들을 보면서 '아, 우리랑 이렇게 통하는 우리나라가 있다는 게 다행이다'. 그런 것들이 참 좋았어요. 그래서 한국에 들어와서 국정원에서 조사를 받고 하나원에서 퇴소를 해서 그 다음 한국 생활을 본격적으로 시작했죠.

그 힘들었던 과정들이 남한 생활에 도움이 되기도 해요. 그 어려웠 던 경험은 지금도 도움이 되지만 평생 도움이 될 것 같아요. 저는 북에 있으면서 가족을 떠나본 적이 없어요. 한 시간도 엄마가 없으면 숨이 멈추는 것처럼 생각했던 그런 어린 애였어요. 한 시간도 혼자 집에 있지 못하는 애였어요. 그랬는데 그 기간 동안 혼자 이겨내야 하는 상황들이나 내가 혼자서 할 수 있다는 그런 생각이 저를 엄청 강심장으로 만들어준 것 같아요. 나중에는 내가 어디에 떨어지든 살아갈 수 있겠구나 이런 생각을 했어요. 그런 생각을 하다 보니까 엄청 강해지고 일단 어려운 상황이 생기면 두렵지 않고 일단은 부딪 히면 뭐든지 할 수 있겠다는 생각이 들어요. 이런 생각이 한국에 와서도 '그렇게 어렵다 하는데 못할 게 뭐 있어?' '내가 그렇게 어려

운 과정을 겪어왔는데 해보자.' 그렇게 해서 지금까지 탈 없이 지내
온 것 같아요.

인사도 못하고 헤어진 엄마

저희 어머니는 고아셨어요. 저희가 오고 나서 거기 친척이 없었어
요. 그나마 유일하게 엄마의 친척인, 엄마를 키워주신 부모님의 여동
생 한 분이 어느 시골 바닷가에서 살고 있었어요. 엄마가 의지할
데가 없으니까 거기 가서 쭉 사신 거예요. 고생 없이 살던 엄마가
거기서 진짜 어렵게 아무것도 없이 나무하고 바다에 나가서 수산물
을 말려주고 하면서 거기서 몇 개씩 받아서 돈 벌고 산 거예요.
그 동네에서 엄마가 제일 어렵게 살 정도로 그렇게 살았대요. 그런데
갑자기 저희가 연락해서 온 거죠. 거기 엄마가 있을 것 같아서 어떤
여자를 거기로 보냈거든요. 그런데 엄마가 그 집에 있더래요. 그
여자가 우리 소식을 가지고 가니까 엄마는 믿기지가 않더래요. 그래
서 그 알지도 못하는 그 여자를 안고 막 춤을 추었대요. 그 여자를
안고요.

엄마는 7년간 우리를 못 만나고 소식도 몰라서 죽은 줄 알았대요.
우리 사진이 두 장이 있었는데 맨날 이모, 그러니까 이모할머니한테
가서 울면 이모할머니가 옆에서 "어휴, 얘네 다 죽었다. 이제는 그냥
앞으로 살 거 생각하면서 살아라. 좋은 남자도 저기 있는데 소개시켜
주겠다" 이랬대요. 여러 번 다른 지방에 갈 수 있는 계기가 있었는데
안 간 거예요. 그래서 거기 있다가 결국 우리 소식을 딱 접하고
나서 완전 난리가 난 거죠. "얘들이 지금 만나려고 한다. 그러니
국경지대 쪽으로 같이 가자" 해서 왔대요. 엄마는 우리랑 그냥 통화
만하고 돌아갈 줄 알고 왔다가 그 다음 날 바로 우리가 중국으로
데리고 온 거죠.

부모님은 아빠가 정치범으로 분류되면서 거의 사형 선고가 떨어지니까 자동으로 이혼이 되어 버린 거예요. 왜냐하면 북한에서는 정치범이면 자동 이혼이 되거든요. 그렇게 되면 여자들은 제재를 안 받아요. 그래서 이혼 하겠냐 안 하겠냐를 물어봐요. 하겠다 하면 그냥 이혼이 되어 버리는데 정치범이면 일단 자동으로 국가에서 이혼을 시켜 버릴 걸요. 그래서 어떻게 이혼이 된 거예요. 그러다가 구사일생으로 힘을 써서 15년 형을 먹은 아빠는 내려오고 엄마는 그 전부터 계속 따로 살았거든요.

그러니까 아빠랑 엄마랑 우리랑 같이 살다가 두 분 사이가 좀 안 좋아졌어요. 그래서 엄마만 나가서 따로 살았고 우리는 같이 살다가 아빠 일이 터지고 아예 깨끗하게 그렇게 된 거죠. 우리는 그때 엄마랑 연락을 하려고 했었는데 엄마가 너무 멀리 가 있었어요. 그래서 연락도 못하고 갑작스레 이렇게 넘어오게 된 거예요. 아빠도 그 안에서 병보석으로 갑자기 나오다 보니까 빨리 떠야 하는 상황이었어요. 그래서 그렇게 된 거죠.

부모님이 이혼한 상황이어서 엄마를 가끔 만났는데 그렇게 멀리 살지는 않았어요. 그런데 저희가 넘어올 즈음에 엄마가 어떤 장사를 해보겠다고 해서 멀리 어디를 갔던 거예요. 근데 거기에는 전화도 안 되고 아무것도 안 되잖아요. 그래서 (한숨 쉬며) 어쩔 수 없이 차라리 우리가 약속이라도 해놓고 가면 엄마를 데려올 때 쉬울 거 같아서 엄마가 유일하게 알고 지내던 사람한테 제가 갖고 있던 걸 다 맡겼어요. 이거 엄마 오면 드리라고 뭐라도 돈이 될 만한 건 다 맡겼어요. 우리가 가니까 엄마 오면 얘기 해달라고 했는데 나중에 엄마한테 물어보니까 그 아줌마가 단 한 마디도 안 했더라구요. 어디 간지도 모르고 난 모른다고 하더래요. 그러면 우리가 줬던 물건들은 어떻게 됐냐고 하니까 그런 건 아예 말도 없었다고 해요. (웃으며) 끝까지 사람들이 진짜 너무한다는 생각이 들었어요. 그나마 믿었던 사람인데. 근데 또 어쩔 수 없는 게, 그 사람도 우리가 남한에 온 걸 알면 나중에 문제될 수 있어요. 엄마 입으로 누구한테 들었다 이러면 알면서 신고 안 했다고 돼버려서 끝장나거든요. 그것도 한편 으론 이해는 가는데 그래도 좀 열 받더라고요.

애들을 보러 왔는데 애들이 없어졌으니까 그 다음부터 엄마는 (우는 시늉을 하며) "우리 애들이 어디 갔나" 하며 찾아 헤맸대요. '애들이 어디 갔나. 이제는 다 죽었구나' 하며 다 죽거나 어디서 다 잡아간 줄 알았대요. 세상에 이거 어떻게 살아야 되나 죽고 싶더 래요. 이제는 다 죽자 이러다가도 또 어디서 나타나지 않을까 이런 생각에 거기서 꽃제비처럼 헤매고 살다가 차를 돈 없이 탔다는 이유 로 단련대[12]에 잡혀가기도 했대요. 단련대에서도 너무 어려우니까 그 안에서도 막일을 한 거예요. 신발도 한 켤레밖에 없는 거예요. 나가면 신을 신발이 없어서 신발도 안 신고 그 신발을 놔두고 맨발로 단련대 일도 하고 그러다가 아무래도 안 되겠다 생각하고 그 이모할 머니한테 가기로 맘을 먹고 거기를 찾아가 계속 산 거예요. 청진인가 거기서부터 낙산이라는 곳까지 걸어서 갔대요. 차비고 뭐고 없으니 까 걸어서요. 그냥 완전 쓰러질 것 같은 집을 하나 얻어가지고 나무 하면서 그 동네에서 제일 구차하게 그렇게 살았대요.

엄마가 오는 과정은 몽골을 통해서 왔는데 그것도 진짜, (깔깔깔 웃으며) 사연이 있어요. 쉬운 게 없어요. 넘어오기만 쉽게 넘어왔어 요. 아빠가 중국하고 무역을 하다 보니까 중국에 자주 나가 있었어 요. 저랑 오빠가 항상 엄마 때문에 울고불고 하니까 아빠가 엄마를 데려오기로 한 거예요. 겨울 방학이 됐는데 아빠가 저 보고 중국에 한 번 놀러나오래요. 그래서 그냥 오빠와 함께 중국으로 넘어가 아빠 랑 며칠 살고 있는데 아빠가 전화 한 번 받아보라고 그러더라고요.

---

12) 북한의 경범죄 처벌소.

저는 누구냐고 물으면서 수화기를 받았어요.

"여보세요?"

"미희야?"

"누구세요?"

"엄마다!"

깜짝 놀랬죠. 7년을 못 봤는데 진짜 죽었는지 살았는지도 모르고 생사만 알아도 정말 다행이라고 생각했는데 갑자기 엄마 목소리를 들으니까 통곡했어요. 말 한 마디도 안 하고 통곡만 했어요. 그런데 엄마가 내일 중국 온다고 그만 울라고 그러는 거예요. 그러냐고 묻는데 진짜 꿈같은 거예요.

미희야, 우리 다시는 헤어지지 말자

엄마한테 온다간다 얘기도 못하고 넘어왔기 때문에 여기 와서 엄마를 데려오려고 해도 어디 사는지 알 수가 없었어요. 그래서 저는 한참 눈물로 보냈죠. 아빠가 사업 때문에 앞전에 집을 충남 온양 온천이 있는 곳으로 받았거든요. 아빠가 거기로 받은 이유는 거기에 바다가 있다고 해서 받았는데 온천이 있지 바다는 무슨.

무역을 하시던 분이니까 바다 쪽으로 발령이 나서 거기 갔는데 사실 바다가 없으니까 아빠가 항상 동해에 나가 계신 거예요. 서울이나 러시아나 중국 이런 데 왔다 갔다 하셨어요. 오빠도 막 오자마자 친구들이 다 서울에 있으니까 거기 안 내려오는 거예요. 거기서 나 혼자 집 지키고 중학교 2학년부터 학교를 다녔어요. 아빠가 오랜만에 한 번씩 내려오면 내가 울고불고 하니까, 엄마도 없고 막 엄마소리만 하면 눈물 흘리고 이러니까 그게 되게 아빠 마음에 걸리셨나 봐요. 그때부터 엄마가 어디에 있는지 찾았던 것 같아요. 그러다가 아빠가 중국에 계셨는데 제가 방학이니까 중국으로 나오라고 부른 거예요. 그래서 중국으로 갔는데 어느 날 아빠가 저한테 전화기를 주며 한 번 받아보라는 거예요. 받았더니 엄마인 거예요. 거의 7년 만에 엄마 목소리를 들었어요. 전화기를 들고 통곡하느라 다른 얘기 못하고 울고불고 했어요.

"야야야, 울지 말라. 엄마가 다음날 중국으로 간다."

엄마는 아빠가 브로커를 보내서 중국 국경까지 나왔다고 그러는 거예요. 그래서 급하게 그 다음날에 오빠가 마중 갔어요. 두만강 근처 중국 쪽에 삼합13)이라는 곳에 있는 어느 집에서 엄마가 오기를 기다리면서 누워 있는데 엄마가 막 걸어 오더래요. 오빠는 엄마가 어쩌나 보려고 가만히 있었대요. 그런데 엄마가 오빠를 봤는데 불빛도 좀 어슥 어슥하고 7년이나 떨어져 있다 보니 오빠를 못 알아본 거예요. 갑자기 오빠를 보자마자 "안녕하세요" 인사를 하더래요. 그동안 오빠가 너무 커서 못 알아본 거예요. 그래서 오빠가 너무 급하고 들떠가지고 "엄마 나야!" 했더니 엄마가 거기서 부둥켜안고 통곡하고 울고불고 난리가 난 거죠. 이러다가 엄마를 모시고 내가 있는 시내까지 왔어요.

저는 그동안 엄마도 없이 남의 눈치 보면서 너무 많이 힘들었고 엄마를 진짜로 만나면 투정도 부려보고 싶고 어릴 때 했던 거 다 해보고 싶은 거예요. 그런데 정작 엄마를 딱 만나는 순간 세상에 엄마가 너무 고생을 해서 뭐라고 할 말이 없더라구요. 오히려 이제 엄마를 받아줘야 할 만큼 내가 컸구나를 느꼈어요. 엄마 이야기를 듣는데 안 듣고 싶을 정도로 고생을 해서 너무 가슴이 아프더라구요. 나무를 패야 하는데 도끼도 없고 도끼날이 무딘 걸 가지고 이래저래 팬 나무를 또 가지고 엄청 내려와야 한대요. 그 하나를 하고 내려오는데 몇 시간을 내려오고 세상에 엄마가 그런 일을 해본 적이 없거든

---

13) 중국 연길에 있는 지명으로, 회령에서 두만강 건너편으로 보이는 곳이다.

요. 내려오다가 다리를 삐끗하기도 하고 했다는 이야기를 들었는데 지금도 그때 힘쓰고 그랬던 것들이 좀 편안해지니까 여기저기가 쑤시고 아프다고 하더라구.

엄마는 어렸을 때부터 "난 너희밖에 없다. 난 의지할 사람도 없고 가족도 없고 너희밖에 없다. 죽으려고 해도 너희 때문에 못 죽는다". 항상 이런 말을 했어요. 엄마를 만났을 때 엄마에게 안겼는데 엄마가 눈물을 펑펑 흘리며 말했어요.

"미희야, 우리 다시는 헤어지지 말자."

만나는 순간 다시는 헤어지지 말자고 하는데 너무 가슴이 아프고 내가 엄마를 더 돌봐드려야겠다고 생각을 했어요. 그렇게 만나 거기서 생활을 했어요. 엄마가 키도 진짜 되게 많이 작아진 것 같았어요. 사실은 제가 많이 큰 거죠. 그래서 '아 내가 이제는 엄마를 보호해야겠다. 내가 이제는 컸구나'. 이런 생각이 들더라구요. 엄마랑 못했던 그 긴 시간들이 아쉬웠지만 그래도 엄마한테 이젠 내가 잘 해줘야겠구나 생각했죠. 엄마랑 거기서 있다가 저는 학교 개학을 해서 돌아왔고 엄마는 중국에 좀 더 있다가 몽골 쪽으로 돌아서 한국에 무사히 왔어요.

중국 쪽은 탈북자 단속이 심했어요. 그래서 여기 저기 이동을 하다가 결국엔 오빠가 알고 있는 친구네 집에 엄마를 모셔놨어요. 아빠랑 계속 얽히는 것도 불편하고 하니까 거기에 모셔두고 오빠가 루트를 알아보다가 몽골 쪽이 빠르고 안전하다 해서 한 여섯 일곱 명 정도 한 팀이 되가지고 봉고차 같은 거 타고 몽골 국경으로 이동을 했죠. 또 한 팀이 돼야 브로커들이 움직이잖아요. 그래서 여러 명이 모였나 봐요.

짐이랑 다 해가지고 이동을 했는데 갑자기 경찰차들이 날아오더래요. 그걸 어떻게 알았나 봐요. 거의 몽골 국경에 도착했는데 막 따라오더래요. 그래도 조선족들이 괜찮은 사람들이라서 차를 세우더니 저쪽으로 빨리 뛰어서 넘어가라고 그러더래요. 그냥 대피를 시키는 거죠. 순순히 서는 게 아니고 알려주면서 가라고 하면 그나마 괜찮은 사람이에요. 사람들이 '죽겠구나' 하는 생각이 드니까 장난이 아닌 거예요. 완전 너 죽구 나 죽자는 식으로 같이 힘 합쳐서 가자던 사람들이 걸음아 나 살려라 하고 뛰어가더래요. 근데 너무 바쁘니까 의자에 발이 끼고 난리가 아니게 짐 다 버리고 그냥 정신없이 뛰어가는데 밤이었지, 차도 뒤에서 따라오지 정신없이 가라는 데로 뛰어서 갔대요. 앞도 안 보고 뛰어가다 보니까 어떤 사람은 갑자기 사라지기도 하고 다시 일어나서 막 뛰어가기도 하고 갑자기 어느 순간부터 사람들이 쇠창살에 튕겨져 나오더래요. 그래도 다행히도 어느 순간 차가 안 따라오더래요. 몽골에 들어온 거죠. 지금도 엄마가 신기해해요. 아니, 어떻게 차가 사람을 못 따라오냐고. 얼마나 웃겠어요. 한 명도 안 낚인 거예요. 그 조선족만 잡힌 거죠. 세상에 기가 막혀가지고.

근데 몽골에 들어와서 되게 추웠대요. 그때가 겨울이었어요. 추웠는데 길을 못 찾아서 거기서 얼어서 죽은 사람도 있어요. 그래서 몽골 가다 보면 해골바가지 이런 것도 나오고 여름 같은 경우에는 목이 타서 길을 못 찾고 헤매다가 계속 같은 자리를 도는 거예요. 별 보고 가라고 하거든요. 근데 그걸 못 찾고 이러니깐 힘없는 사람들은 거기서 죽는 경우가 되게 많아요. 그래서 저도 그 걱정을 많이 했는데 엄마가 무조건 똑똑해 보이는 사람의 말을 듣고 가 제대로 판단을 해서 그 팀은 그래도 다 안 흩어지고 하나가 되서 가다가 초소를 만난 거예요. 그래서 목이 너무 말라서 (손을 벌리며) 물 좀 달라고 그랬는데 완전 누런 물통에 있는 물을 주는데 물이 귀한 데라 그런지 기름 냄새가 나더래요. 석유 냄새가 나는데도 막 정신없이 다들 들이켰대요. 그리고 그 사람이 데리고 가서 바로 수용소에 막 넣더래요. 다행히도 두 명만 몸이 좀 안 좋았어요. 엄마는 거기서도 또 금방 넘어왔어요. 거의 한 달도 안 있다가 먼저 한국으로 들어왔어요.

지금 같이 살고 있는데 그렇게 잘 해주려고 마음먹었던 것과 달리 같이 살다 보니까 또 어릴 때 태도가 막 나와서 엄마한테 너무 미안하죠. '이러면 안 되는데…' 하면서도 사람이라는 게 뭐 어쩔 수 없는 것 같아요.

3. 한국 생활 적응기

나는 함경도 사람이에요

제가 와서 2년 어린 친구들하고 다니는 중학교에 들어간 이유는 '오기' 때문이었어요. 북한에 있을 땐 정말 학교를 안 다니고 땡깡 부리고, 맨날 땡땡이 치고 막 그랬었는데 여기 와서는 오기로 들어갔어요. 북에서 와서 신분을 숨기고 산다는 것이 너무 열 받는 거예요. 대한민국에서 뿌리 내리고 살아야 하는데 그렇게 자신감이 없이는 별로 살고 싶지 않은 거예요. 차라리 모든 것을 다 털어놓고 보면 보는 거고 아니면 아닌 거로 난 내 갈 길 가겠다했어요. '이것들이 왕따를 주기만 해봐 다 죽었어.' 하는 마음에 들어갔어요. 서울엔 조금 더 차별이 심했다고 하는데 충남 온양에 살다 보니 그곳에 있는 친구들이 너무 착했어요. "그랬어유 그랬어유" 하는 데잖아요. 아니 여기랑 거리가 그렇게 멀지도 않은 데잖아요. 그땐 전철도 없다 보니까 더 했던 것 같아요. 너무 순박하고 너무 잘 해주는 거예요.

우리 학교 교장 선생님이 6·25 때 오신 분이예요. 애들 모일 때마다 맨날 소개시켜요.

"어, 저기 우리 북한에서 온 친구가 있는데 나와 봐"

"어디서 왔다구?"

"예, 저는 함경북도 청진시 -"

"어, 대단한 친구야. 어서 들어가."

그럼 또 들어가고. 그랬어요. 거의 애들은 완전 내 팬이었어요. 장난 아니었어요.

선생님은 처음에 저에게

"북한에서 왔다는 거 이야기할래?"

그러면 저는 그것 때문에 오는데 얘기하겠다고 했죠. 얘기했던 순간 괜히 얘기했다는 생각도 잠깐 들었어요. 쉬는 시간에 전교생이 우리 학급으로 몰려오는 거예요. 와가지고 마구 달려들어 애들이 막 묻는 거예요.

"언니, 북한에선 애들이 욕을 어떻게 해?"

북한에서는 뭐 - 완전 따분한 이야기만 물어보는 거예요. 우리 담임선생님이 조금 좀 안 생겼어요. 우리 담임선생님이 여자분이고 노처녀였는데 애들이

"우리 선생님이 북한에선 예쁜 얼굴이야?"

물으면 '하 - 이걸 이걸 어떻게 말해야 되지?'

"아니야 보통이야.(다 같이 웃음) 보통의 얼굴이야."

"아, 진짜? 그럼 나 같은 얼굴은 엄청 이쁜 얼굴이겠네."

점점 따분해져가지고 나중엔 여기 막 얼굴에 경련이 일어가지구요. 갑자기 착한 이미지로 바뀌어 버린 거예요. 전 그것 때문에 정말 힘들었어요. 그것 때문에 우울증이 왔었잖아요. 나도 열 받는 거 소리치고 싶은데

"우리 착한 언니, 착한 언니 -"

하니까 너무 답답한 거예요. 이것 때문에 스트레스 많이 받았어요.

그러다가 중학교 2년을 다니고 고등학교 딱 들어와서 연극부 활동을 하면서 나에게 이런 것들이 있다는 걸 무대에서 보여줬죠. 그다음부터 애들이 '언니도 저런 면이 있구나' 했죠. 캐릭터에 살짝

씌워서 제게 막 나오는 거예요. 욕하고 막 소리 지르고 이런 것들 하면서 많이 풀렸어요. 자신감도 생기고 전 그게 치료가 됐었어요. 아, 웃겨요. 그 착한 이미지 때문에 너무 힘들었어요. 보는 사람들마다

"넌 어쩜 이리 착해? 너무 착하다."

너는 정말 착하다는 말이 바보라는 말보다 더 싫었어요. 너무 착하다고 하니까 나중엔 충남 애들도 은근 슬쩍 나를 이용해 먹으려고 하는 거예요. 남이 말하면 거절도 잘 못하는 그런 성격도 있어요. 나중엔 다 바뀌었어요.

제가 한국에서도 살아 보고 북한에서도 살았잖아요. 근데 진짜 사람 사는 데는 그렇게 차이가 없어요. 사람들이 생각하는 것들을 들어 보면 근본적으로 다 똑 같아요. 그래서 친구들도 나 보고

"북한 사람은 다를 줄 알았는데 하나도 다를 거 없네. 다 똑같네"

하는 이야기를 많이 들었어요. 그런데 적응 기간이 조금 필요했어요. 왜냐하면 이 친구들이 여기 살면서 경험한 TV에 나오는 문화적인 것들을 저는 여태껏 접하지를 못했잖아요. 그러다 보니까 같이 얘기할 수 있는 공통의 주제가 없는 거예요. 그래서 소통이 안 되고 오히려 '얘네가 무슨 외국어, 무슨 영어를 하나' 이런 생각이 들더라구요. 연예인에 대해서도 어릴 때는 관심이 많아서 아이돌에 대해서도 얘기하고 만화 본 것도 얘기하고 하는데 저는 하나도 공감할 수가 없는 거예요. 그래서 TV를 많이 보고 하나둘 알기 시작하기까지 한 일 년 정도 걸리더라고요.

친구들하고 하나둘 말이 통하기 시작하면서 그 다음에는 적응하는 게 빨라진 것 같아요. 그리고 그런 것도 있었어요. 내 스스로가 문을 닫았던 것도 있었던 것 같아요. 그 일 년 동안 말은 통하지만 전혀 다른 문화를 가진 그런 사회에서 살다가 우리가 만났는데 과연 우리가 얼마만큼 서로를 이해하고 얼마나 서로에 대해서 통할까

생각했어요. 저는 우리가 다르다고만 생각하고 오히려 마음에 문을 열지 않았던 것 같아요. 그래서 일 년 동안 우울증도 오고 자살하고 싶은 마음도 있었고 해서 진짜 좀 힘들었어요. 탈북 과정의 그 죽을 고비를 거치면서 죽어야겠다는 생각보다도 살아야겠다는 생각을 더 많이 하면서 왔는데 정작 여기 오니까 죽고 싶다는 생각을 할 만큼 여기에서의 적응 기간이 너무 힘들었던 거예요. 왜냐하면 내가 이렇게 아픈 마음을 갖고 있는데도 어디 가서 진짜 하소연할 때가 없는 거예요. 그래서 정말 친해진 친구들한테 얘기하려고 하다가도 '과연 너희들이 내 마음을 이해해 줄까?' 이런 생각 때문에 얘기를 안 했던 거예요. 그러다가 나중에 하나둘 다들 마음이 통해 얘기해보니까 친구들이 너무 잘 들어주고 "언니 마음 알 것 같다" 이러면서 자신의 비슷한 이런저런 이야기를 했어요. 친구들하고 얘기하는데 너무 다를 게 없는 거예요. '얘네들도 똑같이 이런 생각을 하고 있고 이렇게 느끼는구나.' '이런 것 때문에 내가 마음을 닫고 있었구나.' 하면서 내가 먼저 다가가야겠다고 생각했어요.

그래서 저는 한 번도 북에서 왔다는 걸 숨겨본 적이 없어요. 중국에 있는 그 일 년 동안 사실 자존심도 자존감도 엄청 낮아졌어요. 왜냐하면 북한에서 나는 이렇게 당당하게 살다가 중국에서 모든 걸 숨기고 어디서 온 사람이고 나이도 얼마인지 이름까지도 모든 것을 숨겼는데 내가 평생 죽을 때까지 살아야 할 이 땅에서까지 내가 숨기고 살 필요는 없다고 생각을 했거든요. 그래서 당당하게 나 자신을 숨김없이 자신감 있게 살겠다고 결심했기 때문에 자신감 있게 얘기하고 그 친구들이 나에 대해서 느끼는 대로 다가오더라구요. 어차피 우리는 다르지 않으니까 그런 거는 되게 담담하게 밝히고 그랬던 것 같아요. 그런데 택시를 타거나 했을 때 잠깐 만나는 사람들이

"어, 말이 되게 어, 어디서 지방에서 오셨나 봐요?"

"네 지방에서 왔어요."

사실은 함경북도라는 곳에서 왔으니까 지방에서 온 거죠. 그렇게 살았어요.

언니는 수분 라인이 어울려요

아무래도 남한이 발전되다 보니까 제가 북한에서 와서 너무 모르고 바보처럼 놀면 나를 더 이렇게(낮게) 볼 것이라는 생각 때문에 눈치껏 행동을 잘했어요. 일단은 미용실에 가면 머리 감겨줄 때 누워서 감겨주잖아요. 북한에서는 그런 게 없어요. 평양에 있는 창광원이라는 곳은 현대식으로 잘 갖춰져 있지만 청진에서 평양으로 갈 겨를도 없어서 지방에서 다 하는데 저희는 머리를 알아서 감고 오니까 그런 것도 다 생소해요. 은행에 가서 돈을 출금하는 것도 생소한데, 어떤 분은 기계에서 출금하는데 말을 하고 돈을 세서 주는 것을 보고 누가 진짜 주는 줄 알았대요. 북경이나 이런 데는 발달된 데가 많고 중국에서 1년간 생활을 했기 때문에 눈치껏 행동했는데, 사람들 간의 관계에서는 이질적인 면을 많이 느꼈던 것 같아요.

학교에 처음 갔는데 북에서 왔다고 얘기를 하니까 전교생들이 쉬는 시간에 다 와가지고 엄청나게 물어보더라구요. 남남북녀라고 했는데 그걸 제일 처음 물어봐서 그게 제일 난감했어요. 남남북녀라고 하더니 남한 남자들이 정말 잘 생겼더라구요. 제가 그때는 지금보다 좀 나아서 절 보고 남남북녀라고 했어요. 우리 담임선생님이 인물이 좀 안 좋았는데 그분이 이쁜 사람이냐고 하면서 정말 너무 난감한 질문들을 했어요. 또 거기는 손잡으면 결혼할 정도로 자유가 없냐고 묻는 걸 보면서 우리가 서로에 대해서 정말 잘 모르는구나, 문이 빨리 열렸으면 좋겠다 생각했어요. 이거 정말 속시원하게 내가 겪어본 걸 얘기해도 애들이 받아들이는 게 한계가 있더라구요. 그런 면에서 답답한 게 많았어요.

통신이나 교통이 많으면 다 비슷하게 살아가지만 북한은 시골이나 시내가 살아가는 게 많이 차이가 나니까 서로가 그 고장에 대해서도 잘 몰라요. 거기 사람들은 많이 돌아다니지를 못하니까 그 고장은 어떻게 살고 생활이 어떻게 다른지 그런 걸 몰라요. 여기 와서 들어보면 '어, 우리는 이랬는데? 북한은 다 이런가?' 이런 얘기도 주고받고 북한은 이렇다고 서로 내 말이 맞다며 자기중심으로 얘기하다 보니까 서로 얘기가 다른 경우도 있어요.

어릴 때 온 친구들은 적응을 잘하는데 나이 든 분들은 적응하기 힘들어하세요. 저는 도움 받은 게 있다면 두 살 어린 친구들이랑 학교를 같이 다녔던 거예요. 오는 기간에 하지 못한 공부 진도 때문에 그렇게 했었는데 여기 친구들은 키가 크다 보니까 동생이라는 느낌이 안 들었어요. 중학교 2학년 말부터 고등학교까지 다니고 졸업을 했어요. 그 학교생활이 적응하는 데 도움이 많이 된 것 같아요. 사람을 통해서 공부를 했죠. 친구들이 즐기는 문화를 접하면서 친구들의 생각과 문화를 알게 되었어요. 사실 처음 일 년 정도는 적응 기간이 필요했어요. 말은 통하지만 말하는 데 낄 수가 없는 거예요. 살아온 방식이 다르고 얘기하는 이슈가 다르다 보니까 낄 수가 없는 거예요. 그걸 깨고 이해하는 데 1년이 걸렸어요. 그 1년 동안에 우울증도 오고요. 매일 아침 죽고 싶다는 생각을 많이 했어요. 탈북하면서 그 어려운 기간에도 죽겠다는 생각을 한 번도 안 했는데 남한에서 적응하는 일 년 동안은 아는 것이 없으니 답답해서 그런 생각도 했어요.

남한에 대해 안 좋은 시선은 없었는데 하나원 선생님들이 북한 친구들이 나가면 왕따를 많이 당한다는 얘길 했어요. 말이 조금 비슷한 중국에서 왔다거나 강원도 태생이라고 하는 경우가 많다는 거예요. 북에서 있을 때는 공부를 열심히 해야겠다는 생각을 잘 하지 않았고 친구들이랑 놀러 다닌다는 생각으로 학교도 잘 안 나갔어요. 그래서 집에서도 맨날 혼나고는 했는데 한국에 와서 지금까지 공부를 할 줄은 꿈에도 몰랐어요.

난 고등학교만 빨리 졸업해야겠다고 생각했는데 왕따 얘기를 들으니까 도대체 어떤 애들이 와서 어떻게 했기에 왕따를 당하며, 남한 애들이 얼마나 대단하기에 왕따를 시키나 싶어서 저는 열을 받은 거예요. 북한에서 온 애들은 왕따 당하는 애들도 있지만 안 당하는 이런 애들도 있다는 걸 보여주고 인식을 바꿔줘야겠다고 생각해서 오기로 중학교에 들어갔어요. 남녀공학을 가고 싶었는데 저희 동네는 여학교밖에 없어서 일단은 들어갔어요. 근데 선생님이 북에서 온 걸 밝히겠냐고 물어봤어요. 그래서 전 그냥 밝히겠다고 했어요. 그때는 그런 오기로 한 것도 있지만 중국에서 1년 동안 나 자신을 숨기고 살아왔는데 내가 평생 죽을 때까지 살아갈 이 나라에서 나를 숨기고 산다는 게 싫은 거예요.

그래서 내가 북에서 와서 싫으면 안 친하면 되고 인간 대 인간으로 봐줬으면 좋겠다고 생각했는데 "쟤 어디서 온 거냐"는 관심 때문에 인기가 폭발적이었어요. 저는 일진 친구들과도 골고루 다 친했어요. 저는 그 아이들에 대한 편견 같은 게 전혀 없었고 제가 언니고 성격이 워낙 털털하다 보니까 그 아이들과도 잘 지냈어요. 저는 제 성격이 좋다는 것을 남한에서 알게 되었어요.

재미난 에피소드는 하나원을 나와서 쇼핑하러 갔을 때예요. 동대문 운동장이 유명하다고 해서 갔는데 뒷켠에 '디스코 팡팡'이 있더라구요. 와 저거 엄청 재미나겠다 해서 오빠들이랑 친구들이랑 타자해서 탔어요. DJ가 떨어뜨리려고 난리를 치니까 진짜 재미난 거예요. 또 타자고 해서 3번째 탔을 때예요. 이 진행하는 사람이 기억하고서 저를 완전히 떨어뜨리려고 저만 이렇게 막 터는 거예요. 떨어지면 튀어나갈 것 같은 거예요. '아, 이번엔 괜히 탔다' 이런 생각을 하는

데 그 사람이

"왜 이렇게 안 떨어져? 공산당이야?"

그래서 '아, 저 사람이 나를 아나? '어떻게 나를 알지?' 하고 빨리 가자하고 온 적이 있어요.

제 주변 이야긴데 이런 경우도 있어요. 한 번은 옷을 사러갔는데 점원의 말을 잘못 알아들은 거예요.

"이 옷은 탈부착이 다 되고…"

"내가 탈북자인 거 어떻게 알았어요?"

이게 진짜 문화적인 차이에요. 제가 열일곱 살 때 화장품 가게에 갔는데 이모뻘 되는 사람이 저에게 말했어요.

"언니한테는 이 수분 라인이 잘 어울려요."

"언니 아닌데?"

그게 친근감의 표시라는 걸 나중에 알았어요. 처음에는 정말 충격 받았어요. 그분이 제 얼굴을 보고 웃어서 처음엔 기분이 나빴어요. 처음에는 얼굴을 안 보고 얘기하시나 보다 이랬는데

"저, 언니 아니에요."

하니까 막 웃는 거예요. 그때는 정말 당황했어요.

음식의 경우에는 제가 순대를 먹고 싶어 하니까 선생님들이 사줬 는데 정말 전혀 다른 거예요. 우리가 북한에서 먹던 순대가 아니었어 요. 여기서 말하는 아바위 순대가 북한 순댄데 그것도 오리지널이 아니에요. 북한은 아예 쌀하고 시래기랑 돼지 대가리고기를 넣는데, 북한에서는 짐승은 머리라고 안 하고 대가리라고 해요. 그래서 그 고기랑 피랑 냉이라는 풀이랑 막 섞어서 만드는데 여기는 당면을 넣어서 만드는 거예요. 그걸 보고 이게 무슨 순대지? 하고 처음엔 입에 안 맞았는데 지금은 너무 맛있어요. 북한에는 떡볶이도 없어요.

너희 나라로 가라

엄마가 무사히 탈북을 해서 하나원으로 면회를 갔더니 옛날에
비해서 사람이 정말 너무 폈더라고요.(웃으며) 중국에 있을 때는 북한
에서 고생했던 모습도 있었는데 한국에 오니까 사람이 너무 밝아지
고 너무 당당해지고 자신감이 넘쳐보였어요. (손을 흔들며)
"미희야! 왔다."
이러면서 나오는데 다른 사람처럼 보이고 너무 좋더라고요. 그래서
하나원에서 나와 생활하는데 어르신들은 잘 적응을 못하세요. 왜냐
하면 그 땅에서 살아온 세월이 있고 생활패턴들이 너무 바뀌다 보니
까 너무 힘들어해요. 누군가 옆에서 얘기를 들어주는 의지할 사람이
필요해요. 솔직히 자식 있다고 다 되는 것도 아니에요. 엄마가 많이
힘들어해서 어느 순간 제가 한 번 물어봤어요. 저도 우울증을 겪어
봤으니까 엄마도 그렇지 않을까 해서요.
"엄마, 엄마도 살기 싫을 때 있어?"
그런데 엄마가 지금 그렇다고 하셔서 너무 당황스러웠어요.(쓸쓸
히 웃는다) 내가 한다고 하는데도 다 못 채우는 부분이 있다는 생각도
많이 들어서 남자분도 만나게 해드렸어요. 요즘은 그래도 좀 괜찮아
요. 취미 생활을 가지고 간간이 일도 하면서 어쨌든 아무도 아는
사람도 없으니 그냥 집에서 쉬는 것보다 나가서 사람들을 만나야
해요. 교회를 얼마나 열심히 다니는지 몰라요. 저희 엄마는 새벽
기도를 빠지지 않아요. 매일 교회에 열심히 다니고 사람들도 많이
만나다 보니까 좋아지셨어요. 그리고 요즘은 지리를 알아서 혼자
찾아다녀요. 그런 것에서 엄마 스스로가 성취감 같은 게 막 생기나
봐요. 전철 타고 여기도 가고 저기도 갔다고 하시면서 (웃으며) 오늘
도 어디 가신다고 그랬어요.
엄마한테 "그냥 살고 싶지 않다"는 얘기를 듣고 난 후로는 나가서

계속 엄마가 신경이 쓰이는 거예요. '내가 엄마와 같이 있어줘야 하는데…' '엄마가 우울할 텐데…'라는 생각이 계속 들었어요. 어떻게 보면 제가 나와 있는 것은 저 스스로 편하려고 그런 것일 수도 있어요. 자식이 다 채워줄 수 없는 부분이 있다는 것을 느꼈어요. 그래서 제가 엄마 보고 취미 생활도 하고 교회활동도 하고 지냈으면 좋겠다고 했더니 엄마가 그렇게 하면서 (고개를 끄덕이며) 좋아지셨어요. 어쨌든 전화통화를 하든 어쩌든 내편이 있고 계속 같이 상의하고 얘기할 수 있는 사람이 있다는 것 자체가 힘이 되는 거죠. 그래서 되게 좋더라고요. 엄마는 지금 만나시는 분이 있어요. 중요한 게 여자는 확실히 남자를 만나면 변하더라고요.(웃으며) 변해야 할 텐데….

엄마는 동사무소에 간간히 일을 나가고 있었어요. 그런데 어떤 사람들이 엄마 앞에서 들으란 식으로 대놓고 우리 세금이나 축낸다고 하면서 남한도 진짜 어려운 사람이 얼마나 많은데 진짜 별의별 것들을 다 받는다고 막말을 하더래요. 사람 알기를 우습게 알고 정말 낮게 보니까 사람이 완전히 움츠러들게 되고 엄마는 스트레스를 많이 받더라구요. 그리고 엄마는 북한에서 온 사람들을 되게 낮게 본다는 사실을 알게 되니까 점점 움츠러들고 여기 사람들을 오히려 대단한 사람처럼 여기면서 이 사람들한테 거의 "예 예" 하다시피 하는 거예요. 엄마가 대단하지도 않은 사람한테도 존댓말로 (전화 받는 시늉하면서) "예 예 알겠습니다" 이러는 거예요. 엄마의 배짱을 제대로 길러줘야겠다고 생각하고는 전화할 때는 그렇게 하지 말고 "예, 알겠어요. 제가 다 알아서 할 거예요". 이런 식으로 하라고 했어요.

지금은 좀 많이 바뀌었는데 처음에는 되게 움츠러들고 그렇더라고요. 왜냐하면 와서 옆에 별로 의지할 사람도 없는데 애들은 나가면 끝이고 혼자서 생활을 하는데 그렇게 대우를 하니까 사람들에게

다가가기도 힘들고 이 사람들이 나랑 다르구나 생각을 하게 되었던 것 같아요. 열 받는 걸 어디 가서 할 수도 없으니까 답답하고 그것 때문에 아무래도 우울증이 왔던 거 같아요. 그러면서 여기 남한 사람들은 겉으로는 좋은 얘기를 하면서도 뒤에서는 흠잡는 거 같다고 하면서 사람을 믿지를 못하는 것들이 아직도 좀 있어요. 젊은 사람들은 그나마 괜찮은데 나이든 사람들은 나가서 차별을 많이 받는다고 그러더라고요. 지금은 여기서 조선족들이 차별받는 식으로 탈북자들이 차별을 받고 있는데 왜냐하면 일단 북한사회 자체가 폐쇄국가고 못살고 하다 보니까 우리보다 못하다는 생각을 하는 것 같아요. 그런데 어느 정도 개념 있는 사람은 안 그래요. 꼭 본인들이 보잘것없고 생각이 없고 그냥 막 사는 사람들이 그런 차별을 심하게 해요. 자기네 것을 가져간다는 생각이 제일 큰 거 같아요. 북한 사람들도 세금 다 내고 사는데 같이 세금 내는 입장에서 우리 세금 착취한다고 막 하니까 기가 막힌 거죠. 어떤 사람은 직설적으로 말해요.

"니네 나라로 가라."

"여기 왜 왔어? 변절자야!"

"우리는 진짜 어렵게 못 먹고 못 살아서 대한민국이 더 좋아서 여기 와서 행복감에 젖어 사는데 너희는 왜 이민을 가냐?"

"왜 이 좋은 나라를 버리고 이민을 가냐고 하면서 (웃으며) 그건 변절자가 아니냐?"

그들이 우리에게 "변절자"라고 하면 이런 식으로 얘기하는 분들도 있다고 하더라고요. 우린 여길 안 떠난다고 하면서 애국심 없이 나라를 좋은 식으로 얘기하는 분들도 있어요. 얼마나 열을 받으면 그러겠어요.

사실은 저도 그래요. 젊은 애들 같은 경우 미묘하게 사람을 차별을 하는 경우가 있어요. 대학교에 가면 은근히 따를 시키는 경우도 당해봤어요. 친구들 사이에 말을 끼려고 하면 은근히 못 끼게 하고 (손을 괴고 고개를 돌리며) 이렇게 가리고 지들끼리 얘기를 하는 그런 경우가 되게 많아요. 저도 중앙 대학교에 처음 들어갔는데 분위기가 되게 냉냉한 거예요. 왜냐하면 특별전형으로 들어가고 북한이탈주민이니까 어이없게 애들이 차별을 하더라고요. 대놓고 하면 가서 한 대 쥐어박겠는데 대놓고 안 하니까 이거 뭐라고 꼬투리 잡으면 속 좁은 여자가 되어 버리니까 미치겠는 거예요. 그래서 어떻게 하지 하다가 '좋아, 나도 실력이 있어서 들어왔다는 걸 보여줘야겠어. 다 죽었어' 하고 공연을 했죠. 거기서 제대로 날린 거예요. 거기서 '아, 쟤는 뭔가 있구나' 하고 그 다음부터 애들이 달라지더라고요. 공연이 끝났는데 갑자기 동기애들 중에 제가 제일 싫어했던 그 여자애가 저한테 달려와 친한 척하면서 절 안아주는 거예요. (크게 웃으며)

"미희야, 고생했어."

저는 고등학교를 다니면서 연극부 활동을 하다 보니까 연극 무대에 계속 섰어요. 근데 얘네는 입시준비만 하고 학원 생활을 하면서 무대에 한 번도 못서고 들어왔던 애들이다 보니까 실전에서는 제가 더 강한 게 있는 거예요. 그러니까 애들이 거기서 깜짝 놀란 거죠. 저도 거기서 자신감을 가지고 그 다음부터 공연을 계속 진짜 열심히 했죠. 탈북자라서 되게 쉽게 보는데 나중에 내가 그렇지 않다는 걸 보여줘야 그 사람들이 인정을 하고 그 다음에 친구가 될 수 있는 거예요. 항상 이런 시간이 필요하다 보니까 그게 힘든 거죠. 어떻게 보는 사람마다 "난 이런 사람이야" 하고 다 표현하고 보여주겠어요.

제가 요즘 〈이만갑〉 프로그램을 하잖아요. 탈북한 사람들이 나오는 프로그램을 하면서 좋았던 게, 굳이 돌아가면서 얘길 안 해도 사람들이 그걸 통해서 어느 정도 우리의 성향에 대해서 아니까 그걸 봤다는 사람들을 만났을 때는 오히려 되게 편하더라고요.(고개를 끄덕이며) 연예인들 같은 경우 나를 다 알고 만나면 되게 싫어하는 사람들도 있긴 해요. 근데 우리 같은 경우는 그렇게 알고 봐줘서

오히려 더 편하고 좋아요.(웃으며)

나의 손을 잡아준 사람들

처음에 하나원에서 나와서 중학교에 들어갔어요. 그런데 그때 교장 선생님이 6·25 때 넘어오신 분이더라구요. 특별히 저를 엄청 챙기시려고 했어요. 제가 2학년이었는데 애들이 꼼짝 못하는 선생님을 저한테 붙여주셨어요. 선생님이 나이가 좀 있으셨는데 결혼을 안 하셨고 저를 친딸처럼 챙기셨어요. 제가 오빠랑 아빠랑 같이 넘어왔는데 아빠는 사업 때문에 계속 서울 쪽에 가 있고 오빠도 서울쪽에서 일을 하다 보니까 저는 혼자 지내며 학교에 다녔어요. 충남 온양 온천에서 온양여중을 다녔는데 혼자 있을 때도 있어서 무서울 때도 많았어요.

그런데 그때마다 선생님이 참 많이 챙겨주셨는데 교복도 챙겨주시고 맛있는 것도 항상 챙겨주시곤 했어요. 저는 선생님이 시장에서 신발부터 해서 거의 다 챙겨주셔서 학교를 다니면서 지우개 하나 사본 적이 없어요. 진짜 엄마 같은 분을 만난 거예요. 무서우면 항상 말하라고 하시면서 같이 자준다고도 하셨어요. 선생님 집이 천안에 있었는데 놀러 가면 쇼핑하면서 옷도 사주시고 맛있는 거 먹기도 하고 그랬었거든요.

그렇게 잘 지내다가 고등학교를 올라가게 되었을 때 제가 힘들어서 그만 두려고 했어요. 근데 선생님이 그 사실을 아시고 정말 엄마처럼 고등학교 선생님한테 전화를 하셨고 만나자고 해서 같이 만났어요. 고등학교 선생님을 만나서 미희는 앞으로 꿈이 이거니까 다른 거 스트레스 주지 말고 애가 하는 것만 좀 적극적으로 지원해주셨으면 좋겠다며 진짜 엄마처럼 저를 이렇게 맡겨주셨어요. 처음 제가 한국에 발을 들이고 나서 저한테는 정말 어려웠던 시기에 힘이 되어

주셨던 분이 선생님이고 혼자가 아니라는 생각을 하게 했어요. 선생님은 제가 어려울 때도 기댈 수 있는 사람이었던 것 같아요. 학교를 그만두려고 했다가 다시 시작한 것도 선생님 도움이 컸어요. 그래서 학교에 정을 붙이고 잘 다녔어요.

그러다가 대학교에 올라와서는 좀 많이 힘들고 했었는데 저에게 또 한 분의 고마운 분이 계세요. 저는 원래 연극학과인데 영화과 수업을 들었던 적이 있어요. 영상 제작 실습 같은 걸 하는 수업인데 학생들이 팀이 되어서 교수님과 다른 학생들 앞에서 연기를 해야 했어요. 한 팀이 내려가서 연기하면 교수님은 윗층에서 모니터로 다른 학생들과 우리가 연기하는 걸 보면서 공부하는 그런 수업이었는데, 그때 내려가서 친구들하고 연기를 하고 올라왔더니 선생님이 엄청 칭찬을 해주시는 거예요. 엄청 꼬장꼬장하신 분이고 나이도 좀 있으시고 한국의 '토지'라는 드라마 감독을 하셨던 그분이거든요. 이종한 감독이라고 유명하신 분이고 SBS드라마 국장을 하셨던 분인데 오시더니 너무 너무 잘했다고 하시면서 연극학과에 이렇게 연기 잘하는 친구가 있는 것을 처음 알았다고 하시는 거예요. 그 자리에는 지금 활동하고 있는 진짜 연기 잘하는 배우들도 되게 많았는데 그 사람들도 못 들었던 칭찬을 제가 들은 거예요. 고아인 세계적인 피아니스트 연기를 했었는데 외국에서 피아니스트로 성공해 돌아와서 자기 동생을 찾는 그런 역할을 했어요. 근데 제가 진짜 세계적인 피아니스트처럼 보였다고 얘기하시는 거예요. 세상에 정말 이런 칭찬이 없는 거예요. 너무 힘을 얻었죠. 너무 낙심하고 다른 빵빵한 친구들 사이에서 정말 아무것도 아닌가 하는 이런 생각에 너무 힘들어 할 때 그 교수님의 한 마디가 나한테 '내가 그래도 뭔가 할 수 있겠다'라는 힘이 엄청 되었던 것 같아요.

그리고 마지막까지 수업을 열심히 듣고 나서 학교에서 공연을 하게 되었는데 그걸 교수님이 보러 오신 거예요. 교수님이 저한테

다가오시더니 "우리가 이번 방학에 학교에서 이런 공연을 올리려고 하는데 관심 있으면 지원해 봐라" 하세요. 이건 내가 해보면 도움이 될 것 같고 하고 싶기도 하고 선생님도 그랬으면 하시는 것 같아서 신청을 했어요. 비중 있는 역할이었는데 그걸 하면서 많이 배웠고 또 좋은 기회였던 것 같아요. 교수님이 하시는 드라마에도 잠깐 출연을 했는데 그게 저한테는 가장 기억에 남는 것 같아요. 그래서 지금도 감사하고 선생님 때문에 제가 당당하게 열심히 공부해서 졸업을 한 것 같아요. 연극과 다른 교수님은 생각 안 나는데 그 영화과 이종한 교수님은 제 안에 숨겨져 있는 무언가를 끌어내주시고 또 저를 제일 정확하게 보려고 하셨던 분 같아요. 저도 모르는 저를 끄집어 내주신 선생님이 항상 기억에 남고 기회가 되면 찾아뵙고 싶어요. 그 두 분 선생님이 제일 기억에 남아요.

근데 제가 항상 그리고 제일 힘이 되었던 게 있어요. 북한에 있을 때는 종교의 자유가 없다 보니까 전혀 다른 거는 생각도 안 하고 종교는 정말 미친 짓이라고만 생각했어요. 그런데 중국으로 탈북했을 때 심양의 민박집에 잠깐 피신해 있게 되었는데 청소하고 일하시는 주방 아줌마가 교회를 다니시는 거예요. 그래서 아줌마가 저녁만 되면 저 쪽 방에서 혼자 찬송가를 부르고 기도하고 이랬어요. 근데 북한에서 배운 것들이 있어서 그런지 무섭게 들리는 거예요. 미친 것 같이 들리는 거예요. 스산하다 이런 생각을 하고 있었는데 부활절이라고 이 아줌마가 우리 보고 교회에 가자고 해요. 한국에서도 손님들이 많이 와서 춤도 추고 재미있다고 가자는 거예요. 그래서 너무 무섭고 못갈 것 같다고 이야기하니까 완전 재미있다고 하고 한국에서도 사람들이 온다는 소리에 갔어요. 그래서 집주인이랑 오빠랑 해가지고 처음으로 교회에 갔어요.

석탑이라는 곳에 큰 교회가 있어요. 조선족들이 하는 그런 교회인데 2층으로 엘리베이터를 타고 올라갔더니 사람들이 엄청 많은 거예요. 한국 교회에서 온 사람들이 기타 치면서 율동을 하는데 너무 웃긴 거예요. 활동하는 게 되게 간단하잖아요. 그러니까 율동이 북한 유치원 애들이 율동하는 것 같아서 너무 웃긴 거예요. 그래서 무섭다 기보다는 너무 재미있었어요. 처음에 갔을 때 앞에 나온 사람이 너무 웃긴 거예요. 그리고 처음에는 눈을 감아야 하는지 떠야 하는지도 모르고 그랬는데 내가 생각한 것보다는 나름 괜찮았어요. 생각보다 무섭지도 않고 침침하지도 않고 너무 밝고 좋았어요. 그러고 나서 탈북을 해야 해서 그 이후로 위험하고 하니까 교회는 안 갔었죠. 그리고 탈북하기 위해 중국에서 베트남, 캄보디아를 거쳐 한국 오기 전까지 캄보디아 교회에 주로 있게 되면서 거기서 3개월 반 정도 매일 의도치 않게 아침에 일어나면 춤추고 노래하고 기도하고 예배 드리고 성경 통독하고 그랬어요. 그것밖에는 할 게 없으니까 희한하 게 제가 거부감 없이 있게 되었어요. 처음에 무서운 게 제일 컸는데 그게 아닌 순간부터는 확 와 닿는 거예요.

그래서 우리가 캄보디아 교회에 처음 도착했을 때 새로운 친구들 이 왔다고 사람들이 노래를 불러주는 거예요. 7~8명 정도 되는 우리 를 일어나게 하고는 "당신은 사랑 받기 위해 태어난 사람~~" 그 노래랑 "아주 먼 옛날 하늘에서~~" 이 노래랑 불러주는데 그렇게 울었어요. 제가 눈물이 너무 나는 거예요. 그때 그 감정은 힘든 고비 를 견디고 '이제 여기 최종 목적지에 가기 전까지 왔구나!' 그런 것도 있지만 여기가 너무 따뜻해 보이는 거예요. 진짜 엄마 품 같았 어요. 뭔가 내가 말을 안 해도 나를 다 알아주는 그런 느낌이 들었어 요. 그래서 모든 걸 내려놓았던 것 같아요.

그 이후로 기도도 엄청 많이 했고 한국 와서 한 10년 동안 하나님 을 믿고 그런다고 하지만 그때가 정말 절실했었고 아무런 의심도 없이 정말 하나님을 붙잡고 살았던 것 같아요. 지금도 그때 그 마음 으로 가고 싶기는 한데 그게 잘 안 되어서 '정말 사람은 절박해야 하는구나!' 하는 생각도 들고 '이러면 안 되는데…' 하는 생각도 해요. 그렇게 넘어와서 아무래도 혼자 있는 시간이 많다 보니까 처음에는 죽고 싶을 때도 하나님이 저의 힘이 되었어요. 아빠도 오빠도 내 가족이지만 항상 내 옆에 없고 내가 말을 해야만 나의 고민을 알지만 하나님은 항상 내 옆에서 내가 뭘 원하고 내가 뭘 힘들어하는지 다 알고 날 도와주신다는 생각에 두려움 없이 자신감 있게 살아가야겠다고 스스로 생각하게 되었던 것 같아요. 그래서 어떨 때는 저녁에 그 동네에서 그냥 헐렁하게 술 취한 사람들이 자기네 집이랑 헷갈려서 우리 집 문을 막 두드려서 112에 신고해야 했을 때도 혼자 있으면서도 그나마 안도했던 이유는 하나님이 내 옆에서 안심시켜 준다는 생각 때문이에요.

그리고 엄마가 너무 보고 싶어 힘들 때도 항상 집에 가는 길에 해를 보고 하나님께 기도하고 달을 보고 하나님께 기도하면서 위안을 많이 삼았던 것 같아요. 그때 온양에서 세례를 받는데 목사님이 "너는 하나님 계신 걸 믿냐?"고 물어봤을 때 엄마 아빠는 내 옆에 없어도 하나님은 항상 내 곁에 있어서 나는 항상 의지가 되고 그래서 하나님이 계시는 거 같다고 말했어요. 제가 그렇게 얘기를 했던 기억이 있어요. 근데 지금까지도 하나님은 저한테 참 엄청난 의지가 되는 분인 것 같아요. 저를 제일 잘 아시는 분인 것 같아서요. 정말 대한민국에 오기 잘했다는 생각도 들고 제가 정말 선택받은 자라는 생각이 들면 그냥 이렇게 무의미하게 살아서는 안 되겠다는 생각을 많이 하게 되어요.

근데 한국에 와서 하나님이 계시다는 거 알고 그 보살핌 아래 살지만 아무래도 세상을 살다 보면 순간순간 잊고 살 때도 많아요. 내 일이 잘되고 그러면 완전 신경도 안 쓰고 내 잘난 멋에 살 때도 많은데 그때마다 한 번씩 연락을 주셔서 이렇게 생각하게끔 만들어 주는 사람들이 있었어요. 다 기억은 안 나지만 내가 다니던 교회에 있던 분들인데, 그분들이 한 번씩 연락해서 "요새는 뭐하니?" 하면 '내가 이렇게 살면 안 되겠구나' 하는 마음이 들어 또 교회를 나가게 되고 하면서 지금까지 왔어요.

지금 다니는 교회에 처음 가게 된 계기는 중앙대학교에 붙어 서울에 올라오다 보니까 교회를 옮겨야 했기 때문이에요. 친구 한 명이 소개한 저기 남포교에 있는 교회가 북한 목사님이 하시는 교회인데 거기에 탈북 대학생들이 많이 다녔어요. 친구가 오래 다니면서 저도 친구랑 같이 나가게 됐는데 한 1년~2년 정도를 다녔나? 그런데 그런 마음이 좀 들었어요. 내가 캄보디아에 있었을 때처럼 우리가 함께 좀 절절한 게 없다는 그건 마음이 조금 있고 '내가 여기에 좀 미쳐서 절절한 게 있었나?' 하고 눈치가 보일 때도 있어요. 조금 자유로운 분위기였어요.

그래서 거기서 나오게 되면서 교회를 스스로 찾아가게 되었거든요. 하나공동체가 있다고 하는데 거기 어디냐고 물어 물어서 찾아가게 되었어요. 그런데 그 안에 마 목사님이 옛날에 있는 건 알았지만 그때까지 있는 줄은 몰랐어요. 그리고 캄보디아 교회에서 나사렛반에 있었던 선생님이 여기 교회에서 전도사를 하고 계신 거예요. 그래서 너무 반가워서 그 교회에 다니게 되었고 거기서 같이 남북이 하나 되어서 북한을 생각하고 기도도 할 수 있었어요. 우리가 새로이 안에서 서로를 이해하면서 뭔가 같이 생활한다는 자체가 좋았어요. 저는 그냥 서로에 대해 이해하면서 북한에 대해서 항상 기도하고 이런 게 너무 좋았던 것 같아요.

그리고 거기 다니면서 참 좋은 분들을 많이 만났어요. 저희 순장님이 너무 잘 챙겨주시고 우리 순 모임 때도 항상 레벨에 맞게 말씀도 싹 전달해 주시고 이래서 재밌게 잘 다녔던 것 같아요. 그리고 하나원에서 나온 새로운 친구들도 교회를 많이 찾고 해서 그 친구들에게 고향 얘기도 듣고 같이 생활한다는 것도 너무 좋았고 그러면서 계속 그런 생각을 했던 것 같아요. 나는 무엇을 해야 하는가! 내가 하고 있는 이 공부는 저 땅을 위해서 어떻게 쓰여야 하는가!! 쓰긴 써야 하는데 어떻게 써야 옳은가를 계속 생각하고 고민하고 있어요.

제 삶에서 종교는 거의 등대와 같으면서 저의 생명과 같아요. 그냥 죽고 싶었을 때도 항상 제 힘이 되었던 것 같아요. 하나님이 있었다는 것 때문에 나는 이렇게 엄청난 것들을 이겨낼 수 있었고 하나님이 바로 그 힘이었어요. 내가 이 세상을 살아갈 수 있는 힘인 것 같아요. 내가 죽고 싶다고 부모님한테 털어놓으면 부모님도 힘들어하실 것이고 워낙 성격 자체가 안 좋은 걸 잘 드러내지 않기 때문에 제 문제를 말하지 않아요. 왜냐하면 그 사람들도 스트레스 받고 저 스스로도 말하면서 스트레스 받거든요. 저는 그냥 속을 썩이면서도 좋은 얘기만 하려고 하는 그런 스타일이거든요. 그러다 보니까 혼자 엄청 힘든 거죠. 혼자 있을 때는 엄청 고독하고 힘들고 왜 살아야 하는지 이런 것과도 많이 싸웠는데, 그냥 하나님이 계시다는 그것만으로 전 모든 걸 털어놓고 하나님이 모두 아실 거라는 생각 때문에 의지하고 힘이 되고 자신감을 갖고 사는 거예요.

요즘 교회는 잘 못나가요. 온누리교회를 다니다가 못나가게 된 것은 일이 바빠지다 보니까 그래요. 왜냐하면 변명이 될 수도 있는데 제가 하고 있는 일이 일정치가 못하다 보니깐 주말에도 하는 일들이 많고 평일에 하는 일도 하다 보니까 한두 번 못나가게 되고 그러다가 계속 못나가게 되는 거예요. 그냥 집 근처 동네 교회에 가끔씩 나가니까 아쉬움이 크긴 하네요. 집에서 기도는 엄청 하고 있습니다.

왜 남한에서는 통일교육과 윤리교육을 안 할까?

교회 다니면서도 사람들 간에 충돌 같은 것이 제일 큰 상처예요. 제가 직접 교회에서 봤다고 할 수는 없지만 전체적으로 살아가면서 교회도 마찬가지인 것 같아요. 교회는 챙겨주는 분이 많다 뿐이지 나와 있으면 그 안에서도 분명히 사람들 사이에 충돌이 있죠. 북한에서 왔다고 하면 너무 모른다고 생각하니까 그런 거예요. 많이 낙후된 땅에서 온 사람들이다 보니까 너무 다르다 이런 생각 때문에 뭔가를 배려해준다고 하는데 어떤 것들은 너무나 도를 지나쳐서 우리가 무슨 아무 것도 모르는 그런 천치 같은 사람 취급한다는 그런 느낌이고 가르치려고 하는 그런 것들이 좀 있어요.

또 제일 그랬던 거는 중국에 왔을 때, 북한에는 돈이 없어서 그렇지 먹을 수 있는 거는 다 있잖아요. 그런데 시장에서 이렇게 말해요 "북한에서 소세지 이런 거 먹어봤어?"

이런 것부터 시작해서 중국에서 어렸을 때 넘어왔을 때 제일 황당했었는데 이게 버선목이라고 저 땅을 뒤집어 보일 수도 없고 참 그게 답답하더라구요. 내가 이렇게 표현해도 믿을 사람 믿고 안 믿을 사람 안 믿겠구나 하는 생각이 15살 때부터 들더라구요. 아무리 사람이 100명, 200명, 20,000명이 와서 얘기를 하더라도 정말 이해를 못 할 거라는 생각이 들어서 그냥 열려서 직접 가서 체험을 해봤으면 좋겠다는 생각이 들더라구요. 여기는 지역 간 마찰도 많고 서로 편견이나 이런 것들이 엄청 많잖아요. 저 땅에 갈 수 없는 사람들에게 아무리 저 땅에 대해 이야기해 봤자 얼마나 이해할까 그런 생각도 들면서 그런 가운데서도 부단히 노력해야겠지만 사람들은 아직 많이 모르니까 아쉬운 점이 많은 것 같아요.

북한에서 한 달 만에 넘어온 친구들도 여전히 그런 대우를 받고 가끔씩 직행으로 막 넘어온 친구들도 있는데 요즘은 그런 친구들을 거의 '산지 직송'이라고 막 얘기하기도 하는데 근데 그런 친구들을 보면 젊은 친구들은 젊은 친구들일수록 보면 그래도 잘 적응하고 나이든 사람들도 그냥 오면 정 붙이고 사는 것 같아요. 거긴 그렇게 사람들이 엄청나게 낙후가 되고 이런 게 아니에요. 그냥 겉으로 보기에 그 땅에 사는 사람들이 그 사회 속에서 자유 없이 산다 뿐이지 그 내부의 삶이라는 거는 거기나 어기나 마찬가지예요.

거기도 지금 계속 은연중에 많이 발전하고 있고 사람들 사고나 생각은 그렇게 많이 떨어져 있지 않다는 거를 좀 알았으면 좋겠다는 그런 생각이 들더라구요. 근데 그 사람들을 너무 낙후하게 보고 우리의 생각을 너무 낮게 본다는 그런 게 조금 있는 것 같아요. 대부분의 사람이 그런 게 아니라 그냥 좀 그런 사람들이 있더라구요. 특히 우리 같은 경우는 젊으니까 뭐라고 하면 바로바로 받아치고 그냥 이렇게 하겠는데 저희 엄마 같은 경우에는 남한에서 일을 하면서 사투리도 심하고 하니까 웬만해서는 입을 다물고 조용조용하게 하는데 그거를 어떻게 더 우습게보고 이래서 아예 앞에서 직설적으로 말한다고 하더라구요. 뭐 거기서 살았는데 안 좋다는 그런 식으로도 얘기를 하면서 우리 돈으로 생활을 하고 그만 왔으면 좋겠다고 직설적으로 얘기하니까 엄마는 진짜 충격인 거죠.

하소연할 데도 없고 내가 엄마랑 같이 다니면서 그걸 다 커버해 줄 수도 없고 엄마도 엄마 스스로 이기며 살아가는데 참 그것 자체는 제가 봤을 때는 정말 어쩔 수 없는 것 같아요. 저도 여기 한국에서 계속 살았다면 북한에서 온 친구들을 그렇게 봤을 것 같아요. 우리가 TV로 북한사회를 볼 수 있다면 항상 굶어 죽고 허덕이는 친구들과 폐쇄 국가에서 세계에 대해 정말 아무것도 모르고 살아가는 사람들이 제일 먼저 떠오르는데 그러면 사고가 엄청 좁아질 거라고 생각해요. 그러니까 미개한 게 아니라 그냥 더 많이 보지 못하고 더 많이 못 누린다 뿐이지 볼 건 어느 정도 보고 해요. 우린 같은 민족이니까 어딜 가지 않아요.

근데 조금 마음을 치는 게 있었어요. 저는 몰랐는데 "이제 만나러 갑니다" 같은 곳에서 언니들이 이렇게 강연을 많이 하고 다니시더라구요. 처음에 언니들이 연락 와서

"대학교 사람들이 너를 좀 세웠으면 좋겠대."

이런 얘기를 하는데 못하겠다고 했거든요. 내가 딱히 나가서 강연을 하고 그럴 게 되나 싶어서요. 그게 어떻게 보면 이 사람이 겪은 것도 있지만 내가 겪은 것도 있으니까 알리기도 하고 이 얘기를 해주는 것이 나쁘지 않겠다는 생각이 들어서 한 번 해볼까 하는 마음도 조금 생기고 사람들도 알아가고 좋을 것 같다는 생각이 들어요.

제가 강연을 한다면 모르는 얘기는 못할 것 같고 그냥 제 경험담을 이야기할 것 같아요. 북한에 살았다고 다 북한 전문가는 아니잖아요. 그냥 내가 학교생활하면서 생각하고 겪었던 것에 대해서요. 북한 같은 경우는 아시다시피 엄청난 사상교육을 하면서 어렸을 때부터 엄격하게 하잖아요. 학교 안의 규율도 강하고 여기서처럼 이 친구가 한 대 때렸다고 해서 저 친구 한 대를 때리는, 두 명이 잘못했으면 똑같이 때려야 뭐 탈이 없고 이런 게 아니라 선생님 기분에 따라 한 명이 한 대 치면 이쪽은 더 열 받으면 발로 차고 무릎으로 찍고 해도 상관이 없어요. 그럴 정도로 굉장히 선생님을 법처럼 생각하고 그렇게 하는데 제가 여기서 학교생활을 했단 말이예요.

여기 오니까 친구들이 선생님을 너무 친구처럼 대하는 이런 것들이 처음에는 신기했어요. 몸에 와 닿지 않았어요. 선생님하고 연애 얘기를 막 하고 하는 이게 진짜 맞는 건가? 이렇게 해도 되는 건가? 이런 게 정말 문화적 충격이었어요. 왜냐하면 북한은 고등학교 때 연애하면 이건 엄청난 처벌의 대상이고 이건 완전 안 좋은 거였는데 여기서는 선생님들이 "요즘에 헤어졌어?" 이런 얘기도 스스럼없이 하는데 이게 선생님이 이래도 되는 건가? 하는 생각이 많이 들었어요.

그리고 충격적이었던 거는 우리가 분단국가인데 전혀 통일에 대한 수업이나 교육이 없는 거예요. 그래서 저는 제일 충격이었어요. 너무 그런 것을 생각 안 하고 살지 않나? 우리가 분단국가인데?

그래서 친구들한테도 물어 보면

"난 오히려 통일 안 했으면 좋겠어."

하는데 정말 충격이었어요. 정말 제가 17살 땐데 어떻게 이런 생각을 할 수 있지? 이런 생각을 하게 됐어요. 전 북한에서 못 먹든 잘 먹든 어쨌건 간에 통일은 무조건해야 된다는 생각을 했어요. 거기서 이판사판 굶어 못 먹으니까 통일하자 이렇게 하는데 저는 거기서 먹을 것도 다 먹고 그렇게 자유를 누리고 살아도 통일은 무조건해야 한다고 생각했기 때문에 남한 와서 정말 충격이었어요. 우리가 정말 통일이 되어서도 이런 교육은 필수 과목으로 해야 하지 않나 생각이 들어요.

언젠가 경찰서에서 설문조사가 돌았어요. 우리에게 이 사회에서 필요한 게 뭐라고 생각하냐고 묻는 설문조사였는데 학교에 애들도 연호할 수 있는 그런 교과목이 있었으면 좋겠다고, 우리가 통일에 대해서 생각할 수 있는 그런 교과목이 있었으면 좋겠다고 써낸 적이 있어요. 제 기억으로는 아무것도 모르는 애들이 굉장히 충격이었어요. 그리고 국어 교과서에는 남북의 언어 차이가 나와서 북한을 너무 모른다는 생각이 드는 거예요. 북한에서 쓰지도 않는 말을 가지고 남한은 파마라 하고 북한에서는 볶음머리라 한다. 뭐 이렇게 쓰고 이러니까 너무 아니라는 생각이 들어요. 애들이 교과서 가지고, 다른 반 애들도 수업 끝나면 달려와요.

"언니, 북한에서 진짜 이렇게 말해?"

"아니"

"선생님, 아니라는데요?"

"어, 이건 옛날에 한 거라서 그런가 봐."

선생님들은 이런 식으로 반박하시고 그랬거든요. 저는 그런 것들이 잘 되었으면 좋겠다는 생각이 들어서 사람들 만나면 이런 얘기들을 해서 북한에 대해 생각을 할 수 있게 하고 싶죠. 근데 제가 얘기를 잘 할지는 모르겠지만 스스로 편집을 해가지고 가서 얘기를 잘 해야 겠죠. 왜냐하면 우리가 어떻게 보면 목구멍 앞에 포도청이라서 살아 가는 게 서로가 경쟁적이고 개인주의로 가다 보니까 우리 전체를 잊고 사는 경향이 많아서 코앞만 보지 말고 시야를 조금 더 넓게 했으면 좋겠어요. 우리가 이렇게 우리의 삶과 이 나라의 미래가 어떻 게 변할 것인가에 좀 더 포부를 갖고 그림을 크게 그리고 살았으면 좋겠어요.

4. 배우로서의 삶

나의 첫 데뷔 무대

저는 2001년도에 두만강을 건너서 1년 6개월 동안의 탈북 과정을 거쳐 남한에는 2002년 8월에 들어왔어요. 하나원 생활을 거치는 동안 청소년 반에서 생활을 하면서 그런 얘기를 들었어요. 일단은 우리가 나가서 학교를 다녀야 하는데 탈북자 학생들이 남한에 있는 학교를 다니면서 왕따를 많이 당한다고 하더라구요. 그래서 신분을 숨기고 조선족이나 강원도에서 왔다고 이야기를 많이 한대요. 그런 데 선생님들이 그러지 말라는 이야기는 안 했던 것 같아요. "너네는 앞으로 더 당당하게 살아가라"는 말은 안 했던 것 같아요. 어떻게 보면 융통성 있게 생활하기를 바랐던 것으로 저는 기억을 해요. 그런 데 저는 그런 게 자존심이 너무 상하는 거예요. 왜냐하면 중국에서도 1년 몇 개월 동안 진짜 나라는 신분을 아예 숨기고 탈북자라는 것도 얘기를 안 하고 나이고 이름이고 그냥 꽁꽁 숨기면서 생활을 했는데 뿌리를 박고 살아야 이 땅에서까지 나가자마자 거짓말 하고 둘러대 면서 자신감 없이 살아야 한다는 게 너무 싫은 거예요. 그래서 오히려 "나가보자". 나가서 당당하게 밝히고 그래서 아니면 아니고 옳으면 옳은 거다 생각했어요.

제 자신에게 자신감이 있었어요. 원래 북한에 있을 때 자라면서 친구들도 많았고 사람들하고 잘 지내는 활발한 성격이라서 누가 나한테 등 돌리고 나를 왕따시킨다는 건 상상을 못했거든요. 근데 그런 얘기를 들으니까 자존심이 상하더라구요. 도대체가 어떻게 된 문제인지 한 번 나가보자 해서 학교에 들어갔어요. 북한에 있을 때 저는 그렇게 학교생활을 열심히 하는, 즉 공부 열심히 하는 그런 애가 아니었고 특히 부모님이 같이 계실 때 되게 많이 땡땡이치는 애였는데 여기 오니까 부모님도 같이 안 있고 혼자 뭔가를 시작해야 되는 상황이었어요. 나오자마자 처음에는 학교를 가겠다고 해서 우리 담당 형사님이랑 같이 내가 다닐 중학교에 찾아갔어요. 제가 걔네보다는 2살 위였었는데 그 동안 진도도 많이 부족하고 해서 그나마 찾은 게 중학교 2학년이었어요. 2학년으로 들어갔는데 선생님들이 얘기를 하다가 우리 학교에서 2학년 선생님들 중에 제일 강한 분이고 제일 괜찮은 분이 담임선생님이 되셨어요. 며칠 후에 교복이랑 이렇게 다 준비해서 학교에 갔어요. 그런데 선생님이 북한서 온 거를 애들한테 얘기를 하겠냐고 저한테 물으시더라구요. 애들한테 소개를 시켜줘야 되는데 하겠냐고 해서 북에서 왔다고 얘기를 해 달라고 그랬어요. 그랬더니 선생님이 알았다고 하시면서 다른 말은 안 물어보시고 저를 데리고 가서

"전학생이 왔어요."

하니까 애들이 "와" 어쩌구 저쩌구 반응이 엄청 좋더라구요. 여중이 었는데 2살 위니까 무조건 언니로 부르라고 해서 오히려 부담스러웠어요. 북한에서 한두 살 정도는 그냥 언니 오빠라고 안 부르고 그냥 친구라고 했거든요. 근데 여기 와서 2살 많다고 언니라고 부르라고 하니까 '선생님이 너무 깐깐하게 이러지 않으셔도 되는데…'라는

생각이 들었어요. 그런데 언니라 하니까 애들이

"와… 진짜요? 진짜요?"

하다가 고향이 북한에서 왔다고 하니까 애들이 더 막 폭발적인 거예요. 반응이 "와" 하고 놀라면서 난리가 났어요. 그래서 그때부터 웃으면서 인사했어요.

"응, 안녕. 안녕. 잘 부탁해."

"어느 자리에 할까?"

"선생님, 여기요!"

"여기요!"

하면서 애들이 장난 아닌 거예요. 그래서 어떤 친구 옆에 자리가 비어서 거기 가서 앉으라고 하시고 선생님이 나갔어요. 선생님 나가고 순식간에 전교에 제가 왔다는 소문이 퍼진 거예요. 애들이 완전 현관이 꽉 메일 정도로 달려 와서는 막

"언니, 언니 북한에서 어떻게 왔어요?"

부터 시작해서 북한에서는 뭐 어떻게 생활을 했고 북한에서 미인형은 어떻게 되고 애들의 관심사를 마구 물어보는 거예요. 욕은 어떻게 하고 이러는데, 제가 또 언니 입장에서 욕을 말하기는 그렇고 해서 머뭇거리니까

"언니, 너무 착해 보인다"

하는 거예요. 그래서 얘기를 해줬죠. 북한에서는 욕을 어떻게 하고 미인형은 이렇다하고요. 우리 선생님이 북한에서 미인형이냐고 물어봤는데 선생님 얼굴은 보통의 얼굴이었어요. 그래서

"아니, 보통이야."

이랬더니 애들이 난리가 났어요. 그러고 나서 수업을 정신없이 하고 집에 오니까 입에서 경련이 일고 현기증이 날 정도였어요. 나를 아예 등 돌리고 할 줄 알았는데 반응이 너무 좋고 괜찮더라구요. 제가 간 학교가 충남 온양 온천이 있는 곳인데 그나마 그쪽 애들이 좀

착하다고 하더라구요. 그래서 다행히도 애들하고 잘 지내기는 했는데 깊이 있는 관계는 형성이 안 된 거죠. 왜냐하면 내가 겪었던 문화가 다르고 얘네가 겪은 문화가 다르다 보니까 말이 안 통하죠. 얘네들이 친구들끼리 모여서

"야, 무슨 일이 있었는지 아냐?" "그때 있잖아?" "예전에 있잖아" 하면 뭐 어떤 말을 하고 있는지 도저히 낄 수가 없는 거예요. 그래서 그런 게 너무 답답하더라구요. 내가 말은 알아듣겠지만 이게 뭔가 소통이 안 되니까 미치겠는 거예요. 그냥 다른 나라 얘기를 하고 있는 것 같아서 말이 전혀 안 되는 거예요. 그렇게 1년을 보냈어요.

중학교를 졸업하고 고등학교에 붙었는데 고등학교 입학을 해서 다시 그 상황에 적응을 해야 한다는 게 감당이 안 되겠더라고요. 거기도 여고였는데(한숨) 여자애들 또 지방에서 온 애들, 천안에서 온 애들, 이런 애들하고 같이 공부를 해야 되는데, 또 다른 친구들하고 또 다른 얘기들 속에 끼어서 적응을 해야 한다는 게 감당이 안 되겠더라구요. 근데 알아 보니까 검정고시가 있어서 그거 괜찮겠다 해서 차라리 그걸 해야겠다고 선생님에게 말했어요.

"아무래도 저는 학교를 그만두고 검정고시 준비를 해야겠어요."

중학교 선생님이고 고등학교 담임이고 막 난리인 거예요. 검정고시로 졸업장을 따는 것도 중요하지만 이 사회에서는 대인관계라든가 사람이 사는 서로의 인간관계를 형성하는 게 나중에 적응을 하기 위해서는 정말 중요하다고 그러더라구요. 그 말도 옳긴 옳은데 내가 너무 힘들다고, 3년을 그 상황에 다시 적응하며 공부하면서 지내야 한다는 게 너무 힘들다고 해도 무조건 나오라는 거예요. 그런데 무조건 안 나갔어요. 이제 애들이 학교에 입학해서 다니고 있는데 계속 안 나갔어요. 어느 날 고등학교 선생님이 전화가 와서 저를 이렇게 북한말로 아주 꼬시고 있는 거예요. 여기는 워킹부도 있고 카메라 반도 있고 이런 반도 있고 완전 좋다고 하면서 연극반도 있는데

너 뭐할래? 하는데

"예? 연극반이 있어요?"

연극반이 있다는 거예요. 그래서 제가 원체 연극을 하고 싶은 마음이 강했기 때문에 학교에 온 목적도 그런 것도 있었는데 연극부가 있었던 걸 몰랐던 거예요. 특별반이 그때 생겼다나 봐요. 아무튼 완전 단순하게 다음날부터 간다고 했죠.

우리 중학교 선생님이 너무 어머니 같으셨던 게 뭐냐면 저에게 어머니처럼 연필, 지우개부터 시작해서 교복, 양말까지 선생님이 다 해주셨어요. 결혼을 안 하셨는데 나이가 좀 있으셨어요. 저를 이렇게 잘 챙겨주시면서 1년 6개월 동안 담임을 하며 저를 관찰하신 선생님이시니까 고등학교 선생님이 찾아가신 거예요. 그래서 미희한테는 너무 많은 것을 원하지 말고 얘가 하고 싶다는 걸 적극 밀어주라고 말씀하신 거예요. 그러면서 고등학교 선생님이랑 저랑 같이 식사도 하셨어요.

그 다음부터 저는 인문계 고등학교였던 저희 학교에서 거의 예고 수준으로 연극부에만 붙어살았어요. 저희 반에 이쁘장한 애가 한 명 있었는데 걔가 연극반이라서 걔랑 같이 친구가 돼서 연극반에 갔는데 선배들이 있더라구요. 연극반 선생님은 계신데 딱히 전문적인 분은 아니었어요. 연극에 대해서 아시는 분은 아닌데 그냥 국어를 가르치는 선생님이 연극부를 맡으셨어요. 독백이라는 걸 주면서 한 번 읽어보라고 하셨는데 제가 지금 봤을 때는 어땠을지 모르겠는데 그때 독백을 읽었더니 어디서 연극을 해봤냐고 그런 얘기를 하시더라구요. 처음으로 독백을 읽었는데 이게 나쁜 말은 아닌 것 같고 내가 뭔가 느낌이 있다는 얘기로 들리더라구요. 제가 연기를 하겠다고 해놓고는 그 긴 대사는 처음으로 해본 거예요. 그때 되게 기분이 좋았어요. 왠지 느낌이 좋았어요.

그렇게 조금씩 자신감이 생겼어요. 축제 그 즈음에 우리 학교가 남고 2개 학교랑 여고 3개 학교와 연합으로 이순신 공연을 하나 했어요. 근데 그때 제가 오디션을 봐서 그래도 일본 사람 역할을 맡은 거예요. 처음으로 일본 기모노 같은 것을 입고 대극장에서 공연을 한 거죠. 참여한 학교 학생들이 다 와서 거의 들어오지도 못할 상황이었어요. 그렇게 큰 역할은 아니었지만 저보다 역할 작은 아이들도 많았어요. 무대에 그냥 백성으로 나와서 깃발 들고 다니는 애들이 대부분이었는데 진짜 한 번도 연극을 못해본 제가, 그것도 북한에서 와서 일본 사람 역할을 맡아서 무대에 섰는데 나쁜 역할이었어요. 은거북이 금거북이 들고 가서 "사또~" 뭐 이런 역할이었어요. 사시나무 떨듯이 기모노 옷이 나풀나풀하는 데도 대사를 안 까먹고 해서 막이 올라갔어요. 근데 무대에 처음 섰을 때가 잊혀지지 않아요. 너무 떨어서 진짜 장난이 아닌 데도 무대에 선 것만으로도 자신감이 막 생기고 숱한 사람들 앞에서 연기를 했다는 것 자체가 스스로 너무 대단해 보이는 거예요. 그런데 이게 어떻게 보면 성격 탓일 수도 있어요. 내 스스로가 정말 대단하다고 생각했던 것 같아요. 왜냐하면 그때는 주변에 가족도 없고 딱히 내가 기쁨을 나눌 수 있는 정말 가까운 사람들이 없었거든요. 그렇지만 스스로가 뭔가 자신감이 생기면서 아무래도 이게 길인가보다 이 길로 가야겠다는 주문을 스스로에게 한 것 같아요. 교회를 다니면서 위안을 많이 얻기도 했죠. 그리고 쭉 연극을 했어요.

연극을 하다가 거의 3학년이 됐을 때 그 담당 선생님이 말씀하셨어요

"네가 창작극으로 네 얘기를 한 번 해봐라."

그래서 친구들이랑 같이 그나마 제가 느꼈던 제 이야기들을 썼죠. 그런데 아빠와 같이 온 부분은 사실 약간 수정한 것도 있어요. 왜냐하면 있을 법한 이야기로 만들어야 해서 제가 학교에서 생활했던 것을 중점적으로 쓰기는 했는데 남한에 어떻게 오게 되었는지는

조금 극적으로 만들 필요가 있었죠. 아빠가 두만강을 같이 넘다가 돌아가신 걸로 했더니 아빠가 그걸 보고 왜 아빠를 죽였냐고 하더라구요.(크게 웃는다) 그리고 여기에 같이 온 엄마가 다른 남자와 만나서 생기는 갈등을 그리고 거기서 내가 받아들이지 못하는 그런 갈등 같은 걸 쓰기도 했어요.

학교에 들어갔는데 이 학교 안에는 동남아에서 온 외국 친구도 한 명 있었고 저도 있었어요. 제가 그렇게 쓴 이유는 처음으로 북한을 나와서 돌아다니다 보니까 기대감도 많이 컸고 '과연 세계는 어떨까?' 하는 생각도 많이 했어요. 돌아다니다 보니까 말은 안 통해도 사람들의 근본적인 것은 다 똑같은 거예요. 같이 울고 같이 슬프고 같이 공감하는 걸 하다 보니까 그렇게 달라보이지 않더라구요. 피부색이 달라도 사람들은 다 같구나 이런 생각을 많이 했어요. 그래서 그 학교에 동남아 친구들을 넣고 우리가 서로 다르다는 생각으로 서로를 이렇게 편견으로 대하는데 사실은 알고 보면, 근본적으로 사람을 알려고 하면 결국은 다를 게 없다는 것을 말하고 싶었어요. 북에서 오든 동남아에서 오든 미국에서 오든 어디서 오든 우린 다를 게 없다는 그런 느낌으로 썼어요. 마지막에 우리는 다 같이 어우러져 잘 놀면서 해피엔딩이었어요. 그래서 되게 반응이 좋았어요. 왜냐하면 대학교 가서도 공연을 하고 대회 나가서도 공연을 하고 그랬는데 순천향대학교에 가서 공연할 때 교수님들이 이렇게 평가하셨어요.

"기존의 탈북자를 바라보는 작품과는 조금 다른 시각에서 바라봐 신선해서 좋았다."

그래서 작품 특별상을 받고 상을 되게 많이 받았어요. 이 경험을 통해서 '역시 나는 이 길로 가야겠다' 생각하고 다른 공연들도 계속했어요. 그래서 상도 여러 개 받으면서 계속하다가 이제는 전공을 살려서 대학에 가서 공부를 해야겠다고 생각했어요. 선생님께서 아무래도 중앙대랑 동국대가 연기 쪽으로 세니까 한 번 넣어보라고

하고 제가 특별전형이 있고 상 받은 것들도 어느 정도 플러스가
될 거라고 하시면서 선생님들이 많이 도와주셨어요.

연기자로 살고 싶다

이제는 부딪히면 다 할 수 있겠다는 마음으로 자신감 있게 대학교
를 갔어요. 동국대랑 중앙대를 수시로 다 합격을 했어요. 시험 볼
땐 동국대는 필기시험도 보고 해서 더 어려웠어요. 그런데 주위에서
중앙대가 더 괜찮다고 해서 중앙대로 갔는데 애들이 분위기가 다르
더라고요. 전국 각지에서 내노라하고 연기하고 논다는 애들이 다
왔으니 개성이 장난이 아닌 거죠.

'분위기가 왜 이래?' 정말 신기하다. 내가 생각했던 그런 분위기가
아닌 거예요. 고등학교 때 대학생 애들 보면 원피스를 막 차려입고
다니길래 나도 그렇게 한 번 살아봐야 하겠다 하고 생각했는데 그게
아니라, 우리는 치마도 입을 수가 없어요. 중앙대 연극학과 규율이
엄청 셌어요. 치마도 못 입고 하이힐 이런 것도 없어. 그냥 운동화만
신어야 하고 염색도 하면 안 되고 화장도 하면 안 되고 막 진짜
애들이 제일 거지처럼 하고 돌아다니는 애들이 연극학과 애들이었
어요. 특히 1학년 애들이 그래요. '야, 이거 뭐 북한도 아니고 아,
왜 이러지? 아우 창피해.' 이런 생각을 많이 했어요. 유치원 애들도
아니고 이거 정말 대단한 건 줄 아나 부다.

애들 중에 과대가 있는데, 걔가 선배들에게 설설 기는 거예요.
(합장하는 듯한 모습으로)

"선배님!"

뭐 이러니까 같이 이렇게 해야 할 것 같고 우리 보고

"야, 빨리해, 빨리해!"

막 이러고 같이 묻어가면서 이랬는데 하면서도 창피한 거예요.

이래야 되나 진짜 고민이 많았어요. 남한 애들인데도 참기 힘들어서 학교 나간 애들이 되게 많았어요.

그래, 1년만 버티면 된다고 하니까 버티자 버티자 그래서 버티고 일 년 하고 휴학하면서 학교에서 공연을 했어요. 그게 탄력을 받으면서 계속 학교를 다녔는데 지금 졸업하고 나서 생각해 보면 여기 연예계라는 게 힘들잖아요. 되게 냉철하고 이기적이고 혼자만의 싸움이고 이래야 되는데, 그 연극학과에서 한 것들이 도움이 되었어요. 우리가 같은 고통을 겪으면서 더 다져진 거예요.

우리만의 그게 있는 거예요. 활동을 하면서 중앙대 연극학과다 하면 선배를 만나도 똑같은 그것을 겪었다는 것 때문에 완전 가족 같은 느낌이 드는 거예요. 저도 한 번 하정우 선배 만났었잖아요. 막 진짜 가족 같더라고요. 학교 선배들이 후배 대하는 스타일이 비슷한 거예요. 되게 친근감 있고 좋았어요. 항상 우리 학교에서 그랬거든요. 나가서 어차피 이 세계는 힘드니까 우리가 같이 힘이 되어서 이겨내서 으쌰으쌰 하자고. 그런 것들이 나중에 연예계로 나와 보니 되게 좋더라구요. 그냥 좋았어요. 학교 다니는 내내 연극을 하면서 많이 배웠던 것 같아요. 공연을 하면서 많이 배우고 좋았어요.

가장 힘들었던 건 연극이 똑같은 사람들끼리 만나서 하는 것이 아니라 계속 새로운 선배들과 후배들과 동기들 이렇게 뭉쳐가지고 한 팀이 되어 다른 작품을 나가니까 처음에 들어가 어울릴 때가 계속해서 되게 힘들어요. 특히 저 같은 경우는 연극 캐릭터를 맡으면 표현이 나올 때까지 시간이 걸려요. 근데 막 처음부터 원하는 게 안 나온다고 막 까는 그런 것들이 있잖아요. 다른 애들한테도 하겠지만 저 같은 경우엔 은근히 상처를 받는 거예요. 이것들이 내가 저기서 왔다고 지금 나를 우습게 여기고 내가 못할 줄 알고 이렇게 하는 건가? 그래서 되게 열 받고 이런 것들이 있긴 있었는데 결과적으로 학교에서 한 공연은 다 좋았어요. 학교에서 많이 까이고 이러면 나와서도 더 단단해질 수 있을 텐데 다행히도 학교에서 하는 공연마다 다 호평을 받았어요.

한 번은 연극하나 했었는데 선배님들이 다 분장실로 뛰어들어와서 축하해주기도 했어요. 2010년도 했던 공연인데. "사랑을 주세요"라는 작품이에요. 짧은 역할인데 그게 되게 어려운 역할이에요. 그런데 진짜 연기 잘하시는 선배님이 내가 2010년에 본 공연, 모든 프로들이 하는 공연들 다 합쳐서 내가 최고라고 막 칭찬해주셨어요. 후배들 중에서도 진짜 연기 잘하는 애들이 와서 저한테 무릎을 꿇었어요. 그럴 정도로 되게 자신감도 생기고 열심히 했어요.

연기를 표현하는 데 있어서 탈북 과정에서 겪은 어려움이나 내면에 있는 울분 같은 것들이 나에게 되게 많이 도움이 되었어요. 그것을 하면서 치유가 되고 뭔가를 털어놓으면서 울고불고 하면서 치유가 많이 되어 좋았던 것 같아요. 그래서 이걸 계속 하려는 것 같아요.

일을 하면서는 부딪치고 넘어야 할 산들은 너무 많아요. 탈북자다 보니까 사투리와 같은 것도 온 지 꽤 됐는데도 완벽하게 못 고치고 있어요. 또 〈이만갑〉을 하면서 사투리가 많이 돌아왔어요. 제가 이 정도는 아니었는데 〈이만갑〉에서 애들이 다 사투리를 왜 그렇게 잘하는지 완전 맨 사투리만 하고 있어요. 그래서 같이 막

"야, 이거 봐 맞아 맞아. 진짜 생각난다."

그러면서 계속 따라하고 있는 거예요. 그러다 보니 그런 것들이 문제도 되고 해요.

역할 같은 것도 맨날 북한 사람, 탈북자 역할 이런 것들만 들어오니까 저는 사실 다양한 부분을 부딪치고 싶거든요. 제가 학교 다닐 때, 뭘 할 때도 캐릭터를 따라가지 않았어요. 제게 주어지는 거 아무거나 다 하고 싶었거든요. 이것저것 다 겪어보고 싶었어요. 나와서도 이제 첫발 내딛고 나가야 할 판국에 뭔가 딱 틀에 매여서 이렇게 되다 보니까 조금은 그런 이미지들을 어떻게 해야 하나 하는 생각도

들어요. 선배님들도 하나의 캐릭터를 구축해서 사람들이 쓸 때 그 사람을 떠 올릴 수 있게 자기 이미지를 만들어가는 게 되게 오래 걸린대요. 저는 탈북자라는 이미지 하나만 가져가도 괜찮지 않을까 라고 말하는 사람들이 있기는 한데 저 같은 경우에는 욕심이 있어요. 열심히 해서 다양한 역할도 하고 싶고 그래요.

어떤 분들은 정말 괜찮은 분들도 계세요. 북한 역할도 있고 남한 역할도 있는데 너는 북에서 왔으니까 배우려면 남한 역할만 하는 게 더 괜찮지 않겠냐고 하는 이런 분들도 있어요. 남한 역할하는 거 좋죠. 연극도 많이 해야 될 것 같고 사투리 같은 경우는 완전 자연스럽게 하려면 모르지만 대본을 받아 연습해서 하면 그렇게 많이 안 나오거든요.

제가 고등학교 때 터득한 것이 있었어요. '남과 북은 서로 다르다고 생각했었던 거야. 그러나 우리는 다를 게 없어. 나부터 문 열고 나가는 거야' 하고 완전 적응했다고 생각했는데 아무리 문 열고 나가도 이것들이 나를 (약간 무정한 표정을 하고) 이렇게 하는 거예요. '그래, 내가 보여주겠어.' 그러고는 저도 마음의 문을 닫았어요. 니들이 오게 만들겠다. 제가 이런 마음이 1학년 때 생겼어요.

처음 개강총회를 할 때 우리는 되게 살벌하게 하거든요. 선배들이 윗기수부터 다 내려와서 소극장에 모여 이번에 들어온 애들 나와서 한 명씩 인사를 해야 되요. 다 자기의 장기를 해야 하거든요. 근데 선배들이 쫙 이렇게 앉고 조명 하나 딱 떨구고는 우리는 선배들이 안 보이는데 딱 한 명씩 나와서 인사를 해야 하거든요.

"중앙대학교 미디어공연영상대학 연극영화학부 연극학과 49기 연기전공 김미희입니다!"

이렇게 해야 하는데 앞이 너무 긴 거예요. 너무 얼어서 장난 아니었어요. 선배들이 소품을 하나씩 다 가지고 있어요. 임산부 배에 넣는 쿠션 같은 것부터 시작해서 고무신, 사과 이런 것들을 들고 있다가 애들이 잘못 삐걱거리면 위에서 그걸 뿌려요. 여자들은 그나마 조금 괜찮은데.

제 차례가 됐어요. 제 앞에 한 애가 장난 아닌 거예요. 침 튀기면서 군대처럼 엄청 열심히 하는 거예요. "김. 미. 희. 입니다!" 이런 식으로 하는 거예요. 그래, 나도 열심히 해야지 했죠. 딱 나가서

"안녕하십니까? 미디어공연영상학과…."

그런데 중앙대학교를 빼먹은 거예요. 한 선배가

"야, 니 어느 학교야! 열외! 열외!"

하길래 또 저는 '열외라는 것은 뭐지' 하면서 저기 가서 섰어요. 재외 국민 애들도 되게 많았어요. 왜냐하면 한국 애인데 외국에서 오래 살다가 온 애들도 있고 중국 애들도 좀 있었는데 그나마 오빠들이 배려를 한 거죠.

"야, 거기서 외국인 애들, 걔넨 저쪽으로 가."

하는 거예요. 애들이 쑥덕쑥덕 가는 거예요. 난 외국인이 아니잖아요. 그래서 '못하면 못했지, 재외국민으로 들어오긴 했지만 난 안가' 하고 딱 서 있는데 갑자기 거기서 웅성웅성거리더니

"야, 쟤가 왜 무슨 외국인이야."

이러면서 어쩌구 저쩌구 하는 거예요. 그런데

"야, 이 새끼가 너 한국 놈이지, 너 무슨 외국인이야?"

이러면서 다른 애들이 더 까였어요. 그러더니

"야, 여기 재외국민특별전형으로 들어온 애들, 거기 서 있는 애들!"

그래서 저 혼자 손들었더니

"넌 그냥 가."

그러는 거예요. 그래서 그냥 갔어요. 그리고 끝나고 나서 친구들에게

"너, 이것들이 야, 니가 외국인이야?"

연극학과에서는 오기만 있어도 뭔가는 할 수 있어요. 어떤 것도

마찬가지겠지만 '그래 니들이 이렇게 해? 내가 보여주겠어'. 뭐 이런 것만 있어도 뭔가는 해요. 거기서 그것도 되게 많이 배웠어요. 이런 것도 없는 애들은 거기서 이리 치이고 저리 치이면서 나가거든요.

그래도 대학 생활은 힘들었지만 나름 재미있었어요. 맨날 선배들 공연하는 데 가서 소품 만들고 선배들 심부름하면서 학교에서 맨날 자고 철야하면서도요. 그때 제가 정말 돈도 없어가지고 진짜 어려웠어요. 맨날 찜질방 가고 맨날 택시 타야 하다 보니까 돈을 엄청 많이 쓰게 되는 거예요. 그런 것들이 힘들었는데 나중에는 많이 단단해지고 좋았던 것 같아요.

이제 막 탈북해서 나온 사람들은 여긴 많이 발전되었으니 난 빨리 저기 따라가야겠다고 급하게 마음을 먹고 조급하게 생각하는 사람들이 많아요. 이런 급한 마음 때문에 더 스트레스를 받아요. 조급하게 생각하지 말고 꾸준히 나이가 많아서 왔든 적어서 왔든 꾸준히 하나하나 쌓아 가는 게 더 중요하다고 생각해요. 돌아봤을 때 '내가 느리든 빠르든 발전하고 있구나!'라는 생각을 하며 꾸준히 잘 싸우는 게 중요해요.

저는 연극부 활동을 하면서 연기학원에도 다녔는데 거기서 정말 치열함을 느꼈어요. 실습으로 외부에 나가서 진짜 방송활동도 하면서 친구들이 정말 경쟁이 장난 아니구나! 생각했어요. 초반에 연기한다고 했을 때 남한 분들이 말렸어요.

"남한 친구들도 어려워하는데 북에서 온 니가 어떻게 하겠냐? 그렇다고 인물이 빼어난 것도 아니고."

엄청나게 자존심도 상했지만 그런 반응을 보면서 오기로 단단해졌던 거 같아요. 배우라고 인물이 뛰어난 사람만 있는 게 아니고 세상에 살아가는 사람이 이런 사람도 있고 저런 사람도 있는데 다 김태희처럼 이쁜 건 아니잖아요. 드라마를 보면 각 캐릭터마다 개성이 다 다르잖아요. '내가 딱 저기에 맞출 필요가 있나?' 생각했어요.

나는 주연급의 대단한 배우를 원하는 것도 아니고 그냥 이런 개성 있는 캐릭터가 있다는 것을 보여주고 싶었고 단지 연기하고 싶었기 때문에 그런 모욕감을 참으면서 더 단단해졌던 거 같아요. 그래서 이제는 그런 이야기를 옆에서 하면 그냥 웃어 넘겨요. 옛날에는 정말 열 받았거든요. 지금도 저와 같은 꿈을 꾸는 친구들은 그 과정들이 다 있을 거예요. 근데 연기를 쉽게 여기고 단지 관심이 있어서 여길 들어오겠다고 생각하면 빨리 내려놓는 게 오히려 좋을 거예요. 여기는 상처를 너무 많이 받아 힘든 곳이기도 하고 또 서로 경쟁이 치열한 곳이기 때문에 쉽게 생각했다면 빨리 내려놓고 자기가 정말 원하는 것이 무엇인지를 알고 꾸준히 나아가는 게 중요해요. 그저 이것저것, 여기 적응했다 저기 적응했다 하는 것보다는 일단은 꾸준히 해야 해요. 그리고 여기 사회에 나와서 한 가지를 딱 정해서 이걸 하겠다고 하기보다는 사회에 대해 적응하는 기간이 필요한 거 같아요. 알바도 해보고 여기 친구들과 이것도 해보고 저것도 해보면서 내가 원하는 것이 뭔지를 알고 목표로 정하고 가는 것이 중요하다고 생각해요.

대부분 사람들은 모델이 있지만 저는 딱히 누구처럼 되고 싶다거나 어떤 배우의 연기 스타일이나 삶을 따라가야지 하는 배우는 딱히 없어요. 저는 배우로 활동하시는 나이 있는 분들이 진짜 대단한 분들 같아요. 이 바닥에서 그때까지 연기를 펼치면서 지금 자리까지 갈 수 있다는 것은 수많은 인내와 극복을 거쳐야 가능하거든요. 그래서 저는 정말 대단하다고 생각해요. 나도 저분들 나이까지 저 분들처럼 연기를 하면서 활동을 해야겠구나! 생각을 했어요. 이순재 선생님 같은 분도 너무 대단한 것 같아요.

제가 사람들 앞에서는 웃기고 망가지는 역할을 하는데 평상시 성격은 그렇지 않은 점이 저의 다른 면이기 해요. 평상시 전 좀 조용하고 정신이 멀쩡한 사람인데 연기가 전공이다 보니까 의도치 않게 나가서 계속 콩트를 하게 되었어요. 어차피 연기를 했는데 내가 이것을 부끄러워한다는 자체는 정말 부끄러운 일이거든요. 정말 이건 아무것도 아닌 거니까 주어진 것을 열심히 했을 뿐인데 점점 갈수록 엉망이 되어 가는 거예요. 너무 웃기는 캐릭터 때문에 안 좋은 것도 있더라고요. 왜냐하면 정말 묵직한 캐릭터나 이런 것들도 웃기는 캐릭터 때문에 못한 것도 좀 있어서 너무 이렇게 하면 안 된다는 생각을 하고 정신을 조금 더 찾았던 거 같아요.

연기하면서 웃겨야 된다는 강박 관념 같은 것이 있을 때가 있죠. 웃겨야 할 때는 웃겨야지 울리면 힘들어지죠. 울리면 괜찮은데 이것도 아니고 저것도 아니면 썰렁해지니까 그것처럼 난감한 게 없다고요. 정말 손발이 막 오그라들어서 여기서 말려 들어갈 거 같은 느낌인데, 웃긴 건데 웃기려고 하면 이게 또 안 웃기거든요. 그렇기 때문에 가장 좋은 방법은 이 역할에 아예 충실해야 해요. 나는 정말 이 사람이에요. 나는 정말 슬픈 상황이에요. 난 눈물 흘려야 이 사람들이 웃는 거예요. 그래서 웃기는 게 가장 어렵거든요? 울리는 것은 그냥 울면 되는데, 웃긴 거는 이게 타이밍과 결합을 했을 때 탕 치고 나가야 웃긴 거예요. 웃기는 게 정말 힘들어요. 웃기는 거 잘하는 사람이 연기도 잘해요.

사실 전 잘 못 웃겼어요. 하여튼 제가 하고 싶은 연기는 슬픈 연기보다 밝고 웃기고 이런 거였어요. 개그맨을 나갈 걸 잘못 나갔는지는 모르겠는데, 북한에 있을 때 명랑한 텔레비전 무대라고 여기 개그 콘서트처럼 막 노래도 하는 그런 것도 있지만 재담을 많이 했어요. 사람들이 연기도 하고 웃긴 걸 많이 했단 말이에요. 그래서 그런 걸 보면서 아홉 살, 열 살 그때부터 다 따라했어요. 따라하고 한 번 보면 무조건 다 외웠어요. 그리고 아빠가 나가서 일하시다 티비를 못 보셨을 때 들어오면 그걸 아빠 앞에서 다 해서 아빠가 배꼽 빠지게 웃고 그랬거든요. 학교 가서 애들한테 막 흉내 내기도 하고요. 그런데 여기 와서 애들한테 그 개그는 안 통하잖아요? 애들은 개콘 이야기하고 그러는데 저는 모르니까 그때까지는 재미도 하나도 없던 게 일 년 정도 있으니까 개그콘서트가 눈에 들어온 거예요. 그 다음부터는 그걸 학교 가서 엄청나게 흉내를 냈어요. 그랬더니 애들이 지금 만나기만 해도 얘기해요. 언니는 맨날 학교에서 만나기만 하면, "너 어제 그거 봤니?" 하면서 와서 그렇게 흉내를 내더래요. 그래서 학교에서 선생님들이 들어오셔서는 너 나와서 그거 한 번 해봐 하고, 여기 와서도 그걸 계속 했거든요. 그래서 난 남들이 제가 한 것을 보고 즐거워하는 것이 그렇게도 좋았어요. 내가 웃기면 상대가 좋아하잖아요? 그럼 너무 좋은 거예요. 그래서 중앙대 가서도 연기를 할 때 그냥 일반적인 대사인데도, 이걸 잘 분석해 보고 재미나게 표현할 수 있는 웃기는 요소를 먼저 찾아요. 정말 슬픈 연기인데, 이걸 재미나게 얼마 정도 할 수 있을지를 찾아서 "이걸 좀 더 재미나게 하면 안 될까?" 이렇게 물어보기도 해요. 그런 포인트들이 있거든요. 그런데 그 웃기는 포인트들을 제가 잘 찾는 거 같아요. 그리고 여기 사람들이 그렇게 웃을 수 있는 포인트를 잘 찾으면 그게 잘 적응했다는 건데 제가 좀 잘 적응한 거 같지 않아요?

대학교 다니면서 한 연극 중에 "사랑을 주세요"라는 연극에서 한 역할이 되게 큰 역할이었는데, 호흡장애가 있는 되게 슬픈 이모 역할이에요. 하여튼 그 여자는 말을 하다 가고 호흡 곤란이 와서 '억' 하면서 대사를 하거든요. 그런데 우리 학교 사람들이 와서 보고 정말 다 뒤집어졌어요. 제 대사가 하나도 안 들리는데도 제 얼굴만 봐도 사람들이 다 터져가지고 한 번은 제가 연기를 다하고 한 사람씩 퇴장을 하면 "아아아 왜 나가냐고~" 이럴 정도로 반응이 좋았거든요. 그래서 아예 이런 기획 쪽으로 나가야 되나 하는 생각도 많이 했어요.

차라리 개그맨 쪽으로 나갈 걸 그랬나 하는 생각도 들었는데 개그

맨으로서가 아니라 배우로서 사람들에게 즐거움을 줄 수 있는 역할을 하고 싶었어요. 임현식 그분 있잖아요. 그분같이 약국의 감초 같은 역할이요. 엄청나게 파도치는 그러한 극 속에서도 갑자기 제가 등장하면 다 같이 공감하면서 마음이 따듯해지면서 같이 웃을 수 있는 그런 역할을 하고 싶어요. 처음부터 주역이 되어서 뭔가를 해야지 이런 생각은 없었고 그냥 오랫동안 작품을 하면서 따뜻한 웃음을 나눌 수 있는 사람이 되고 싶었어요. 그냥 즐거움을 주고 싶어요. 나오면 되게 재밌고 시간 가는 줄 모르는 그런 즐거움을 드리려면 연기도 잘하고 많이 갈고 닦아야겠죠. 그냥 편안한 호감이 있는 사람이고 싶어요.

예체능의 끼가 흐르는 집안

아빠는 제 삶에 너무 많은 영향을 주신 분이예요. 제가 어렸을 때 봤던 아빠는 건씨 같은14) 사람이에요. 어떤 어려움에도 굴하지 않고 돌 위에 살아도 살아날 사람이라고 했어요. 엄청 강인한 분이라서 제가 살아가는데 큰 본보기가 되어요. 우리 아빠는 통이 좀 커서 웬만한 거에는 힘들어하고 쓰러지지 않아요. 끝까지 한 우물을 파고 웬만한 것에는 흔들리지 않는 아빠의 성향이 제게 많은 영향을 준 것 같아요. 제가 아직까지 연애를 한 번도 못해본 이유도 아빠 때문인 거 같은데, 제가 보기에 남자답고 시원시원하고 작은 거에 매달리지 않는 그런 남자들이 없는 거 같아요. 아직 제 또래는 나이도 어리고 하니까 그럴 수도 있겠지만 그게 어느 정도 작용한 것이 있는 거 같아요.

저는 사실 아빠 같은 사람은 싫었거든요? 그런데 생각을 해보니까

---

14) 건실한.

제가 남자 보는 기준을 어느 정도 아빠에게 두고 거기에 맞추려고 하는 것 같아요. 그래서 좀 어려운 거 같은데 한국에 와서 아빠도 너무 힘들었어요. 아빠는 북한에서 높은 직위까지 올라갔는데 여기 와서 다 내려놓고 새로 하려고 하니까 힘들었던 거 같아요. 그런데 처음 내려왔던 때에는 아빠 얼굴도 보지 못하고 살다 보니까, 가끔씩 제가 아빠한테 전화를 해도 아빠는 바빠서 그냥 "어 그래" 하며 받으셨는데 그래도 저는 아빠가 살아 계신다는 이유만으로도 힘이 되었던 거 같아요. 아빠는 엄청 강한 분이시거든요. 그래서 제가 그 당시 친구들한테 그랬어요. 아빠는 두 다리가 없는 장애인이라고 해도 있는 게 정말 좋은 거라고요. 목소리만 들을 수 있어도 정말 행복한 거라고 그런 이야기를 한 적이 있어요. 그만큼 아빠는 강한 분이라서 저에게 아빠는 존재만으로도 힘이 되었어요.

아빠는 저에게 정신적인 지주 같은 분이셨죠. 그 나머지는 제 스스로가 이겨냈던 거 같아요. 하나님, 아빠 그리고 많은 분들이 저에게는 정신적으로 힘이 되었고 나머지를 뚫고 나가는 것은 제가 판단해서 가야겠다고 생각했고 흐트러지면 안 된다는 생각을 많이 했어요. 지금은 제 옆에 옛날의 엄마처럼 "너 이런 거 하면 안 되고 저런 거 하면 안 된다"고 말하는 사람이 아무도 없으니까요. 지금은 아무도 없고 멀리 계시는 아빠랑 전화통화를 하면서도 하나님과 아빠를 생각하며 '아닌 건 하지 말아야겠다' 생각했어요. 이 사회에 와서 너무 혼란스럽고 뭘 해야 할지도 모르겠는데 누가 봐도 이건 아니다 싶으면 절대하면 안 되겠다는 생각이 강했어요. 그러다 보니까 제가 판단했을 때는 지금 남자를 만나서도 안 되고 저기 가서 술을 마셔도 안 돼요. 또 담배 피워도 안 되고 노래방 가서 막 놀아도 안 되고 피시방 가서 컴퓨터로 시간을 버려도 안 된다고 스스로가 너무 조여 매 놓은 거예요. 저는 처음에 피시방이 완전 불량한 애들만 가는 그런 곳인 줄 알았어요. 대학교에 와서 처음 피시방에 가 봤어요.

그 전에 친구들하고 노래방을 가보면서 마음이 조금 풀리긴 했거든요. 고등학교 때 친구들하고 놀러가면서 스스로가 그런 틀을 막 만들다 보니까 좀 안 좋은 것도 많이 있는 거 같아요. 지금은 여러 경험도 쌓고 싶지만 그게 생각처럼 맘이 확 확 가지를 않는 거 같아요. 너무 많이 생각하고 너무 늦게 행동을 하는 거예요. 그러다 보니까 바로바로 하는 게 드문 거죠. 생각이 많아도 너무 많은 거 같아요.

엄마는 모성애가 엄청 강한 분이에요. 세상의 엄마는 다 그런 줄 알았는데 그렇지 않은 엄마도 되게 많은 거 같더라고요. 그거는 뭐 남북을 떠나서 똑같은 거 같아요. 지금 저희 오빠는 서른한 살이고 제가 스물아홉인데, 엄마는 지금도 저희를 정말 애기처럼, 나가면 걱정이 돼서 맨날 전화하고 그래요. 엄마가 2008년도에 오셨는데, 지금도 엄마한테 "나 갈게" 하고 문을 나서면 엄마는 제가 사라지는 그 모습까지 보시고 문을 닫거든요. "조심히 갔다 와" 하고 닫아놓고 모든 것을 챙겨주세요. 물컵 같은 것도 예쁜 것은 저한테 주고 안 예쁜 것은 엄마가 쓰시고, 항상 모든 삶에 있어서 이렇게 해준 것들이 제가 따뜻한 아이로 성장할 수 있게 만든 것 같고 거기에 엄마가 되게 큰 역할을 해주신 것 같아요. 인간 내면의 따뜻함이나 이런 것은 정말 저희 엄마가 강하시거든요. 나를 죽이더라도 다른 사람을 이렇게 높이려고 하고, 여기 와서도 엄마가 너무 이렇게 자신을 낮추시는데 저는

"엄마, 엄마도 엄청나게 소중한 사람이야. 엄마를 너무 그렇게 낮추지마. 남들만 높이지 말고, 엄마도 스스로를 높여 봐.(손짓으로 올리며)"

하면서 저는 오히려 이렇게 하는데, 우리 엄마는 항상 본인을 낮추시고, 다른 사람을 이렇게 막 높여주고 우리에게도 똑같아요. 그런 따뜻함을 엄마에게서 배운 거 같아요. 엄마랑 같이 있으면 너무 편하고 좋죠. 그래서 연기할 때도 되게 많이 도움이 되요. 우리나라의

정서를 찾아보아도 '어머니'라는 것은 엄청나게 따뜻하고 모성애가 강한 사람이라고 그렇게 나오잖아요. 그런데 제가 어머니 역할도 좀 많이 하다 보니까 알게 되는 것은 연기할 때 엄마의 그런 정서가 저한테 와서인지 어머니 역할을 하면 그걸로 인해 많은 사람들이 공감을 하면서

"맞어, 엄마는 저래."

라는 말씀을 많이 하시더라고요. 그런 점에서 엄마는 제가 연기를 하는 데도 엄청난 도움을 주셨죠.

제가 가진 끼는 엄마와 아빠 모두에게서 받은 거 같아요. 아빠도 10살 때 대극장에서 백두산 시를 읊어 가지고 사람들을 다 울렸다고 했어요. 우리 아빠는 지금도 시를 많이 외우고 계세요. 어머니라는 시부터 시작해서 북한의 시를 다 외우고 계세요. 막 화술하고 시를 읊으면 사람들이 그걸 보고 '우와' 하고 그랬어요. 그런데 한국 시는 감정으로 조금 조용조용하고 나긋나긋하게 물 흐르는 듯이 읽잖아요. 그런데 북한은 감정을 팍 터트려가지고 막 "어머니~" 그래요. 사실 화술을 그렇게 한다는 것 자체를 보면 북한이 어렵긴 더 어려워요. 그런데 아빠는 그것을 너무 잘하세요. 진짜 저는 못 따라가요. 한번은 중앙대 다닐 때 선생님이 화술 수업을 하는데 아빠한테서 들은 것처럼 그렇게 하래요. 그래서 이것은 할 수 있겠다 했는데 누구도 그렇게 못하는 거예요. 선생님도 차마 그렇게 잘 안 돼요. 진 그걸 그렇게 쉽게 봤는데 정말 어려운 거더라고요. 아빠는 감정을 어떤 때는 잠잠하게 했다가 어떤 때는 올라왔다가 막 폭발했다가 하는데 시를 그렇게 읊는 것은 정말 대단한 거 같아요. 정말 배우고 싶어요. 그런데 아빠는 못 따라갈 거 같아요. 그리고 친가 쪽에 끼가 좀 많아요. 할아버지도 노래를 잘 하시고 할머니는 춤을 그렇게 잘하세요. 그리고 할머니는 젊었을 때 무용도 하셨고 할아버지는 축구를 하셨고, 오빠도 축구를 했었어요. 예체능 쪽으로는 끼가 조금 흐르는

집안인 거 같아요.

제가 열한 살인가 그때 드라마를 보기 전에 북한에서 축구도 4년 했었거든요. 어렸을 때부터 예체능에 관심이 많았어요. 그래서 아코디언도 배우고 예술단에 있는 무용수 언니를 통해서 집에서 개인적으로 무용을 배웠어요. 근데 하루는 그 언니가 어떤 예술단, 그러니까 평양에서 제일 유명한 배우들이 그룹을 결성해서 지방 순회공연을 하는데 아무튼 그 예술단이 온다고 그랬어요. 근데 "너 올래?" 하는 거예요. 우연찮게 보겠다고 해서 그 나이에 연극을 처음 보게 된 거예요. 그걸 보면서 '저 무대라면, 내가 가진 끼를 다양하게 다 표출할 수 있겠다' 생각해서 거기 평양의 2·8영화 촬영소 그쪽에서 연기를 하려고 했었죠. 평양의 2·8영화 촬영소의 단장님도 공연에 왔다가셨어요. 그래서 이제 북에서 최고의 영화배우들이 있는 그런 곳에서 졸업을 하면 교육을 시켜서 우리가 활동을 시키겠다고 다 이야기가 되어 있었거든요. 그래서 저는 졸업하는 날만 기다리고 나는 연기를 해야겠다는 생각을 하고 있었는데 중간에 아빠의 일이 터져서 오게 되면서도 이걸 접고 싶지 않고 더 굳건해졌어요. 3국을 돌면서 한류도 보고 문화적인 힘도 실감하게 되면서 내가 나중에 이걸 배워가지고 통일되면 '남한에 대해서도 북한에 알릴 수 있는 그런 게 되겠다'라는 생각을 하게 되면서 무조건해야겠다는 생각을 그때 아예 결정을 했었죠. 북에서 오신 분들이 다 그런 사명감을 갖고 사시는 것 같아요.

북한에서는 배우라고 하면 연극은 물론이고 예술 쪽의 분야에서 일하시는 분들을 다 배우라고 해요. 저는 그냥 배우가 되고 싶은 거예요. 무대에 설 수 있으면 무대에 서고 방송이면 방송 다양하게 그렇게 하고 싶어요. 딱 어느 거를 해서 그거만 하는 게 아니라 다양하게 왔다 갔다 하면서 다 하고 싶어요.

연기로 '은따'를 극복하다

제가 중앙대 연극영화과를 갔지만 동국대도 함께 지원을 했었어요. 동국대는 특별전형이라도 일단은 가서 실기시험을 봤어야 했어요. 교수님들 앞에서 특기도 보여주어야 했고 왜 이 길을 하게 되었나는 물음에 답변을 엄청 준비해서 잘 해야 했죠. 그런데 준비는 하나도 못했어요. 가서 대본을 주거든요. 그걸 가지고 들어가서 해야 되거든요. 근데 나름 느낌이 좋았어요. 왜냐하면 나올 때 교수님들이 하는 얘기를 들었는데 친구가 끼가 있어 보인다는 거예요. 그래서 이건 되겠다는 생각이 들었어요.

그리고 중앙대 면접을 봤을 때는 탈북자만 8명 정도가 면접을 같이 봤어요. 그런데 처음으로 탈북자가 이렇게 동시에 많이 면접을 보게 된 거예요. 그리고 원래 안성에 있다가 2007년, 저때부터 처음으로 올라왔어요. 그러다 보니까 다행히 저도 좋았는데 8명이 앉아 있는데 이분들 말씀이 자기네는 실기를 안 보지만 우리 자신이 이 길이 맞는 길인지를 곰곰이 생각해보라고 하면서 이 길이 생각보다 많이 어렵고, 4년을 졸업하고 나중에 전공을 바꾸려고 하면 그 다음에 또 힘들어진다는 거예요. 정말 자기네는 인간적으로 터놓고 이야기하려고 왔다는 거예요. 너무나 편안하게 이야기할 수 있었어요. 그래서 다른 사람들이 이야기를 하는데, 본인은 어디에서 일을 하다가 갑자기 연기가 하고 싶어서 왔고 누구는 어쩌고저쩌고 얘기를 해요. 그런데 제가 유일하게 혼자 교복을 입고 가서 저는

"이거 아니면 안 됩니다."

하면서 표창장 같은 것들을 가져와서 그나마 연기를 하겠다고 공부한 친구는 저밖에 없는 거예요. 그리고 저는 정말 여기 길이 있다고 생각해서 왔다고 하니까 알았다고 하시면서 마지막으로 할 얘기가 없냐고 해서 저를 꼭 뽑아달라고 얘기했는데 그런 사람이 저 혼자였

다는 사실이에요.

"저 진짜 죽을 수도 있어요."

이렇게 협박을 했더니 웃으시는 거예요.

동국대와 중앙대 두 곳 모두 합격했어요. 동국대에 전화해서 아무래도 중앙대에 가야겠다고 했더니 우리 학교(동국대)도 좋은데 왜 거길 가냐고 친절하게 전화까지 왔어요. (하하하 웃으며) 너무 웃겼어요. 그리고 결국 중앙대에 들어갔죠.

자신감 있게 "난 할 수 있다"는 생각으로 중앙대에 왔는데 힘들더라구요. 왜냐하면 전국 각지에서 내노라하는 애들이고, 끼가 있는 4차원 쪽 애들이고 넘사벽이 있는 애들이 너무 많이 와서 거기에 내가 껴서 하는 게 너무 어렵더라구요. 그리고 저뿐만 아니라 재외국민 특별전형으로 들어온, 외국에서 살다 온 애들을 아주 외국인들하고 거의 같은 취급을 하는 거예요. 그렇게 선을 두고 친하면 안 되는 거긴 한데 다른 학과 애들보다도 저희 학과가 애들을 좀 낮게 보고 그런 게 강했던 것 같아요. 자기 그게 세다 보니까.

그래서 같이 얘기를 하려고 하면 자기들끼리 얘기해요. 왜냐하면 얘기를 해봤자 도움이 안 된다고 생각하는 걸 수도 있겠지만 지들끼리만 그렇게 소통하니까 점점 소외감이 드는 거예요. 처음에는 제가 다가가면 된다고 생각하고, 연극도 그렇게 만들고 서로 마음의 문을 열어야 한다고 생각하고 그렇게 하려고 했는데 이 친구들이 저를 거리를 두고 너무 이렇게 하는 거예요. 아예 대놓고 저한테 뭔가를 이야기하면 맞받아서 얘기를 할 수 있는데, 애들이 은근히 따를 시키는 수준으로 하니까 제가 스스로 바보가 되는 느낌이 들고 스스로가 밑바닥 느낌이 들면서 '아 난 도대체 뭐지' 이런 생각에 엄청 힘들더라구요. 저는 거기에 스트레스 받았던 것 같아요. '난 아무것도 아닌가 보다' 하는 생각이 들면서도 오기가 생기는 거죠. 이 오기가 없었으면 버티지 못했을 거예요. 이 오기 때문에 스스로 '내가 다가가려고 했는데 너희들이 정 그렇다면 다가오도록 만들게'. 그런 생각을 했어요. 그래서 1년을 정말 학교를 힘들게 다니고 니서 휴학을 했어요. 좀 마음을 가다듬고 다시 나가서 학교에 적응해야 쉬울 것 같아서요.

근데 방학 동안에 아는 선배에게서 연락이 왔어요. 자기가 공연을 하고 있는데 혹시 조연출로 도와줄 수 있냐는 거였어요. 저는 연기 전공인데 조연출이라고 해서 망설였는데 저희 학교에서는 연기 전공이라도 조연출도 하고 무대 보조도 많이 하거든요. 그래서 그 선배는 저에게 도움이 되겠다고 생각한 거죠. 그런 정도만 해도 고맙더라구요. 그래서 2008년도에 그걸 했어요. 2007년에 입학해서 2008년에 휴학하면서 공연을 나갔어요. 그렇게 하다가 역할이 하나 남는 거예요. 아줌마 역할이었는데 엄청 말 많고 밝은 아줌마예요. 말을 엄청 나르고 이런 캐릭터인데 이 캐릭터를 선배들이 안 한다고 하니까 어떻게 하지 고민하는데 누구도 이 캐릭터를 하겠다는 사람이 없었던 거예요. 그래서 선배가

"미희야, 연기 전공인데 이거 니가 할래?"

"아싸!"

할 수 있다고 해서 조연출에 연기까지 하다 보니까 거의 철야를 했어요. 배우들이 있을 때는 조연출이 못 쉬고, 조연출이 쉴 때는 배우들이 나와서 해야 하기 때문에 두 개 다 양다리 걸치고 있었던 저는 맨날 거의 밤을 새가면서 했어요. 진짜 힘들게 했는데 그게 그렇게 힘들지가 않더라구요. 대학에 와서 제가 하고 싶은 걸 하니까 이걸 할 수 있다는 거 자체가 너무 좋은 거예요. 그래서 정말 열심히 즐겁게 만들었어요. 그런데 그걸 보러 왔던 동기 친구들이 공연 끝나니까 저를 부둥켜안으면서

"미희야, 정말 고생 많았겠다."

이러는 거예요. 그 역할이 재밌다면서 반응이 좋았어요. 그래서 '그

래, 이렇게 하면 되겠다'. 그냥 내게 있는 걸 보여주자고 생각했어요. 왜냐하면 이 친구들이 제가 재능이 너무 없다고, 뭣도 아닌 친구가 쉽게 들어와 가지고 자기들은 어렵게 들어왔는데 뭔가 날로 먹는다고 생각할 수도 있겠다는 그런 생각이 들면서 "보여주자" 생각했어요. 저를 보여주면서 제가 가지고 있는 생각을 공유하면서 저는 학교에서 공연을 닥치는 대로 했어요. 뭔가 역할을 골라가면서 하는 게 아니라 나한테 주어진 거면 스탭도 하면서 뭐든 닥치는 대로 했던 것 같아요. 반응도 좋았고 스스로 자신감도 쌓으면서 친구들하고 그나마 소통을 하면서 지냈는데 마지막까지도 그게 조금 안 되었던 친구들도 많긴 많아요. 지금도 생각하면 기분이 안 좋은 친구들도 많은데 어쨌든 뭐, 아직도 계속 가고 있는 중이니까요.

(머리를 쓸어 넘기며) 애들하고 깊게 소통을 못했을 뿐이지 대놓고 안 좋았던 건 아니에요. 겉으로는 동기다 싶으면 그냥 (어색한 웃음 지으며)

"어, 안녕. 응응."

뭔가 그런 가벼운 정도로만 지내지 깊이 있게 나한테 다가와 뭔가 얘기를 하거나 하는 사람은 없었던 것 같아요. 나 스스로도 다가가지 않기는 않는데, 그 사람 관계가 중학교, 고등학교 때보다 힘들더라구요. 그리고 선후배 관계도 힘들구요. 다른 학과의 애들을 보면 편하게 그냥 공부 열심히 하면서 그렇게 지내는데 우리는 애들이 서로 개성이 강해서 그런지 뭔가 사고가 더 자유롭고 그럴 줄 알았는데 오히려 그렇지가 않더라구요.

아무튼 제가 처음에 엄청 주눅이 들었던 것 같아요. '아, 씨. 난 뭐지?' '나 되게 보잘것없는 앤가보다.' 계속 저를 낮게 보게 되었다가 이젠 무대를 통해서 그나마 자신감을 회복했어요. 저는 무대를 통해서 자신감을 많이 찾은 것 같아요. 많은 사람 앞에서 대사를 할 때 사람들이 나한테 집중하고 내가 그 시간만큼은 확실하게 뭔가를 가지고 이 사람들한테 내 대사를 할 수 있고 이렇게 할 수 있다는 거 자체를 저는 정말 좋아했고 제가 하고 싶은 게 확실하다 보니까 그걸 다 참고 견디어 졸업을 한 것 같아요. 탈북자로 학교에 들어온 사람이 그 8명 중에서 3명이에요. 여자만 3명인데 한 명은 한 학기 다니고 자퇴하고, 또 한 명은 1년을 다니고 자퇴를 했어요. 남은 건 저밖에 없거든요. 그래서 일단 졸업을 하고 지금도 계속 활동을 하려고 노력을 하고 있죠. 갈 길이 멀고 힘든 것 같아요. 이 길이 워낙 자기와의 싸움이라 힘든 것 같아요. 누구하고 뭔가를 공유할 수 있는 게 제한적이라 스스로와의 싸움인 것 같아요. 그게 되게 큰 것 같아요. 동기들도 각자 다 힘들 거예요. 스스로 활동하면서 겪는 고충을 어디 가서 터놓을 것인지를 혼자서 고민하고 그게 다 되게 힘들다고 선배들이 항상 그랬거든요. 우리의 길은 외로운 길이고 힘든 길이니까 우리 서로가 소통해야 된다고 했는데 애들이 되게 이기적이에요. 그랬던 것 같아요. 제가 애들을 은근히 막 까고 뒷담으로 가고 있어요.

제가 이럴 수밖에 없는 게 "나는 다르다"는 것을 전제하고 갈 수밖에 없잖아요. 그런데 그 친구들은 '다름'을 인정하지 않아요. 외국인들이 뭔가 실수를 하면 '다른 문화'라고 생각을 해서 굉장히 관용적이에요. 특히 서양인들에 대해서는요. 그런데 같은 민족과 같은 지역일 때에는 '같은'이라는 조건 때문에 경쟁을 더 많이 하는 그런 것도 있는 것 같아요. 보면 오히려 외국인 애들하고는 사이가 좋아요. 그런데 우리하고는 그렇게 안 좋았고 뭔가 색안경이 심했던 것 같아요. 북한 얘기나 이런 얘기들 할 때는 제 앞에서 괜히 신경 써서 하기도 하는데 아무래도 그럴 수 있겠죠. 뭔가 더 조심스러워 하는 게 강했어요. 뭔가 물어볼 때도 내가 '얘가 건드리는 게 아닐까' 생각할까 봐 그런지

"어… 이런 얘기 물어봐도 될지 모르겠는데…."

이러면서 하는 얘기들이 많았지 적극적으로 다가와서 알려고 했던 친구는 더 없었던 것 같아요. 오히려 다른 과 친구들이 다가왔고 그래서 '참 어렵다'라는 생각을 많이 했고 되게 힘들었어요. 힘들긴 힘들었는데 열 받아서 더 졸업을 잘하게 된 것 같고 내가 하고 싶은 것을 할 수 있었기 때문에 참고 견딜 수 있었던 것 같아요.

제가 학교에서 엄마 역할을 좀 많이 했어요. 그래서 애들이 다 자기들 고모 같다, 엄마 같다는 얘기를 많이 해서 스트레스 받았어요. "고두심 씨도 젊어서부터 엄마 역할을 많이 했고 강부자 선생님도 엄마 역할을 젊어서부터 했는데 차라리 그거를 네가 네 캐릭터로 살려서 그걸로 밀고 나가도 괜찮겠다"는 얘기를 많이 들었어요. 젊어서부터 뭔가를 할 수 있는 게 괜찮겠다는 말을 말이죠.

그런데 대표적으로 진짜 모성의 극치를 달리는 그런 엄마를 만났죠. "작가를 찾는 6인의 등장인물"이라는 이탈리아 작품인데 그게 엄청 유명한 작품이에요. 우리 과 교수님이 아니고 영화과 교수님의 영상제작실습이라는 수업을 들었는데 거기서 세트장을 만들어 놓고 2층에서 모니터로 애들이 내려가서 연기하는 모습을 보면서 수업을 하는 거예요. 그래서 제가 발표자가 되어 내려가서 그걸 했어요. 연기를 하고 올라왔는데, 연극과랑 영화과랑 같이 듣는 그 수업시간에 갑자기 교수님이 그러시는 거예요.

"아, 나는 연극과에도 이렇게 연기 잘하는 사람이 있다는 것을 처음 알았네."

"진짜 좋았다. 진짜."

극찬을 해주셨어요. 입양되어 세계적인 피아니스트로 성공해서 자기 동생을 찾으러 온 여자였는데 진짜 피아니스트인 줄 알았다는 거예요. 그분이 엄청나게 유명하신 분인데 그분에게 그런 칭찬을 받았던 것이었어요. 그분은 SBS드라마 국장을 그만 둔 지가 얼마 안 되었고 드라마 '토지'의 감독님이셨어요.

그래서 '아, 괜찮네' 하면서 연극을 막 하고 있는데 학교에 연극을 부러 오신 거예요. 이번에 작품을 하나 하는 데 한 번 하라고 하셔서 하겠다고 프로필 내고 갔어요. "작가를 찾는 6인의 등장인물"에는 엄마, 아빠, 딸, 아들 그리고 보이지 않는 애 2명이 있어요. 작가가 작품을 썼는데 그 사람들이 버려진 거예요. 그래서 등장인물들이 "우리를 살려라!" 하고 작가를 찾아오는 거예요. 그렇게 무대에 직접 찾아가는 되게 어려운 작품이에요. 그래서 한국에서 안 하는 건데 교수님이 그거를 한 거예요. 그게 노벨문학상 작품일 거예요. 아무튼 그 엄마 역할을 맡았는데 그게 완전 어려운 역할이거든요. 정말 이 엄마는 모성애밖에 없는 엄마예요. 그런 엄마 역할을 맡아 하면서 선생님한테 많이 까이기도 했지만 그 역할들 중에서 가장 확실하게 표현하고 있다고 하면서 저를 제일 좋아하셨어요. 나중에 다른 배우들도 그런 느낌을 찾아서 "6인의 등장인물"을 거의 그런 식으로 만들어 버린 거죠. 그 역할을 한 것이 가장 기억에 남는 것 같아요.

제가 연극과를 다니면서 우리 학과 다른 어떤 선생님도 나를 보고 "쟤를 뭔가 해줘야겠다" 하고 알아본 선생님이 없었지만 영화과 그 교수님이 저를 알아봐주고 저를 찾아와서 그렇게 대해주고 채널 A에서 드라마를 하면서 저를 역할로 써주기도 했어요. 원래는 그 드라마 안에서 큰 역할을 주려고 했는데 채널 A에서 좀 알려진 애로 쓰고 싶다고 해서 잠깐 나오는 역할로 바뀌었지만 그래도 감사하고 있어요. 많이 고민할 수 있어서 좋고 너무 많은 걸 배웠던 그런 시간이었던 것 같아요. 그 기간에는 2번 공연을 했어요. 초반에 다른 멤버들이랑 공연을 하다가 나중에 또다시 원래 학교 안에서 실험처럼 공연을 했어요. 그리고 나중에는 중앙대 극단 이름으로 밖에 나가서 하는 거였는데 아무튼 학교 안에서도 극단 이름으로 하긴 했어요. 그래서 6개월 하면 한 3~4개월은 연습하는 식으로 했던 것 같아요. 그 기억이 가물가물하네요.

그때가 스물일곱 살이었는데 어쨌든 정말 많은 도움을 주신 선생님께 감사했죠. 저는 학교 다니면서 연극을 하면서 연기를 많이 배웠던 것 같아요. 그래서 연극을 계속했어요. 졸업하고 그래도 매년 공연을 적어도 한두 개 정도는 했거든요. 근데 작년에 졸업하면서 공연을 못했어요. 동기들이 작년에 나와서 공연을 하는데 잠시 상상 속에 나오는 역할이 2명이 있는데 한 여자는 있고, 한 여자는 제가 좀 해줬으면 좋겠다는 제의가 왔는데 그게 되게 감사하더라구요. 왜냐하면 저는 무대 감각을 조금 익히고 싶었던 찰나였거든요. 페이 그런 건 없다고 어쩌고저쩌고 그러는데 제게 그건 중요하지 않고 그냥 무대에 서는 것만으로 좋은 거니까요. 그래서 잠깐 무대에 섰었어요. 근데 9월에 무슨 대회에 나간대요. 그때까지 뭘 또 하게 될지는 모르겠는데 아무튼 좋더라구요. 역시 무대는 좋은 것 같아요. 여기가 내가 서야 할 곳인가보다 그런 생각이 들고 많이 배우게 되는 것 같아요. 예전에 배웠던 것들도 많이 생각나고 공부가 많이 되는 것 같아요. 앞으로 더 현장에서 계속 굴러야죠.

하지원, 하정우를 만나다

영화 '코리아'에 잠깐 등장했을 때 딱히 기억에 남는 것이 있다기 보다는 '코리아'를 통해서 알게 된 것이 있어요. 우리가 단일팀으로 중국을 꺾고 우승을 하는 그런 내용인데 저는 탁구 선수들이 단일팀으로 경기했다는 것도 몰랐었고 그 작품을 통해서 공부를 하면서 알게 되었어요. 또 많은 남한 분들과 배우들이랑 같이 작업을 하다 보니까 알게 된 사실인데 처음에는 이 사람들이 통일과 북한에 대해서 별 관심도 없었어요. 그런데 멤버들이 공부하면서 나중에는 여기 빠져서 우리는 결국 통일을 해야 하고 우리는 하나가 되어야 한다는 그런 생각을 하는 걸 보았어요. 사실 저는 처음 여기 남한에 와서 그런 생각을 했어요. '남한 사람들이 살기 힘들고 바쁘다 보니까 통일은 아예 뒷전이구나.' 북한에 대해선 아예 먼 나라리는 그런 생각을 많이 하고 통일을 바라지 않는 사람들도 많아서 그렇게만 생각하게 되었는데 남한 사람들이 삶에 치우쳐서 그 바람을 꼭꼭 눌러 놓은 것이지 그 바람이 없는 것은 아니라는 생각을 하게 되었어요. 뭔가 내면에서 다 그게 있는 것 같아요. 우리는 하나가 되어야 하고 우리는 한민족이라는 그 생각을 항상 가지고 있더라구요. 그래서 저는 되게 감동스러웠거든요. 통일이 되든 개방이 되든 우리가 한민족이라는 것 자체를 인식하고 북한이라는 우리나라가 있다는 생각을 사람들이 어느 정도 가지고 있다는 것 자체가 저에게는 그냥 감동이었어요. 그래서 그게 가장 기억에 남아요.

거기 영화 현장도 나름의 힘듦이 있죠. 그 현장에는 처음 간 거라 익숙해져야 하는 그런 것들이 힘이 들죠. 왜냐하면 이 연극이라는 것들이 종합예술이고 혼자 하는 게 아니라 숱한 사람들이 함께 어우러져서 뭔가를 만들어내야 하는 것이기 때문에 항상 사람들이랑 부딪혀야 하고 항상 사람들이랑 만나야 하고 그러다 보니까 오히려 더 힘든 거예요. 알던 사람을 만나면 편하죠. 매일 가서 "나 알잖아" 이렇게 하면 되는데 새로운 사람을 만나면 10년 전에 오든, 20년 전에 오든 일단 북한에서 왔다는 것만 가지고도 제가 어제 금방 넘어온 사람처럼 보니까 그게 힘든 거예요. 이제는 다 아는 데도 또 편견 가진 사람들한테 또 편견을 받고 내가 항상 이렇다고 매번 얘기를 하고 다닐 수도 없으니까 저 사람이 나를 알 때까지 그 모든 게 계속 시간이 필요한 거예요. 시간이 필요한 거 그게 사실은 계속 힘들어요. 그게 되게 힘들고 스스로도 힘들게 하는 것 같아요. 스스로 새로운 사람을 만나면 '저 사람이 또 나를 이렇게 보겠지' 하는 생각을 하는 그런 편견이 저에게도 있어요.

왜냐하면 거기서 왔다고 하면 또 쉽게 보려는 성향을 가진 그런 사람들이 많은 것 같아요. 왜냐하면 후진국에서 왔다고 하면, 여기서 동남아에서 온 사람들 좀 쉽게 보는 식이랑 마찬가지로 못 사는 나라에서 왔다고 좀 낮게 보려는 게 있죠. 그리고 나를 통해서는 자기가 얻을 수 있는 게 없다고 생각하기 때문에 가까이 안 하려는 것도 있어요. 요즘에는 다 자기한테 이로워야 사귀려고 하는 게 좀 강하잖아요. 그렇지 않은 사람들도 많지만 그런 게 느껴지거든요. 왜냐하면 되게 예민해졌어요. 탈북을 하면서 많은 걸 겪다 보니까 사람이 되게 예민해졌는데 그런 거 하나하나가 저에게는 탁, 탁, 상처로 와 닿아요. 이제는 조금 내성이 생겼다고도 할 수 있지만 저조차도 먼저 가서 마음을 열려고 하지 않아요. 먼저 다가가는 것이 맞다고 생각은 하는데 일단 저도 봐요. 새로운 사람을 만나러 가면 이 사람 태도를 봐요. 그래서 뭔가 좀 열려고 하는 마음의 태도를 가진 사람들한테는 저도 확 열어 버려요. 근데 벌써 이 사람이 색안경 끼고 보는 것이 보이면 내가 아무리 이야기해 봤자 나를 받아들일 입장이 아니라고 생각하면 저도 딱 쌩 까고 "알았어요" 하고 나와 버려요.

저도 이제는 이야기를 할 수 있는 사람과 색안경을 끼고 나를 보려고 하는 사람이 그냥 딱 딱 보이거든요. 사실은 제가 가서 "열심히 해볼 게요" 이렇게 할 수도 있어요. 그런데 오히려 진짜 남한 태생이라면 오히려 더 그럴 수 있을 것 같아요. 아무 생각도 없이 이렇게 "열심히 할 게요" 할 수 있을 것 같은데 거기서 뭔가 제가 그랬다는 그거 때문에 오히려 자존심을 다칠까 봐 스스로 더 움츠리는 것 같아요.

그래서 어쩔 때는 그냥 배짱치기로 나가요. "어, 그래? 니가 그러는데 뭐, 어, 알았어" 하고 나와 버리는 그런 스타일이 된 것 같아요. 그래서 어디 가서도 쓸 데 없이 먼저 나서고 절대 그러지 않아요. 그렇다고 제가 거만한 사람은 아니거든요. 오히려 저는 정말 소외된 사람들을 찾아가서 그 사람들과 그렇게 친분을 나누는 성격이에요. 너무 콧대 세우고 이런 사람들 자체는 정말 좀 기분이 안 좋아요.

영화에서 제가 그렇게 큰 역할이 아니라서 하지원 씨와 거기 나오는 언니들하고 그렇게 얘기를 많이 하고 그럴 수 있는 상황은 아니었어요. 역할이 크면 같이 부딪히는 장면도 있고 같이 대화를 많이 했을 텐데 그런 것도 아니고 대사도 하나 없는 상황인데도 거의 계속 카메라에 걸려서 나오는 상황이어서 촬영장에는 계속 있었어요. 22회차를 찍다 보니까 많이 나오면서 봤는데 경험이었죠. 저런 대단한 선배들도 보고 선배들은 저렇게 한다는 것을 어깨 너머로 보고 공부를 많이 했죠. 현장 경험을 많이 한 거죠. 사실 거기 나갈 때 돈보다는 제가 그 현장에서 뭘 좀 익힐 수 있는 기회라는 생각을 많이 했어요. 제 스스로가 부족한 면이 너무 많다고 생각하기 때문에 돈보다는 아직까지 계속 내가 공부할 수 있는 곳이라면 가야겠다는 그런 게 되게 강해요. 그래서 돈을 따라 움직이는 것보다는 지금은 돈을 안 받더라도 공부가 될 수 있는 현장을 찾아다녀요.

하지원 선배는 자기 관리가 되게 철저한 선배였고, 역할 구분 안 하고 너무 따뜻하게 인사도 잘해주는 그런 언니였어요. 그리고 저는 너무 인간적이어서 좋았던 것 같아요. 그게 제일 좋았어요. 그래서 하지원 언니도 되게 기억에 남고 원래 다모 때부터 되게 좋아했거든요. 사극하면서 되게 좋았어요. 북한에 오미란이라는 배우의 젊었을 때 같아요. 오미란 배우가 액션 배우로 되게 유명했어요. 북한에 있을 때는 내가 제2의 오미란이 되어야지 하는 생각을 많이 했었는데 한국에 와서 하지원 언니를 봤을 때 어려운 역할들도 많이 하고 되게 매력적이더라구요. 그래서 오미란 배우랑 느낌이 많이 비슷하다고 생각했어요. 그래서 현장 감각도 어느 정도 많이 배웠죠.

드라마는 제가 잠깐 독백 대사들 외워 가서 그날 촬영 들어가기 전에 사전 리딩을 하더라구요. 전원주 할머니도 계시고 최불암 선생님도 계시고 되게 유명한 분들이 많이 계셨는데 거기 앉아서 리딩을 같이 할 수 있다는 게 되게 영광스럽고 너무 좋았어요. 제 역할은 연기를 하고 그냥 오빠 차 타고 집으로 오는 거였죠. 전 그날 한 번 등장했어요. 그 드라마에 탈북한 여자가 한 명 있는데, 그 여자 동생이 북한에 있어요. 근데 어떤 사람이 외국에 나갔다가 그 동생이 영상을 찍어서 언니한테 보냈어요. 그래서 언니가 그 영상을 틀어보는데 제가 거기에 나오는 거였어요. 언니한테 영상 편지를 쓴 거죠. 그래서 완전 짧게 나왔어요. "언니야, 잘 있었니?" 그냥 이런 역할이 있어요. 그리고 제가 북한 출신이다 보니까 제가 오기 전에 여기 와서 활동하던 탈북 연예인들도 있더라구요. 그런데 뭔가 한정적인 역할만 하는 거예요. 북한 탈북자라는 이미지가 부각되어서 그런 활동만을 하는 것 같더라구요. 그래서 저렇게 하면 너무 한정적인 틀 안에서 움직이겠다는 생각이 강해서 내가 여기서 제대로 자리를 잡고 나가려면 여기 애들하고 똑같이 경쟁을 해야겠다는 생각이 있어서 학교에 들어간 것도 있어요. 그래서 똑같이 공부를 해야겠다. 북한에서 왔다고 해서 북한 역할만 하지 말고 남한 역할도 하고 싶어서 들어왔는데 결국에 나오니까 북에서 왔다는 이유만으로 북한 역할만 해요. 그런 것에 아쉬움도 있기는 한데 그래도 그렇게 나쁘지 않아요. 딱히 북에서 와서 연기자로 활동하는 사람은 없어요. 그래서 제가 한 번 해보도록 할 거예요.

영화 '코리아'를 찍으면서 하지원 언니랑 대화를 할 수 있는 회식 자리가 있었는데 그때 언니도 오다 보니까 맞은편에 앉게 됐어요. 언니가 술도 따라주면서 이야기를 했는데 나 보고 영화를 언제부터 했냐는 식으로 이야기를 해요. 그래서 처음이라고 했더니 처음인데 어떻게 그런 북한 사투리를 잘 하냐고 그러시더라구요. 중간 중간 북한 사투리도 가르쳐주는 걸 봤나 봐요. 그래서 제가 북한에서 와서 그런 걸 한다고 말했더니 깜짝 놀라면서 "아니, 나는 영화 현장에서 일을 많이 하고 그래서 그런 것도 잘 하는 줄 알았다"면서 고생 많이 했겠다며 되게 탑스타인데 술도 부어주면서 되게 잘 대해 주시더라구요. 같이 앉아 있다는 것만으로도 꿈같은 그런 게 있는 거예요. 제가 또 너무 하고 싶었던 분야에서 선배님이시고 하니까 되게 막 꿈같았어요. 성격도 쾌활하고 오히려 편하시더라구요. 그냥 옆집 언니 같은 느낌이 많이 들어서 되게 좋았어요. 그래서 저도 낯선 현장에서 그렇게 해준다는 자체가 되게 좋았고 자신감도 많이 생길 수 있는 계기였던 것 같아요.

그리고 저희가 부산 쪽에서 촬영을 많이 했어요. 경기장 같은 데서 많이 했는데 거기 내려가 있을 때 '범죄와의 전쟁'인가 그 영화에 하정우 선배가 주연이다 보니까 그쪽 팀에서도 촬영을 왔나 봐요. 근데 우리 '코리아'에 중앙대 선배들이 많이 출연을 했었어요. 그러다 보니까 처음 보는 선배들도 있었고 학교 때 뵈었던 선배들도 있었고 그렇게 좋게 잘 지내고 있었는데 부산에 내려가 다른 배우들하고 같이 해운대에서 놀고 있는데 어느 순간 선배한테 전화가 오더라구요.

"하정우 선배랑 그쪽 '범죄와의 전쟁'에서도 중앙대 출신이 많고 하다 보니까 같이 식사를 하고 있는데 너도 올래?"

그런데 저는 그때 정말 개념이 없었어요.

"저는 그냥 여기 있을 게요. 다녀오세요."

그리고 나니까 뭔가 자랑거리잖아요. 옆에 배우들은 하정우 선배라고 하면 완전 대단하다고 다들 그러고 있기 때문에, 하정우 선배님이 저기 계셔서 우리 선배들이 다 가는데 나 그냥 여기 있겠다고 했다고 하니까 정신 나간 거 아니냐면서 가라고, 괜찮다고 우리는 가고 싶어도 못 가는데 저보고 가라고 하는 거예요. 가만 생각해 보니까 제가 완전 개념이 없는 거예요. 안 불러도 가야 되는 그런 상황인데 말이죠. 그래서

"언니, 어디에요? 제가 갈게요."

"이쪽으로 와."

택시 타고 갔더니 호프집인데 밖에 테이블을 깔고 거기서 친구들이 쭉 앉아서 많은 배우들과 그렇게 식사를 하더라구요.

"안녕하십니까. 안녕하십니까. 중앙대학교 연극영화과 49기 연기 전공 김미희입니다."

"이야. 49기 벌써 49기가"

오라고 앉으라고 하면서 너무 반갑게 맞이해주는 거예요.

"와, 이거 완전 막내네, 막내"

그러면서 선배들이 소주를 이렇게 병체로 마시고 있는 거예요. 나는 원래 여기서는 이렇게 마시나 보다 하고 저는 소주잔에다가 마셨어요. 마시고 나서 거기서 별난 농담으로 누구 이름 지어주는 이런 농담을 하다가 하정우 오빠네 아빠 쪽인가 엄마 쪽인가도 고향이 북한이라고 하더라구요. 그러면서 저에게 이쪽은 되게 어려운 곳인데 너 어떻게 연기를 하게 되었냐고 물어서 제가 이런 이런 일로 이렇게 연기를 하게 되었고 현재 이렇게 학교를 다니고 있다고 했더니 그러냐고 하면서 여러 얘기를 많이 주고받았어요. 그러다가 본인 좋은 얘기만 기억하는 걸 수도 있는데, 딱 기억에 남는 거는 잘될 것 같다는 말이었어요. 어쨌든 좋게 봐주셔서 너무 좋았고 빈말이래도 너무 힘이 되었어요. 그래서 다음날 우리 컷, 우리 촬영시간이 너무 빨리 있어서 원래는 2차로 노래방도 가서 즐겁게 놀려고 했는데 그게 안 되어서 선배들에게 먼저 인사를 했어요. 아니, 인사하기 전에 이런 일이 있었어요.

활동하는 여자 선배들도 있었는데 그 선배가 이러는 거예요.

"야, 너희들 학교 있을 때 힘들었지?"

"1학년 때 이런 저런 선배들로 힘들었어요."

"야, 어떤 년이야?"

혼내주겠다고 전화번호 달라고 하고 너무 좋은 거예요. '와, 이런 게 다 있었구나.' 생각이 들면서 힘들었지만 역시 사회에 나오면 오히려 그게 우리에게 뭔가 도움이 되는 거라는 생각을 많이 했어요. 왜냐하면 같은 것을 겪은 사람들이기 때문에 긴말 안 해도 어떻게 생활했다는 것을 어느 정도는 다 알아요. '아 이게 좋은 거구나' 생각했죠.

"아, 언니 괜찮아요."

그리고 저희가 먼저 퇴실해서 갔어요. 그리고 알고 보니까 저를 위해서 몰카를 했더라구요. 그런데 저는 몰카를 하는 줄도 몰랐으니 본인들은 얼마나 당황스러웠겠어요. 가니까 병으로 술을 마시고 있었는데 그걸 하정우 선배가 시켰대요.

"야, 너희, 병으로 마셔. 그러면 쟤도 병으로 마실 거야. 선배들이 마시는데 안 마실 수가 있겠어?"

"어? 이렇게 병으로 마셔요?"

하면서도 저는 소주잔으로 이렇게 마시니까 본인들이 되게 당황했다고 하더라구요. 본인들은 거기에 물을 넣고 마신 거예요. 몰카를 못 알아봐서 죄송합니다. 원래 그렇게 마시는 줄 알았어요. 그래서 만나면 '아, 쎄구나' 생각했어요, 하정우 선배가 학교에서 듣기론 무섭고 이런 이미지가 되게 강하셨는데 실제로 보니까 생각보다 유머러스하고 되게 재미있으시더라구요. TV에 나왔을 때 되게 강인하고 남자다운 면이 있는데 되게 귀여운 면도 많고 의외의 모습을 보았어요.

학교에 돌아와서도 애들에게 "나, 하정우 선배 만났어" 하니까 애들이 부러워해서 너무 좋았어요. 현장에서 이렇게 선배들을 만나니까 말로만 듣던 선배들이고 얼굴도 한 번 못 봤던 선배들이 같은 학교 출신이라는 것만으로도 너무 잘 챙겨주셔서 내가 아무것도 한 것도 없는데 이런 것을 받아도 되나 할 정도로 너무 좋더라구요.

새로운 가족이 생긴 느낌이었어요. 누구에게도 없는 새로운 가족이 생긴 느낌이었어요. 촬영장에 돌아와서 선배들과 좋은 시간을 보냈다고 하니까 다들 부러워하는 것을 보면서 나만 뭔가 가지고 있는 것 같은 느낌에 든든하고 좋았어요.

5. 한국 정착 과정

"이제 만나러 갑니다"에서 대박을 터뜨리다

최근 채널 A에서 하는 "이제 만나러 갑니다"에 출현했는데 시작한 지는 2011년에 시작했고 제가 연락을 받은 때는 2012년 3월이었어요. 그 프로가 16회까지는 북한에서 온 실향민들을 찾아다니면서 그분들의 고충을 듣는 프로그램이었는데, 17회 때 특집으로 탈북 여성 대학생들을 초청해서 진행했어요. KBS에서 진행하는 '미녀들의 수다처럼' 북한의 이야기를 들으면서 17회, 18회를 진행했어요. 그렇게 한다는 이야기를 교회 오빠에게 들었을 때 선뜻 나가고 싶다는 생각이 안 들더라구요. 왜냐하면 제가 연기를 하는데 북한에 대한 이미지가 부각되면 너무 한정적인 이미지로 굳어질 것 같아서 아무래도 활동하기에 힘들겠다는 생각이 들더라구요. 제가 굳이 그들 앞에 나가서 대놓고 제가 탈북자요 하는 것도 별로 내키지 않았어요. 그런데 2012년 3월에 작가님들에게서 전화가 왔어요. 그때 제가 잠깐 기도를 하고 있는데 전화가 와서 받았는데 채널 A 작가더라구요. 어렵게 찾는다고 하면서 한 분은 어렵게 추천을 받았는데 나였고, 본인들이 고등학교 때 신문에 실린 제 기사를 보고 찾았다고 하면서 기사에 제가 중앙대학교에 입학했다고 나와서 중앙대학교에 전화를 했는데 전화번호를 안 주더라는 거예요. 그래서 어렵게 어렵게 이렇게 전화를 하는 거라고 하면서 이렇게 어렵게 찾아 전화하고 있는데 할 수 있냐고 하더라구요. 얘기를 들어보니까 이것은 뭔가 뜻도 있는 것 같아서 할 수 있다고 그랬죠. 여기에 와서 어려움을 당하고 차별과 왕따를 당하는 친구들도 많은데 "북한에서 온 애들 중에 이렇게 생겨먹은 애도 있다". 보여주고 싶었어요. 이런 애도 있고 저런 애도 있고 저 같은 애도 있다는 것을 보여주고 싶어서 한다고 했어요. 그랬더니 한 번 와서 인터뷰를 해야 한다고 하더라구요. 그래서 오라는 날 갔어요.

그날 대충 입고 갔는데 한쪽에선 지금처럼 한 작가님이 촬영하고 있고 한 작가님은 인터뷰를 하고 있었어요. 연극학과를 다닌다고 하니까 날 보고 장기 같은 거 있으면 해보라고 해서 카메라 앞에서 장기까지 하고 사진까지 찍었어요. 자기가 전화했던 작가라고 하길래 장기 같은 것 해보라고 해서 성대모사를 했거든요. 그런데 날 보고 식사하고 왔냐고 해서 못하고 왔다고 하니까 식당에 가서 같이 식사라도 하자고 하면서 하는 말이 지금은 자기들이 아직 확정한 것이 아니라서 따로 연락을 준다고 하더라고요. '난 다 된 줄 알았는데 이게 합격된 게 아니구나' 하면서 집에 왔어요. 그런데 그 다음날 출현해 달라고 전화가 왔어요.

출현하면서 저 같은 캐릭터가 있다는 것을 보여주고 싶었어요. 첫 촬영 날에 여자들만 18명이 왔어요. 제가 남한에 와서 충남 온양에서 고등학교를 다니다가 대학에 오다 보니까 북한에서 온 친구들과 접촉을 못했어요. 그러다가 오랜 만에 〈이만갑〉을 통해서 북한 사람들을 만나보게 되었어요. 교회에도 북한 사람들이 있긴 한데 그렇게 많진 않아요. 그날은 완전히 북한에 온 기분인 거예요. 장기 자랑도 해야 하니까 그날은 아코디언을 하고 기타를 치며 난리가 난 거예요. 예술단이 와서 무용도 하고 그러는 걸 보면서 이곳이 북한인가 어딘가 하면서 촬영을 했어요. 촬영을 하는데 절 보고 발랄

한 일진 이미지로 했으면 좋겠다고 해요. 제가 일진까지는 아닌데 북한 일진 이미지로 해야 한다고 해서 난 그런 사람 아닌데 암튼 알겠다고 하고 앉았어요. 그런데 한사람 한사람 소개만 하는데 1부가 거의 지나가요. 처음에 갔을 때 미희 씨만 캐릭터가 확실하다고 작가님들이 그러시더라구요. 작가님들은 이런 거 잘 하시거든요.(몸을 추켜세우며 칭찬하는 흉내를 낸다) 자기가 미희 씨 같은 사람은 못 봤다고 이러시더라구요. 그래서 촬영하는 날, 18명 자리가 쫙 있는데 저는 '내 자리가 앞쪽 어딘가에 있겠지' 하고 생각했는데 이게 웬걸? 지금 순실 언니 자리인 맨 뒤에서 왼쪽 끝자리가 제 자리인 거예요. '이거 말이랑 다른 걸? 이거 내 자리가 아닌 것 같은데?' 하면서 앉아 있었어요. 그것도 소개를 앞에서부터 하다 보니 계속 이렇게 앉아만 있어야 하는 거예요. 중간쯤 왔는데 이런 생각이 드는 거예요. '내가 여기 왜 나왔지? 지금 이래도 나갈 수 있다면 나갔으면 좋겠다. 내가 이 바닥에서 살 것이 아니면 나가고도 남았을 텐데…. 내가 여기 앉아 있지' 하면서 앉아 있는데 어떻게 하다 보니 제 차례까지 소개가 왔어요. '내가 여기서 뭔가 안 하면 머저리가 되는 거다. 바보가 되는 거다' 하면서 여태껏 기다려 왔어요. 제 소개를 할 순서가 왔는데 당시 현미가 조금 떠 있을 때니까 MC가

"아, 탈북 권투선수인 최현미 씨? 최현미 씨가 사촌 언니라고 하시던데요?"

"아, 네"

그렇게 현미 칭찬을 좀 하다가 MC가

"북한에서 싸움을 좀 하셨다고 하시던데?"

그래서 내가 한국 와서 조금 싸웠던 얘기를 했어요. 내가 여기 내려와서 누굴 한 번 때려놨었거든요. 한번은 저녁 늦게까지 학교에서 공부하다가 너무 스트레스가 심해서 클럽에 가서 놀자해서 갔는데 클럽에 가면 여긴 딱 유행하는 춤이 있잖아요. 나이트에 가면

이렇게 움직이고 (직접 시범) 자기 필대로 춤추는 게 있잖아요. (손을 휘저으며) 그런데 난 이렇게 무용이라도 하면서 추고 싶은데 이게 안 되는 거예요. 어떻게 술 먹고 막 어떻게 하다 보니 막 췄어요. 춤을 추다가 테이블에 앉아 있는데 한 애가 그러는 거예요. 저쪽 테이블에서 한 애가 우리 보고 손가락질했다는 거예요. 여자애들이 이렇게 춤추고 있는데 손가락질했다고 하는 거예요. 그것도 나한테 했다는 거예요. '오늘은 모든 게 속 타고 짜증나는데, 이곳에 와서 너희들한테까지 손가락질 받아야 하나' 하는 마음에 그 테이블에 가서, 나에게 손가락질한 친구의 뒤통수를 때렸어요.

"야, 니가 우리에게 손가락질했나?"

"내가 안 그랬는데?"

옆에 있던 친구들이 입 다물고 가만히 있는 거예요. 우루리[15] 이럴 줄 알았는데 안 그런 거예요. 그래서 나에게 손가락질한 친구에게

"야, 너 화장실로 따라와라."

"내가 뭘 잘못한 게 있다고 따라가?"

"어따 대고 반말이야?"

"내가 정말 안 그랬어요."

그래서 내가 막 이 삐리리 개 같은 욕을 하면서

"야, 너 까불지마."

하고 자리로 왔더니 친구들이 절 보고 놀라는 거예요.

"와, 너 정말 대박이다. 어쩌면 그럴 수 있어?"

그러면서 그 일을 다음날 학교에 다 소문을 냈어요. 동기 중에 그 일로 친해진 친구가 있어요. 걔가 성격이 정말 안 좋은데 그 일로 나하고 친해졌어요. 그 친구 보기엔 제가 정말 대가 있는 애였나 봐요. 사실은 그걸 작가님들에게 이야기했더니 바로 일진 이미지

---

15) 우루루 함께.

가 됐던 거예요. 북한에 있을 때 애들을 조금 괴롭히긴 했어요. 워낙 이미지가 착한 사람이라 그런지 그 이미지가 만들어진 대로 안 가더라구요. (반어적 표현으로 능청스레 말한다.)

그 사람들이 도대체 어떤 춤을 췄길래 애들이 그렇게 손가락질을 했냐고 갑자기 대본에도 없던 춤을 나보고 나와서 춰보라고 하는 거예요. 그래서 속으로 '내가 여기서 안 하면 정말 바보가 된다. 그냥 앉아만 있다가 가는 인물이 된다'고 생각하고 무대로 내려갔어요. 그날은 정말 준비도 잘해 갔죠. 딴 애들은 다들 힐을 신고 갔는데 난 촬영하는 날에도 운동화 신고 갔어요. 반바지에 하얀 운동화를 신고 내려와 서 막춤을 췄어요. 손을 이렇게 막 흔들며 춤을 췄어요. 그랬더니 사람들이 당황해하는 거예요. 마이크랑 명찰이 다 떨어진 거를 남희석 씨가 주워주고 옆에 있던 패널들은 장단을 맞춰 저에게 성대모사까지 시켰어요.

"야, 이거 정말 춤을 잘 추시는데요?"

"아니, 그건 춤을 못 춰서 손가락질한 게 아니라 너무 잘 춰서 배우고 싶은 마음에 손가락질한 거 아니야?"

"아, 그럴 수 있겠네요."

"성대모사까지도 하신다면서요?"

"그런데 얼마 전에 '곰배령'이라는 채널 A 드라마에 출현했었다면서요?"

그러면서 정말 거지같이 나온 영상을 내보내는 거예요. (드라마 대사를 한다.)

"언니, 잘 있니? 나 미희이다. 국수공장에 있다…."

막 어쩌구저쩌구 이러는데, 되게 슬픈 장면이예요. 그런데 노 메이컵에 수건까지 두르고 있으니까 사람들이 빵 터진 거예요. 빵 터지다가 다들 몰입이 되다 보니 나도 모르게 사람들이 눈물을 흘리며 울기 시작하는 거예요. 그러다 보니 특집 1회가 물 흐르듯이 정말 잘 흘러갔어요. 처음에는 재미와 웃음을 주고 끝에는 감동을 주는 것으로 자연스럽게 넘어간 거예요. 그러다가 남희석 씨가 왜 우냐고 하니까 자기도 언니 생각이 나서 그런다고 하면서 자연스럽게 탈북 스토리로 가 버린 거예요. 그러니까 남희석 씨가 완전 잘했다고 잘 굴러갔다고 하면서 저에게 특급 칭찬을 해줬어요.

북한 사투리를 가르치기보다는 연기를 하고 싶다

〈이만갑〉을 처음 할 때는 부정적인 생각이 더 많았어요. 나가기 전에는 좀 거부감이 있었거든요. 제가 연기를 하는데 너무 탈북자라고 나가서 이야기를 하면, 제 역할이 너무 한정적이게 되지 않을까 하고요. 작가님이 전화를 주셔서 하게 되긴 했는데 사실 정말 하게 된 이유는 제가 그때 학교를 다니고 있었지만 조금 많이 힘든 상황이었기 때문이에요. 앞으로 어떻게 내가 이것을 잘 해야 할 것인가 하는 것 말이죠. 이런 미팅 같은 것들도 좀 많이 안 되고 이럴 때였어요. 그래서 기도를 하고 있는데, 작가님에게 전화를 받았어요. 그래서 이건 다른 생각하지 말고 해야겠다는 생각이 들었고 결국은 그냥 나가게 되었어요. 그런데 한 열여덟 명인가 나온대요. 그래서 저는 하면서 북한에 이런 애도 있다는 걸 좀 보여주고 싶었고 그냥 나가서 앉아서 하게 되었어요.

막상 했는데 반응도 좋고 괜찮았고 날로 알아보는 사람도 많아졌어요. 지나가다 보면 북에서 왔다고 알아보시는 사람들도 많아지면서 좋기도 했었죠. 그래서 난 어쨌든 북에서 왔으니까 내가 여기서 숨기고 살려고 하면 힘들겠다는 생각도 들고 해서 그냥 정면 돌파해서 이대로 가서 해보자. 이대로 갈 데까지 가보자. 북에서 온 애가 이렇게 해서 이렇게 가는 것을 보여주자. 스스로가 그런 생각을 많이 하게 되었어요. 그리고 거기에 출연한 사람들을 보면서 숨기지 말고 좀 당당해져야겠다는 생각이 들었어요.

　17회부터 시작해서 130 몇 회인가까지 했으니 많이 했는데 중간에 그만 두고 싶은 마음은 없었고 처음에는 재미있었어요. 애초에 카메라 앞에서 뭐하는 것도 워낙에 좋아하고 제가 또 전공이고 하다 보니까 앞에 와서 검토할 수 있는 것도 많고 하니까 제게는 경험을 갈고 닦을 수 있는 그런 기회였어요. 다른 출연자는 출연료나 그런 것을 많이 생각을 했겠지만 저는 처음에 그냥 시작했고 나중에는 그냥 여기에 나오는 것만으로도 마냥 좋았어요. 출연료고 뭐고 안 받아도 되는 그런 마음이었어요. 그냥 여기 나오는 게 되게 재미있었거든요. 많은 사람들을 만나고 하는 게 좋았어요. 북한을 더 알리고 저 스스로도 너무 몰랐던 북한에 대해서 다시 공부를 하게 되는 그런 시간이었고 안 좋다고만 생각되던 그 사투리가 많이 돌아왔고 또 힘이 되었죠. 고향에 대해서도 많이 생각나게 하고 그랬어요.

　녹화 중에도 어려운 점은 하나도 없었고 제가 원래 원하지 않아도 사람들을 두루두루 잘 만나는 성격이라서 다른 사람들이랑 부딪힐 일은 별로 없었어요. 제가 모르는 주제를 다루면 그런 게 조금 힘들었지 다른 건 별로 문제가 없었어요. 나중에 그만두게 된 계기는 그런 거예요. 작가님들이 저를 원년 멤버라고 불러주시는데 저는 눈치가 보였어요. 제가 점점 할 이야기도 줄어들고 돌아가는 상황을 보니까 제가 지금 이 상황에서는 그렇게 필요하지 않다는 생각도 들면서 눈치가 보였어요. 저는 그게 힘들었어요. 제일 결정적인 원인이 그거였고 저는 남이 필요로 해서 갔을 때는 자신감 있게 뭐든 할 수 있는 힘이 생기는데 남들에게 필요 없는 자리에 가서 앉아 있으면 눈치밖에 안 보여요. 그러다 보니까 제 스스로 자신감도 없어지고 전 그게 제일 힘들었어요. 다음에 연락 오셨을 때는 "당분간 쉬겠습니다" 하고 제가 먼저 이야기를 드렸는데, 그게 어떻게 보면 먼저 컷 해서 나쁜 놈이 될지는 모르겠지만 저는 그게 좀 힘들었어요. 그리고 제가 스스로가 일어나서 활기차게 뭔가 원하는 걸 해야겠다는 그런 게 좀 다운이 되더라고요. 왜냐하면 제가 아는 것도 한계가 있고 부모님한테 자꾸 물어보는 것도 싫었어요. 부모님도 바쁘신 상황이어서 제가 자꾸 하나하나 물어보는 것도 이젠 눈치가 보이고 해서 그만 해야겠다 한 거죠. 이것도 하나님의 뜻이겠지 하고 그냥 가져다 붙이고요. 하나님이 또 다른 걸 하게 하시려는 거라는 생각도 들고 많이 했다는 생각도 들고 해서 그냥 접었어요.

3년이면 많이 한 거고 너무 부담스럽잖아요. 사실은 할 수 있는 능력이 없어서 눈치가 보이더라고요. 내가 이런 상황에서 계속 하면 마냥 힘들고 뭔가 할 수 있다는 자신감이 안 생겨서 나쁜 놈이 되더라도 그냥 그렇게 이야기를 했어요. 그리고 솔직히 기분이 좋지는 않더라고요. 이런 식이면 부르시지를 말든가 하는 그런 생각도 들어서 쉬겠다고 했어요. 처음에는 "미희 씨, 왜 그래요?" 그러는데 새로운 친구들도 많이 나오니까 그 친구들이 나와서 이야기를 하게 하시라고 그냥 말했어요.

〈이만갑〉을 하면서 여자 MC 분들이 몇 번 바뀌었어요. 한 번은 박은혜라는 연기자로 바뀌었는데, 그분이 아는 분이 최근에 북한 관련 영화를 한다고 해서 저를 소개시켜 주셨어요. 큰 역은 아니지만 만나서 얘기 좀 해봤으면 좋겠다고 하셔서 사실은 내일 만나기로 했거든요. 정확한 것은 모르지만 그게 잘 되면 제가 제대로 데뷔할 수 있는 계기가 되지는 않을까 하는데 일단은 내일 가서 만나봐야 할 거 같아요. 큰 역할, 작은 역할 따지지는 않지만 어쨌든 참여해서 함께 할 수 있다면 되게 좋은 기회고 언니한테는 항상 감사할 거 같아요. 어쨌든 그런 역할을 직접 나서서 해주셨다는 것만으로도 감사한 거 같아요. 저는 은근히 보면 복이 없어요. 사람들과 같이 만들어져서 쉽게 갈 수 있었던 적이 한 번도 없었던 거 같아요. 제가 나서서 해야만 차려지고 이렇게 제가 뛰어야만 뭔가를 할 수 있는데 이번 같은 경우는 정말 언니한테 감사하죠. 제가 지금 회사도 없기 때문에 정보나 이런 것들이 아무래도 많이 없는데 언니가 그걸 알고 연결해주셨으니까요. 그리고 거기서 저를 생각했다는 것만으로도 되게 감사하고요.

아, '붉은 가족' 감독님 성함이 생각이 안 나네요. 거기서 제가 사투리를 가르쳐줬는데, 제가 하도 바쁘고 하다 보니깐 오빠(인터뷰 조사자)랑 같이 했잖아요. 우리가 같이 학교에서 사투리를 가르쳐줬 잖아요. 아예 대본 자체를 녹음을 해드렸거든요. 수많은 탈북자들이 나오는 그 역할이 다 다른데 그걸 똑같은 톤으로 했는데, 어떨 때는 정신이 몽롱해서 지문까지 녹음해서 보냈는데 아무튼 그게 어떻게 나왔는데 되게 아쉬웠죠. 왜냐하면 그쪽도 시간이 없고 저도 시간이 없었을 때라서 한 명 한 명 만나서 집중적으로 교정을 해줘야 하는데 그게 안 되고 엉망으로 녹음을 해보내서 그분들이 느낌을 살려서 하다 보니까 영화를 처음부터 보지는 않았지만 언뜻 보니까 아무튼 사투리가 되게 많이 아쉽더라고요. 저를 아시는 분들은 그것을 보고 저한테 자꾸 "너의 느낌을 느낄 수 있었다"고 하더라구요. 제 톤의 느낌이 나오니까 나를 보는 것 같은 느낌이었다는 그런 말들을 들었어요.

우리 사투리 같은 것은 가만히 많이 가르쳤던 거 같아요. '묘향산 관'이라는 단편 영화인데 한효주랑 고수가 나오는 거기서도 한효주 역을 제가 완벽하게 가르쳤어요. 그 영화가 개봉해서 공개되면 좋은 데 그게 단편이라서 영화관에는 안 걸릴 거 같아요. 외국 어디에 출품하는 거라고 하더라고요. 그게 잘 되어서 괜찮아 보였는데, 사투리는 항시 이것저것 잘 가르친 거 같아요. 어느 순간부터 연락이 와서 북한 사투리 좀 가르쳐 달라고 하면 제가 해야 하는데 자꾸 가르쳐주기만 하고.

수당은 받는 것도 있고 안 받는 것도 있는데 그런 건 연연하지 않아요. 내가 해줘야겠다고 하면 그냥 해주는데 엄청나게 부담감이 있고 이미 엄청나게 돌아왔어요. 그래서 그걸 하면서 '내기 왜 이리고 있지'. 그냥 내가 하면 될 걸 뭐 그런 생각이 열두 번씩 들고 그러죠. 좀 답답하고 그런 게 있어요. 그런 영화 쪽에서 바로 연락이 와서 해달라는 것들도 있는데, 아 유지태 그분이 영화감독으로 하는 '아까이(안주인)'라는 것도 물어서 그것도 제가 가서 사투리를 수정을 해 보냈네요. 사투리를 그만큼 가르쳤으니까 이제는 주인공으로 출연할 때네요. 이젠 제가 직접 사투리를 할 때에요. 이제는 하면 될 거 같아요. 이런 걸 하다 보니까 사투리도 다시 막 나오고 그것도 뭐 나쁘진 않은 거 같아요.

남한과 북한은 아파도 껴안아야 한다

〈이만갑〉이 그 특집 방송을 내보낸 이후 대박을 터뜨렸어요. "이걸로 그대로 갑시다" 해서 〈이만갑〉이 종편프로그램에서 최장수 프로그램이 되었고 원래 교양시사프로그램이던 것이 예능으로 바뀌었어요. 여태까지 이렇게 3년 동안 하게 될 줄은 몰랐죠. 방송을 하면서 저 스스로도 북한에 대하여 몰랐던 것을 알게 되었고 처음엔 저런 것들은 북한에서 있을 수 없는 상황들이라고 생각했기 때문에 거짓으로 보았어요. 어떻게 보면 북한이라는 사회 자체가 워낙에 교통에 대한 자유도 없고, 이 지역에서 일어난 일, 저 지역에서 일어난 일을 그렇게 디테일하게 알 수도 없죠. 저는 물어보면서 일을 하며 알 수 있는 계기가 되었고 계층 간에 빈부 격차를 느꼈어요. 진짜로 북한에서 총리가 그랬다잖아요. 노동자들이 아침에 출근하는 시간이 많이 걸린다고 하니까 총리라는 사람이 "아침에 그냥 일어나서 빵 한 조각에 우유를 마시고 나오는데 그렇게 오래 걸리는가?" 하고 말이죠. 총리가 그 정도로 북한 형편을 몰랐던 것이라서 북한에서는 되게 우스운 이야기로 떠돌아다녔어요. 그래서 총리가 총리직을 다 하면서 집으로 가라고 하니까 자기 집도 못 찾아갔다는 이야기도 있어요. 그동안 기사가 다 해줬으니까 총리가 집을 못 찾아간다는 거죠. 암튼 총리라는 자리가 완전 상층이니까 심하기도 했겠지만 저도 북한에서 모자라게 살지 않다 보니까 그런 얘기가 먼 나라 이야기처럼 들리더라구요.

그리고 그분들 자체가 저건 완전 아니라고 받아들이더라구요. 그래서 저는 '아, 이게 끔찍하구나'. 생각도 정말 많이 하게 되었어요. 같은 북한 사람이지만 같은 북한 이야길 하고 있는데 서로가 북한 이야기에 대하여 공감을 못하고 있는 거예요. 더 안 되더라구요. 그게 너무 신기하고 처음에는 믿겨지지도 않았는데 어떤 친구는 "김미희 씨 같은 이야긴 거짓말"이라며 받아들이기 어렵다고 하더라구요. "저건 너무 고위층 이야기고 일반인들이 이해하지 못하는 이야기를 한다"고 하는 친구도 있었어요. 그들은 제 이야기를 이해할 수 없었죠.

저도 북한에서 꽃제비들은 많이 봤지만 그 사람들과 직접적으로 대화할 수 있는 기회는 없다 보니 나는 그들이 원래부터 꽃제비였다고만 인식하고 있었어요. 저 사람들은 잘 살다가 고난의 행군을 겪으면서 어떻게 하다 보니 저렇게 되었다는 생각을 못하고 저 사람들은 그냥 태어날 때부터 꽃제비였다고 별로 깊이 생각하지도 않았어요. 그냥 '저 사람들은 능력이 없어서 저렇게 되었구나'라고만 생각했어요. 그런데 탈북하면서 처음 꽃제비 출신과 이야기하게 되었어요. 캄보디아 수용소에 있으면서 자기가 꽃제비 출신이었다고 말하는데 제가 오히려 너무 창피하더라구요. '꽃제비 출신이 어떻게 여기까지 오고 어떻게 자기가 꽃제비를 했다고 저렇게 이야기할 수 있지?'라고 생각했어요. 그 정도로 저는 그렇게 생각했는데 그때부터 이 사람들의 사연을 듣기 시작한 거예요. '그들에게 내막이 이렇게 있었구나', '이 사람들도 정말 사람이었구나' 하는 생각을 했어요. 그러다 보니까 알게 되었지 그 전에는 저도 꽃제비라는 사람들을 벌개라고 생각하고 살았어요.

정말 불쌍한 건 할아버지, 할머니들이 앉아서 구걸하는 거예요. 그것으로는 고난의 행군을 못 넘겼어요. 어린애들은 도둑질이라도 해서 어떻게든 먹고 사는데 나이 드신 사람들은 거동을 못하잖아요. 제가 한 번은 앉아서 사탕 팔던 거를 전부 가져다 덤으로 드린 적도 있는데, 학교에 가려고 지나갈 때마다 한 할머니가 불러다가 빨락지16) 사탕을 먹으라고 막 부르기도 했어요. 그런데 〈이만갑〉에 왔는데 이건 약과예요. 〈이만갑〉에서 그것보다 더 심한 탈북 스토리를 듣기 시작한 거예요.

꽃제비 출신 언니들이 방송 중에 자신이 어떻게 살았고 자신이 애를 어떻게 낳았는지 말할 때는 믿겨지지 않아요. 북한에서 어떻게 그런 일들이 벌어질 수 있었는지를 우리가 〈이만갑〉을 하면서 하나로 이해하고 생각할 수 있게 되면서 북한을 공부하게 된 것이죠. '북한사회라는 것은 이렇구나.' 일단 그쪽은 소통이 안 되니까 꽃제비와 상류층들은 어쨌든 단절되어 있다 보니 소통을 할 수 있는 게 없었고 서로가 다른 세상에서 살다 보니 서로가 서로를 모르면서 살게 되는 것이죠. 우리 집 자체도 어느 정도 직분이 없었으면 아예 들어올 일이 없었어요. 우리 친구들 빽 외에는 들어올 이유가 없었거든요. 그러니까 알 수 있는 기회가 없는 거예요. 우리가 노는 장소도 딱 한정되어 있다 보니까 제가 하는 말들을 마음으로 이해할 수도 없고 제가 말하는 그 상황들이 이해가 안 되는 거예요.

저는 한국 사람들이 "북한 사람들이 진짜 굶어 죽어요?" 하면서

---

16) 빨락한 종이를 말한다. 빨락 빨락하다는 말은 빳빳한 종이 따위가 탄력 있게 움직이거나 서로 닿아 마찰하는 소리를 말한다.

묻는 것들이 이해가 되요. 나도 그곳에서는 꽃제비나 그런 사람들의 삶이 이해가 되지 않았던 것처럼 여기 사람들도 그곳에서 정말 겪지 않는 이상에는 모를 것이라는 생각이 들어요. 진짜 몰라요. 얼마 전 '동물원이야기'라는 연극을 했는데 작품 자체가 2인극인데, 내용은 하류층 사람하고 상류층 사람이 공원에서 둘이 만나서 서로 자기 이야길 막 스스럼없이 하는데 한 사람의 이야기를 다른 사람이 이해를 못하는 거예요. 그러다가 한 사람이 그 곳에서 칼에 찔려 죽는데 그것이 연출 의도예요. "우리가 이런 것으로 부딪히지 않으면 서로를 알 수 없다"는 거죠. 우리가 가서 이렇게라도 막 부딪히지 않으면 서로를 알 수 없다는 것이 되게 공감이 되더라구요. 솔직히 말해서 정말 부딪힐 일이 없는 거예요. 작품은 조금 더 파봐야겠지만 되게 괜찮은 작품인 것 같고 되게 공감이 가더라구요.

우리가 연습하는 그 연극이 9월에 공연을 시작해요. 2인극인 그 연극은 상상의 인물로 등장하다 보니까 작품에 대한 이해도가 별로 없었어요. 그러다가 연출자님의 이야길 듣고 나서 확 공감이 가더라구요. 작품에서 계속 내 얘기를 들으라고 하는데, 전혀 내 얘기를 듣지 않아요. 의자에 앉아서 서로에게 말해요.

"어떻게 그럴 수 있지?"

"난 당신이 무슨 이야길 하는지 모르겠어."

"왜 이해를 못하지?"

"나도 당신에게 하고 싶은 이야기가 바로 이런 이야기야."

"당신을 위해서 싸우고, 당신의 가족을 위해서 싸우고, 그 누구를 위해서 싸우든지 부딪히라고! 나에게 덤비고, 나를 찌르라고!"

"내가 왜 그래야 하지? 날 모독하지 마!"

"덤벼, 그러니까 덤비라고"

한 사람이 칼에 찔리고, 칼에 찔린 그 사람이 말해요.

"그래 잘했어. 빨리 가방 가지고 집에 가 봐."

하류층의 사람이 상류층의 사람 보고 자기를 찌르라고 하는 거예요. 하류층의 사람은 험악하게 산 사람이고, 상류층의 사람은 곱게 자란 사람인데, 하류층의 사람은 상처가 많은 사람이라서 상류층의 사람이 부딪히라고 하니까 못 찌르고 있어요. 그러다가 하류층의 사람이 자기 칼에 자기가 찔리는 거예요. 그리고 하류층의 사람은 죽고 상류층의 사람은 달아나요. 그러면서 이렇게 하지 않으면 우리는 서로를 알아갈 수 있는 방법이 없고 부딪혀야 한다는 내용이에요. 연출 의도가 100% 공감이 가더라구요. 서로가 진짜 모르거든요. 남한사회에서도 똑같죠. 자신들이 직접 하류층의 삶을 경험해 보지 못하다 보니까 피부로 와 닿지 않는 것처럼 북한도 빈부 격차가 너무 심하거든요. 저도 〈이만갑〉을 하면서 이해하는 시간이 되었고 제 자신을 많이 내려놓는 그런 시간이었던 것 같아요.

실재하지만 이해하기 어려운 북한의 현실

방송을 하면서 제가 느낀 점은 남한 사람들과 북한 사람들 중심에는 소통의 문제가 있다는 점이에요. 제가 남한 사람들에게서 느낀 소통 문제는 크게 없었던 것 같아요. 그 동안 적응을 한다고 한 거여서 그런지 몰라도 그런 건 없었어요. 그 사람들이 모르면 그럴 수 있다고 충분히 이해가 갔어요. 이해가 가지 않으면 충돌이 있었겠지만 이야기하면서 대부분 이해가 가는 상황이었어요. 안 되면 제 스스로가 판단하고 정리해서 갔고 알 수 없는 이야기들을 한다거나 했을 때도 의문점이 생겼다가도 나중에는 서로가 이해를 하는 그런 상황이 되었어요. 지금도 이해를 못하는 사람들이 많이 있기는 할 거예요. 왜냐하면 그 사람들은 북한의 상황을 어떤 식으로든 한마디로 표현을 못하는 거예요. 자기가 살아왔던 이 경험을 말해도 남한 사람들도 이해를 못하고 북한 사람들도 이해를 못해요. 솔직히 말해서 이 경험을 어떻게 말해야 하는지를 몰라요.

얘네가 어떻게 살았지? 그냥 잘 살았겠지 하는 데서 끝나는 게 아니라 북한의 돈과 권력의 문제로 쭉쭉 나아가야 하거든요. 위에 있는 중앙당의 대단한 일군이라고 해서 모든 것을 다 누리고 사는 것도 아니고요. 사실, 김일성종합대학에 유명한 교수라고 해서 모든 걸 다 누리는 것도 아니에요. 그러니까 어떻게 보면 이해하기 힘들 수가 있어요. 북한에서 최고를 누리고 살 수 있는 것은 무역 일군이거든요. 그 어떤 사람들도 모두 이 사람들에게서 받아먹고 살고 있거든요. 그들의 힘과 파워는 이 사람들이 생각한 것 이상이거든요. 외화벌이는 중앙당과 도당의 공조 속에 이루어지는 데 중앙당과 도당의 사람들이 다 외화벌이하는 사람들에게 손을 내미는 사람들이거든요.

도당이랑 중앙당에서 실적을 내기 위하여서는 무조건 무역 일군들의 도움이 절실히 필요하다는 말인데, 결국에는 보이지 않는 파워는 무역 일군들이라는 이야기죠. 무역도 어떤 회사에서 하는가에 따라 다르고 얼마나 힘이 있는가에서 다른 거죠. 그걸 다 설명을 하려고 하니까 일단은 그게 안 되는 것 같아요. 지금의 소통이 북한 사람들과도 안 되고 권력과 힘의 문제에 대해서도 안 되고 있는데 이런 것들은 진짜 연구할 필요가 있어요. 남한 사람 자체도 전체적인 남한 사람 틀에서 북한을 바라보니 이해를 못하는 거죠. 우리 작가님들 같은 분들도 이제는 완전 북한 사람이 다 된 거죠. 몇 년 동안에 별의별 이야기를 다 듣고 본인들도 이제는 익숙해요. 방송을 하면서 이 애기 저애기 듣다 보면 풀리지 않는 의문 같은 것들도 있어요. 그런 것들은 북한 사람들만 이해할 수 있는 그런 것들이에요.

북한 사람들만 이해할 수 있는 것들도 있고 다 같이 이해를 할 수 있는 것들도 있어요. 그런 것들을 모두 다 아울러서 뭔가 얘기를 할 수 있는 그런 것이 아무것도 없어요. 다 중구난방으로 여기서 저기서 북한이라는 사회가 이런데 이렇게 할 수밖에 없다고 하고 이런 상황을 정리해서 이야기해 줄 수 있는 것이 없는 기예요. 이렇게 이야기했다가 저렇게 이야기했다가 하니 "도대체 북한 문제의 원인이 뭐지?" 하는 거죠. 그냥 독재 체제라서 그런 게 아닌 거예요.

그리고 요즘은 북한이 많이 바뀌었거든요. 남한이 북한의 밑에 사람들에게다 조금만 밀어주면 바로 무너질 상황이거든요. 당장 무너지게 생겼대요. 한국에서 지금 그걸 안 하고 있으니까 어떻게 보면 안타깝긴 한데 북한 사람들에게 "야, 너희가 이걸 이렇게 해오고 이걸 쳐라" 하면 지금이래도 할 수 있는 상황이래요. 당장 무너지게 생겼는데, 중앙당 말을 도당이 안 듣고 도당 말을 시당이 안 듣고 각자 다 이렇게 되는 상황이 된 거죠.

결국엔 당의 유일사상 체계의 피라미드 구조가, 시스템이 지금 다 중구난방 형식으로 됐다는 거죠. 위에 말을 듣는 척 하고 청진은 청진 따로 무산은 무산 따로 평양은 평양 따로예요. 이제는 공포정치고 뭐고 악밖에 안 남았고 솔직히 대수로워하지도 않아요. 워낙 익숙해져서 이제는 막 장사를 하고 당의 말을 듣는 척 하고 안 듣고 지금 먹히고 있는 곳은 평양 하나인 것 같아요. 평양만 틀고 있는 것 같아요. 나머지는 다 안 듣는다고 하네요. 그래서 돈만 좀 도와주고 외부에서 힘만 조금만 보태주면 쉽게 무너져요.

보위부 걔네 자체가 이제는 법을 지켜서 지들이 받는 게 없어요. 지들도 먹고 살아야 하니까 밑에 동네 보위부도 탈북한 집안에 붙어서 같이 먹고 살고 그런 상황이다 보니 묵인하는 거죠. 그 사람들도 그렇게 살 수밖에 없는 거죠. 이제는 피폐해질 대로 피폐해져가지고 그렇게 안 하는 사람이 이상하게 보이는 상황인 거죠. 한국이 올바르게 구상해서 뭔가를 한다면 얼마든지 빨리 문이 열릴 수 있는, 지금이 딱 그 상황인 것 같아요. 좀 있으면 저절로 무너질 것 같아요. 최근에 그쪽에서 연락이 와서 그런 이야길 들었어요.

〈이만갑〉 프로그램을 하고 계신 스텝 분들이랑 다른 분들은 그런 많은 부분을 이젠 이해하는 부분도 있고, 이해 못하는 부분도 많죠. 아무래도 겪은 사람들보다는 차이가 있죠. 어떤 때에는 MC분들이 이렇게도 듣는 것 같아요. '설마 이 친구들이 그렇게까지 했겠어? 에이, 설마 그건 아닐 거야.' 그러면 북한에서 오신 분들은 "아니, 진짜인데 왜 안 믿지?" 하거든요. 재미로 농담 삼아 할 때도 있지만 진짜로 설마 그건 아니야 하시면서 넘어가는 그런 부분도 있어요.

현재 〈이만갑〉에 나오는 이야기들은 실제로 본인들의 이야기고 대부분 자기가 하고 싶은 이야길 하죠. 자기가 하고 싶은 이야길 하는데 자기가 하고 싶은 이야기가 아니다 싶으면 입을 다물고 있으면 되요. 자기가 옳다고 생각하고 있으면 이야기하면 되는 거고 사전에 질문지가 와요. 질문이 엄청 많이 와요. 그러면 답을 보내요. 그러면 작가님들이 그 질문을 가지고 대본을 만들어요. 현장에서 대본을 가지고 리딩을 해요. 작가는 "이 상황에서 이런 이야길 하셨죠?" 말해주고 그런 다음 촬영에 들어가면 자기가 했던 이야기를 가지고 이야길 해요. 그때그때 생각나는 것들도 이야기해주고요. 딱 대본에 있는 것이 아니어도 되요. 그렇게 돌아가요. 대본을 써주는 그런 거는 없어요.

〈이만갑〉 프로그램을 볼 때 지나치다고 생각할 정도의 부분도 없잖아 있다고 하는데, 그것은 본인들이 공부해가지고 나와서 하는 거지 본인이 하기 싫은 걸 억지로 나와서 하지는 않아요. 어떤 때엔 자료가 부족하면 임팩트 있게 전달하기 위하여 자료를 줄 때는 있어요. 그런데 그 이야기가 내 이야기 아니고 불편하면 안 하면 돼요. 그렇다고 해서 작가님들이 그것을 하라고 하지는 않아요. 그건 본인들이 확실하다고 하면 확실하다고 하고 옳으면 옳다고 하고 아니면 아니라고 입을 다물고 있으면 되요. 방송하다가도 공감되지 않는 이야길 하고 있으면 리액션을 하지 않으면 되고 공감하는 이야길 하면 (강렬한 박수와 리액션을 선보이며) 맞다고 하면 되는 거죠.

북한도 성공이 가능한 사회다

〈이만갑〉 프로그램의 주제에 대하여 출연하신 분들 중에서는 서로의 이야기에 공감하는 부분도 있고 공감 못하는 부분도 있는 거죠. 저희 아빠가 〈이만갑〉 프로그램에 북한 상류층 특집으로 나왔어요. 아무래도 프로그램이 돌아가려면 반대의 의견들이 부딪혀야 재미고 하니까요. 근데 안타깝게도 이야길 못했던 게 있는데 저희 아빠가 북한에서 그런 생활을 했다고 하니까 그 사람들은 북한에서 힘들고 어려웠었다는 이야기들이 나왔고, 남한 분들도 북한에서 그렇게 아래 사람들을 착취하다가 이곳에 온 것이 아니냐는 반응이 나왔어요. 이런 것부터 뭔가 조금 생각할 필요가 있어요. 사람들은 북한에서 출신 성분이 되니까 어쩌구저쩌구하는데 저희 할아버지는 예전에 남한에 오려고 하다가 붙잡혀 꼬박 20년을 감옥 생활을 했어요. 출신 성분이 그렇게 안 좋을 수가 없었어요. 남한에 큰할아버지가 계시고 중국에 친척들이 있고 우리 할머니는 할아버지가 감옥에 들어간 후 우리 아빠를 낳았고 할아버지가 감옥에서 우리 아빠의 이름을 지워주었어요. 그리고 할머니가 아빠를 외가에 보냈어요. 그래서 아빠는 황씨 성으로 북한에서 살다가 할머니 집에서 너무 애를 먹이니까 할머니가 아빠를 아무래도 군대에 보내야겠다 하시면서 특수부대에 보내 버렸어요.

그래서 그곳에서 17살엔가 보내 버린 거예요. 어린 나이에 그곳에서 당원이 된 거예요. 당원이라고 하면 쉽게 취득할 수 없는 것인데 그곳에서 군복무를 하다가 제대되어 와가지고 할아버지와 엄마를 처음 본 거예요. 아무튼 생활을 하면서 건설현장에서 일을 하고 아무 것도 없었어요. 우리 엄마는 완전 시골에서 탁아소 보모를 하였는데 우리 엄마가 고아 출신인데 할아버지, 할머니가 데려다가 키웠어요. 본인처럼 어렵게 산 사람하고 만나고 싶다고 해서 본인이 택해서 같이 살았어요. 그래서 결혼 생활을 하면서도 생일날에도 음식이 없어서 감자 세알을 올려놓고 울면서 생활하면서 일어선 거예요. 본인들이 진짜 그 땅에서 말이죠.

북한 사람들이 아빠를 두고 돌 위에 올려놓아도 산다고 그랬어요. 두만강을 넘을 때 북한에서 인재를 잃는다고 그랬거든요. 그렇게 노력해서 이룩한 건데 갑자기 방송에 나온 후에 북한에서 사람들을 등쳐먹고 살았던 사람으로 되어 버리니까 그 프로그램이 아무리 재미있게 한다고 해도 딸로서는 그게 그런 거예요. 아빠는 웃으면서 넘기는데 제가 봤을 때에는 우리 아빠가 너무 힘들게 생활해서 일어났기 때문에 그런 것들이 진실하게 비춰졌으면 좋을 건데 그렇지 못해서 아쉽더라고요. 고아 출신이어서 인정이 너무 많고 그렇게 생활하면서 돈을 가지고 그렇게 일어설 수 있었던 것은 젊었을 때 중국을 왔다 갔다 하면서 장사를 하기 시작했기 때문이에요. 그러면서 외화벌이를 일군 거예요. 회사를 옮겨 다니면서 결과적으로 국제무역 연합회사라는 함경북도지사라는 완전 큰 지사를 만들었거든요. 그것도 젊었을 때 건설현장에서 일한 경험이 있어서 손으로 선을 거어 가면서 건축해서 여기까지 왔어요. 사무실, 식당까지 직접 다 만들었어요. 지금도 북한에 있는 그 회사는 돌아가고 있어요.

아마 2년 전인가 거기서 외화벌이 했던 사람이 하나공동체(교회공동체명)에 왔었는데 혹시 아빠가 국제무역연합회 만든 창시자가 아니냐고 하는 거예요. 그래서 맞다고 하니까 한 번 만나 봐야겠다고 하는 거예요. 북한에서는 돈을 다루는 것 때문에 무역 일을 하면서 오래 살아남지 못해요. 북한에서 돈이 조금 있다고 권력이 강해지면 바로 쳐 버려요. 돈 조금만 있으면 다 안기부 돈을 먹었다고 하면서 잡아 가거든요. 그렇게 우리 아빠가 오래 버틴 사람이거든요. 전국적으로 무역을 했다고 하는 사람들은 우리 아빠를 모르는 사람이 없어요. 진짜 순수하게 일했어요. 누구를 착취하는 게 아니라 무역회사는 자기가 벌어가지고 자기의 직원들을 먹이는 일이거든요. 착취하는 게 아니라 오히려 살렸어요. 위에서도(중앙당) 고난의 행군 때 외국에 물건을 팔고 돈으로 가져오라, 달러로 가져오라 그랬어요. 우리 아빠가 판단을 했어요. 이거 달러로 가져 오면 백성들은 뭘 먹고 사는데 달러 절반, 쌀 절반을 해서 시장에 풀었어요. 그것으로 청진 사람들이 유통도 하고 그랬거든요. 그것으로 배급을 줬더니 너도 나도 그 회사에 들어오고 싶어서 진짜 장난도 아니었어요. 그러면서 아빠는 항상 돈은 회사에다 두었거든요. 이전에 무역한 사람들은 각자가 자기 집의 벽을 뚫고 무엇을 넣고 그랬거든요.

내가 그랬어요.

"아빠, 우리는 왜 집에다가 돈을 안 가져와요?"

"아빠가 집에다가 돈을 안 넣으니까 이렇게 버티는 거야."

또 맨날 이런 식으로 이야기했어요.

"우리 장군님을 위해서!"

근데 어느 순간 평양에 있는 부총참모장이랑 친했어요. 저도 잘 알고 부총참모장은 안피득이라는 사람인데 무슨 건으로 걸려들었는데 그 사람 집에서 돈이 나왔어요. 그때 우리 아빠는 돈 한 트렁크 같은 건 돈으로 생각하지도 않았어요. 그런데 그때 이 어디서 나왔냐고 하니까 우리 아빠에게서 나왔다고 이야기했어요. 우리 아빠가 그때 사람들에게 용돈 수준으로 그 돈을 줬어요. 그 사람이 큰 사람이기도 하다 보니까 그때는 그 사람 체면을 생각해서 내가 이야길 안 했어요. 그러더니 별의별 험테기[17]를 다 씌웠어요. 정부 전복 음모 꾸미는 조직에 자금 조달을 했다고 하면서 우리 아빠를 사형한

---

17) 덤터기. 누명을 씌운다는 의미.

다는 형이 다 떨어졌어요. 그때 가족들이 엄청 힘을 써 가지고 그나마 15년 형을 받았어요.

삼촌이랑 남은 다른 가족들이 최후 발악을 해서 15년 형을 받은 거죠. 그래서 평양에서 비공개 재판을 했거든요. 북한 보위사령부에서 그때 평양 어디 근처에 갔어야 했는데 나의 마지막 소원이라고 하면서 나의 고향인 청진에 있는 정거리수용소에 보내 달라고 해서 그곳으로 보내줬어요. 정치범수용소가 아니고 교화소를 갔는데 거기서 2개월인가 몇 개월 만에 힘써서 병보석으로 나와서 그때 탈북을 한 거예요. 그 이후로 병보석이 없어졌고 50명의 보위부(국정원) 사람들이 중국으로 들어왔어요. 그것 때문에 동사무소에도 사진이 걸려 있고 경찰서에도 사진이 걸려 있었지만 무사히 이곳까지 왔죠. 우리 아빠는 어렵게 찌질이 못살다가 성공했지만 당에 버림받은 기구한 운명이었지요. 북한에서 잘 살았다고 하면 모두들 밑에 사람들을 착취하고 살았다고 생각하는데 아빠는 정말 출신 성분이 없는 집안에서 태어나서 본인이 할 수 있는 데까지 간 거예요. 진짜 단 한 명 누구에게도 도움 받은 적이 없고 오히려 우리 아빠가 도와주면서 살았어요. 우리 아빠가 보위부 예심(국정원 조사)을 1년 동안 받을 때, 외화벌이 직원들이 처음으로 무릎 꿇고 앉아서 빌면서 우리 사장 절대로 그런 사람이 아니라고 하면서 타원서를 쓰고 그랬어요. 저희 아빠는 버섯을 재배했는데 여기까지 와서도 탈북자들이 같이 먹고 살자고 일거리를 창출하려고 해요. 이제는 많이 오고 적응도 안 되고 그러니까 우리가 하나가 되어 목소리도 내고 뭔가를 내놓아야 한다고 생각하시는 것 같아요. 특히 일하는 사람들이 나이든 아줌마 아저씨들이거든요. 북한 분들도 있고 남한 분들도 있어요. 서울에서 내려가신 분들도 있고 그 지역에서 오신 분들도 있고 다른 데서 온 사람들도 있고 그렇게 일하고 있죠.

〈이만갑〉에서도 아빠 회사 이야기와 버섯 이야기를 많이 했죠.

암튼 〈이만갑〉을 통해서 사람들이 대왕 버섯을 엄청 많이 알게 됐죠. 완전 CF처럼 찍은 것도 있거든요. 완전 장난 아니에요. 방송하고 나서 사이트가 거의 완전히 마비되었어요. 그 다음날 전화가 불이 나서(폭주) 난리도 아니었어요. 대왕 버섯하면 어느 정도 언론에도 많이 나오게 되고요.

〈이만갑〉에서 아빠에 대한 이야길 들으면서 우리도 이해를 못하는데 남한 분들이 이해하기가 좀 더 어려울 것 같고 아무튼 저는 〈이만갑〉이 나갔을 때, 아빠의 그런 내면의 생각들이 못 나간 것이 정말 안타까웠어요. 아빠는

"괜찮아 그럴 수 있지."

하면서 웃어넘기시는데 저는 방송을 위해서 그런 부분이 나갈 수밖에 없다는 것을 알지만 저로서는 그런 부분이 안타깝더라구요. 방송이 나간 후 "배터지게 먹고 살다가 여기까지 와가지고 사람들을 착취한다"는 이야기를 많이 들었어요. 또 "저런 인간들은 어쩌구저쩌구…" 이런 이야길 들으니까 (얼굴이 어두워진다) 너무 기가 막히는 거예요. 솔직히 말해서 '야, 사람을 어떻게 한 순간에 이렇게 만드나' 싶기도 하고. 별로 그들의 말을 듣지도 않지만 온전한 사고를 가지신 분들은 그렇게 생각하지 않을 것이라고 생각해요.

북한에선 철저하게 출신 성분 때문에 개천에서 용 난단 말이 없지만 저희 아빠나 할아버지가 그랬던 것처럼 어느 정도는 올라가기가 힘든 거지 자기가 똑똑하면 그곳도 사람 사는 곳이라 뭔가 조금은 할 수 있다는 생각이 들더라고요. 저의 할아버지는 20년 동안 감옥 생활하고 나오셔서 대학교에서 인쇄공장 지배인을 하셨어요. 그만큼 할아버지가 머리가 엄청 좋으셨어요. 그래서 저희가 출신 성분이 그렇지 않았다면 중앙당에서 일하고도 남았을 거예요. 어렸을 때인데도 그것이 뼈저리게 느껴졌어요. 워낙에 할아버지가 인쇄 쪽에 파워가 있어서 "김일성종합대학"교수들도 완전 꾸벅 꾸벅했거든요.

할아버지가 맨날 저에게 이런 이야길 했어요.

"우리 미희가 김일성종합대학 갈 때까지 이 할아버지 살아야 한다."

그래야 할아버지가 그쪽으로 파워가 되니까요. 그런데 간암으로 돌아가셨어요. 사람을 좋아하고 술을 좋아하시는 할아버지와 그렇지 않은 할머니는 성향이 반대였어요. 할머니는 막 챙기려고 하는 욕심쟁이 스타일이셨고 할아버지는 퍼주는 스타일이셨어요. 할머니가 "왜 이렇게 퍼주냐"고 하면 할아버지는 "나는 남들에게 줬을 때 그들이 좋아하는 것을 보고 그 기분에 산다"고 그러셨거든요. 그런데 아빠도 할아버지 성향과 비슷해서 쌓아두는 스타일은 아니거든요. 그런데 그때 아버지가 가시고 나서 집안이 알짜 거지가 된 그때 뼈저리게 느꼈어요. 1년 동안 같이 걸릴까 봐 뿔뿔이 등을 돌리는 사람들을 보고 그렇게 배신감이 들 수가 없었어요.

통일을 원한다면 시장 개입을

북한에서 왔다고 하면 좋아하는 분들도 있고 편견을 가지고 바라보시는 분들도 있어요. 오랜 기간 단절된 그런 사회에서 살다 보니 서로 엄청난 편견을 가지고 바라보는데 제가 봤을 때는 남한 사람이나 북한 사람은 똑 같아요. 서로가 다르다고 생각하고 바라보니 힘들고 나중에는 서로가 아니라는 생각으로 가게 되는 거 같아요. 그 체제가 다르고 그 생활이 다를 뿐이지, 사람이 근본적인 것은 다 같고 특히 우린 한 민족이기 때문에 그 체질은 똑 같은 거 같아요. 그렇기 때문에 너무 편견을 갖지 말고 서로 마음을 열고 터놓고 다가가는 게 좋을 거 같아요.

지금 탈북자들이 계속 오고 있는데 제 생각에는 탈북자들이 중요하다고 생각해요. 거기 체제도 겪어 봤고 여기 체제도 겪어 봤기 때문에 통일이 되었을 때 여기에 대해서 알리고 거기에 대해서도 알리는 이런 역할을 할 수 있기 때문에 이 문제는 국가적으로 조금 연구해야 할 필요가 있어요. 지금은 국가적으로 이걸 이떻게 해야 할지 방안의 기준선이 없는 거 같아요. 그래서 중심적인 선이 없이 그 아래서만 하나원을 설치한다 등 이러는데 어떻게 보면 예산 낭비로 가지 않나 생각이 들어요. 하나를 딱 정해서 했을 때 더 힘이 되고 할 텐데 여기 저기 단체도 많고 해서 여기 저기 나눠주다 보면 집중도 안 되고 그것으로 뭔가 발전되는 것도 없으니 구체적인 방안을 만들어서 사람들을 교육하고 이 사회에 대해서 제대로 알게 해야 할 것 같아요. 어떻게 보면 북에서 와서 그 체제와 이 체제를 혼돈하는 분들도 있기 때문에 그것을 내려놓는 교육도 필요해요. 그리고 하나원이라는 기관에서도 지하철 타는 교육 이런 것보다는 기술을 배울 수 있는 교육이 필요한 거 같아요.

남한에는 통일을 원하는 사람도 있지만 군이 통일을 왜 해야 하냐는 분들이 있는데 조금 더 생각을 넓게 가지고 통일이 됐을 때의 우리나라를 생각했으면 좋겠어요. 발전된 우리의 삶을 생각해봤으면 좋겠어요. 내가 여기서 그냥 머물 것인가? 아니면 더 나아가서 발전된 우리나라 미래를 생각할 것인가? 저는 이런 발전된 미래를 봤으면 좋겠어요. 코앞의 것도 중요하지만 좀 더 넓게 보고 나아갔으면 좋겠어요. 군이 우리가 통일이 되어 어려움을 이기고 나갔을 때 좋을지 나쁠지 어떠할지를 묻는다고 했을 때 저는 통일은 무조건 되어야 한다고 생각해요.

통일을 위한 노력으로 북한으로 쌀이 들어가는 것은 일단 무조건 안 된다고 생각해요. 쌀을 보내는 것은 무기를 생산하고 위에 있는 간부들의 배를 채우는 일밖에는 안 돼요. 왜냐하면 식량은 군부에 들어가고 간부들이 거기서 빼돌려서 시장에 유통을 시키면 간부들이 돈을 다 쓰기 위해서 비싼 가격에 구입을 해서 먹어야 하니까 백성들은 못 먹어요. 그래서 북한 시장이 열렸으면 하는 바람이 있어요. 자본주의에 대해서 조금 알고 우리가 이렇게 해서 먹고 살 수 있구나! 우리가 노력을 하면 돈이 생기고 이렇게 할 수 있구나! 하는 것을 알리고 싶은데 저는 그래서 중국처럼 개방이 됐으면 하고 원하고 있는데 일단은 시장에 대해서 알게 하는 게 중요하지 않나 싶어요. 그러면 스스로 먹고 살 수 있잖아요. 국가에 뭔가 바라지도 않고 국가에 의존도 안 하다 보면 체제는 무너져요. 그동안 북한은 양정18)으로 해서 국민들을 모으고 이 사람들을 교육하고 세뇌시키는 정치를 했거든요. 너희가 공장에 와서 일하면 우리가 식량을 주겠다고 해서 사람들이 공장에 나가서 일하고 학습 받고 생활 총화하고 이랬는데 지금은 이게 없어졌거든요. 배급이 없어지고 그 배급소가 식량을 파는 곳이 되어 버렸어요. 그러다 보니 이제는 거기도 점점 무너지는 단계에요. 여기서 시장에 더 개입을 해서 뭔가 할 수 있는 방안이 뭐 없을까요? 그런 게 중요하다고 생각해요.

대한민국에서 김미희로 살아간다는 것은

제가 2002년에 왔으니까 한국에 온 지 11년, 아니 12년이 되네요. 요즘에 북에서 온 분들은 되게 잘 적응해서 사는 것 같아요. 저는 그렇게 느껴져요. 왜냐하면 맨 처음에 왔을 때는 우리가 뭘 갈고 닦을 것도 없었고, 그냥 우리에 대한 정체성들도 잘 배우고 있지 않아서 그런 것들이 많이 힘들고 낯설고 했었고, 여기 사람들도 우리를 바라보는 그런 것들도 너무 낯설었고 좀 그런 것들이 있었는데, 지금은 하도 많이 오고 하다 보니까 사람들도 대체적으로 북에서 왔다고 "와" 이런 식으로 하지도 않고 또 탈북자들에 대한 정보나 이런 것도 공유할 수 있는 것들도 많이 생겼고, 우선 가족들이 와서

---

18) 식량에 관한 모든 정책이나 행정.

나중에 데려오는 사람들이 많이 오다 보니까 오자마자 가족들이 아는 걸 소개시켜 주고 이러다 보니까 충분히 잘 적응을 하는 것 같아요. 그래서 혼자 온 친구들도 있겠지만, 요즘은 가족 탈북이 는다고 하더라고요. 아예 가족끼리 통째로 넘어오다가 잡혀가는 경우도 있기는 한데 어쨌든 가족이랑 같이 오면 덜 외롭고 힘들지가 않은데 살아가는 데 있어서 남한이 너무 다르다고 생각 안 하고 남한도 급속도로 성장을 했기 때문에 우리도 거기에 맞춰서 같이 살다 보면 적응하는 데는 문제가 없을 거 같아요. 그런데 자신감을 가지고 자기가 하고 싶은 목표는 확실히 있어야 할 거 같아요. 여기 와서 그냥 사는 것보다는 그래도 뭔가 좀 의미를 찾고 내가 그 땅에서 여기까지 오게 된 의미를 찾고 꿈을 정리해서 거기에 맞게 나쁜 길로 안 빠지고 최선을 다해 살았으면 좋겠어요. 그런데 나쁜 길에 빠져도 잘 돌아오면 되죠. 그것도 엄청난 경험이 되니까요.

한국에 오신 분들이 일단은 다양한 경험을 많이 했으면 좋겠어요. 힘든 일이든 좋은 일이든, 좋은 일이면 더 좋고요. 외국도 나가보고 아르바이트도 해보고 여기 또래 친구들이 할 수 있는 건 다 해보면서 살 수 있었으면 좋겠어요. 그래야 나중에 공감대도 많이 형성되고, 얘깃거리도 많아지니까 TV도 많이 보라고 하고 싶어요. 전 그때 TV를 많이 봐서 또래 친구들이랑 할 이야기가 많이 늘었거든요. 그 친구들이랑 할 수 있는 게 만화 보고 TV 보고 뭐 이런 거였으니까요. 나름 공감대를 형성하는데 1년 정도 시간을 투자하니까 되더라고요.

저는 최근에 영어 때문에 해외에 갈 생각을 하고 있어요. 영어를 배우고 싶은데 저는 사람들이 와서 1대 1로 감각적으로 가르치는 게 조금 거북스러워요. 그래서 어느 학원에 가서 배우고 하는 게 너무 거북스럽고 제 스타일에 안 맞는 거 같고 어떻게 보면 집중력도 많이 딸려가고 들어오지도 않아요. 탈북할 때 중국에 숨어서 지내면서 1년 정도 있었는데 조금만 더 있으면 제가 중국어를 다 통달할 수 있겠구나 하는 생각이 들더라고요. 그래서 영어도 외국에 한 번 나가서 생활을 해보면서 자유롭게 그 나라 문화를 체험하면서 배우는 게 나한테는 더 깊게 오겠다는 생각이 들었어요. 이 사회에서 살려면 영어는 기본적으로 해야 하는 것도 있지만 문이 열렸을 때 저 땅에 가서 뭔가 내가 하나라도 더 알릴 수 있고 정말 이 땅의 사람으로 스며들어서 살아야겠다는 생각 때문에 더 가야겠다는 생각도 있어요. 세계에 더 젖어서 그 땅에 들어갔을 때 '하나라도 더 이야기할 수 있지 않을까'라는 생각 때문이고 또 그게 제일 큰 거 같아요. 내가 지금 영어를 쓸 데는 없지만 앞으로는 많을 것이라고 생각해요.

북한에서는 나름 상류층이었는데 여기 와서 평범한 삶을 사니까 처음에는 되게 북한이 막 그리웠어요. 엄마가 같이 있고 옛날에 있었던 그 시절이 계속 생각나고, 사실은 어렵게 사시던 분들도 오시면 힘든 게 엄청 많아요. 그런데 저희가 생각했을 때는 살다가 온 사람들이 오히려 모든 걸 내려놓고 다시 시작을 해야 하기 때문에 그런 것에서 오는 스트레스는 엄청나요. 저 같은 경우는 엄청 힘들었던 것 같아요. 주변에 아무도 없어서 많이 힘들었는데 남한에 와서 일단은 힘들었지만 후회하지는 않았고요. 그 사회가 근본적으로 나쁜 사회라는 거를 알았기 때문에 내가 여기 오길 정말 잘했다. 이거는 내가 그 사회에서 여태껏 살았기 때문에 세뇌가 됐기 때문에 이겨내야 하는 부분이라는 생각을 했어요. 그리고 단 한 번도 그 사회에 가고 싶다는 생각을 해본 적이 없어요. 고향이 그리운 거는 있지만 그 사회는 좋은 사회가 아니기 때문에 북한에 있을 때보다 통일을 더 생각을 하게 됐고 빨리 이루어져야 한다는 생각을 하고 있어요.

한국에서 적응할 때 처음에는 힘들었지만 지금은 어느 정도 만족하고 살아요. 남한체제에 좋은 면만 있는 것은 아니에요. 대한민국에는 정말 어렵게 사시다가 자살하는 분들도 많이 있으시잖아요. 제가 봤을 때 경쟁사회다 보니까 서로 스트레스나 이런 기는 남힌이 더한 거 같아요. 자살률을 보면 한국의 자살률이 더 높은 반면 북한에는 자살률이 높지 않아요. 굶어 죽으면 죽었지 그것 때문에 자기 스스로 이렇게 자살을 선택하는 경우는 없거든요. 그런 걸 봤을 때 제가 제일 문제라고 생각하는 것은 개인주의로 가면서 이웃 간의 소통도 없어지고 자신만 생각하다 보니까 그런 것에서 오는 단절감이 되게 힘들게 하는 것으로 보여요. 북한은 어렵지만 서로 같이 삶을 살아가고 서로 소통하면서 살기 때문에 오히려 북한 사람한테는 친근감과 따뜻함 같은 게 있고 정이 있죠. 그런데 남한에 온 탈북자들의 자살률이 남한 사람들의 자살률보다 배로 더 많아요. 그러니까 거기서 그렇게 살아오다 보니까 여기서의 단절에 적응을 못하는 거죠. 남한에 온 사람들은 자기가 북한에서 온 사람이라는 거를 밝히고 여기 사람들은 그냥 인간 대 인간으로 대해줬으면 좋겠어요.

그런데 그렇게 못하시는 분들이 많은 거 같아요. 왜냐하면 오해를 하기 때문인 것도 같은데, '내가 북한 사람이라고 하면 어떻게 생각할까' 이런 두려움을 북한에서 온 사람들이 가지고 있기 때문에 얘기를 제대로 못하고 혼자서 삭히다가 사회에서 동떨어지고 박탈감이 드니까 그런 극단적인 선택을 하는 경우가 생기는 것 같아요. 그런 거를 숨기고 강원도에서 왔다. 중국에서 왔다. 그런 식으로 숨기는 분들이 많은데 저도 일단 밝히기는 밝히지만 스스로 그렇게 생각하는 경우도 있는 거 같아요. '저 사람이 내가 북에서 왔다고 해서 다른 어떤 생각을 하는 것은 아닐까?' 하고 아직도 좀 그런 게 있는 것 같아요. 지금도 특히 이걸 스스로 내려놓으려고 많이 노력하고 있어요.

대화를 하려면 먼저 마음을 여는 게 맞아요. 처음에 저도 우리가 서로 다른 체제에서 살았기 때문에 서로 다를 거라는 생각을 버리는데 일 년이 걸렸어요. 그러나 서로 알고 터놓고 얘기하다 보니까 다를 게 없는 거예요. 친구가 말하는 것이 내가 생각하는 것들과 비슷하다는 걸 알았어요. 예전에 초반에 오신 탈북자분들이랑 만나서 얘기할 때 그분들이 "그냥 먼저 터놓고 다가가라. 모든 걸 내려놓고 다가가라. 다를 게 없다" 그러셨어요. 그런데 서로를 알아가는 데는 시간이 걸려요.

북한 사람이라고 하면 사기도 남한 사람보다 배로 많이 당한다고 그래요. 북한에 사기꾼이 없는 게 아니에요. 북한에도 협잡꾼이라고 부르는 사기꾼이 있거든요. 그런데 오히려 남한이 조금 더 교묘하고 어떻게 보면 완전 고단수죠. 그러니까 탈북자들이 하나둘씩 나오면 거의 대부분이 다 살림을 날리는 거죠. 일단 다단계부터 시작해서 다 넘어가요. 기본적으로 다 당하고 저희 아빠랑 저도 당했으니까요. 다단계를 하지는 않았는데 저희 아빠는 사업을 하다 보니까 피해를 많이 당하셨고 저는 그냥 쬐끄만한 사기를 당했어요. 그런데 그것도 사회에 적응하는데 많은 도움이 되었어요. 그 경험은 해봐야 아는 거죠. (하하 웃는다.)

저도 나름의 힘든 시간들이 많았는데 일단 그것을 극복하는 게 제일 관건 같아요. 사람들하고 소통을 많이 안 하고 단절된 삶을 살아가는 사람들이 좀 많이 있는 것 같아요. 본인의 속을 잘 안 내비치는 사람들이 있는 거 같아요. 사기 한 번 당하고 나면 스스로 더 닫아버리는 경우가 많은 거 같아요. 그런데 이것은 노력을 조금 더 해야 할 것 같아요. 마음을 좀 열고 저 사람들이 내가 저기서 왔다고 해서 나를 더 낮게 우습게 여길 것이라는 마음보다는 오히려 모든 걸 다 내려놓고 뭐가 다를 게 있나 생각해야 해요. 우리도 똑같은 사람들이고 체제를 잘못 만나서 우리가 그렇게 살아왔을 뿐이지 우리가 원해서 그 체제에 태어난 것도 아니지 않은가 생각해야 해요. 그리고 이 나라가 좋아서 왔기 때문에 자신감이 제일 중요한 것 같아요. 저는 처음에 아무 것도 없었어요. 정말 아무 자신감이 없던 저에게 그 자신감은 탈북 과정에서 왔어요. 그 어려운 과정을 거치고 온 사람들이 이 사회에서 그 자신감을 가지고 살아간다면 이뤄내지 못할 게 없을 거라고 생각을 해요. 그런데 극복하는 과정과 시간들이 필요한데 그 기간을 좀 잘 견디고 일어났으면 좋겠어요. 그리고 먼저 마음을 열고 다가가서 얘기를 하다 보면 그 사람들도 자신에 대해서 낮게 보거나 이런 게 없을 것이라는 것을 알게 될 거예요. 오히려 정말 더 대단하다고 생각하시는 분들도 많아요. 그렇게 어려운 과정을 뚫고 와서 저렇게 열심히 하시는구나. 하면서 정말 대단하다고 생각하시는 분들도 많기 때문에 자신감을 가지고 북한에서 왔다고 움츠리기보다 열고 나가는 자세가 필요한 거 같아요.

저는 다행히도 무대에서 스트레스 해소를 많이 했어요. 무대 말고도 노래방 같은 데도 많이 갔어요. 처음에는 그냥 소심하게 하다가 친구들하고 친하게 지내면서 무대에서 저희를 표출하다 보니까 '아 저 언니가 저런 면도 있구나' 알기 시작하면서 편해지는 거예요. 그래서 노래방에 가서 의자에 올라가서 뛰고 탬버린 흔들고 하니까 진짜 스트레스 해소가 되더라구요. 지금은 나이가 있어서 그렇게는 못하는데 스스로 '내가 지금 스트레스를 받는구나' 하면 마음을 더 밝게 하려고 '내가 이 정도 가지고 이럴 필요가 있나' 생각해요. 그런데 저도 그런 게 꾹꾹 쌓이기 때문에 노력을 해야 해요. 스트레스는 저희만 받는 게 아니라 남한 분들도 많이 받고 살아가기 때문에 어느 순간부터는 스트레스를 해소할 수 있는 나만의 방법이 있어야겠다는 생각을 했어요. 뭘 깨던지 부수던지 말이죠. (하하 크게 웃는다.) 잔잔하게 오는 스트레스들이 나도 모르게 쌓여서 체력도 안 좋아지고 면역력도 엄청 저하되고 해서 사람을 혹사시키더라구요. 그리고 은연중에 인상도 옛날과 다르게 찡그린 인상으로 다니고 있더라구요. 그래서 습관적으로 인상을 펴려는 노력도 하고 마인드

컨트롤을 하려고 노력하고 있어요. 예술하는 사람들은 감정의 업다운이 심해서 극단적인 생각도 많이 하죠. 제가 그 길에서는 아직 초반이다 보니까 아직은 덜하지만 가다 보면 엄청난 고민들이 있을 거예요. 그래서 지금부터 마음의 준비를 잘 하려고 해요.

사람의 욕심이 끝도 없으니까 어떤 행복의 기준을 두고 그것을 추구하다 보면 행복의 순간은 늘 멀리 있을 것 같아요. 제가 성공했다고 할 때가 언젠지는 모르겠는데, 제가 원하는 행복은 일단 성공했다고 느끼는 순간이겠지만 그 행복이라는 게 옛날에 어려웠던 때를 생각하면 지금 이 순간도 행복한 거라서 순간순간이 행복이라고 생각하려고 해요. 저희 어머니가 7년 동안 정말 아무런 소식도 없이, 서로 죽었는지 살았는지 생사도 모르다가 극적으로 만났어요. 교회를 다니다 보니까 만나기 전에는 "하나님, 어머니만 저한테 보내주시면 세상에 아무것도 바라는 것이 없으니 제발 어머니만 보내주세요". 그랬어요. 그래서 엄마가 오니까 세상을 다 가진 기분이었어요. 그런데 같이 계속 살다 보니까 이것이 또…(민망하게 웃는다) 초반의 그 심정으로 돌아가려고 노력을 많이 하고 있어요. 어렵게 혼자 살아가시는 분들도 있는데 나는 지금 가족도 다 있으니 정말 행복한 사람이라는 생각으로 살아가고 있어요.

제게 성공의 기준은 배우로서 활동을 하면서 북한에 대해서 알리는 역할을 잘 하는 것이 일단은 목표거든요. 그런데 더 나아가면 빨리 통일이 되어 북에 가서 제가 남한의 문화를 알리는 것이에요. 그때 가서 그게 성공이라고 얘기할 수 있을 것 같아요. 제가 원하는 것을 좀 크게 보고 가려고 하고 있어요. 좁게 보고 가면 조급한 마음이 생겨 힘드니까 넓게 보고 거기까지 가는 시간도 급하게 생각하지 않으려고 해요. 크게 생각을 하니까 촉박하게 생각 말고 하나하나 구체적으로 쌓아가자는 입장이 있어요. 주변에는 급하게 뭔가 빨리 해서 뜨고 싶어 하는 친구들이 많아요. 그것도 좋긴 한데 급하

게 뜬 사람들이 어떻게 보면 급하게 가라앉는 경우도 많으니까 크게
방송에서 뜨는 것보다 꾸준히 죽을 때까지 이 일을 히겠다는 생각을
해요.

2부

연대와 통합으로서 탈북민의 적응과 치유

탈북민의 적응과 생명 치유의 과정

1. 탈북 동기와 과정: 특수성의 보편성

신영호, 박성철, 김미희 세 사람은 고난의 행군(1996~2000년)이 끝난 지 얼마 안 된 시기에 탈북하였다. 고난의 행군이 끝났다고는 하나 이 시기에 여전히 북의 식량난은 심각하였으며 주민들은 기아에 시달리고 있었다. 그렇기에 이 시기 탈북민들 중 상당수는 굶주림을 이기지 못해 국경을 넘는 사람들이었다. 신영호와 박성철 역시 굶주림을 참지 못하고 두만강을 건넌 전형적인 탈북 케이스라고 할 수 있다. 하지만 김미희의 탈북 동기는 이 둘과는 다르다. 그녀는 무역업을 하던 아버지가 정치적 사건에 연루되어 당국의 조사를 받고 사형선고까지 받는 상황에 이르자 더 이상 북에서는 순탄한 생활이 힘들다고 판단하였기에 탈북을 한 것이다.

하지만 상이한 탈북 동기에도 불구하고 이들은 가족의 상실과 해체[1]를 경험하였다는 점에서 공통적이다. 신영호의 경우 고난의 행군 시기에 생계가 힘들어지기 시작하였는데, 설상가상으로 트럭 기사였던 아버지가 암에 걸려 세상을 떠나고 만다. 아버지의 약을 구하느라 가세는 더욱 기울었고, 어머니가 장사를 하였지만 감당할 수 없는 지경에 이른다. 그런 이유로 신영호는 중국에서 돈을 벌다가 돌아온 둘째 형과 함께 탈북을 감행하게 된다. 하지만 그 당시 첫째 형이 군대에 있었던 상황이었기에, 어머니는 형을 기다리기 위해 북에 남게 되면서 가족들은 헤어지게 되었다. 박성철의 경우 고난의 행군 시기에 가난 때문에 어머니와 헤어지게 되었다고 한다. 결국 박성철은 동생을 데리고 한국으로 오기위해 탈북을 하게 되는데, 몸이 약했던 아버지는 북에 남게 된다. 한국 입국 후 알게 된 사실이지만 아버지는 이미 이 세상 사람이 아니었다. 김미희의 경우에도 가족 모두가 탈북을 한 것은 아니었다. 아버지가 정치적인 이유로 수감되자 어머니와는 자동 이혼이 되었다. 지인의 도움을 받아 아버지가 일단 풀려난 후 탈북하기 까지 어머니를 찾을 시간적 여유도 없을 뿐만 아니라 행방을 알 수 없어 남겨두고 와야만 했다고 한다.

또 한편으로 이들 모두는 한국에 입국 한 후 헤어졌던 가족과 상봉하게 된다는 점에서도 공통점을 지닌다. 김미희는 아버지와 오빠와 생활하던 도중 북에 있는 어머니를 수소문해 한국으로 데리고 온다. 신영호의 경우에도 비슷한데, 군 생활을 마친 형과 어머니가 탈북하면서 가족들은 재회하게 된다. 박성철은 한국에서 있으면서 중국 연변을 여러 차례 왕래하면서 어머니를 수소문하였고 매우

---

1) 가족 해체란 '어떤 원인으로 가족의 공동생활이 무너져서 유질할 수 없게 되는 일'을 의미한다. 하지만 이러한 가족해체는 단지 공간적으로 떨어져 있는, 예를 들어 주말 부부와 같은 것을 의미하는 것이 아니다. 즉, "가족 해체는 단순히 관계나 구조의 분리만을 의미하는 것이 아니라 가족으로서의 정체성이 공유되지 못한 상태, 그리고 정서적 유대와 결속, 자녀의 사회화 등과 같은 가족의 기능이 제대로 수행되지 못하는 상태를 포함한다."(이순형·김창대·진미정, 『탈북민의 가족 해체와 재구성』, 서울대학교출판문화원, 2009, 27~28쪽)

극적으로 어머니를 찾게 된다. 하지만 상봉 이후의 가족은 그 이전의 가족 형태와 같을 수는 없었다. 김미희의 경우 어머니를 한국으로 데리고 왔지만 아버지는 다른 사람과 재혼을 하였고 그녀는 현재 어머니와 둘이서 생활을 하고 있다. 신영호 역시 어머니는 현재 다른 사람과 재혼을 하였고 그는 혼자 생활을 하고 있다. 박성철의 어머니는 여전히 중국에 있다. 다행히도 중국 사람과 원만한 결혼생활을 하고 있으며, 1년에 두 차례 정도 중국을 오가며 만나고 있다.

탈북 과정을 보게 되면, 김미희와 박성철은 비교적 짧은 시간인 1년 만에 한국에 입국하였지만, 신영호의 경우에는 중국에서 식당 일과 농장일을 번갈아하면서 3년이라는 시간을 보냈다. 이들의 탈북 과정과 3국 체류 기간은 다소 차이가 나지만 북송에 대한 두려움과 낯선 환경이 주는 불안감을 지속적으로 느끼는 과정이었다는 점에서 여느 탈북민과 다르지 않다. 김미희는 동남아시아를 경유하는 동안 탈북민이라는 신분이 노출될 것을 우려해 대부분의 시간을 홀로 보내야만 했다. 그녀는 탈북 과정에 대해 진술하면서 이 부분이 가장 힘들었다고 한다. 신영호의 경우에는 형과 함께 두만강을 건너다 물에 휩쓸려 죽을 고비를 넘기기도 하였으며, 특히 그는 앞의 두 사람과 다르게 체류 기간이 길었던 만큼 탈북민 단속에 늘 불안해했으며 현지인과의 갈등과 마찰로 인해 상당 기간 스트레스 상황에 노출되어 있었던 것으로 보인다. 박성철은 한국으로 오는 탈북 과정을 구체적으로 언급하지는 않았지만 이미 그 전부터 두만강을 여러 차례 건너다 적발되어 고초를 겪은 적이 있다는 점에서 그 역시 나머지 두 사람과 유사한 경험을 하였으리라 짐작된다. 어쩌면 '말하지 않는다는 것'은 그 기억과의 대면이 그 만큼 힘들다는 것을 '말하는 것'이기에 그 기억의 상처가 아직 그를 괴롭히고 있는지도 모른다.

말하자면 이들이 경험하였던 북에서의 삶과 탈북 과정 그리고 그 과정에서의 가족 상실과 해체, 불안, 공포의 경험들은 짐작키도 어려운 고통이었을 것이다. 그런 만큼 이들의 경험은 여느 사람이 겪는 보편적인 것이 아니다.[2] 하지만 또 한편으로 보자면 이들이 가진 특수한 경험은 상당수의 탈북민들이 보편적으로 겪는 것이라고 할 수 있다. 하기에 '특수성의 보편성'을 지닌 이들이 '현재' 자신의 삶에 대해 상당히 만족을 느끼며 한국 사회에 잘 적응한 케이스라는 점에서 이들이 어떻게 한국 사회에 잘 적응했는지를 따라가 보면서 그 요인을 분석하는 것은 향후 탈북민의 적응을 위한 치유와 정책 프로그램 개발에 있어 좋은 참고점이 될 수 있다.

2. 미래를 향한 욕망과 활동

"애들이 말하는 거 내가 알아듣지 못하고, 내가 말하는 거 애들이 알아듣지 못하고… 그러니까 애들이 상대 안 해주고 째려보고. 무시 당했죠. 많이 속상했죠. 많이 울고… 6개월이 지나도 변화가 없었어요. 더 당하는 거 같았어요."[3] 어느 한 탈북 청소년이 말하는 어려움은 한국 사회에 적응하는 과정에서 상당수의 탈북민들이 경험하는 것이다. 하지만 인용문에서 말하고 있는 탈북민이 문제시 하는 것은 언어적 차이로 인해 대화가 되지 않는다는 점보다는 그로 인해 소외

---

2) 그만큼 이들의 경험은 정신적인 외상을 유발할 수 있을 정도의 충격적인 것이라고 할 수 있다. 실제로 기존 연구에 따르면 한국에 입국하는 탈북민 중 25~30%가 PTSD를 유병률을 보이고 있다고 한다. 하지만 김희경은 이러한 유병률이 복합 PTSD 기준으로 진단하였을 때는 차이가 있을 수 있다고 하면서 PTSD 기준 진단이 북에서부터 한국 입국까지 지속적으로 스트레스 상황에 노출된 탈북민에게는 적합하지 않을 수 있다는 점을 지적하고 있다(김희경, 「북한이탈주민의 외상 유형에 따른 복합 PTSD와 PTSD 증상의 차이」, 『한국심리학회지』 31권 4호, 한국심리학회, 2012 참조).

3) 오주리·이수연, 「새터민 청소년의 남한사회 적응과 대처경험에 관한 질적 사례연구」, 『상담학연구』 제11권 제4호, 한국상담학회, 2010, 1816쪽.

되고 무시당하면서 관계 형성을 할 수 없다는 점이다. 이 글에서 대상으로 하고 있는 세 사람도 마찬가지로 한국 사람들과의 관계에서 어려웠던 점으로 대화는 가능하였지만 상호간에 관계를 형성하는 '소통'이 되지 않았던 점을 들고 있다. 박성철의 경우에는 많은 탈북민이 말하듯 외래어를 잘 이해하지 못하면서 친구들과 오해를 사게 되었고 또 '문화적 차이'로 인한 벽을 느꼈다고 한다. 신영호 역시 친구들과의 '세계관 차이'로 인해 대화에 참여하지 못하면서 관계의 거리감을 느꼈다고 말하고 있다. 이렇듯 '대화'에서 드러나는 둘 간의 차이가 '소통적 관계' 형성에 있어 장애가 되었던 것이다.

문화적으로 얘들이랑은 어느 정도 공감이 됐다고 생각했는데, 보이지 않는 이제 벽이 딱 부딪히는 게 있었어요. (…중략…) 진짜로 문화에 차이를 딱 부딪히는구나. (박성철)

상당히 관계가 많이 개선됐었고, 그런데 관계가 개선되는데 애들 그룹에는 속하는데 중요한 건 대화에 참여를 못하는 거예요. (…중략…) 친구들하고 보는 세계관이 다르니까 대화하는데 한계가 있는 거예요. 상대방 이해하는 데도 한계가 있고 내가 알려주는 데도 한계가 있는 거예요. 서로 그런 부분이 있는 거 같아요. '아, 약간의 유리벽이 존재하는 거구나.' (신영호)

김미희의 경우 구술의 내용만 놓고 보자면 박성철과 신영호보다 더 심각한 어려움을 경험한 것으로 보인다. 그녀는 친구와의 소통이 이루어지지 않으면서 우울증을 앓았고 자살 충동까지 느꼈다고 있다. 한 연구에 따르면 "청소년이 경험하는 대표적인 심리적 장애가 우울이며 청소년의 우울은 학교 부적응, 비행, 가출, 약물 중독뿐만 아니라, 성인보다 자기조절이 힘들고 충동적이어서 자살로 이어질 수 있는 심각성이 있다"[4]고 한다. 하지만 김미희가 단지 청소년이라는 일반적인 조건으로 인해 그러한 증상을 보였던 것이라고만 말할 수 없다. 탈북민에게 있어 우울증을 유발히는 주요 요인은 문화적응 스트레스라고 지적하는 몇몇 연구5)에서 보듯이 김미희의 증상은 친구들과의 대화에 낄 수 없어 관계가 단절되는 상태, 즉 소외와 고립감 때문에서 생긴 것으로 보인다.

  말은 통하지만 말하는 데 낄 수가 없는 거예요. 살아온 방식이 다르고 얘기하는 이슈가 다르다 보니까 낄 수가 없는 거예요. 그걸 깨고 이해하는 데 1년이 걸렸어요. 그 1년 동안에 우울증도 오고요. 매일 아침 죽고 싶다는 생각을 많이 했어요. 탈북하면서 그 어려운 기간에도 죽겠다는 생각을 한 번도 안 했는데 남한에서 적응하는 일 년 동안은 아는 것이 없으니 답답해서 그런 생각도 했어요. (김미희)

  하지만 이들이 경험하였던 그러한 소외와 고립감이 한국 주민들이 먼저 이들을 배제하고 차별하였기에 발생한 것이라고는 할 수 없다. 구술에서 드러나듯이 이들이 만났던 사람들은 대체적으로 친절하였고 도움을 주려는 사람들이 다수였기 때문이다.6) 문제는 '동일성에 대한 욕망'과 그것의 좌절에서부터 시작한다. 사람들은 누구나 어떤 집단 안에서 타인들과 동일해지려는 경향성을 가지며 그것을 통해 안정감을 느낀다. 결코 같아질 수 없음에도 불구하고 마치

---

4) 임소연·채명옥·이자형, 「청소년의 기질, 부모 애착과 우울」, 『Journal of Korean Academy of Child Health Nursing』 18권 4호, 2012, 207쪽.

5) 이채영·박주희, 「탈북 대학생의 문화적응 스트레스와 레질리언스가 우울증에 미치는 영향」, 『Family and Environment Research』 52권 3호, 대한가정학회, 2014; 김미령, 「탈북민의 적응스트레스와 사회적 지지가 우울성향에 미치는 영향」, 『한국사회복지학』 57권 1호, 한국과학기술정보연구원, 2005 참조.

6) 이러한 점은 오히려 이들이 적응을 잘 할 수 있는 사회적 조건이었다고 할 수 있다. 여기에 대해서는 뒤에서 다루도록 하겠다.

거울에 비친 자신의 모습과 자신을 상상적으로 동일시하듯 사람들은 타자 속에서 자신을 발견하면서 존재감을 느끼게 된다는 것이다. 하지만 한국 주민들에게 비춰진 자신의 모습은 그들과 같지 않다.

그들은 같은 한(조선)어를 사용하지만 다른 용어를 사용하며 억양의 차이를 지니고 있으며, 언어 속에 내포되어 있는 역사, 문화 등에 대한 맥락적 이해도 다르다. 이러한 것들은 한국 사회가 가지고 있는 북 혹은 북의 주민들에 대한 이미지와 연결되면서 이질적인 것으로 받아들여진다. 그렇기에 거울로서 한국 주민들에 비춰진 자신의 모습은 그들과 동일하지 않으며 심지어 일그러져 보이게 되면서, 자기 통합성에 균열을 만들고 분열적이게 되는 것이다. 이들이 구술에서 타자와의 갈등보다는 당시에 경험하였던 자신의 내적 갈등을 더 강조하고 있는 것도 이 때문으로 보인다. 그들이 경험하는 것은 욕망하는 '나'와 타자에 비춰진 거울상으로서 '나' 간의 어긋남인 것이다.7) 이러한 상태에서는 자존감은 하락할 수밖에 없으며, 김미희와 같이 우울증이나 자기 파괴로서의 자살 충동을 느낄 수도 있다.

그렇다면 이들은 어떠한 방식으로 이러한 문제를 극복하고 있는가? 김미희와 신영호에게서 발견할 수 있었던 공통적인 해결방식은 어떤 '활동'을 통해 자아 정체성을 확립하면서 자기 통합성을 높이는 것이었다. 더 구체적으로 말해 삶에 대한 어떤 계획과 목표를 세우고 그것에 도달하고자 하는 실천 속에서 한국 주민들과의 동일성으로 향해 있던 에너지를 다른 방향으로 돌려 미래에 대해 욕망하면서 자아를 갱신하고 있다는 것이다.

우선 김미희부터 살펴보자면 친구들과의 대화에 끼지 못하고 힘들어 할 때 북에서부터 꿈이었던 연극을 하기 시작하였다. 고등학교

---

7) 김미희는 오히려 학우들과 원만하게 지내려고 좋은 모습만 보이려니까 스트레스는 쌓여가고, 정작 속내는 표출할 통로는 제한되어 있어서 매우 힘들었다고 고백하고 있다는 점에서 그러한 점이 잘 드러난다.

연극반에 들어가 자신이 직접 대본도 쓰고 여기저기에서 실력을 인정받으면서 "조금씩 자신감이 생겼"다고 한다.

국어를 가르치는 선생님이 연극부를 맡으셨어요. 독백이라는 걸 주면서 한 번 읽어보라고 하셨는데 제가 지금 봤을 때는 어땠을지 모르겠는데 그때 독백을 읽었더니 어디서 연극을 해봤냐고 그런 얘기를 하시더라구요. 처음으로 독백을 읽었는데 이게 나쁜 말은 아닌 것 같고 내가 뭔가 느낌이 있다는 얘기로 들리더라구요. 제가 연기를 하겠다고 해놓고는 그 긴 대사는 처음으로 해본 거예요. 그때 되게 기분이 좋았어요. 왠지 느낌이 좋았어요. 그렇게 <u>조금씩 자신감이 생겼어요</u>. (김미희)

실제로 그녀는 인터뷰 내내 자신감에 대해 무척이나 강조하는 모습을 보였다. 물론 이것이 한국 사회에 어느 정도 적응이 되었고, 현재의 삶이 별 문제가 없기에 나온 결과론적 발언일 수 있다. 하지만 주목할 점은 김미희가 이러한 자신감을 탈북 과정과 관련짓는 부분이다. 그녀의 탈북 기간은 여타의 탈북민보다 짧은 1년이었지만 제3국을 돌아 한국에 오기까지의 여정은 그녀 자신을 강하게 만들었던 계기였다고 한다. 북에서 언제나 부모의 보살핌을 받았던 그녀에게 낯선 타지에서의 여정은 공포와 불안의 시간이었다. 하지만 한국 생활에서 어려움에 맞닥뜨렸을 때 그녀가 떠올리는 것은 그 시간들이다. 이는 심리적 상처를 경험한 이후 심리적으로 성장하는 '외상 후 성장(post-traumatic growth, PTG)'[8]이라고 할 수 있다.

---

8) "외상 후 성장(Posttraumatic Growth)은 트라우마에 대응하는 긍정적인 변화를 말한다." 하지만 "긍정적인 변화는 여러 가지 다양한 의미로 트라우마 사건과 바로 직면할 수 있어야 한다. 부정적인 사건을 바로 맞설 수 있는 힘, 삶의 태도를 바꾸는 능력, 삶에 대한 도전으로 받아들이는 태도 등 다양한 방식으로 나타날 수 있다. (…중략…) 트라우마 경험을 한 개인이 인간관계의 새로운 가치를 구축하고, 새로운 가능성에 대한 열린 태도를 가지며, 삶의 가치를 발견하고, 자기확신을 증대시키며, 정신

정말 아무것도 없었지만 자신감이, 그 자신감이 어디서 왔냐면, 탈북하는 그 과정이 저한테는, 진짜 그걸로 왔어요. 그 어려운 과정을 거치고 온 사람들이 이 사회에서 그걸 가지고 자신감을 가지고 살아간다면 이뤄내지 못할 게 없을 거라고 생각을 해요. (김미희)

그러나 우리가 여기에서 짚고 넘어가야 하는 점은 그녀가 비록 구술에서는 탈북 과정에 대한 기억이 자신감을 심어주었다고 '반추'[9]하고 있지만 그것의 선후 관계가 바뀌어 있다는 것이다. 왜냐하면 외상 후 성장에는 외상에 대한 회복이라는 과정이 개입되어야 하기 때문이다. 그렇지 않다면 외상에 대한 기억은 현재를 괴롭히는 상처 밖에 되지 않는다. 김미희에게 있어 연극이라는 활동은 곧 자신감 회복과 외상 후 성장을 이끌어 낼 수 있는 동력이었던 것이다. 그렇기에 김미희의 사례에서 우리가 알 수 있는 것은 반드시 이것이 일방향적이라고는 할 수 없지만 자신의 욕망에 따른 활동이 "자신감 상승 → 자기 통합력의 강화"와 같은 선순환적 효과를 낼 수 있다는 것이다.

신영호의 경우에도 마찬가지의 양태를 확인할 수 있었다. 그에게 있어 활동을 이끌어 내었던 동력은 학업이었다. 북에서도 정규 과정에서 공부를 한 적이 없었기에 처음 대안학교에 입학하였을 때부터 성적은 저조하였을 뿐만 아니라 공부를 계속해야 하는지에 대해 회의를 느끼기도 하였다. 하지만 단기적인 목표를 설정하고 조금씩

적인 변화를 가짐으로써 나타난다."(류정·최남희, 「외상 후 성장과 내러티브 재구성」, 『한국위기관리논집』 제11권 제1호, 위기관리이론과실천, 2015, 204쪽)

9) "외상 후 성장이론에서 정의하는 인지적 처리 과정으로서의 반추는 외상 사건 이전의 긍정적인 면을 기억하고 이를 어떻게 극복하는지 그리고 개인의 인생사에 외상 사건이 어떤 의미를 지니고 있는지를 탐색하는 생산적인 반추, 즉 반영적 반추이다."(김태국·정은의, 「북한이탈주민의 외상경험과 의도적 반추에 따른 외상후성장과 문화적응」, 『북한학보』 제3권 2호, 북한학회, 2012, 154쪽)

그것을 성취하면서 자신감을 높여갈 수 있었다. 이는 그에게 있어 미래에 대한 낙관을 가질 수 있도록 하고, 자기 삶에 대해 진취적이게 하면서 선순환을 하고 있는 것으로 보인다. 그런 이유에서 예를 들어 대학 진학 시 주변의 상투적인 조언에 의존하기보다는 주체적으로 자신이 원하는 바를 먼저 고민하고 그에 맞는 학과에 진학하려는 모습을 보였다.

'아 난 열심히 해야지' 하다가 한 3일 정도 지나면 긴장이 늦춰지고, 그러다가 다른 친구들 하는 걸 봐서 '아 난 언제 쟤를 따라갈 수 있지?'라는 생각도 들고, 그리고 거기서 더 나아가서 '내가 이런 실력으로 앞으로 남한 친구들하고 앞으로 경쟁해야 하는데 이거 할 수 있을까' 할 수 있을까 보다 '너 이거 해내야 할 것 같은데' 아 이게 자신감이 없는 거죠. 그런 부분에 있어서는 상당히 많이 우울하고 침울한 시간이 있었는데, 내가 모르는 부분도 모르고 그냥 지나치는 법이 없었으니까 그게 점점 쌓이는 거죠 항상. 그러다 보니까 열 몇 개월 다 돼서 한 1년 되니까, 어느 순간에 나는 내 실력이 잘한다는 생각을 못했는데 어느 순간 1년 되고 나니까, 반에서 상위권에 진입한 거예요. 저 스스로도 상당히 놀랐고 뿌듯했어요. 그러다 보니까 공부에 상당히 흥미가 생기는 거예요. (신영호)

하지만 박성철의 경우에는 위의 둘과 같은 어떤 활동을 발견하기 힘들어 보인다. 오히려 그는 대학을 졸업할 때까지 학업에 대한 부담감과 취업에 대한 불안감을 가지고 있었으며, 그러다 보니 한국 생활에 대한 자신감이 상대적으로 약한 편이었다. 하지만 박성철은 이둘과는 다른 조건을 가지고 있다는 점을 고려해야 한다. 앞서 말했듯이 그는 아버지를 북에 두고 왔으며(이후 사망) 어머니는 인신매매되어 중국으로 팔려갔으며 홀로 동생을 데리고 한국에 입국하였다. 가장으로서 그가 무엇보다 시급히 해결해야 할 것은 경제적인 문제였으며 동생을 보살피는 것이었다. 고등학교와 대학교에 진학한 이유도 그러한 이유에서였다.

> 그때는 사실 난 지금 같으면 휴학을 했을 것 같아요. 근데 그때는 되게 조급했었어요. 빨리 대학을 졸업해서 빨리 돈을 벌고 싶었어요. 사회에 나가고 싶었어요. 좀 어려움이 있었지. (…중략…) 그게 이제 '힘들다'라고 하는 게 또 뭐가 있었냐면 내가 동생이 8살 아래예요. 그니까 25, 26살 때 동생도 그때 한창 고등학교 1학년인가 중학교 3학년인가 그때 그랬어요. 그니까 내가 집에서 부모 역할을 해야 되는 거죠. (…중략…) 한국까지 데려왔는데 이왕 사는 거 잘 살아야지. 잘 적응하고. 동생도 별 무리 없이 잘. 근데 이런 거 있잖아요. 그니까 형으로서 '형이 적응을 잘 해야지 동생도 따라서 잘할 거다. 그리고 동생한테 뭔가 잘못했을 때 지적질할 때, 뭔가 내가 좀 더 떳떳해야지 동생도 뭘 보고 들을 거 아니에요. 그런 거도 있었던 것 같아요. 형으로서의 그런. 형이기도 하고. 아버지이기도 하고. 부모역할을 해야 되니까 책임감이 좀 많이 막중했었지. (박성철)

그렇다면 박성철에 있어 한국 사회에서의 적응은 자신뿐만 아니라 자신이 지켜야 하는 동생의 미래가 달려 있는 문제였으며, 삶의 초점은 경제적인 부분에 집중될 수밖에 없었던 것으로 보인다. 이는 곧 박성철이 가족 내 '역할 변화'를 겪으면서 자신에게 집중할 수 없었다는 것을 의미한다. 그렇기에 동생의 부양과 생계를 위해 어렵게 금융권에 취업을 하였지만 업무에 사용되는 전문용어에 대한 어려움, 실적과 많은 업무량은 그의 적응 스트레스를 더욱 가중시킨 것으로 보인다. 그런 그에게 변화가 찾아 온 것은 자신이 어떠한 삶을 사는 것이 더 행복해질 수 있는 길인지를 고민하고 원하는 직장으로 이직하면서 부터이다. 그가 이직한 직장에서 받는 보수는 이전에 비해 적었다. 하지만 자신이 하고 싶었던 일을 할 수 있게

되었으며, 생활을 찾을 수 있었다는 점에서 상당한 만족을 느꼈다고
한다.

> 경제적인 부분에 대해서는 어렵죠, 보수는 사실 적어요. 내가 좋아하는
> 일이고, 내가 하고 싶어 하는 일이고. 즐겁게 하니까. 그게 좋은 거죠 돈이
> 아무리 많이 벌어도 일이 힘들거나 나에게 맞지 않고 부담이 되는 거면 가감
> 하게 때려치는 것이 좋은 것 같아요 내가 좋아하는 것을 해야 인생이 즐겁고,
> 행복하게 살 수 있는 것 같아요. (박성철)

자신이 하고 싶은 일을 할 때 더 행복질 수 있다는 말은 너무나도
당연한 것이다. 그럼에도 불구하고 모두가 자신이 하고 싶은 일을
하며 살 수 없다는 점에서 이것이 탈북민의 적응을 원활하게 하는
데에 있어 적극적인 대안이 될 수 있는가라고 의문을 제기할 수
있다. 틀린 말은 아니다. 우리 대부분은 하기 싫은 일을 하면서도
생계를 위해 혹은 별다른 대안이 없기에 말 그대로 '버티며' 살아가
기 때문이다. 하지만 다르게 보자면 우리가 생애전략 속에서 하기
싫은 일임에도 불구하고 버티며 그 일을 하고 살아간다는 것은 그만
큼 우리의 삶이 분열적일 수밖에 없다는 것을 의미한다. 이는 정체성
의 혼란과 (사회적/가정 내) 역할변화를 경험하는 탈북민의 입장에서
보자면 그러한 분열이 적응 스트레스를 더 가중시키는 결과를 가져
올 수 있다는 것을 의미하는 것이다. 박성철이 금융회사에 들어가
힘들었던 점도 그러한 이유라고 할 수 있다.
그렇기에 여기에서 지적하고자 하는 것은 그러한 현실을 부정하
거나 이상적인 대안을 제시하고자 하는 것이 아니라 탈북민 개인의
(미래적) 욕망에 기초한 활동이 적응에 있어 그만큼 중요하다는 것을
지적하고자 하는 것이고, 나아가 탈북민들이 스스로 자기 효능감을
높일 수 있는 활동을 할 수 있도록 지원정책과 적응 프로그램의

변화가 아울러 이루어져야 한다는 것을 말하고자 함이다. 예를 들어 오늘날 탈북민에 대한 직업교육훈련에 대해 비판적으로 접근하고 있는 한 연구에 따르면 "북한이탈주민을 지원하는 직업교육훈련 직종은 우리나라의 노동시장에서 기피되는 직종과 3D업종이 주를 이루고 있으며 취업을 지원하는 기업이 또한 제한적"이라고 한다. 이는 탈북민에 대한 직업교육과 정책이 "북한이탈주민이 이미 남한의 정책적 수혜자로 충화된 계급사회의 하층에 위치한다는 이데올로기적 전제"에 따라 이루어지고 있으며,[10] 그렇기에 탈북민 스스로도 자신의 적응도를 높일 수 있는 활동을 선택하는 데에 있어 제한적이라는 것을 말한다.

요컨대, 이 세 사람이 한국 사회에 적응하면서 타인과의 소통에서 어려움을 겪고, 심지어는 심리적으로 불안정한 시기가 있었음에도 불구하고 그로부터 벗어날 수 있었던 중요한 요인 중 하나는 미래에 대한 욕망과 그것을 통한 활동이라고 할 수 있다. 그러나 우리의 논의가 여기에서 더 나아가기 위해 놓쳐서는 안 될 점은 좀 전에 말했듯이 이 두 가지가 순전히 이들 개개인이 가지고 있는 어떤 기질이나 성격만으로 가능했던 것이 아니라는 점이다. 그것에는 앞으로 보겠지만 사회적지지, 특히 정서적 지지와 밀접한 관련을 가지고 있다. 또 "정신적 긴장과 부담이 커질수록 우울증상의 수준이 높았으며, 반대로 스트레스 상황에서도 자신의 내적·외적 자원을 적절히 활용하는 레질리언스가 높을수록 우울증상의 수준이 낮은 경향"을 보였다는 이채영·박주영의 연구결과[11]를 참조하면 사회적

---

10) 이윤진·유기웅, 「북한이탈주민의 직업교육훈련에 관한 비판적 고찰」, 『교육문제연구』 제27권 제3호, 고려대학교교육문제연구소, 2014, 29~30쪽과 39쪽 참조.

11) 이채영·박주영, 「탈북대학생의 문화적응 스트레스와 레질리언스가 우울증상에 미치는 영향」, 『Family and Environment Research』 제52권 제3호, 대한가정학회, 2014, 319쪽.

관계 맺음의 중요성을 가늠해볼 수 있다. 그래서 우리는 지금까지 따라왔던 이들의 이야기로 다시 돌아갈 필요가 있다.

3. 사회적 관계 맺음과 욕망의 승인

사람을 많이 만나야 되요. 그리고 어려운 일에 부딪치면 무조건 혼자서 풀려고 하지 말고 대화로 풀려고 해야 하며 혼자서 하면 지치기 마련이에요, 제가 경험했어요. (박성철)

박성철이 인터뷰가 마무리되어 갈 즈음에 사람과의 만남을 강조하면서 한 말이다. 그가 이러한 말을 하는 맥락은 사람을 많이 만나야지 많은 정보를 얻을 수 있으며, 또 그만큼 적응에 유리하다는 것을 이야기하는 데에 있다. 하지만 다른 한편으로 그의 말을 이해하자면 이것은 자신이 만났던 사람들과의 '관계'가 적응에 있어 무엇보다 중요하였다는 것을 보여주는 것이기도 하다. 더구나 현재 비교적 한국 사회에 잘 적응하여 별 탈 없이 살아가고 있는 상황에서 이러한 말을 한다는 것은 그가 적응 과정에서 사람들로부터 정보를 습득하거나 도움을 많이 받았거나 또 심리적 안정감을 느꼈다는 것을 의미하는 것이기도 하다. 대부분의 탈북 청소년이 그러하듯 그 역시 한국에 입국하여 처음 사회적 관계를 맺게 된 곳은 바로 학교였다. 그는 그곳에서 만난 교장선생과 담임선생에 대해 다음과 같이 말하고 있다.

어쨌든 교장선생님을 딱 만났는데 교장선생님이 그러더라고요. "나이와 출신 성분을 떠나서, 배우려고 온 사람인데 우리가 받아줘야지, 여기서 내치면 안 된다. 원하는 학년에 내가 넣어줄 테니까, 맘 놓고 공부해라." 와―

굉장히 그때 "나도 이런 사람을 만날 수 있구나. 남한에서 되게 따뜻한 사람을." (…중략…) 담임선생님도 굉장히 <u>어머니 같고</u>, 굉장히 자상한 사람을 딱 붙여주더라고요. (박성철)

그의 표현에서 보듯이 그가 학교에서 만난 교장선생은 '따뜻한 사람'이었으며, 가장 가까이에서 생활하게 될 담임선생은 '어머니'와 같은 사람이었다. 신영호와 김미희도 박성철과 유사하게 학교에서 만난 교사들을 어머니, 아빠, 형과 같이 느꼈다고 말하고 있다.

처음에 하나원에서 나와서 중학교에 들어갔어요. 그런데 그때 교장선생님이 6·25때 넘어오신 분이더라구요. 특별히 저를 엄청 챙기시려고 했어요. 제가 2학년이었는데 애들이 꼼짝 못하는 선생님을 저한테 붙여주셨어요. 선생님이 나이가 좀 있으셨는데 결혼을 안 하셨고 저를 <u>친딸처럼 챙기셨어요</u>. (…중략…) 2학년으로 들어갔는데 선생님들이 얘기를 하다가 우리 학교에서 2학년 선생님들 중에 제일 강한 분이고 제일 괜찮은 분이 담임선생님이 되셨어요. (…중략…) 우리 중학교 선생님이 너무 어머니 같으셨던 게 뭐냐면 저에게 <u>어머니처럼</u> 연필, 지우개부터 시작해서 교복, 양말까지 선생님이 다 해주셨어요. (김미희)

여명학교 선생님들이 조언도 해주시고 격려도 해주시고, 특히 한 선생님이 계셨는데 그 선생님은 제가 거의 <u>형이자 아빠처럼 따랐던 것 같아요</u>. 또 그 선생님이 정이 많으셔가지고 저 같은 몇몇 친구가 있었는데, 거의 차에 태워서 집에 왔다갔다할 정도로 통학을 시켜줄 정도로 진짜 성심껏 많이 도와주셨던 것 같아요. 아무튼 그 선생님 덕분에 의지가 되가지고 공부를 좀 더 집중해서 할 수 있었던 것 같아요. 그리고 좀 좌절감 같은 게 솔직히 많이 들죠. (신영호)

"탈북 과정에서의 학습 결손, 남북한의 상이한 교육내용으로 인한 학력차이, 늦은 취학에 따른 연령 문제, 교사나 또래 관계가 원만하지 않은 등"으로 인해 학교 적응이 용이하지 않은 상황에서 "교사와의 관계"는 적응에 있어 중요할 수밖에 없다. "탈북 청소년에게 교사의 지지적 태도는 (…중략…) 그들이 학업의 장에서 자신감을 잃지 않고 자신의 정체성을 정립해가며 또한 교우들과의 관계를 쌓아가는 데" 적지 않은 영향을 미친다는 것이다.12) 하지만 또 한편으로 가족을 잃거나 헤어진 상태에서 그리고 낯선 공간에서 만난 교사는 의지하고 믿고 싶은 대상 중 하나일 수 있다는 점에서 원활한 전이 관계(transition relation)는 심리적인 안정감을 유지하는 데에 중요하다. 그들이 인터뷰에서 자신들이 만난 교사를 어머니, 형, 아빠와 같은 가족에 빗대어 그들을 평가하는 것은 이 때문으로 보인다. 그렇다면 반대로 말해 탈북 청소년에 대한 교사의 무관심과 이해 부족으로 인한 편견과 선입견은 당연히 이들에게 심리적인 상처가 될 수밖에 없다.

근현대사 수업이었어요. 근현대사에 6·25전쟁이 나오잖아요. 나오게 되면 북침이냐 남침이냐 이런 거 나오는데, 제가 북한에서 왔다는 걸 알고 계시거든요. 그래가지고 저에게 딱 질문하는 거예요 수업 도중에 "북침이냐? 남침이냐? 북한에선 어떻게 교육 받냐?" 막 이런 식으로. 그런데 그 질문 자체가 제 입장에서는 너무 기분이 나쁜 거죠. (…중략…) 그렇게 질문함으로 인해서 다른 친구들이 나에 대한 시선이나 이런 게 좀 달라질 수도 있잖아요. '아 쟤랑 나랑 생각이 다르구나' 하는 생각을 할 수 있는 거고. 물론 다를 수도 있겠지만. 그런 부분이 상당히 기분이 나빴어요. 그래서 대답을 안 했어

<hr />

12) 김명선·이동훈, 「탈북청소년의 남한사회 적응 특성에 관한 연구」, 『재활심리연구』 제20권 제1호, 한국재활심리학회, 2013, 48~50쪽.

요. 그랬더니 그 선생님이 나름대로 판단을 내리는 거예요. 나의 생각을 본인 스스로 판단을 내리는 거예요. 대답 못하는 거 보라고. <u>남한이 북한을 침략한 거라고 배웠고 생각할 거라고.</u> 이런 식으로 얘기해 버리는 거예요. (신영호)

신영호는 이날 수업 시간에 교사가 한 발언으로 인해 탈북민인 자신에 대해 학우들이 편견을 가질 수 있다는 점에서 기분이 나빴다고 한다. 그렇다면 교사의 발언과 예상되는 학우들의 반응 사이에 상관관계를 만들어 내는 어떤 것이 있다는 것을 그는 알고 있었다는 것이 된다. 다시 말해 교사는 6·25전쟁에 대해 객관적 '사실(fact)'을 전달하고 있지만 그것에는 북에 대한 적대성을 생산하는 구조가 놓여 있으며, 또 그와 동시에 '북=탈북민'라는 공식이 함께 작동할 수 있다는 것을 말해준다.

하지만 신영호가 경험한 이 사건이 교사의 개인적인 문제이거나, 또 학교 안에서만 발생하는 것이라고는 할 수 없다. 교사의 발언 자체가 이미 분단국가주의가 생산해 온 "순수 대 오염, 동질성 대 이질성, 발전과 미발전, 남성 대 여성, 고향 대 타향, 주체 대 타자의 대립"의 구조를 신체로 내면화한, 구조화된 구조이면서 구조화하는 구조로서 분단의 아비투스(habitus)와 관련이 있기 때문이다.13) 이는 곧 한국 사회에서 언제 어디서든 탈북민은 신영호와 같은 경험을 할 수 있다는 것을 의미한다.

엄마는 동사무소에 간간이 일을 나가고 있었어요. 그런데 어떤 사람들이 <u>엄마 앞에서 들으란 식으로 대놓고 우리 세금이나 축낸다고 하면서</u> 남한도 진짜 어려운 사람이 얼마나 많은데 진짜 별의별것들을 다 받는다고 막말을

---

13) 박영균, 「분단의 아비투스에 관한 철학적 성찰」, 『시대와 철학』 제21권 3호, 한국철학사상연구회, 2010, 395쪽.

하더래요. 사람 알기를 우습게 알고 정말 낮게 보니까 사람이 완전히 움츠러 들게 되고 엄마는 스트레스를 많이 받더라구요. (…중략…) 탈북민들이 차별 을 받고 있는데 왜냐하면 일단 북한사회 자체가 폐쇄 국가고 못살고 하다 보니까 우리보다 못하다는 생각을 하는 것 같아요. (…중략…) 북한 사람들 도 세금 다 내고 사는데 같이 세금 내는 입장에서 우리 세금 착취한다고 막 하니까 기가 막힌 거죠. 어떤 사람은 직설적으로 말해요. "니네 나라로 가라." "여기 왜 왔어? 변절자야!" (김미희)

보다시피 김미희의 어머니는 일상에서 느닷없이 탈북민에 대한 한국 사람들의 부정적 시선과 발언에 직면한다. 그런데 우리가 여기 서 눈여겨 보아야 할 점은 두 가지이다. 하나는 김미희의 어머니가 만난 사람은 탈북민이 '우리의 세금'을 낭비하게 만드니 북으로 돌아 가라고 말한다는 점이다. 탈북민을 '귀순용사'로 부르며 영웅 대접을 하였던 과거와는 사뭇 다른 모습이다. 알다시피 탈북민은 한국에 입국하면서 정착금과 거주할 집을 제공받는다. 반면에 한국의 자가 점유율은 2012년 기준 약 54%(지방 61%, 수도권 47%)에 불과하며, 비정규직은 통계상으로는 약 34%(여자 40%, 남자 26%)[14] 정도이며, 실질적인 최저임금 수준은 OECD 26개국 중 17위에 머무르고 있다. 이를 오늘날 한국 주민들이 겪는 장기 불황 및 양극화와 관련하여 보자면 "탈북민의 대량 입국과 신자유주의적 공세로 남한 대중에게 누적된 피로감이 착종되어 표출된 것"[15]이라고 추론할 수 있다. 그 래서 가뜩이나 어려운 처지에 자신이 낸 세금이 자신을 위해서가 아니라 탈북민의 지원정책에 사용된다고 생각하니 탈북민들이 곱게

---

14) e-나라지표, http://www.index.go.kr(검색일: 2015년 4월 29일)
15) 이명자, 「신자유주의 시대 남한영화에 재현된 탈북이주민과 그 문화적 함의」, 『통일 문제연구』 제25권 2호, 평화문제연구소, 2013, 122~123쪽.

보이지 않을 수 있다. 하지만 엄격하게 보자면 문제는 탈북민에게 있는 것이 아니라 척박한 우리 삶의 조건에 있는 것이다. 그럼에도 불구하고 탈북민에게 화살이 돌아가는 것은 우리 사회의 구조가 이들을 분단 이데올로기의 틀로 재단하고 사회적 소수자나 약자로 삼아 희생자 만들기를 하는 것으로 밖에 보이지 않는다.

그런데 문제는 여기에서 그치지 않는다. 첫 번째의 문제는 탈북민의 자기 정체성에 혼란을 야기하면서 이들의 적응을 방해하는 요소로 작동한다. '우리의 세금'이라는 말에서 드러나듯이 이는 우리와 우리가 아닌 자들을 구분하는 것이다. 김미희가 탈북민도 세금을 낸다고 반론하는 것은 그러한 구분에 대한 이의 제기일 것이다. 여기에서 나타나는 것은 자기 정체성에 대한 물음과 혼란이다 "'나는 누구인가'에 대한 대답은 타자의 시선을 경유해 형성되는 것이기 때문에 남한에서 탈북 이주민을 어떻게 인식하고 있는가 하는 내용이 탈북 이주민 스스로 자신들의 위상을 결정하는데 영향을 미칠 수 있다"16)는 것이다. 그것은 북(조선민주주의인민공화국)의 국민도 아니면서 그렇다고 한국 국민도 될 수 없는 이중의 부정으로서 자신을 어디에도 등록시키지 못한다는 것을 의미한다.

그렇다면 다시 이들이 말하는 좋은 사람들의 이야기로 돌아가보자. 이들에게 있어 그들과의 만남은 반대로 자기 정체성을 갱신하면서 미래에 대한 욕망과 자기 활동을 가능하게 한 조력자였다고 할 수 있다. 김미희가 만난 중학교 교사와 연출가는 그녀의 꿈이었던 연기를 시작하고 또 지속하게 하였다. 신영호가 만난 대안학교 교사는 학업에 흥미를 가지게 하고 나아가 그것을 통해 성취감을 맛보는 데 일조하였다. 또 박성철을 지원한 NGO 단체와 아내 그리고 장모는 스스로 행복한 일을 할 수 있도록 만들어 주었다. 이들은 그러한

---

16) 위의 글, 123쪽.

'만남' 속에서 정서적 지지를 받으며 자신의 욕망을 승인받을 수 있었던 것이다. 자신이 하고 싶고 잘 할 수 있는 일이 탈북민이기에 제한되지 않으며, 오히려 지지를 받으며 미래에 대한 어떤 가능성과 희망을 발견할 수 있었기에 이들의 적응이 그만큼 수월하게 이루어질 수 있었던 것으로 보인다.

4. 환대의 법칙과 생명의 치유

북한에서 왔다 그래가지고 내가 지금 거기 있는 문화를 다 버리고 남한사회에 다 적응해 가느냐 그건 아니고. 그냥 남한사회에 살아나가는 게 계속 적응하고 있는 상태라고 생각을 해요. (…중략…) 거기에 대한 문화를 버릴 수는 없어요. 내가 그 나서 탯줄을 묻고, 20년 동안 그 안에서 자라왔는데, 내가 그거에 대한 거는 버릴 수도 없고, 버려지려야 버려질 수가 없어요. 이미 내 몸에 그 문화가 다 잡혀 있기 때문에. 그리고 지금은 남한에 와서는 새로운 문화를 접해서 만들어가는 과정인 거죠. (박성철)

박성철의 이러한 이야기는 무엇을 의미하는가? 탈북민은 어찌되었건 북에서 태어나 그곳에서 자라면서 한국과는 다른 문화와 전통 그리고 정치·경제 체제를 내면화한 신체라는 것이다. 이는 곧 한국 주민과는 다른 정체성을 가지고 있다는 것이며, 탈북민과 한국 주민 간의 만남은 각기 다른 존재성을 지닌 '차이-존재' 간의 만남일 수밖에 없다는 것이다. 그래서 그러한 만남은 서로의 언어를 이해하지 못하고 세계관의 부딪힘을 만들면서 삐걱거림과 불협화음을 만들어 내기 일쑤다. 그런 이유로 차이나는 것과의 만남은 언제나 불편하다.

이때 동일성의 논리 속에서 그러한 차이의 인정을 거부하고 이들을 배제시키고 소외시키는 것은 데리다가 말하는 "환대의 법칙"에 따르는 것처럼 보인다. 그에 따르면 "환대의 법칙에는 그/그녀가 포함시키거나 배제시킬 사람을 선택하고, 고르고, 평가할 수 있는 권리가 들어 있다. 다시 말해, 주인에게는 선택의 권리와 구분의 권리가 있는 것이다."[17] 그런데 문제는 배제 혹은 포함을 선택할 환대의 권리가 불가피하게 권력의 폭력을 낳는다는 것이다. 탈북민을 잠정적 간첩, 가난한 자, 배신자, 세금을 낭비하게 하는 자 등등의 이름으로 그들을 우리와 다른 이방인으로 구분하는 것 역시 데리다가 말하는 폭력이 아니겠는가? 여기에서 데리다는 윤리학과 연결시켜 다음과 같은 "절대적 환대"를 주장한다.

"나는 나의 집을 개방할 것을 요구받는다. 그리고 이방인에게(성씨와 이방인으로서의 사회적 지위를 부여받은)뿐만 아니라 절대적 타자, 알려지지 않은 자이며 이름 없는 자에게도 그래야 한다. 그리고 나는 그가 도착할 장소, 발을 들여놓을 장소를 주어야 한다. 이름을 말하라고 요구하지도, 계약 맺을 것을 요구하지도 않으면서 그에게 제공한 장소를 그가 차지할 수 있도록 해야 한다."[18]

그렇다면 이방인이 선한 이방인지 악한 이방인지 구분하지 않고 모든 이방인을 자신의 집에 들어오는 것을 무조건적으로 인정하라는 말이냐고 물을 수 있다. 하지만 데리다는 "절대적 환대가 우리에게 인정된 권리로서의 환대와 결별할 것을 요구한다고 해서, 그것이 필연적으로 우리가 즉각 권리로서의 환대에서 손을 떼야 한다는 것을 의미하지는 않는다"[19]고 일축한다. 그리고는 다음과 같이 덧붙인다. "타자는 단지 에이리언 이방인이 아니다. 다시 말해 가정·가

---

17) 리처드 커니, 이지영 역, 『이방인, 신, 괴물』, 개마고원, 2010, 122쪽.
18) J. Derrida, *De L' hospitalité, Calmann-Levy*, Paris, 1997, p. 29; 리처드 커니, 위의 책, 124쪽 재인용.
19) 리처드 커니, 위의 책, 124~125쪽.

족·국가에 외부적인 것이 아니다. 그것은 **타자를 완전한 외재성**, 즉 야만적이고 미개할뿐더러, 문명 이전의 상태이며 법제정 이전의 외재성으로 **격하시키기 때문이다.** 그러나 그것은 아니다. 환대가 정당하기 위해 우리는 절대적 타자가 우리의 '가정'에 들어올 수 있는 **몇 가지 방법을 허락해야만 한다.**"[20]

그가 말하는 절대적 환대에 대해서는 좀 더 많은 논의가 필요한 것은 사실이다. 그러나 그가 말하는 바를 우리의 논의에 끌어들여 나름의 방식으로 읽어보자면 우리에게 시사하는 바는 적지 않다. 무엇보다 우리 스스로에게 탈북민을 외재성의 타자로 '격하'시키지는 않는가라는 반성의 물음을 던질 수 있다. 우리는 입버릇처럼 '우리의 소원은 통일'이라는 한다. 그럼에도 불구하고 먼저 온 그들조차 절대적으로 환대하지 않는다면 정작 통일이 되었을 때는 어떻겠는가? 지금과 같은 모습이라고 한다면 통일 이후 우리가 만날 타자는 또다시 우리 내부의 침입자로 '구분 짓기' 하면서 주인과 이방인으로 나눠지지 않겠는가? 어쩌면 그러한 통일은 지금 보다 더 불행할 수밖에 없다.

그렇다면 우리의 권리를 포기하지 않으면서도 그들이 한국 사회에 "들어올 수 있는 몇 가지 방법을 허락해야만 한다". 물론 이것이 주인된 권리를 가진 자가 이방인이 자신의 공간으로 들어오기 위해 또 다른 법을 세우는 것이기에 절대적 환대라고 할 수 없다고 말할지 모른다. 하지만 그 방법이라는 것이 주인의 입을 통해서만 만들어지는 것이 아니라 주인과 이방인 간에 함께 만들어내는 것이라고 한다면 문제는 달라진다. 지금까지 우리가 탈북민의 적응을 단지 그들만의 문제가 아니라 우리 모두의 문제라는 차원에서 이들의 구술을 분석한 것과 같은 맥락이다. 적응을 위해 변화되어야 할 것은 그들만

---

20) 위의 책, 125쪽 강조는 필자.

이 아니라 우리 모두이며, 우리 모두가 변화되어야 한다는 것은 현재의 규칙을 절대화하는 것이 아니라 '차이–존재'들의 만남 속에서(비록 그 과정이 어떤 소란을 만들어낸다고 할지라도) 미래발전적인 삶을 위해 공생할 수 있는 새로운 규칙을 끈덕지게 찾아야 한다는 것을 의미한다. 앞선 박성철의 말을 빌리자면 '나'와 '너'가 "새로운 문화를 접해서 만들어가는 과정"으로 받아들여야 한다는 것이다.

그렇기에 우리의 연대와 통합으로서 탈북민의 적응은 '투 트랙 (two-track)'의 형식을 띨 수밖에 없다. 우선 ① 세 명의 탈북민이 한국에 적응하는 과정에서 이루어졌던 '만남'을 사회적으로 확장시켜가야 한다. 분명 그러한 만남은 우연적이다. 그래서 이들은 자신들의 만남이 운이라고 말하기도 하고 자신이 복이 있었다고 말하기도 한다.21) 이들은 그러한 우연한 만남을 통해 환대 받으며 사회적 역할을 수행할 수 있는 한 공간을 차지 할 수 있었던 것이다. 하지만 복과 운은 '필연성'으로 전환되지 않는다면 결국 소수에게만 기회가 주어질 뿐이다. 그렇기에 우리는 무엇보다 탈북민에 대한 편견과 선입견을 (재)생산하는 사회적 구조와 그 구조를 내면화한 분단의 아비투스를 넘어 통합의 아비투스로 바꾸어갈 필요가 있다.22)

이와 더불어 ② 탈북민 또한 자신의 정체성을 한국 주민들과 동일시하려는 것으로부터 벗어나 나름의 정체성을 확립하려는 것이 필요하다. 그러기 위해서는 한국 주민들 역시 서로 동일하지 않을 뿐만 아니라 그들도 분열적이고 그래서 균열을 가지고 있다는 점을 받아들여야 한다. 또 그러한 자기 정체성을 확립해 나가는 과정에서 한국

---

21) 담임선생님도 잘 만나야 되고, 반도 잘 만나야 되고, 여러 가지 다 상관관계가 있어요. 서로 얽히고설키고. 거기서 하나라도 잘못 만나면 진짜 학교생활 진짜 어렵게 되요. 그래도 나는 굉장히 잘 들어가고, 잘 만났지 사람들. 복이 있는 것 같아요. (박성철)

22) 이에 대해서는 박영균, 위의 글을 참조할 것.

사회에서 현실적으로 가능한 자신의 미래를 욕망하고 그에 맞는 활동을 실천해나가는 것 역시 필요하다. 그렇디고 헤시 이깃이 개인적 차원에서만 이루어져야 한다고 말하는 것은 아니다. 그것은 또다시 적응의 몫을 전적으로 이들에게 돌리는 것이기 때문이다. 그것은 탈북민이 한국에 처음 들어와 생활하게 되는 하나원에서부터 학교, 사회 전반에 걸쳐 이들과 함께 할 수 있는 사회적 장치와 프로그램이 일상적으로 가동되어야 하는 것이다.

끝으로 다시 한번 강조하고자 묻자면 탈북민의 적응은 왜 우리 모두의 문제가 되어야 하는가? 그것은 오늘날 우리의 생명을 '치유(healing)'해 나가는 것과 같기 때문이다. 상대에 대한 분노와 증오는 자기 항상성(恒常性)을 파괴하고 자신을 격정 속에서 고통스럽게 만드는 것이다. 또 그러한 감정이 향하는 대상은 불안과 공포를 경험하면서 욕망은 좌절되고 상처를 입을 수밖에 없다. 그러한 조건 속에서 생명은 결코 기쁨, 행복, 평화, 자유 등과 같은 가치를 향해 나아갈 수 없다. 생명의 흐름은 가로막히고 원활하지 못하게 되면서 살아도 살아 있지 않는 '죽은－생명'이 되는 것이다. 반면에 탈북민의 적응을 우리의 연대와 통합으로 바꾸어 가는 것은 생명의 흐름을 원활하게 하여 '살아 있는－생명'으로 만들어 간다는 의미를 지닌다. 왜냐하면 그것은 분노와 증오를 우애의 감정으로 변환시켜 각자가 욕망하는 바를 함께 살아가는 사람들로부터 승인 받으면서도, 그것이 서로의 삶을 질곡으로 이끄는 것이 아니라 미래발전적이고 상생의 삶을 설계하고 건설해 가는 과정이기 때문이다.

민족적 연대와 통합으로서 탈북민의 적응

1. 탈북민의 문화 적응과 관계 맺음

1990년 이전까지 탈북은 소수의 인원들에 의해 이루어졌다. 하지만 사회주의권이 붕괴되고 강대국들의 봉쇄정책으로 인해 북한의 경제 상황이 악화되면서 그 수는 증가하기 시작하였다. 특히 1995년 대홍수와 1997년의 극심한 가뭄으로 인해 이른바 '고난의 행군시기'를 거치면서 북의 식량난이 걷잡을 수 없을 정도로 심각해지면서 탈북민의 수 또한 급증하는 추세를 보였다. 그와 더불어 제3국을 거쳐 한국에 입국하는 탈북민의 수 또한 그 이전과 비교할 수 없을 만큼 대폭 증가하였다. 통일부 자료[1])에 따르면 한국에 입국한 탈북민 수는 2001년 1,043명으로 천 명을 넘었으면서, 2009년 2,914명

---

1) 통일부 홈페이지, http://www.unikorea.go.kr/content.do?cmsid=1518
(검색일자, 2015.4.12)

까지 증가하였다. 하지만 그 다음해인 2010년에는 그 수가 연 2,402
명으로 줄었으며, 2014년에는 1,396명에 이르기끼지 감소추세를
보이고 있다. 이는 북의 식량난이 그 이전에 비해 호전되면서 굶주림
으로 인한 탈북이 줄어든 탓으로 보인다.

〈표 1〉 탈북민 입국 현황표(통일부 자료)

구분	~'98	~'01	'02	'03	'04	'05	'06	'07	'08
남(명)	831	565	510	474	626	424	515	573	608
여(명)	116	478	632	811	1,272	960	1,513	1,981	2,195
합계(명)	947	1,043	1,142	1,285	1,898	1,384	2,028	2,554	2,803

구분	'09	'10	'11	'12	'13	'14	'15.3월 (잠정)	합계	
남(명)	662	591	795	404	369	304	51	8,302	
여(명)	2,252	1,811	1,911	1,098	1,145	1,092	241	19,508	
합계(명)	2,914	2,402	2,706	1,502	1,514	1,396	292	27,810	

이러한 탈북민 수의 변화는 한편으로 탈북 동기에 있어서도 그
이전과 차이가 있다는 것을 의미한다. 2012년 북한이탈주민지원재
단이 실시한 탈북 동기(중복응답) 실태조사에 따르면 여전히 '식량부
족과 경제적 어려움'(52.8%)이 1순위로 나타나고 있지만 그 외 '돈을
더 많이 벌기 위해'(19.0%)', '가족을 따라서'(15.0%), '가족을 찾거나
결합을 위해서'(9.4%)[2]와 같은 다양한 양상을 보이고 있다. 이는 오
늘날 탈북 동기를 단지 식량문제와 생존을 위한 것으로 환원할 수
없으며, 상당수는 '삶의 질'을 향상하고자 하는 목적에서 탈북이 이
루어지고 있다고 봐야 한다는 것이다. 그래서 한 연구논문에서는
탈북을 "일자리를 찾기 위한 '이주노동자' 성격"[3]으로 규정하기도

---

2) 북한이탈주민지원재단 편, 『2012 북한이탈주민 실태조사』, 2012 북한이탈주민 실태
조사, 82~83쪽.

3) 정정애·손영철·이정화, 「북한이탈주민의 탈북동기와 남한사회적응에 관한 연구: 적

한다.

그러나 탈북 동기가 다양해졌다는 것이 탈북민들에게 있어 경제적인 측면이 부차적이거나 중요하지 않다는 것으로 해석되어서는 안 된다. 실제로 탈북민에 대한 의식조사를 살펴보면 그들은 한국사회에서 무시당하지 않고 살 수 있는 가장 중요한 조건으로 경제적인 자립을 지목하고 있다. 또한 탈북민들의 심리적 안정과 정신건강은 수입에 대한 만족도와 상관관계가 있는 것으로 나타난다. 여전히 경제적 측면이 중요한 문제라는 것이다.4) 비록 경제적인 이유가 탈북 동기에 있어 부차적이었다고 할지라도 낯선 곳에서 기본적인 생활을 꾸려가기 위한 안정적인 물질적 양과 질은 여전히 중요한 것이다. 뿐만 아니라 이전과 달리 단지 굶주림을 벗어났거나 절대적으로 더 나은 경제적인 풍요로움을 느낀다고 할지라도 한국사회에서 '상대적 빈곤'을 경험하고 있다고 한다면 그것은 상대적인 박탈감을 제공하면서 적응에 있어 장애로 작동할 수 있다.

그렇다면 탈북민의 수가 약 3만여 명에 이르고 있는 오늘날 탈북민들의 경제적 처지는 어떠한가? 통일부의 자료에 따르면 생계급여 수급률은 2007년에 63.5%이었던 것이 2014년에는 32.3%로 감소하였다. 같은 기간 동안 고용률은 36.9%에서 53.1%까지 증가하였으며, 실업률은 22.9%에서 6.2%로 감소하고 있는 것으로 집계되고 있다. 비록 이 자료가 탈북민의 경제적 만족도를 온전히 보여주는 것은 아니라고 할지라도, 탈북민에 대한 지원정책이 어느 정도 성공적으로 이루어져 왔으며 그에 따라 탈북민의 경제적인 생활도가 호전되었음을 가늠하게 한다.

응유연성의 조절효과를 중심으로」, 『통일정책연구』 제22권 2호, 2013, 220쪽.

4) 전우택, 「탈북민들의 남한사회 적응과 심리갈등에 대한 이해」, 『한국심리학회 춘계 심포지엄자료집』, 한국심리학회, 2000, 70쪽.

<표 2> 탈북민 생계급여 수급률(통일부 자료)

구분	'07	'08	'09	'10	'11	'12	'13	'14
생계급여수급률	63.5	54.8	54.9	51.3	46.7	40.8	35	32.3

<표 3> 탈북민 경제활동 현황(통일부 자료)

구분	'07	'08	'09	'10	'11	'12	'13	'14
경제활동참가율	47.9	49.6	48.6	42.6	56.5	54.1	56.9	56.6
고용률	36.9	44.9	41.9	38.7	49.7	50	51.4	53.1
실업률	22.9	9.5	13.7	9.2	12.1	7.5	9.7	6.2

　　하지만 현실적으로 '지원정책의 성공=탈북민의 적응'이라는 공식은 성립하는 것처럼 보이지 않는다. 실제로 한 연구에서는 한국으로 건너온 탈북민들의 사회 정착 성공률을 15% 미만이라고 지적하고 있다[5]. 또 탈북민의 자살률은 일반국민의 1.6배나 되며,[6] 한국을 떠나 다시 입북을 시도하거나 제3국으로의 이주를 시도하는 경우도 상당 수 있는 것으로 알려지고 있다.[7] 뿐만 아니라 북한이탈주민지원재단(남북하나재단)이 탈북민 1,785명을 대상으로 실시한 조사에서는 응답자의 20.5%가 '최근 1년간 죽고 싶다는 생각을 해봤다'고 답했다. 이는 일반 국민(6.8%)의 3배 이상에 다다르는 수치이다.
　　이러한 자료들은 탈북민이 새로운 환경에 적응하는 데에 있어 기본적으로 경제적이고 물질적인 삶의 질과 양을 무시할 수는 없으나 그것만으로는 성공적인 적응과 정착을 이루어낼 수 없다는 것을

---

5) 하영수, 「북한이탈주민의 지원정책과 적응실태에 관한 연구」, 『대한정치학회보』 17권, 대한정치학회, 2010, 126쪽.

6) 경기일보, 〈[국감현장] 원혜영 "탈북민 자살, 일반국민의 1.6배… 대책 시급"〉(2012. 10.25), http://www.kyeonggi.com/news/articleView.html?idxno=618769

7) 오마이뉴스, 〈목숨 걸고 탈북하고, 상처 받고 탈남하고〉(2014.11.26), http://www.ohmynews.com/NWS_Web/View/at_pg.aspx?CNTN_CD=A0002056419

보여주는 것이다. 즉, 적응에 있어 심리적 안정감 또한 간과할 수 없는 중요한 요소라는 것이다. 전우택의 연구만 보더라도 탈북민들은 한국 사회에 적응하는 데 있어 가장 힘든 점으로 사고방식과 문화생활 풍습의 차이로 인한 한국주민들과의 소통을 꼽고 있으며, 그 뒤를 이어 언어의 차이와 외로움, 고독감을 들고 있다. 오히려 경제적인 문제는 5번째로 들고 있어 우리의 통념과는 차이를 보인다.8) 그렇다면 탈북민들의 적응에 있어 무엇보다 중요한 것은 생활방식에서부터 언어에 이르는 '문화 적응'이라고 할 수 있다. 그러나 이때 문화적 적응이라는 것은 낯선 문화와 생활방식 그리고 언어를 단순히 '이해'하는 차원만을 의미하는 것이 아니다.

적응에 있어 새로운 환경 혹은 조건이 낯설다는 것은 특유의 역사와 전통 그리고 문화 등과 같은 두 공간성(이동 전의 공간과 이동 후의 공간이 지닌 특성)의 '간극'이 있다는 것이다. 그 간극은 두 공간 간의 차이들로 채워져 있는 '사이의 공간'이다. 탈북민이 위치하는 곳이 바로 그 곳이다. 그러나 이것이 여행자의 경험과 같은 것이라고 할 수 없다. 여행자 역시 사이의 공간을 여행하면서 언어적 소통을 포함하여 문화적인 측면에서 어려움을 겪지만, 그들은 '머무는 자'가 아

---

8) 전우택, 앞의 글, 72쪽. 2000년대 전후 연구물들에서는 탈북민들이 경제적 부분에서 많은 어려움을 느끼고 있다는 점을 지적하여왔다. 그 중 탈북민들이 스스로 말하는 가장 큰 어려움은 취업, 직장 문제, 생활비 마련 등과 같이 생계와 관련된 문제들이었다(박미석·이종남, 「탈북민가족의 남한사회 적응시 겪는 어려움과 그에 따른 대처방안」, 『통일논총』 17집, 숙명여자대학교 통일문제연구소, 1999, 24쪽; 장혜경·김영란, 「북한이탈주민가족의 가족안정성 및 사회적응과 여성의 역할」, 『한국여성개발원 연구보고서』 13집, 한국여성정책연구원, 2000, 104쪽 참고). 윤인진에 따르면 이러한 문제들은 남북의 경제 체제의 차이를 이해하지 못함으로써 발생하는 것이기도 하였지만 또 한편으로는 직장 동료들과의 원만한 관계를 형성할 수 없다는 인간적인 관계의 측면에서도 발생하는 것이었다(윤인진, 「탈북민문제의 실태와 분석: 탈북과 사회적응의 통합모델」, 『통일논총』 18집, 숙명여자대학교 통일문제연구소, 2000, 25쪽). 이는 그 만큼 경제적인 부분에서의 지원은 성공하고 있는 반면에 그 외 영역에서 탈북민의 적응을 위한 지원은 미비하다는 것을 의미한다.

니라 '지나가는 자'라는 점에서 그러한 어려움은 지속되는 것이 아니라 일시적인 것이다. 더구나 여행자 대부분은 여행이 끝남과 동시에 그러한 어려움이 사라질 것이라는 미래적 출구를 보장받기에 그것이 주는 스트레스는 크지 않다. 반면에 탈북민은 '지나가는 자'가 아니라 '머무는 자'이다. 그래서 그들은 여행자와 다르게 타인과 관계를 맺으며 사회적 역할 수행 요구받는다. 하지만 이들에게는 여행자와 같은 보장된 출구가 없다는 점에서 그것이 원활하게 이루어지지 않을 때 그것은 미래에 대한 불안으로 다가온다. 그렇기에 문화적으로 적응한다는 것은 의식적이고 인지적인 차원에서 차이나는 문화를 이해하는 것만이 아니라 한국 사회에서 자기 효능감9)을 느끼며 통합(integration)10)된 상태로 까지 넓혀 이해할 필요가 있다.

2. 민족과 국가의 어긋남 그리고 소외

문제는 탈북민과 한국 주민들과의 관계는 난민 혹은 이주민과의 그것과는 사뭇 다르다. 탈북민을 단지 외국인과 같이 "소원하고 알 수 없는 타자"11)로 일반화하여 말할 수 없다는 것이다. 탈북민은

---

9) 탈북 대학생을 대상으로 한 연구에 따르면 "자기효능감이 높을 경우 문화적응 스트레스를 극복하고 대학 생활을 하는데 긍정적 영향을 미치고 있음을 보여주었다. 즉, 자기효능감을 발휘할 수 있을 때에 문화적응 상태, 즉 사회통합을 이룰 수 있음을 보여주었다"(전명희, 「미국으로 간 탈북민들의 정착과 적응에 관한 질적 연구」, 『한국사회복지학』 64권 4호, 한국사회복지학회, 2012, 93쪽).

10) "문화적응 이론을 체계화하는데 공헌한 Berry(1986)는 한 개인이나 집단이 다른 국가로 이주하면서 경험하는 문화 간의 접촉을 문화 적응(acculturation)이라고 하고, 문화적응에서 발생되는 심리적 어려움을 문화적응 스트레스라고 정의 내렸다. Berry(2001)의 연구에 의하면, 원문화 및 새문화와의 동일시 수준의 높낮이에 따라서 통합(integration), 분리(separation), 동화(assimilation), 주변화(materialization)의 유형으로 구분하고 있는데, '통합'이란 새로운 문화와 상호작용 하는 동시에 자기 자신의 이전 문화에 가치를 두게 되는 것"을 의미한다(위의 글, 93쪽).

한국의 주민들과 같은 '민족'이지만 한반도 이북에 있는 분단된 또 하나의 '국가' 출신이라는 이중성을 지닌다. 그러한 이중성은 "한국인이 탈북민에 대해 갖는 복잡하고 이중적인(ambivalent) 심정의 원천"[12]이 되기도 한다. 실제로 통일인문학연구단이 2012년에 실시한 설문조사에 따르면 한국인 501명 중 87.4%가 탈북민을 같은 민족으로 느낀다('항상 느낀다'+'가끔 느낀다')고 답하고 있는 반면에 탈북민 110명 중 59.6%가 한국주민들로부터 차별, 소외, 무관심을 경험하였다고 답하였으며, 89.9%가 탈북민을 대하는 한국 주민들의 태도가 바뀌어야 한다고 답하였다.[13] 한국인의 상당수가 탈북민을 같은 민족으로 보지만 '민족'의 구성적 특징요소라 할 수 있는 동등함은 작동하지 않는다는 것이다. 물론 탈북민들의 응답은 실제와 다르게 그들이 느낀 바가 아니냐고 반문할 수 있을 것이다. 그러나 "탈북민의 정체성과 관련해 (인터넷: 필자) 댓글에서 탈북민을 어떻게 지칭하는지"를 조사한 연구만 보더라도 그렇게 말할 수 없다. 이 연구에 따르면 "탈북민을 동포 또는 한민족으로 지칭한 것이 66개(41.0%)로 가장 많"았으며, "다음으로 간첩(32개, 19.9%), 쓰레기(16개, 9.9%), 빨갱이(10개, 6.2%), 변절자(9개, 5.6%), 난민(8개, 4.8%), 근본 없는 사람(7개, 4.2%), 외국인(3개, 1.9%)의 순으로 나타났"다. 탈북민을 "부정적인 단어로 지칭한 빈도가 45.8%로 동포, 한민족으로 지칭한 빈도(41.0%)보다 많이 나타나"고 있는 것이다.[14]

  이러한 설문조사의 결과를 놓고 보자면 한국주민과 탈북민의 관

---

11) 와타나베 후토시, 오하나 역, 「동일성의 병리학」, 『휘말림의 정치학』, 그린비, 2012, 79쪽.

12) 손애리·이내영, 「탈북민에 대한 한국인의 태도 연구: 국가정체성과 다문화수용성을 중심으로」, 『아태연구』 제19권 제3호, 2012, 10쪽.

13) 건국대학교 통일인문학연구단, 『코리언의 민족정체성』, 선인, 2012, 70쪽과 141쪽.

14) 최윤형·김수연, 앞의 글 참조.

계는 모순적이라고 할 수 있다. 이는 마치 남과 북의 관계를 보는 듯하다. 지난 70여 년 동안 남과 북은 이산가족 상봉과 민간·정부 교류협력에서부터 통일 방안 논의에 이르기까지 서로 만나고 대화하려는 모습을 보이기도 했다. 하지만 또 한편으로는 상호 적대적인 관계 속에서 정치·군사·외교적으로 반목과 갈등, 충돌을 반복하면서 냉탕과 온탕을 넘나들었다. 남과 북은 서로 증오하면서도 사랑하는 '애증병존'이라는 특수한 관계를 맺고 있는 것이다. 그렇기에 앞서 보았듯이 탈북민은 한국주민들에게 있어 의식적으로는 동포, 민족이지만, 오랜 시간 동안 분단국가주의가 생산한 이데올로기 틀에 의해 간첩, 빨갱이와 같은 내부의 '적'으로 간주되기도 하는 것이다.

중요한 점은 이러한 이중적이고 모순적인 관계가 낳는 결과이다. 탈북민의 입장에서 보면 그들이 한국주민들과 같은 민족이라는 점은 한국주민들이 자신들을 동등하게 대우해줄 것이라는 기대를 가지게 만든다. 그러나 둘의 만남 속에서 드러날 수밖에 없는 '차이'는 남과 북의 관계가 그렇듯이 순수성에 대한 비순수성으로, 적대적인 이질감으로 전화되면서 동일성에 대한 욕망을 좌절시킨다. 여기에서 민족은 사라진다. 둘 사이에 존재하던 같은 민족이라는 동일성의 환상은 파괴되어 사라지고 분단국가의 신체만이 남게 되는 것이다. 그렇다고 해서 탈북민이 한국 주민과 같은 국민이 되는 것 역시 아니다. 탈북민은 비록 법적으로 한국의 국적을 지니고 있지만 그것이 사회적으로도 인정되는 것은 아니다. 둘 사이의 차이는 민족적 유대의 단절에만 머무르지 않고 '민족=국민'이라는 공식에 따라 '공식적 국민'과 '사회적 국민'과의 어긋남을 만들어낸다.

이는 탈북민이 한국 사회에서 '내부의 외부'로, '예(例)에 대한 예외(例外)'로 소외(疏外)된다는 것을 뜻한다. Seeman에 따르면 소외는 ① "자신의 행위의 결과나 외부사건에 대한 통제력이 없다고 예상하는" 무기력감, ② "외부환경이나 사상에 대한 이해력이 자신에게 결여

되어 있다고 지각하는" 무의미성(meaningless), ③ "한 사회 내의 규범 부재에 대한 기대 혹은 예상"으로서 무규범성(normlessness), ④ "개인이 사회에 대하여 갖는 사회적 수용감에 대한 기대가 낮은" 사회적 고립감(social isolation), ⑤ "자신이 한 사회의 대표적 기준에서 유리되어 있고 분리되어 있다는 느낌이나 태도를 의미하"는 문화적 소외(cultural alienation), ⑥ "자기 자신을 행위의 주체나 목적으로 경험하지 못하고 도구, 수단으로 경험하는" 자기소외(self-estrangement)로 구성되어 있다고 한다.15)

이렇듯 소외가 무기력, 무의미, 무규범, 고립 등으로 정의될 수 있다는 점에서 무엇보다 소외의 상태는 자신이 처해 있는 상황을 적극적으로 벗어날 수 있는 에너지의 사용이 용이하지 않다는 것을 의미한다. 뿐만 아니라 소외는 심리적으로 자아의 내적 분열과 갈등을 경험하는 요인이 되기도 한다. 그래서 Segal은 소외 상태를 "자기와 자기 요소들 간의 통합의 부재"로 정의하고, "이 통합성의 부재는 행동의 요소들 간에, 자기 요소들 간에, 그리고 자기와 행동의 요소들 사이에서 발생하는데 이 세 영역들에서 완전한 통합이 이루어질 때에야 비로소 자기와 행동 간의 통합이 이루어지고, 개인이 행위 주체성(agency)을 부여받게 되는 것이라고 보았다." 즉, 소외는 "자기(self)의 어떤 측면을 낯설게 느끼는 것, 그리고 자신의 한 측면을 나의 것이되 나의 것이 아닌 것으로 경험하는 것"으로서 개개인의 자기 "통합성(unity)과 전체성(wholeness)의 결여"를 가는 오는 것이다.16)

따라서 코리언이지만 같은 민족으로 대우받지 못하고, 대한민국

---

15) 김영만, 『대한민국에 사는 탈북민(새터민)들의 적응실태』, 한국학술정보, 2005, 45~46쪽.
16) 위의 책, 47쪽.

국민이지만 국민으로 인정받지 못하는 소외는 전우택이 말하는 "특별한 보통사람"[17]과 같이 탈북민들을 정체성의 혼란으로 빠뜨리게 하는 것이다. 그들은 북에 있을 때 보통 사람들이었을 뿐이다. 하지만 한국에서의 자신은 '탈북민' 혹은 '북한이탈주민', '새터민'과 같은 이름을 가진 하나의 집단으로, 그것도 앞서 말한 것처럼 한 사회 내에서의 외부와 예외로서의 특별한 존재가 된다. 그리고 그러한 사회적 존재성으로부터 '나는 어느 나라 사람인가?'라는 자기 스스로 혹은 타인의 질문에 대면하면서 심리적 압박을 느낄 수밖에 없는 것이다.

물론 인간이라는 존재는 분열적일 수밖에 없으며, 그래서 우리 모두는 어쩌면 신경증 환자일 수 있다. 하지만 사람들은 분열적이지만 상징계에 자신을 등록하고 환상체계 안에서 그러한 분열을 자기(self)로 통합하기에 소위 '정상적'일 수 있는 것이다. 반면에 탈북민이 경험하는 정체성의 혼란은 존재론적인 분열로만 설명할 수 없다. 탈북민은 민족이나 국민으로 자신의 정체성을 명명하기에는 언제나 현실적인 분열을 경험하기에 일반적인 사람들처럼 자기 서사의 통합하는 데 어려움을 겪는 것이다.

이는 곧 어빙 고프먼이 말하는 '자아 연출(the presentation of self)'이 원활하지 않거나 왜곡된다는 것을 의미하는 것이기도 하다. "고프먼이 보기에 자아는 다양한 상황이 설정된 맥락 속에서 연기하는 가지각색의 배역들을 의식하는 데에 있는 것이다. 그러한 연기는 개인이 타인들에게 풍기고 만들어 내보이는 자신의 인상을 끊임없이 감시하고 살피는 일을 하도록 만든다. 따라서 공적인 정체성은 관객을 위해 상연되는 것이며, 사적인 자아는 그러한 연기가 정체성

---

17) 전우택, 「남한에 있는 탈북민들의 심리적 갈등 구조 및 그에 대한 해결 방안」, 『통일연구원 학술회의 총서』 5집, 통일연구원, 1999, 45쪽.

에 본질적으로 중요하다는 것을 알고, 일상적인 사회적 상호작용 속에서 존중과 신뢰를 유지하는 데 본질적이라는 것을 안다."[18]

탈북민에게 있어 그 관객은 분단체제 하에서 이들을 북과 동일시 하거나 비국민으로 취급하는, 분단의 신체를 가진 한국 주민들이라 할 수 있다. 그렇기에 한편으로 탈북민은 정치적 선명성을 확인받기 위한 행위로 나아가거나, 또 한편으로는 소외와 주변화가 주는 무게 감을 감당하지 못하고 탈남(제3국행, 재입북) 혹은 (일탈행위를 포함한) 자살과 같은 극단적인 선택을 하기도 하는 것이다.

3. '나'의 적응에서 '우리'의 연대와 통합으로

여기에서 우리는 김미령의 연구 결과에 주목할 필요가 있다. 그는 사회적 지지를 실질적인 원조를 의미하는 '도구적 지지'와 "개인들 에게 관심과 사랑의 감정을 느낄 수 있게 하는 친밀감, 밀착, 동정, 관심 혹은 배려 등을 포함"하는 '정서적 지지'로 나누고 그것이 적응 스트레스를 완화하는 효과에 대해 검증하고 있다. 그리고 그 중 정서 적 지지가 우울증을 완화하는데 유의미한 결과를 보이는 것이라고 말한다.[19] 결국 우리가 탈북민의 적응을 심리적 안정과 관련지어 고민하고자 할 때 중요한 점은 사회 구조적으로 탈북민이 한국 주민 들과 우애로운 관계를 맺으며 소통하고 연대할 수 있도록 해야 한다 는 것이다.

그렇기에 무엇보다 필요한 것은 탈북민에 대한 적응에 대한 근본

---

18) 앤서니 엘리엇, 김정훈 역, 『자아란 무엇인가』, 삼인, 2007, 56쪽.

19) 김미령, 「탈북민의 적응스트레스와 사회적지지가 적응에 미치는 영향」, 『한국사회복 지학회 추계공동학술대회 자료집』, 2004, 516쪽, 523쪽.

적인 관점의 변화이다. 일반적으로 적응(adaptation)이란 "인간이 새로운 환경에 접하여 물리적, 사회경제적, 문화적 환경의 변화를 수용하고 이에 반응하여 적절히 대처하는 능력과 인간이 환경의 변화에 대처하여 생존과 번영을 누리는 과정을 의미한다."[20] 이를 좀 더 압축적으로 말하자면 적응은 '새로운 조건(new conditions)에 맞추기 위한 자기-수정(self-modification)'이라고 할 수 있다. 하지만 이러한 정의에서 자신을 수정하여 '변화'시켜야 한다는 것은 오직 새로운 조건에 진입하고자 하는 사람 일방으로 한정된다. 그래서 대체적으로 "적응이나 부적응 현상은 개인과 환경 사이에 조화로운 관계가 유지되느냐 그렇지 못하느냐에 관계되는 것으로, 본질적으로 결정되는 것이 아니라 개개인의 성격과 의지 그리고 능력의 차이"[21]로 돌려지면서 그 결과에 대한 책임 역시 개인의 문제로 보는 것이다.

　그러나 적응을 개인의 몫으로 돌리는 것은 문제를 지연시킬 뿐이다. 왜냐하면 탈북민의 부적응은 한국 사회에 구조적으로 자리 잡고 있는 분단 이데올로기, 그리고 그로 인한 배제 및 차별과 밀접한 관련이 있기 때문이다. 물론 그렇다고 해서 탈북민 개개인의 노력이 중요하지 않다고 말하는 것은 아니다. 오주리·이수연의 연구만 보더라도 낙관성(감정통제, 긍정적 해석, 희망적인 미래 기대, 적극적 도전성), 문화적 균형잡기(모방과 관찰, 정규학교 편입하기, 정체성 숨기기와 드러내기, 문화적 소속감 찾기, 남한문화 수용과 북한 문화유지), 자원 활용하기(적극적 도움요청하기, 지지적 관계망 만들기, 인터넷 활용하기, 역할모델찾기, 지원단체 활용하기, 스스로 자원되기)와 같은 개인적인 노력과 활동은 적응에 있어 주요한 변수로 작동하고 있다.[22]

---

20) 양정훈, 「새터민의 새로운 환경 적응 연구」, 『한국민족운동사연구』 48집, 2006, 436쪽.
21) 위의 글, 436쪽.

그러나 열거한 방법들이 개개인마다 차이는 있을지 모르나 전적으로 개인의 문제로 환원될 수는 없어 보인다. 예를 들어 정체성 드러내기, 지지적 관계망 만들기 등의 방법들은 개인이 주변화 되어 있을 때는 실행할 수 없는 것들이다. 물론 어떤 것이 반드시 우선한다고 말할 수는 없다. 오히려 개인이 스스로 적응하고자 하는 노력 및 활동은 사회적 지지가 있을 때 미래에 대한 희망을 발견하면서 상승 작용하는 구조에 놓여 있다고 해야 할 것이다. 그렇다면 탈북민이 한국 사회에 적응하지 못한다는 것은 그 책임 역시 우리에게 있다는 말이 된다.

이렇듯 탈북민의 적응은 '나' 혹은 '너'가 아니라 '우리'의 문제인 것이다. 그리고 적응이 우리의 문제라고 하다면 그것은 바로 연대와 통합을 요구하는 것이기도 하다. 이는 사실상 거시적인 차원에서도 매우 중요하다. 우선, 탈북민은 흔히 말하듯 '먼저 온 미래'로서 통일 과정과 통일 이후 남북 주민들이 소통할 수 있는 방안을 마련하는 데에 중요한 자원이 될 수 있다. 독일의 통일 사례에서 보듯이 정치 - 경제적인 통합을 이루어내었다고 해서 사람과 사람 간의 통합도 자연스럽게 이루어지는 것은 아니다. 오랜 세월 동안 서로 다른 생활 풍습과 가치체계를 가져온 사람들이 서로 만났을 때 드러나는 차이는 상호 간의 불신과 갈등으로 이어질 가능성이 클 수밖에 없다. 더구나 남과 북은 70여 년의 세월 동안 분단과 전쟁을 겪으면서 서로에게 상처를 입히고 받으며 살아왔기에 상호 간의 적대성은 통일 이후에도 지속될 가능성 또한 크다. 어쩌면 오늘날 탈북민과 한국 주민 간의 관계는 사람들의 통합에 대해 대비하지 않았을 때 발생할 수 있는 비참한 미래상을 미리 보여주고 있는 것이 아니겠는

---

22) 오주리·이수연, 「새터민 청소년의 남한사회 적응과 대처경험에 관한 질적 사례연구」, 『상담학연구』 11권 4호, 2010, 18쪽.

가? 그렇다면 현재 탈북민의 적응을 우리의 문제로 받아들이고 이 둘 사이의 통합방안을 고민하려는 노력들은 곧 현재의 우리만이 아니라 미래세대가 우애롭게 평화 속에서 살아갈 수 있도록 '이전 세대'인 우리의 책임을 다하는 것이라고 할 수 있다.

둘째, 탈북민의 적응을 한국주민과의 연대와 통합이라는 차원으로 옮겨놓는 것은 둘 사이의 차이를 생성의 힘으로 전환시킨다는 점에서 중요하다. 남과 북은 분단 이후 각자 민족의 정통성을 계승하는 적자임을 차처하면서 서로의 역사와 전통을 삭제해왔다. 그러면서 동시에 서로가 가진 차이는 열등한 것이며, 따라서 배제되어야 하는 것으로 여겨왔다. 이는 뒤집어 보자면 남과 북 그 어느 누구도 온전히 민족의 정통성을 지니지 못하고 결핍을 가진 반쪽짜리에 불과하다는 것을 의미한다. 그럼에도 불구하고 분단국가주의는 자기중심주의와 동일성의 논리 속에서 그러한 결핍을 은폐하고 봉합하여 왔던 것이다. 하지만 동일한 것들 사이에는 동일한 것밖에 나오지 않으며, 진보는 차이나는 것들과의 부딪힘 속에서 가능한 것이다. 이러한 관점에서 볼 때, 탈북민과 한국 주민간의 차이는 그러한 결핍을 단순히 땜질하는 것을 넘어 새로운 제3의 형태를 지닌 자원을 마련할 수 있는 것이 될 수 있다. 이는 문화이론적으로 보더라도 타당한 예측이라고 할 수 있다. 인류의 역사에서 어떠한 문화든지 순수한 것은 없으며, 그것이 생존하고 발전하기 위해서는 차이나는 것과의 교류와 소통이 필요했다. 또한 그러한 교류와 소통을 통해 차이나는 것들이 '통섭'으로 나아갔을 때 발전적이고 새로운 제3의 문화를 만들어 왔다. 오히려 자기 폐쇄적이고 방어적인 문화권은 결국 고립될 수밖에 없었다.

그렇기에 둘 사이의 연대와 통합은 어느 일방이 다른 일방을 위하여 비용을 지출하거나 손실을 보는 희생이 아니라 미래에 대한 공동체 구성원들의 공통된 투자인 것이다. 그러한 점에서 "우리는 차이가 있음에도 불구하고 같은 나라서 기쁨을 느낀 것이 아니라, 같은 나임에도 불구하고 차이가 있었기에 기쁨을 느낀 게 아니었을까?"[23]라는 후토시의 말은 같은 맥락에서 받아들여질 수 있다. 이미 역사 속에서 경험하였던 것처럼 동일성의 논리가 지배하는 공동체에서는 자유, 평화, 상생, 진보 등과 같은 미래지향적인 가치가 생존하기 힘들다. 반면 차이의 공동체는 그러한 가치들이 '생명'의 원활한 흐름으로 이어갈 수 있다. 우리가 기쁨을 느끼는 것은 후자와 같이 생명의 흐름 속에서이다. 탈북민의 적응을 연대와 통합으로 전환해나가는 것은 이렇듯 오늘날 우리 삶의 조건을 '생명 – 기쁨'으로 변화시켜 나가는 치유의 활동이라고 할 수 있다.

---

23) 와타나베 후토시, 앞의 글, 77쪽.

김종군(건국대학교 통일인문학연구단 HK교수)
박영균(건국대학교 통일인문학연구단 HK교수)
정진아(건국대학교 통일인문학연구단 HK교수)
강미정(건국대학교 인문학연구원 KU연구전임교수)
김정애(강원대학교 강원문화연구소 박사급 연구원)
김종곤(건국대학교 통일인문학연구단 HK연구교수)
박재인(건국대학교 통일인문학연구단 HK연구원)
한상효(건국대학교 통일인문학연구단 HK연구원)

탈북민의 적응과 치유 이야기

© 건국대학교 **통일인문학연구단**, 2015

1판 1쇄 인쇄__2015년 04월 05일
1판 1쇄 발행__2015년 04월 15일

엮은이__건국대학교 통일인문학연구단
펴낸이__양정섭
펴낸곳__도서출판 경진
      등록__제2010-000004호
      블로그__http://kyungjinmunhwa.tistory.com
      이메일__mykorea01@naver.com

공급처__(주)글로벌콘텐츠출판그룹
      대표__홍정표
      편집__김현열 송은주 **디자인**__김미미 **기획·마케팅**__노경민 **경영지원**__안선영
      주소__서울특별시 강동구 천중로 196 정일빌딩 401호
      전화__02) 488-3280 **팩스**__02) 488-3281
      홈페이지__http://www.gcbook.co.kr

값 20,000원
ISBN 978-89-5996-464-2 93340

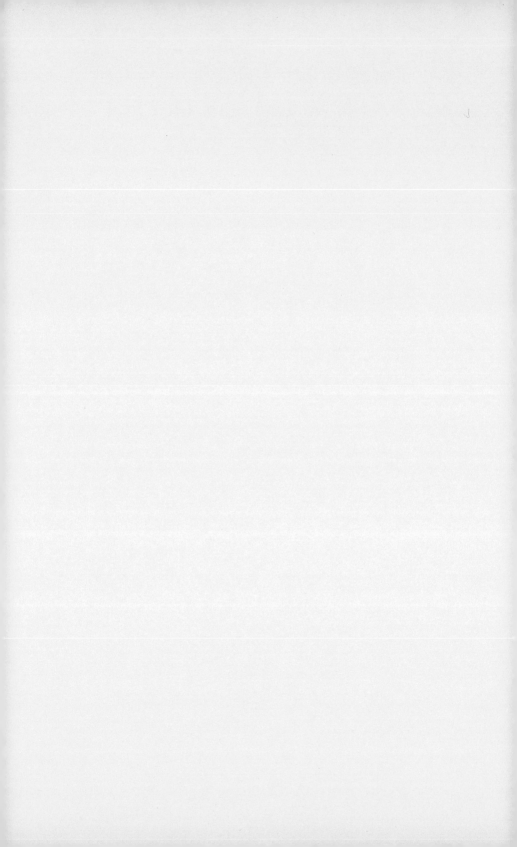